I0181250

www.ingramcontent.com/pod-product-compliance
Lightning Source LLC
LaVergne TN
LVHW051107080426
835510LV00018B/1947
*9781782633174*

# نان روزانه

## ۳۶۵ روز عبادت

آیات ذکر شده در این کتاب برگرفته از ترجمه فارسی هزاره نو است که بخش عهد جدید آن در سال ۲۰۰۳،امثال و مزامیر در سال ۲۰۰۹، و بقیه عهد عتیق در سال ۲۰۱۱ تکمیل و ترجمه کل کتاب مقدس در سال ۲۰۱۴ توسط انتشارات ایلام به خوانندگان تقدیم شد . ( مترجم )

## یادداشت ناشر

این برنامه دعایی ، گلچینی از آرشیو کامل مطالب منتشر و ضبط شده درک پرینس است و به تائید تیم ویراستاری درک پرینس رسیده است .

Declaring God`s Word: A 365 Day Devotional - Farsi (Persian) translation
Derek Prince Ministries
P.O. Box 19501
Charlotte, North Carolina 28219-9501
www.derekprince.org
www.derekprinceiran.com

اطلاعات ثبت شده این کتاب در کتابخانه کانگرس :

## درک پرینس

### نان روزانه : ۳۶۵ روز عبادت

خلاصه : این کتاب شامل برنامه عبادتی کاملی برای ۳۶۵ روزِ سال است و دعا و اعلام های ذکر شده در این کتاب بر اساس مرگ و قیام مسیح بوده و شامل مفاهیمی چون آزادی از گناه و فرزند خواندگی است و پس از هر تعلیم کوتاه اعلام هایی به جهت بنای ایمان ذکر شده است . ( یادداشت ناشر )

هیچ بخش از این کتاب بدون اجازه کتبی از ناشر اجازه توزیع و تکثیر ( الکترونیکی و مکانیکی ) را نداشته و حق چاپ آن محفوظ است و اجازه کپی و ضبط دوباره اطلاعات آن نیز در انحصار انتشارات است . لطفاً در خواست های خود را به پست الکترونیکی derek.prince.ir@gmail.com ارسال نمائید .

# مقدمه

# نان روزانه

*" آنان با خون بره و با کلام شهادت خود بر او پیروز شده‌اند
زیرا که جان خود را عزیز نشمردند، حتی تا به مرگ. "*
درک پرینس - تفسیر ( مکاشفه ۱۲ :۱۱)

به عنوان مدیر سازمان خدماتی درک پرینس در آمریکا، افتخار دارم کتاب " نان روزانه - ۳۶۵روز عبادت " اثر درک پرینس را به شما ارائه کنم . ایمان دارم این کتاب قادر است نه تنها زندگی شما را تغییر دهد بلکه بر تمام دنیا تأثیر گذاشته و باعث ایجاد تغییراتی شود .

متوجه شده ام عبارتی که برای نام این کتاب در نظر گرفته شده بسیار با معنا بوده و می تواند باعث فروش بیشتر آن شود و خود من نیز با این عنوان موافق هستم به این دلیل که این کتاب بسیار بیش از یک کتاب و برنامه عبادتی است .

من نیز مانند شما ، از برنامه های دعا و مطالعه روزانه بسیاری که توسط مردان و زنان بزرگ خداوند نوشته شده اند بهره برده ام . تمامی آن کتب همانند این کتاب دارای مقدمه و تشریح متنی از کلام خدا هستند که در انتهای هر قسمت دعایی با همام مضمون آمده است تا خواننده با تفکر بر آن بتواند دعا و مسیر فکری آن روز خود را مشخص کند. وجه تشابه این کتاب با سایر کتب برنامهٔ دعایی تا این حد است . لیکن یکی از ویژگی های مهمی که باعث منحصر به فرد بودن این کتاب شده ، اعلام هایی است که ایماندار تشویق می کند که آنها را اعتراف کند . این اعلام ها در عناوین هر فصل ذکر شده اند .

اعلام ها باعث می شوند که این کتاب تبدیل به ابزاری قدرتمند در دستان شما گردد ، ابزاری که می توانید از آن به عنوان یک اسلحه روحانی استفاده کنید . اعلام های هر روز شما بر علیه ملکوت شریر تائیدی است بر این حقیقت که شما اعتراف می کنید و می خواهید که جزؤ لشکر شاه شاهان باشید . اما این تنها یک قسمت از فعالیت شماست . مهیج ترین بخش این دعاها این است که شما هر روز با هزاران مسیحی در تمام جهان که در حال خواندن این کتاب هستند متحد می گردید و همان اعلام ها و همان دعاها را شاید در همان ساعت از شبانه روز همزمان بر زبان می آورید. لحظه ای به قدرت این اتحاد فکر کنید . تأثیر این اعلام ها و دعاهای هم زمان بیش از آن چیزی است که بتوانید تصورش را بکنید.

درک پرینس در یکی از تعالیم خود به موضوع " به کارگیری اقتدار ایمانداران با اعلام کلام خداوند " اشاره می کند . در ارمیا ۱ : ۹ می خوانیم : " *..... اینک کلام خود را در دهانت نهادم* " و سپس قاطعانه می گوید : " زمانی که ما آن کلامی که خداوند در دهان مان می گذارد را اعلام می کنیم، اعلام ما به اندازه اعلام خود خداوند قوت و اقتدار خواهد داشت. این قوت و اقتدار در زمان اعلام کلام خدا منحصر به فرد است.

درک پرینس مرد دعا و اعلام بود. او همچنین سعی می کرد که آیات کلام را به طور عملی زندگی کند. وی همیشه به مخاطبین خود فرصت پاسخ می داد. این کتاب نیز از این قاعده مستثنی نیست .

شما نیز هر روز این فرصت را دارید تا بتوانید نسبت به آموزه هر روزه این کتاب پاسخ دهید. اعتراف هر روز با یک اعلام که توسط خود درک پرینس به کار گرفته شده است شروع می شود . درآغاز تمامی تعالیم صوتی و تصویری درک پرینس او و همسرش متحداً با هم یک آیه از کلام یا یک اعتراف کتاب مقدسی را اعلام می کنند . این کتاب عبادتی نیز به همین ترتیب است .

تعلیم مختص هر روز کاملاً بر مبنای تعالیم خود درک و دقیقاً با کلمات خودِ او است . اگر چه خود درک دیگر در میان ما نیست اما تعالیم پر قوت او باقی مانده اند . چنانکه در عبرانیان ۱۱ : ۴ می خوانیم : " *با ایمان بود که هابیل قربانی‌ای نیکوتر از قربانی قائن به خدا تقدیم کرد، و به‌سبب همین ایمان دربارهٔ او شهادت داده شد که پارساست، زیرا خدا دربارهٔ هدایای او به نیکویی شهادت داد. به همین سبب، هر چند چشم از جهان فرو بسته، هنوز سخن می‌گوید.* " از خداوند به خاطر میراث و تعالیمی که درک برای ما بر جای گذاشته ، تشکر می کنیم .

بخش انتهایی تعالیم به صورت دعا و اعلام تعالیم همان روز است که در حقیقت خلاصه تعالیم آن روز است . خواهید دید که هر دعا با تشکرِ از خداوند آغاز می شود . آنچه در کنار تعالیم ارزنده درک مرا به تحسین او وا می دارد روحیه شکرگزاری مستمر وی است . به یاد می آورم در بسیاری از جلسات تعلیمی درک پیغام خود را متوقف می کرد و از حاضرین در جلسه

می خواست که در سکوت منتظر خداوند باشند . در آن لحظات صدای زمزمه درک به گوش می رسید که این جملات را به آرامی آدا می کرد : " خداوندا شکر ، از تو متشکریم ، سپاسگزاریم ، شکرت ای خداوند. "

پیش فرض خود را بر این نهاده ایم که شما پس از هر تعلیم ، دعا و اعلام شخصی خود را انجام نخواهید داد. بنابراین سعی کرده ایم شما را در این راستا ترغیب کنیم . در قسمت انتهایی اعلام ها و دعاهای شخصی ولی در عین حال متحد با دیگر ایمانداران آمده است و شما قوت و اقتداری که در این کار نهفته است را در خواهید یافت .

هر بخش با تکرار اعلامی که در ابتدای بخش ذکر شده تمام می شود . این تکراری ورد مانند نیست . تکرار یکی از اصول پر قوت کتاب مقدس است و در واقع روشی است برای تائید حقیقت کلام خدا. یکی ازعالی ترین مثال هایی که درباره تکرار و تائید در کلام خدا وجود دارد در مزامیر ۱۲۴ : ۱- ۲ آمده است . " *اگر خداوند با ما نمی‌بود - بگذار اسرائیل بگوید ، اگر خداوند با ما نمی‌بود، آنگاه که آدمیان بر ما حمله آوردند*،". برای مشاهده تکرارهای بیشتر فیلیپیان ۳ : ۱ ، عبرانیان ۲ : ۱ ، دوم پطرس ۱ : ۱۲ – ۱۵ را بخوانید.

باشد که اعلام کلام خدا با روشی الهی برای تقویت و رشد هر روزه شما کارگر باشد و تعالیم این کتاب بنیادی باشد برای تثبیت حقیقت در زندگی تان در این عصر بی ثبات و هر روز شما را بیشتر از دیروز استوار سازد. باشد که با تعالیم درک در ایمان خود رشد یافته و کلام خداوند را اعلام کنید و نزد پدرآسمانی خود دعا کرده و این اطمینان را داشته باشید که با دیگر مسیحیان سراسر دنیا متحد گشتید و با یکدیگر و با قوت، کلام خدا را اعلام کنید و خبرخوش نجات وی را منتشر کنید .

## هفته ۱

کاری که خون عیسی بر طبق کلام خدا قادر است برایم انجام دهد را، به ضد شیطان، بر زندگی خود اعلام می کنم.

"""و ایشان بوساطت خون برّه و کلام شهادت خود بر او غالب آمدند و جان خود را دوست نداشتند.""" ( مکاشفه ۱۲ : ۱۱ )

### ۱ ژانویه

کلام را بدانید.

***کاری که خون عیسی بر طبق کلام خدا قادر است برایم انجام دهد را، به ضد شیطان، بر زندگی خود اعلام می کنم.***

خداوند مکاشفه جدیدی از کلام خود بر من آشکار نمود. باور دارم که او روش پیروزی بر شیطان را به ما آموزش می دهد. اکثر مسیحیان می دانند که با خون برهٔ خدا و کلام شهادت آن ها است که می توانند بر شیطان پیروز شوند، اما بسیاری این حقیقت را تبدیل به جمله ای کلیشه ای نموده و آن را ورد گونه در زندگی خود تکرار می کنند : " خون بره را بر خود می پاشم .... خون بره را بر خود می پاشم ... " قصد ندارم ارزش کار این افراد را زیر سئوال ببرم اما فهمیده ام که تکرار نا آگاهانه این جملات بر شیطان هیچ تاثیری ندارد. باور دارم که ما باید این اعلام را آگاهانه در زندگی خود به کار گیریم . اما چگونه ما با خون بره و با کلام شهادت خود بر شیطان پیروز می شویم؟ در این پیروزی سه جز با یکدیگر همکاری می کنند : خون بره ، کلام خدا و اعلام ما. مکاشفه ۱۲ : ۱۱ را این چنین تفسیر می کنم . زمانی که شخصاً آنچه کلام خدا درباره عیسی به ما می گوید را به ضد شیطان اعلام می کنیم، می توانیم بر وی پیروز شویم . کاملاً مشخص است که اگر بخواهیم آنچه کلام خداوند درباره کار و قوت عیسی می گوید را اعلام کنیم، ابتدا باید بدانیم که کلام خدا در این باره چه می گوید. در چند هفته آینده به قسمت هایی از کلام که به عملکرد پرقوت خون عیسی اشاره می کند نگاهی عمیق تر خواهیم انداخت .

**خداوندا تو را برای خون عیسی شکر می کنم. بر اساس آنچه در کلام تو نوشته، اعلام می کنم که با ایمان به آنچه خون عیسی برای من انجام داده ، بر شیطان پیروز شده ام .**
**کاری که خون عیسی بر طبق کلام خدا قادر است**
**برای من انجام دهد را ،به ضد شیطان ، بر زندگی خود اعلام می کنم. آمین.**

## ۲ ژانویه

خون عیسی را به کار گیرید .

**کاری که خون عیسی بر طبق کلام خدا قادر است برایم انجام دهد را، به ضد شیطان، بر زندگی خود اعلام می کنم.**

زمانی که به این اعتراف نگاه می کنیم متوجه می شویم که خون عیسی قادر است برای ما چه کارهایی انجام دهد. سپس باید آن حقیقت را از " بانک خون " یعنی ( کلام خدا ) برداشته و به زندگی خود تزریق کنیم. نمونه ای از عملکرد خون را می توان در مراسم عید فصح مشاهده کرد یعنی زمانی که خداوند رهایی و نجات را برای قوم اسرائیل مهیا کرد. ( خروج ۱۲ : ۲۱ - ۲۷ را مطالعه کنید. ) پدر هر خانواده باید بره ای را سر می برید ( قربانی ) و خون آن را در تشتی می ریخت و این عمل نمایانگر مسئولیت مهمی بود که پدران به عنوان کاهنان در خانواده خود بر عهده داشتند .

با این حال وقتی خون در تشت ریخته می شد آن خانواده محافظت نمی شد بلکه این خون باید از تشت به محل سکونت آن خانواده منتقل می شد. برای انجام این کار تنها یک ابزار وجود داشت و آن هم گیاهی بنام زوفا بود. زوفا گیاهی شناخته شده در خاورمیانه است و در همه جا می روید. بنابراین آنان باید یک دسته زوفا را برداشته و آن را در خون فرو می بردند و بر سر در و قائمه درِ محل سکونت خود می مالیدند. اما هرگز آن را بر آستان در نمی پاشیدند چون هرگز نباید کسی آن خون را لگدمال می کرد. زمانی که این کار انجام می شد فرشته مرگ نمی توانست وارد آن منزل شود و تنها آن اسرائیلی هایی محافظت می شدند که در منزل خود و پشت آن خون قرار داشتند. آن شب این خانه ها تنها مکان های امن در مصر بودند.

**ای خداوند به خاطر خون گرانبهای عیسی متشکرم. اعلام می کنم که با ایمان و اعلام خون عیسی بر خود و خانواده ام از هر هلاکت و فاجعه ای در امان هستیم**
**کاری که خون عیسی بر طبق کلام خدا قادر است**
**برای من انجام دهد را ،به ضد شیطان ، بر زندگی خود اعلام می کنم. آمین.**

## ۳ ژانویه

### در اطاعت قدم بردارید.

*کاری که خون عیسی بر طبق کلام خدا قادر است برایم انجام دهد را، به ضد شیطان، بر زندگی خود اعلام می کنم.*

در عید فصح خون بره ها در تشت ها جمع آوری می شد. زمانی که خون از درون تشت ها بر سر در و قائمه در منازل اسرائیلی ها مالیده می شد آنها تا زمانی در امان بودند که از خانه های خود خارج نمی شدند. این حقیقت بسیار مهمی است. چون خون تنها افراد مطیع را محافظت می کرد. تا زمانی که مطیع خداوند باشید در امان خواهید بود. بیائید به اول پطرس ۱ : ۲ نگاه کنیم. پطرس خطاب به غریبان پراکنده ( در یونان و دیاسپورا ) چنین می نویسد. او به طور خاص یهودیانی که خارج از سرزمین اسرائیل بودند را مخاطب خود می داند .

" به آنان که بنا بر پیشدانی خدای پدر، به واسطۀ عمل تقدیس کنندۀ روح، و برای اطاعت از عیسی مسیح و پاشیده شدن خونش بر ایشان، برگزیده شده‌اند، فیض و آرامش به فزونی بر شما باد."

دقت کنید که اطاعت پیش از پاشیده شدن خون عیسی انجام می شود. خون عیسی بر افراد نامطیع پاشیده نمی شود. خون افراد خارج از منزل را محافظت نمی کرد. آن خون تنها افرادی که در پس آن خون قرار داشتند و بوسیله آن پوشیده شده بودند را محافظت می کرد . پس به خاطر داشته باشید اگر چه خون قادر است به طور کامل محافظت کند، اما تنها این قدرت برای آنانی عمل می کند که مطیع هستند .

**خداوندا از تو به خاطر خون عیسی متشکرم. امروز اعلام می کنم که در اطاعت از تو گام بر می دارم. کاری که خون عیسی بر طبق کلام خدا قادر است برای من انجام دهد را ، به ضد شیطان ، بر زندگی خود اعلام می کنم. آمین.**

## ۴ ژانویه

نابودی گناه

**کاری که خون عیسی بر طبق کلام خدا قادر است برایم انجام دهد را، به ضد شیطان، بر زندگی خود اعلام می کنم.**

با نگاهی دوباره به عید فصحِ یهودیان به موضوع مهم دیگری پی می بریم. چگونه می توانیم خون ریخته شدهٔ قربانی را بر مکانی که در آن زندگی می کنیم بمالیم؟ تا زمانی که خون در تشت باقی می ماند هیچ کار مفیدی نمی توانست انجام دهد. خون وجود دارد اما هیچ کاری انجام نمی دهد. اسرائیلی ها باید گیاهی به نام زوفا را بر داشته آن را در تشت خون فرو می بردند و بر سر در و قائمه در خانه هایشان می زدند. فقط در آن صورت بود که می توانستند محافظت شوند. اما در مراسم فصح قبل از به کارگیری خون قربانی ذبح شده کار دیگری نیز باید انجام می شد.بیائید به اول قرنتیان جایی که پولس در مورد فصح و نان بدون خمیر مایه تعلیم می دهد نگاهی بیاندازیم. هر خانوادهٔ یهودی باید برای هفت روز خانهٔ خود را از هر خوراکی که در آن از خمیر مایه استفاده می شد پاک می کرد. یهودیان ارتدکس تا به امروز هم این آئین را نگاه می دارند.

*" پس خود را از خمیرمایهٔ کهنه پاک سازید تا خمیر تازه باشید، چنانکه براستی نیز بی‌خمیرمایه‌اید. زیرا مسیح، برهٔ پِسَخ ما،قربانی شده است. پس بیایید عید را نه با خمیرمایهٔ کهنه، یعنی خمیرمایهٔ بدخواهی و شرارت، بلکه با نان بی‌خمیرمایهٔ صداقت و راستی برگزار کنیم." (اول قرنتیان ۵ : ۷ – ۸ ).*

ما نیز باید خمیر مایهٔ کهنه ( گناه ) را از زندگی خود پاک کنیم تا بتوانیم در اطاعت از خداوند زندگی کنیم.چون در این صورت اجازه می دهیم که خون بره در تمام قسمت های زندگی، ما را محافظت کند.

**خداوندا به خاطر خون عیسی از تو تشکر می کنم. خون بره را بر زندگی خود اعلام می کنم . خود را از هر گناهی پاک می کنم.**
**کاری که خون عیسی بر طبق کلام خدا قادر است**
**برای من انجام دهد را ،به ضد شیطان ، بر زندگی خود اعلام می کنم. آمین.**

۵ ژانویه

بر بره توکل کنید.

*کاری که خون عیسی بر طبق کلام خدا قادر است برایم انجام دهد را، به ضد شیطان، بر زندگی خود اعلام می کنم.*

در اول قرنتیان ۵ : ۷ پولس فصح عهد عتیق را با مصلوب شدن عیسی مرتبط می داند.

" زیرا مسیح بره پسخ ما قربانی شده است . "

به وضوح می توانیم ارتباطی که در عید فصح و قربانی عیسی بر صلیب وجود دارد را ببینیم. می توانیم بگوئیم که بره فصح تقریباً ۲۰ قرن پیش قربانی شده و خون او در تشت است. خون او ریخته شده است اما این خون تا زمانی که در تشت است نمی تواند ما را محافظت کند . ما باید خون را از درون تشت به محل سکونت خود منتقل کنیم. در عهد عتیق برای انتقال خون از گیاه زوفا استفاده می شد اما امروزه چطور؟ پاسخ این است بوسیله اعلام های خود . اعلام های شخصی ما خون را از تشت برداشته و بر در خانه های ما، بر زندگی های ما، شرایط ما و خانواده ما می پاشد. زمانی که ما عمل خون عیسی را بر زندگی خود اعلام می کنیم بر شیطان پیروز می شویم.

**خداوندا به خاطر خون عیسی تو را شکر می کنم . اعلام می کنم که عیسی برای من قربانی شده است و من برای پاک شدن از گناه به خون او نیاز دارم .
کاری که خون عیسی بر طبق کلام خدا قادر است
برای من انجام دهد را ، به ضد شیطان ، بر زندگی خود اعلام می کنم. آمین.**

## ۶ ژانویه

قربانی کامل

**کاری که خون عیسی بر طبق کلام خدا قادر است برایم انجام دهد را، به ضد شیطان، بر زندگی خود اعلام می کنم.**

مهم ترین روز در سال مذهبی یهودیان روز کفاره بود که امروزه به یوم کیپور معروف است. تنها در آن روز بود که کاهن اعظم می توانست به همراه خون قربانی وارد قدس الاقداس شود. خونی که برای یک سال گناهان اسرائیل را کفاره می کرد.

*" پس ( کاهن ) مقداری از خون گوساله را بر گیرد و با انگشت خود بر قسمت جلویی جایگاه کفاره بر ضلع شرقی بپاشد آنگاه مقداری از خون را با انگشت خود هفت بار پیش روی جایگاه کفاره بپاشد. "( لاویان ۱۶: ۱۴ )*

تنها این خون بود که باعث فرو نشاندن خشم و غضب خداوند نسبت به قوم می گشت. این خون باید به قدس الاقداس به حضور آن قادر مطلق آورده می شد. می خواهم دقت کنید که خون باید هفت بار پیش روی جایگاه کفاره پاشیده می شد. این عدد بر حسب اتفاق ذکرنشده است. عدد هفت در کلام خدا نشان دهنده کار روح القدس است. همچنین عدد هفت عدد کاملیت و نشانه بی عیب بودن است. این عدد دقیقاً در زمان ریخته شدن خون عیسی نیز دیده می شود. خون او نیز قبل از اینکه قربانی اش بر صلیب تکمیل شود دقیقاً هفت بار ریخته می شود.

**خداوندا از تو به خاطر خون گران بهای عیسی تشکر می کنم. اعلام می کنم که کار کامل او بر صلیب تمامی گناهان مرا پاک کرده است . من شخصاً در مقابل شیطان آن کاری که خون عیسی بر طبق کلام خدا قادر است برای من انجام دهد را ،به ضد شیطان ، بر زندگی خود اعلام می کنم. آمین.**

## ۷ ژانویه

### حد محبت او

*کاری که خون عیسی بر طبق کلام خدا قادر است برایم انجام دهد را، به ضد شیطان، بر زندگی خود اعلام می کنم.*

در روز کفاره خون قربانی باید هفت بار پیش روی جایگاه کفاره در حضور خداوند پاشیده می شد. (لاویان ۱۶ : ۱۴ را مطالعه کنید.) می بینیم که در عهد جدید نیز دقیقاً در زمان قربانی شدن عیسی بر صلیب این عدد تکرار می شود. اول عرق پیشانی او تبدیل به خون شد. دوم با شلاق رومی او را شلاق زدند. سوم تاج خار بر سرش نهادند. چهارم و پنجم دستهایش را با میخ سوراخ کردند. ششم پاهایش را با یک میخ سوراخ کردند و هفتم نیزه بر پهلویش زدند. این حد محبت مسیح نسبت به ما است و این حد از محبت به معنای خاص کلمه همه چیز او بود. او نه تنها به عنوان خداوند جاه و جلال و تخت خود را ترک کرد بلکه او به عنوان انسانی بر زمین دارایی های زمینی اش را نیز ترک کرد. او وجود خود را ترک کرد. او حیات خود را به عنوان بهای نجات ما با ریختن خونش بر صلیب از دست داد. لحظه ای به این حقیقت شگفت انگیز فکر کنید و بدانید که حد محبت خداوند چقدر است. حداقل واژه ای که می توان برای این محبت به کار برد محبت بی حد و حصر است.

**خداوندا از تو به خاطر خون گران بهای عیسی متشکرم . اعلام می کنم او هر آنچه داشت را برای من داد . زندگی اش را کاملاً فدا کرد تا من بتوانم از گناه آزاد شوم . کاری که خون عیسی بر طبق کلام خدا قادر است برای من انجام دهد را ، به ضد شیطان ، بر زندگی خود اعلام می کنم. آمین.**

## هفته ۲

من با خون عیسی فدیه داده شده و از دست شیطان نجات یافته‌ام.

" چنین گویند فدیه شدگان خداوند که ایشان را از تنگی فدیه داده است ." ( مزامیر ۱۰۷ : ۲ )

## ۸ ژانویه

### ایمانداران حقیقی

*من با خون عیسی فدیه داده شده و از دست شیطان نجات یافته ام.*

" چنین گویند فدیه شدگان خداوند که ایشان را از تنگی فدیه داده است ." ( مزامیر ۱۰۷ : ۲ )

( تاکیدها اضافه شده است.)

موضوع این آیه از کلام در رابطه با کاری است که خون عیسی برای ما به عنوان ایماندار انجام می دهد. بیائید به این آیه در افسسیان نگاه کنیم :

" در او، ما به واسطۀ خون وی رهایی یافته‌ایم، که این همان آمرزش گناهان است، که آن را به اندازۀ غنای فیض خود، " ( افسسیان ۱ : ۷ )

قبل از هر موضوعی دقت کنید که برای دریافت این برکات باید در مسیح باشیم یعنی ما باید ایمانداران حقیقی در مسیح باشیم. وقتی که ما در مسیح هستیم اولین چیزی که نصیب ما می شود فدیه شدن بوسیله خون او است. فدیه از لحاظ لغوی به معنای باز خریده شدن یا بهای آزادی چیزی را پرداخت نمودن است. ما قبلاً در دستان شیطان و متعلق به او بودیم اما عیسی بهای باز خرید ما را بوسیله خون خود بر صلیب پرداخت نمود تا بتواند ما را از شیطان باز پس گیرد.

**خداوندا بخاطر خون عیسی تو را شکر می کنم . اعلام می کنم که با خون عیسی فدیه داده شده و باز خرید شده ام و ایمانداری حقیقی در مسیح هستم . من با خون عیسی فدیه داده شده و از دست شیطان نجات یافته ام. آمین.**

## ۹ ژانویه

برهٔ بی عیب

### من با خون عیسی فدیه داده شده و از دست شیطان نجات یافته ام.

ما از راه های گذشته خود که شیطانی و غیر الهی بودند فدیه داده شده یا باز خرید شده ایم و از دست شیطان ، محکومیت گناه و از بی پناه بودن در مقابل جملات آن غارتگر نجات یافته ایم. اما ما چگونه باز خریده شده ایم؟

*" زیرا می دانید از شیوه زندگی باطلی که از پدرانتان به ارث برده بودید باز خرید شده اید نه به چیزهای فانی چون سیم و زر بلکه به خون گرانبهای مسیح آن بره بی عیب و بی نقص ." ( اول پطرس ۱ : ۱۸ ـ ۱۹ )*

ما بوسیله خون گرانبهای عیسی مسیح فدیه داده شده ایم. او که بی عیب ، بدون گناه اولیه ، بدون لکه و بدون گناه شخصی بود. او بره بی عیب خدا بود که گناهان جهان را برداشت و تنها از طریق خون اوست که ما نجات یافته ایم. هیچ چیز دیگری قادر نبود بهای رهایی و نجات ما را پرداخت کند.

**خداوندا به خاطر خون عیسی تو را شکر می کنم . اعلام می کنم که عیسی بره بی عیب خدا گناهان مرا برداشته است. من با خون عیسی فدیه داده شده و از دست شیطان نجات یافته ام.آمین.**

**۱۰ ژانویه**

انتقالی پر ثمر

## من با خون عیسی فدیه داده شده و از دست شیطان نجات یافته ام.

*" چنین گویند فدیه شدگان خداوند که ایشان را از تنگی فدیه داده است ." ( مزامیر ۱۰۷ : ۲ )*

برخی از مردم ممکن است بدانند که از دست شیطان رهایی یافته اند و برخی هم ندانند. اما من به خوبی می دانم که قبل از آنکه عیسی وارد زندگیم گردد من کجا بودم و در این باره هیچ شکی ندارم. می دانم که بودن در دستان شیطان چه حسی دارد و هرگز نمی خواهم بار دیگر در دستان او قرار بگیرم. همچنین بنا بر آنچه در کلام آمده می دانم که خون عیسی مرا از چنگال شیطان بیرون آورده و در دستان شبان نیکو قرار داده است. عیسی درباره قوم خود چنین می گوید :

*" من به آنها حیات جاودان می بخشم و به یقین هرگز هلاک نخواهند شد .کسی آنها را از دست من نخواهد ربود ." ( یوحنا ۱۰ : ۲۸ )*

این همان انتقال از دستان شریر به دستان خداوند است. اما توجه کنید که این انتقال زمانی پر ثمر و مفید خواهد بود که ما یک کار مهم را انجام دهیم و آن این اســـــت که فدیه او را اعلام کنیم : *" چنین می گویند فدیه شدگان خداوند ."* اگر شما فدیه شده اید آن را اعلام کنید. اگر آن را اعلام نکنید فدیه و نجات شما موثر نخواهد بود.شهادت و اعلام شما است که قوت خون عیسی و تاثیر آن را در زندگی تان افزایش می دهد.

**خداوندا تو را به خاطر خون عیسی شکر می کنم. اعلام می کنم که با خون او و از دست دشمن به دستان خداوند منتقل گشته ام و من با خون عیسی فدیه داده شده و از دست شیطان نجات یافته ام .آمین.**

## ۱۱ ژانویه

محافظت آن قادر مطلق

### من با خون عیسی فدیه داده شده و از دست شیطان نجات یافته ام.

مزمور ۹۱ مزمور عصر اتم نیز خوانده می شود. این مزمور از محافظتی کامل در برابر هر نوع شرارت، خطر و آسیب سخن می گوید که بخواهد در هر زمان ، به صورت و هر وسیله ای ما را تحت تاثیر خود قرار دهد. بسیاری از مسیحیان این آیات را به خوبی می دانند. اما بیائید یک بار دیگر بر آیه نخست نگاه کنیم.

*" آن که در مخفیگاه آن متعال قرار گیرند زیر سایه قادر مطلق*
*به سر خواهد برد ." (مزامیر ۹۱ :۱ )*

واژه " قرار گیرند " در زبان عبری به معنای سپری کردن شب است. واژه ای است که برای توصیف سپری نمودن شب از آن استفاده می شود. بنابراین این آیه به ما می گوید که در زمان تاریکی ایماندار واقعی زیر سایه و محافظت قادر مطلق خواهد بود. به آیه دوم توجه کنید : *" درباره خداوند می گویم که او ملجا و قلعه من است و خدای من که بر او توکل دارم ."* این آیه راهرو و مدخلی است به سوی دریافت محافظت کامل خداوند که در بقیه آیات این مزمور آمده است و بله این اعلام ما است . *" درباره خداوند می گویم "* اگر آن را نگوئید از ثمرات آن برخوردار نخواهید شد. اعلام آنچه در بقیه این مزمور نوشته شده است شجاعت و جسارت خاصی را می طلبد. اما تنها آنانی که بر طبق کلام خدا این حقایق را اعلام می کنند حق دارند آن را در زندگی شان بچشند. این کلام شهادت و اعلام ما است که این حفاظت را در زندگی مان محقق می کند .

**خداوندا به خاطر خون عیسی تو را شکر می کنم. اعلام می کنم که از طریق خون او زیر ستر حضرت اعلی ساکن هستم و من با خون عیسی فدیه داده شده و از دست شیطان نجات یافته ام .آمین.**

## ۱۲ ژانویه

به بهایی خریده شده اید.

### من با خون عیسی فدیه داده شده و از دست شیطان نجات یافته ام.

واژه فدیه به معنای باز خرید است. ما به عنوان اسیر در دستان شیطان فروخته شده بودیم . پولس رسول می گوید :" *همچون برده به گناه فروخته شده ام* ." *( رومیان ۷ : ۱۴ )* در فرهنگ رومی زمان پولس، وقتی شخصی به عنوان برده فروخته می شد بر او داغ یا نشانی می گذاشتند. زمانی که شخص با آن نشان در جایی ایستاده بود همه می دانستند که او به عنوان برده به کسی فروخته شده است. پولس در این جمله می گوید : گناه من همانند داغی بر پیشانی ام قرار داشت و باعث شده بود که به عنوان برده در بازار برده فروشان فروخته شوم. ما نیز همین گونه بوده ایم. همه ما مانند پولس بردهٔ گناهان خود بودیم. اما یک روز عیسی وارد آن بازار شده و گفت : " آنها را می خرم. " قیمت آن ها چقدر است؟ بهای بازخرید خون مسیح بود. بنابراین بوسیله خون او از پادشاهی شیطان خریداری شده و به ملکوت خداوند منتقل گشتیم. یک برده هیچ وقت در مورد نوع کاری که قرار است برای اربابش انجام دهد حق انتخاب نداشت. یک برده ممکن بود آشپز باشد و دیگری برده جنسی. این تصمیم بر عهده صاحب او بود. ما نیز این گونه بودیم. برخی از ما ممکن بود اسیران محترمی باشیم ولی در هر حال اسیریم. فاحشه ها و الکی ها را محکوم نکنید چون این تصمیم ارباب آنها بوده که باید چکاره باشند. شیطان تصمیم گرفته که آنها چه نقشی داشته باشند. اما خون عیسی بند های آن ها را گسسته و آن ها را از نقشه و برنامه ای که شیطان برای شان داشته آزاد می سازد.

**خداوندا برای خون عیسی تو را شکر می کنم . اعلام می کنم که به بهای خون عیسی از ملکوت شیطان خریده و به ملکوت خداوند منتقل گشته ام .**
**من با خون عیسی فدیه داده شده و از دست شیطان نجات یافته ام.آمین.**

## ۱۳ ژانویه

او ما را آفریده و باز خریده است.

### *من با خون عیسی فدیه داده شده و از دست شیطان نجات یافته ام.*

می خواهم داستانی را برای تان نقل کنم. نیوزلندی ها نجارانی ماهر هستند و به زیبایی روی چوب کار می کنند. می خواهم با این داستان بهایی که عیسی برای نجات ما از گناهان پرداخت نمود را به تصویر بکشم. پسرکی قایق چوبی کوچک و زیبایی می سازد. روزی وی برای اینکه قایق خود را به آب بیاندازد به ساحل اقیانوس می رود. اما باد شدیدی قایق او را به اعماق آب می برد. پسرک ناتوان و بدون قایق به خانه بر می گردد. بادهای شدید و امواج سهمگین قایق را دوباره به ساحل باز می گردانند. در آن زمان شخصی که در حال قدم زدن بود قایق را یافته و نگاهی به درون آن می اندازد و در می یابد که با زیبایی و مهارت خاصی ساخته شده است. پس آن قایق را برداشته و به مغازه داری می فروشد. مغازه دار نیز قایق را تمیز کرده و برچسپ قیمتی روی آن می چسپاند و در ویترین مغازه می گذارد تا بفروشد. مدتی بعد پسرک از کنار آن مغازه عبور می کند. به ناگاه قایق پشت ویترین توجه او را جلب می کند. فوراً می فهمد که قایق خودش است اما هیچ راهی برای اثبات این مطلب ندارد. او می داند که اگر بخواهد قایقش را بدست آورد باید آنرا بخرد. او تصمیم می گیرد کار کند. ماشین دیگران را می شوید ، چمن زنی می کند و هر کاری که از دستش بر می آید انجام می دهد تا بتواند پول آن قایق را فراهم کند. وقتی که بالاخره موفق می شود به اندازه کافی پول جمع کند به آن مغازه رفته و قایق را می خرد. او قایق را با دستان خود می گیرد و آنرا به سینه اش می فشارد و می گوید : " اکنون مال من هستی من تو را ساختم و تو را خریدم . " خود را جای آن قایق فرض کنید. ممکن است خود را ناشایسته و بی ارزش بپندارید. شاید از خود بپرسید که آیا واقعاً برای خدا مهم هستم؟ اما خداوند امروز به شما می گوید : " تو دوباره مال من هستی . من خود تو را ساختم و بار دیگر تو را خریده ام. تو کاملاً مال من هستی . "

**خداوندا به خاطر خون بی مانند عیسی از تو متشکرم . امروز اعلام می کنم که مرا آفریده و باری دیگر خریده ای و من کاملاً متعلق به تو هستم . من با خون عیسی فدیه داده شده و از دست شیطان نجات یافته ام.آمین.**

۱۴ ژانویه

از ملکوتی به ملکوت دیگر

من با خون عیسی فدیه داده شده و از دست شیطان نجات یافته ام.

خداوند ما را نجات داده تا دیگر در دستان دشمن نباشیم بلکه در دستان او زندگی کنیم.

" پدر را شکر گوئید که شما را شایسته سهیم شدن در میراث مقدسان در قلمرو نور گردانیده است . زیرا ما را از قدرت تاریکی رهانیده و به پادشاهی پسر عزیزش منتقل ساخته است . " ( کولسیان ۱ : ۱۲ – ۱۳ )

حقیقتی آشکار وجود دارد و آن این است که خداوند ما را از قدرت تاریکی نجات داده که همان ملکوت شیطان است و ما را به پادشاهی خود در مسیح منتقل ساخته است. بنابراین ما برای همیشه فدیه داده شده و گناهان مان بخشیده شده است. ما دیگر در قلمرو شیطان نیستیم. اکنون دیگر او هیچ اقتداری بر ما ندارد. بی ایمانان و آنانی که عیسی را رد می کنند نامطیع و سرکش هستند و تحت اقتدار رسمی شیطان قرار دارند. اما ما به عنوان مسیحیان واقعی از این تاثیر و اقتدار آزاد شده ایم. حقیقت این است زمانی که توبه کرده و زندگی مان را تسلیم عیسی مسیح می کنیم در واقع روح و جان و جسم ما از ملکوت شیطان به ملکوت عیسی منتقل می شود. این ها حقایقی هستند که ما آنها را باور داریم. حقایقی که در قلمرو روحانی وجود دارند و کلام خدا در مورد آنها سخن می گوید. بنابراین از این پس با احساسات خود هدایت نمی شویم. سپر ایمان تمام قسمت های زندگی ما را محافظت می کند و هیچ تیرآتشینی نمی تواند از آن عبور کند . ( افسسیان ۶ : ۱۶ را مطالعه کنید.)

ای پدر به خاطر خون عیسی از تو متشکرم . اعلام می کنم که با خون عیسی از قلمرو تاریکی به ملکوت پسر پر محبت تو منتقل گشته ام من با خون عیسی فدیه داده شده و از دست شیطان نجات یافته ام. آمین.

# هفته ۳

## با خون عیسی تمامی گناهان من بخشیده شده است.

" در او، ما به واسطهٔ خون وی رهایی یافته‌ایم، که این همان آمرزش گناهان است، که آن را به اندازهٔ غنای فیض خود، همراه با حکمت و فهم کامل، به فراوانی به ما بخشیده است. " ( افسسیان ۱ : ۷ – ۸ )

**۱۵ ژانویه**

حقوق کامل آزادی

# با خون عیسی تمامی گناهان من بخشیده شده است.

در افسسیان ۱ : ۷ می توان ثمرهٔ خون عیسی در زندگی های مان را مشاهده کرد.

*" در او،ما به واسطهٔ خون وی رهایی یافته‌ایم،که این همان آمرزش گناهان است، که آن را به اندازهٔ غنای فیض خود،همراه با حکمت و فهم کامل، به فراوانی به ما بخشیده است."*

از طریق خون عیسی بهای گناهان ما پرداخته شده است. این آیه را با آنچه عیسی در شام آخر ( متی ۲۶ : ۲۸ ) بیان کرد مقایسه کنید. زمانی که وی پیاله شراب را که نماد خون او بود به شاگردان داد فرمود : *" این است خون من برای عهد(جدید) که به خاطر بسیاری به جهت آمرزش گناهان ریخته می شود."* در عبرانیان ۹ : ۲۲ می خوانیم که بدون ریختن خون آمرزشی وجود ندارد. پس خون عیسی ریخته شد تا گناهان ما آمرزیده شود. در افسسیان ۱ : ۷ پولس به معنای این دو آیه اشاره می کند. یعنی هم به آمرزش گناهان و هم به خون عیسی که باعث آمرزش می گردد. درک این مطلب اهمیت بسیاری دارد زیرا تنها زمانی از حقوق کامل آزادی برخوردار خواهیم شد که تمام گناهان ما با خون عیسی بخشیده شده باشد.

**خداوند آسمانی تو را به خاطر خون پر فیض عیسی شکر می کنم . اعلام می کنم چون گناهان من با خون او بخشیده شده از حقوق کامل این آزادی برخوردار هستم زیرا با خون عیسی تمام گناهان من بخشیده شده است. آمین.**

۱۶ ژانویه

تائید همه ادعاهای مان

*با خون عیسی تمامی گناهان من بخشیده شده است.*

اگر همه گناهان ما بخشیده شده است بنابر این از تمام حقوق عادل شمردگی بهره مند هستیم . اما اگر در زندگی ما گناهی توبه نشده و در نتیجه بخشیده نشده وجود دارد در آن قسمت حق قانونی و کاملی نداریم و شیطان می تواند در آن قسمت مدعی باشد. زمان آزاد سازی افراد از ارواح ناپاک بارها با این حقیقت روبرو شده ام که اگر شیطان در قسمتی حق و ادعایی داشته باشد ، آن را به راحتی از دست نمی دهد. می توانید روبروی صورت او فریاد بزنید یا یک هفته روزه بگیرید اما این کارها به هیچ وجه باعث تغییر شرایط نمی شود. زیرا شیطان می داند که در آن قسمت حقی دارد و هنوز به صورت صحیح و قانونی از او گرفته نشده است. روش دیگری که بوسیله آن ایماندار به شیطان اجازه می دهد ادعایی داشته باشد، عدم بخشش است. زیرا ما این چنین دعا می کنیم :

" قرضهای ما را ببخش زیرا ما نیز قرض داران خود را می بخشیم" ( متی ۶ : ۱۲ )

ما نباید از خداوند انتظار بخشش داشته باشیم اگر خود از بخشیدن دیگران ناتوانیم. ( آیات ۱۴ – ۱۵ را مطالعه کنید.) بنابراین اگر افرادی وجود دارند که ما هنوز آن ها را نبخشیده ایم ما نیز از سوی خداوند بخشیده نخواهیم شد. به عبارت دیگر در هر قسمت از زندگی ما که هنوز عدم بخشش وجود داشته باشد شیطان می تواند در آن قسمت مدعی شده و بر ما تأثیر بگذارد. هر کاری می خواهید بکنید! اما تا وقتی که آن فرد را نبخشید نمی توانید شیطان را از زندگی خود بیرون کنید.

**خداوند آسمانی به خاطر خون عیسی از تو متشکرم . اعلام می کنم که من کاملاً بخشیده شده ام زیرا تمامی گناهانم را اعتراف نموده و اکنون همه آن افرادی که باعث رنجش من شده اند ( نام آن افراد بر زبان بیاورید ) را می بخشم . زیرا با خون عیسی تمام گناهان من بخشیده شده است. آمین.**

### ۱۷ ژانویه

دو جنبهٔ بخشش

**با خون عیسی تمامی گناهان من بخشیده شده است.**

بخشش یکی از زیباترین لغات موجود در همه زبانها است. اما چه چیزی باعث زیبایی این واژه شده است؟ به برخی از نتایج بخشش نگاهی بیاندازید. مصالحه ، هماهنگی ، درک و مشارکت . دنیای امروز ما چقدر به این واژه ها نیازمند است. حال به برخی از نتایج عدم بخشش توجه کنید . تلخی ، جنگ ، نا هماهنگی ، نفرت و نزاع. تمامی بشریت تحت تاثیر روح های شریر قرار دارند و اگر ما می خواهیم از این شرایط رهایی یابیم تنها راه آن آموختن و به کار گیری اصول بخشش در زندگی هایمان است. کلام خدا درباره دو جهت بخشش سخن می گوید. این دو جهت توسط بزرگترین سمبل ایمان ما مسیحیان یعنی صلیب به تصویر کشیده شده است. صلیب دارای دو چوب افقی و عمودی است.این دو چوب نمایانگر دو جهت بخشش هستند. چوب عمودی نشانگر بخششی است که همه ما نیاز داریم و از سوی پدر دریافت می کنیم و تنها از طریق درک و ایمان به قربانی و قیام عیسی مسیح امکان پذیراست و چوب افقی که سمبل رابطه ما با دیگران است. این قسمت نیز دارای دو جنبه است اول اینکه دیگران ما را ببخشند و دوم ما دیگران را. یک بار دیگر باید بگویم تنها جایی که فیض و قوت لازم برای بخشیدن به ما عطا می شود همانا صلیب است.

**خدایا به خاطر خون عیسی تو را شکر می کنم . اعلام می کنم نه تنها بخشش خداوند را دریافت می کنم بلکه بخشش دیگران را می پذیرم و خود نیز آن ها را می بخشم . زیرا با خون عیسی تمام گناهان من بخشیده شده است. آمین.**

۱۸ ژانویه

پیشینه ای پاک

# با خون عیسی تمامی گناهان من بخشیده شده است.

یکی از جنبه های شگفت انگیز طبیعت خداوند این است که او ما را تمام و کمال می بخشد. کتاب میکای نبی این حقیقت را به زیبایی بیان می کند." *کیست خداوند همانند تو که گناه را می آمرزد و از نافرمانی باقیمانده میراث خویش در می گذرد ؟ خشم خود را تا به ابد نگاه نمی دارد زیرا از محبت کردن لذت می برد. بار دیگر بر ما رحم خواهد کرد و بر گناهان ما چیره خواهد شد . تو تمامی گناهان ما را به قعر دریا خواهی افکند."* ( میکا ۷ : ۱۸ - ۱۹ ) آیا این زیبا نیست؟ همه کار های اشتباهی که ما تا کنون انجام داده ایم یعنی هر چیزی که می تواند در ما احساس گناه ایجاد کند و هر ادعایی که دشمن می تواند علیه ما داشته باشد ، به قعر دریا خواهد افکند. شخصی چنین می گوید : زمانی که خداوند گناهان ما را به قعر دریا می اندازد در آن جا تابلویی قرار می دهد که بر آن نوشته شده : " ماهی گیری ممنوع ! " تا کسی دیگر نتواند آنچه خداوند دفن نموده را بار دیگر بیرون آورد. اگر خداوند شما را بخشیده پس بخشیده شده هستید. دیگر جای بحثی وجود ندارد. بخشش خداوند کامل است. در اشعیا خداوند به قوم خود چنین می گوید :

> *" من هستم ، آری من هستم که نافرمانی هایت را به خاطر خویشتن محو می سازم و گناهانت را دیگر بار به یاد نمی آورم. "* ( اشعیا ۴۳ : ۲۵ )

وقتی خداوند ما را می بخشد سابقه گناهان ما محو و پرونده ما پاک می گردد. خداوند حافظه ضعیفی ندارد اما این توانایی را دارد که هر گاه بخواهد چیزی را فراموش کند قطعا به فراموشی سپرده شود. وقتی که او کسی را می بخشد گناه او را نیز فراموش می کند.

**خداوندا تو را به خاطر خون عیسی شکر می کنم . اعلام می کنم که مرا به طور کامل بخشیده ای و پیشینه گناه آلود مرا محو ساخته و فراموش کرده ای. پس من نیز آنها را فراموش می کنم . زیرا با خون عیسی تمام گناهان من بخشیده شده است. آمین.**

۱۹ ژانویه

برکات بی حد و حصر بخشش

*با خون عیسی تمامی گناهان من بخشیده شده است.*

نوع بخششی که ما احتیاج داریم و تنها می توانیم آن را از سوی خداوند دریافت کنیم بخشش عام اوست. زمانی که بخشش خداوند شامل حال ما می شود شاهد برکات بسیاری خواهیم بود. این حقیقت شاید به بهترین و شیواترین صورت در مزمور ۳۲ بیان شده است :

" خوشابحال آن که عصیانش آمرزیده شد و گناهانش پوشانیده گردید
خوشابحال آن که خداوند خطایی به حسابش نگذارد و در
روحش فریبی نباشد ." ( آیات ۱ – ۲ )

در زبان عبری این گونه آمده : " دلایل بسیاری وجود دارد که باید به این اشخاص خوشابحال گفت ، اشخاصی که عصیانشان آمرزیده شده و گناهانشان پوشانیده شده است " و این بدان معنا است که برکات بی شماری به همراه بخشش خداوند شامل حال ما می شود.دقت داشته باشیم که کتاب مقدس به طور واضح می گوید همه ما به بخشش خداوند نیازمندیم و هیچ استثنایی هم در این باره وجود ندارد. در مزمور دیگری داود می گوید : هیچ انسان بی گناهی وجود ندارد و همه ما گناه کاریم، بنابراین همه ما به بخشش نیازمندیم. مسئله این نیست که آیا ما به بخشش نیاز داریم یا خیر بلکه مسئله این است که آیا آن را دریافت می کنیم یا خیر.

**خداوندا به خاطر خون عیسی از تو متشکرم. اعلام می کنم که به بخشش تو نیازمندم و زمانی که این بخشش نصیب من می شود برکات بسیاری به زندگی من وارد می شود. زیرا با خون عیسی تمام گناهان من بخشیده شده است. آمین.**

## ۲۰ ژانویه

به گناهانمان اعتراف کنیم.

### با خون عیسی تمامی گناهان من بخشیده شده است.

در مزمور ۳۲ داود پادشاه از تجربیات شخصی خود می نویسد :" هنگامی که خاموشی گزیده بودم استخوانهایم می پوسید از ناله ای که تمام روز بر می کشیدم . زیرا دست تو روز و شب بر من سنگینی می کرد. طراوتم به تمامی از میان رفته بود. بسان رطوبت در گرمای تابستان. سلاه . آنگاه به گناه خود نزد تو اعتراف کردم . جرمم را پنهان نداشتم . گفتم عصیان خود را نزد خداوند اعتراف خواهم کرد . "

باور دارم زمانی که داود این آیات را می نویسد قضیه بتشبع را در ذهن دارد ، همسر اوریای حِتّی . وی در شرایط بسیار بدی قرار داشت زیرا مرتکب زنا شده و برای پوشاندن رسوایی خود مرتکب قتل شده بود. داود نیز همانند بسیاری از ما به مدتی طولانی از روبرو شدن با گناه خود سرباز زده و سعی می کرد آن را انکار کند و نسبت به آن بی توجه باشد.

در آیات بعدی او تقاضاهای شخصی خود را به خداوند اعلام می کند :

" از این رو باشد که هر پیرو و سر سپرده تو در زمانی که یافت می شوی به درگاهت دعا کند حتی اگر آبهای بسیار سیلان کند هرگز بدو نخواهد رسید تو مخفیگاه من هستی تو مرا از تنگی حفظ خواهی کرد و با غریو رهایی احاطه خواهی نمود . سلاه . " ( آیات ۶ - ۷ )

هرگز برای اعتراف گناهانمان نزد خداوند و پناه گرفتن در نجات او دیر نیست. اگر به گناهان خود عارف شده و آنها را نزد خداوند اعتراف کنیم او ما را از عصیانمان نجات خواهد داد.

**خداوندا به خاطر خون عیسی از تو متشکرم. امروز اعلام می کنم چون گناهان مخفی خود را نزد تو اعتراف می کنم تو گناهان مرا می بخشی . تو مرا از تنگی حفظ کرده و مرا با غریو رهایی احاطه خواهی نمود . زیرا با خون عیسی تمام گناهان من بخشیده شده است. آمین.**

۲۱ ژانویه

شهادت شخصی

## با خون عیسی تمامی گناهان من بخشیده شده است.

" در او، ما به واسطۀ خون وی رهایی یافته‌ایم، که این همان آمرزش گناهان است، که آن را به اندازۀ غنای فیض خود،" ( افسسیان ۱ : ۷ )

با تفکر در این آیه در می یابیم که چگونه باید خون پر بهای مسیح را با زوفای شهادت و اعلام شخصی خود، بنا بر شرایطی که در آن قرار داریم به کار گیریم. این آیه به دو چیز اشاره می کند : فدیه و رهایی از گناهان . ثمراتی که در نتیجه قرار گرفتن در مسیح شامل حال ما می شود. به یاد داشته باشید که اگر بیرون از مسیح باشیم این خون برای ما هیچ ثمری نخواهد داشت. در زمان اولین فصح در مصر، خون؛ افرادی که بیرون از خانه هایشان بودند را محافظت نمی کرد. قوم اسرائیل تنها وقتی در خانه بودند امنیت داشتند و تحت محافظت خون قربانی قرار می گرفتند و امروز نیز فقط در مسیح است که ما از بخشش گناهان بهره مند می شویم. آیه ای که در بالا ذکر شده را حفظ هستیم . اگر حتی شب هنگام در اتاقی تاریک مرا از پاهایم آویزان کنند می توانم بدون هیچ مشکلی این آیه را اعتراف کنم. من با این آیه زندگی می کنم. همیشه زوفای خود را در دست نگاه می دارم. باور کنید در زندگی من انگشت شمارند روزهایی که بدون استفاده از این زوفا سپری شده اند. ثمرات اعلام این آیه در زندگیم کاملاً آشکار است.

**خداوندا تو را به خاطر خون عیسی شکر می کنم . بوسیله زوفای اعلامِ شهادت شخصی خود این خون را در زندگی خود به کار می گیرم و شهادت می دهم که با خون او من نجات یافته ام و گناهانم بخشیده شده اند .**
**زیرا با خون عیسی تمام گناهان من بخشیده شده است. آمین.**

# هفته ۴

## خون عیسی مسیح، پسر خدا همواره مرا از تمام گناهانم پاک می سازد.

*" امّا اگر در نور گام برداریم، چنانکه او در نور است، با یکدیگر رفاقت داریم و خون پسر او عیسی ما را از هر گناه پاک می‌سازد." ( اول یوحنا ۱ : ۷ )*

**۲۲ ژانویه**

فرآیندی دائمی و مستمر

## خون عیسی مسیح، پسر خدا همواره مرا از تمام گناهانم پاک می سازد.

یکی از مهمترین ویژگی های خون عیسی خاصیت پاک کنندگی آن است.

*" امّا اگر در نور گام برداریم، چنانکه او در نور است، با یکدیگر رفاقت داریم و خون پسر او عیسی ما را از هر گناه پاک می‌سازد. " ( اول یوحنا ۱ : ۷ )*

در این آیه سه فعل در زمان حال بکار رفته است. گام برداریم ، رفاقت داریم ، پاک می سازد، که فعل پاک می سازد به صورت حال استمراری بکار رفته است. به دقت به این نکته توجه کنید. اگر ما به طور مستمر و دائمی در نور گام برداریم و با یکدیگر به طور دائمی رفاقت داشته باشیم آنگاه خون عیسی دائماً ما را از هر گناه پاک می سازد.

به این نکته مهم توجه کنید که این پاک شدن به صورت شرطی به کار رفته است. اگر ما در نور کلام خدا گام برداریم یعنی از آن اطاعت کنیم اولین نتیجه این خواهد بود که می توانیم با یکدیگر رفاقت داشته باشیم. اما اگر در نور گام بر نمی داریم پس رفاقت نیز نخواهیم داشت و اگر رفاقتی نداریم قطعاً در نور گام بر نمی داریم. اما اگر در نور راه رویم و با یکدیگر رفاقت داشته باشیم در آن صورت خون عیسی دائماً ما را پاک می کند.

**ای پدر آسمانی تو را به خاطر خون عیسی شکر می کنم . اعلام می کنم**
**که می خواهم به طور مستمر در نور گام بر دارم و**
**با دیگر ایمانداران رفاقت داشته باشم و از گناهانم پاک شوم .**
**خون عیسی مسیح پسر خدا همواره مرا از تمام گناهانم پاک می سازد. آمین.**

## ۲۳ ژانویه

اکنون و اینجا پاک شوید.

### خون عیسی مسیح، پسر خدا همواره مرا از تمام گناهانم پاک می سازد.

شهادت و اعلام شخصی من درباره جمله بالا این است : اکنون در حالی که در نـــــور راه می روم ، خون عیسی مرا از تمام گناهانم پاک می سازد و این واقعه به طور مستمر رخ می دهد. به این خاطر از عبارت " مرا پاک می سازد " استفاده می کنم زیرا به کاری که هم اکنون و در اینجا انجام می شود اشاره می کند و نمی خواهم به خاطر تعمیم دادن این نکته عبارت مبهمی به کار برده باشم. برای من کار پاک شدن از گناهان همواره و در زمان حال و اینجا رخ می دهد که این کار به طور مستمر حتی در آینده نیز ادامه خواهد داشت. زبان سواحیلی که در شرق آفریقا به آن زبان سخن می گویند برای چنین افعالی زمانی خاص دارد که می توانید وقایع کامل و دائمی را با آن توصیف کنید. در این زبان سرود معروفی که درباره خون عیسی وجود دارد می گوید " خون عیسی مرا از تمام گناهانم آزاد ساخت " آنها چنین می خوانند " خون عیسی ما را کاملاً و قطعاً آزاد ساخته است." جملاتی که آنها در این سرود به کار می برند بسیار دل نشین است زیرا کار مسیح و ثمرهٔ خون او را به زیبایی تشریح می کند.مزمور ۵۱ در مورد این حقیقت به زیبایی سخن می گوید همان زمانی که داود زنا و قتل خود را نزد خداوند توبه می کند. این مزمور یکی از زیباترین مزامیر است. مزموری که خوب است هر کدام از ما گهگاهی آن را بخوانیم و آن را همچون دعایی شخصی به خداوند اعتراف کنیم، زیرا نتیجه نیکوئی را در زندگی مان حاصل خواهیم کرد. من مزامیر را روخوانی نمی کنم بلکه آن را به عنوان دعای شخصی خودم می خوانم *." با زوفا پاکم کن که طاهر خواهم شد، شستشویم کن که از برف سفیدتر خواهم شد." ( مزامیر ۵۱ : ۷ )* دقت کنید که داود در اینجا زوفا را به ما معرفی می کند . کاربرد و تفسیر این واژه این است که زوفا ابزاری برای انتقال خون به محل زندگیم است. در این مزمور دیدگاه زیبایی درباره پاک شدن با خون عیسی را مشاهده می کنیم .

**خداوندا به خاطر خون عیسی از تو متشکرم. اعلام می کنم که خون او مرا اکنون و اینجا پاک کرده و از گناه آزاد می کند و این کار را دائماً و به طور مستمر انجام می دهد . خون عیسی مسیح ، پسر خدا همواره مرا از تمام گناهانم پاک می سازد. آمین.**

**۲۴ ژانویه**

کسب شرایط لازم

## خون عیسی مسیح، پسر خدا همواره مرا از تمام گناهانم پاک می سازد.

بیائید دقیق تر به آنچه در اول یوحنا ۱ : ۷ نوشته شده نگاه کنیم .

*" امّا اگر در نور گام برداریم، چنانکه او در نور است، با یکدیگر رفاقت داریم و خون پسر او عیسی ما را از هر گناه پاک می‌سازد. " ( اول یوحنا ۱ : ۷ )*

اما این سه جز از کلام خدا چگونه با یکدیگر ارتباط دارند و با هم به کار می روند؟ راه رفتن در نور ، رفاقت با یکدیگر و پاک شدن توسط خون. بسیاری از مردم خون را بر خود اعلام می کنند اما آن ها فاقد دو ویژگی دیگر ذکر شده بالا هستند. بنابراین شرایط لازم برای دریافت آن پاکی و حفاظت را ندارند. پاک شدن توسط خون عیسی مسیح شرایطی دارد که پس از انجام دو پیش شرط به وقوع می پیوندد. این آیه با کلمه اگر شروع می شود. قرار گرفتن کلمه اگر در ابتدای جمله آن را شرطی می کند. یعنی برای ثابت شدن قسمت دوم فرضیه باید قسمت اول آن صحیح باشد. خود عیسی نور حقیقی است و اگر ما در نور گام بر می داریم آن دو نتیجه حاصل می شود و آن این است که اول با یکدیگر رفاقت خواهیم داشت و دوم توسط خون او پاک خواهیم شد.

از لحاظ منطقی اگر با یکدیگر رفاقت نداشته باشیم نشان می دهد که در نور گام بر نمی داریم و اگر در نور راه نمی رویم حق نداریم ادعا کنیم  که خون عیسی گناهان ما را پاک کرده است. بنابراین چنین نتیجه گیری می کنیم اگر رفاقت نداریم در نور نیستیم و اگر در نور نیستیم خون عیسی باعث پاک شدن گناهان ما نخواهد شد. تنها در نور است که خون عیسی می تواند ما را پاک کند این یکی از مهمترین اصولی است که باید درک کنیم.

**خداوندا به خاطر خون عیسی از تو متشکرم . اعلام می کنم که از عمق وجود می خواهم در نور راه روم. می دانم که عیسی نور حقیقی است و تصمیم گرفته ام به صورت کامل با ایمانداران دیگر در رفاقت باشم و از گناهانم پاک شوم . خون عیسی مسیح پسر خدا همواره مرا از تمام گناهانم پاک می سازد. آمین.**

## ۲۵ ژانویه

گناهان خود را در نور آشکار سازید.

**خون عیسی مسیح، پسر خدا همواره مرا از تمام گناهانم پاک می سازد.**

رفاقت جایگاهی است که نور خدا در آنجا آشکار می شود. برای همین رفاقت جائی است برای آزموده شدن. هر چه رفاقت میان دو نفر صمیمانه تر باشد نور نیز در آنجا قوی تر و شدیدتر عمل می کند تا به جایی که دیگر هیچ گوشه و زاویه ای در زندگی تان مخفی نمی ماند. هیچ سایه ای وجود ندارد و هیچ موضوعی پنهان و پوشیده نیست. برای انسان ها چنین جایی ترسناک است اما در چنین جایی است که خون عیسی به طور کامل نقش پاک کنندگی خود را ایفا می کند. اگر خواهان پاک شدن هستید باید بدانید که این پاک شدن در نور حاصل می شود. اگر در حضور خداوند در راه اشتباهی قدم بر می دارید و یا با همسایه خود مشکلی دارید در واقع به طور کامل در نور نیستید و خون عیسی هیچ جا به جز نور نقش پاک کنندگی خود را نخواهد داشت.

پس باید چه کار کنید ؟ " به نور بیائید " یعنی چه ؟ گناهان خود را اعتراف کنید. آشکارا آنها را در حضور خداوند اقرار کنید. این سخت ترین کاری است که یک انسان می تواند انجام دهد. نور بسیار درخشان و تابان است و شما ممکن است با خود چنین بیاندیشید : اوه ! آیا می توانم آن خاطره وحشتناک یا آن موضوع مخرب یا آن راز گناه آلود را به این نور بیاورم؟ انسان های عادی از این کار خودداری خواهند کرد. اما حقیقت این است زمانی که گناه وارد نور می شود محو می شود زیرا خون آنرا پاک می سازد. اما اگر گناه خود را به نور نیاورید آن را برای همیشه در خود نگاه خواهید داشت. این اصل بسیار شگفت انگیزی است که خون تنها در نور عمل می کند. چنین در نظر بگیرید که ما شرایط گام برداشتن در نور را داریم و اگر چنین باشد باید با ایمانداران دیگر نیز در رفاقت و مشارکت صحیحی باشیم و حالا حق داریم این شهادت را اعلام کنیم.

**خداوندا تو را شکر می کنم و از تو بخاطر خون عیسی متشکرم . اعلام می کنم که اکنون هر خاطره بد و گناه مخفی را در نور تو اعلام می کنم ( در این قسمت به گناهان خود اعتراف کنید ) و آنها را در مقابل نور عیسی قرار می دهم تا خون او آنها را بپوشاند . خون عیسی مسیح پسر خدا همواره مرا از تمام گناهان پاک می سازد. آمین.**

**۲۶ ژانویه**

حقیقت و اطاعت

## خون عیسی مسیح، پسر خدا همواره مرا از تمام گناهانم پاک می سازد.

مشارکت با دیگران اولین آزمونی است که مشخص می کند آیا ما در نور سالک هستیم یا خیر. اگر ما از مشارکت با ایمانداران دیگر و از مشارکت با خداوند لذت نمی بریم پس در نور نیستیم و اگر در نور نیستیم خون عیسی ما را پاک نمی کند. سئوال بعدی که مطرح می شود این است چگونه در نورگام برداریم ؟ اولین شرط لازم برای راه رفتن در نور این است که در اطاعت از کلام خدا باشیم. مزمور ۱۱۹ : ۱۵۵ می گوید :

*" نجات از شریران دور است، زیرا که جویای فرایض تو نیستند. "*

دومین چیزی که احتیاج است توسط پولس به طور خلاصه در افسسیان ۴ : ۱۵ نوشته شده است پولس در این قسمت چنین می نویسد : *" بلکه با بیان محبت‌آمیز حقیقت، از هرحیث تا به حدّ او که سر است، یعنی مسیح، رشد خواهیم کرد."* در این متن راه رفتن در نور با ارتباط ما با ایمانداران دیگر بستگی دارد و اینکه آیا با آنها با حقیقت و محبت رفتار می کنیم یا خیر. باید سعی کنیم که ارتباط مان با سایر ایمانداران بر اساس حقیقت باشد. اما باید سعی کنیم این کار را در محبت انجام دهیم. بنابراین قدم زدن در نور خداوند شامل دو عنصر مهم است که باید با یکدیگر عمل کنند. راه رفتن در اطاعت از کلام خدا و راه رفتن در حقیقت و محبت نسبت به دیگر ایمانداران. زمانی که این شرایط را در زندگی خود کسب کردیم می توانیم با اطمینان کامل بگوئیم که خون عیسی ما را از تمامی گناهانمان پاک می کند. امروزه همه نگران آلودگی اتمسفر کره زمین هستند اما اتمسفر روحانی ما نیز به خاطر گناهان بسیاری آلوده شده است. اگر می خواهیم تمیز باقی بمانیم باید اجازه دهیم خون عیسی همواره ما را پاک کند.

**خداوندا به خاطر خون عیسی از تو متشکرم . اعلام می کنم که با خون گرانبهای او پاک شده ام. زیرا بر آن شده ام که در اطاعت از کلام و در ارتباط صحیح با دیگران راه روم . خون عیسی مسیح پسر خدا همواره مرا از تمام گناهانم پاک می کند. آمین.**

**۲۷ ژانویه**

خون سخن می گوید

# خون عیسی مسیح، پسر خدا همواره مرا از تمام گناهانم پاک می سازد.

خون عیسی برای ما نتیجه ارزشمند دیگری تدارک دیده است که بسیاری از ایمانداران از آن بی خبرند. در عبرانیان ۱۲ : ۲۲ و ۲۴ چنین آمده است : "*بلکه به کوه صهیون نزدیک آمده اید به اورشلیم آسمانی که شهر خدای زنده است ... و به عیسی که واسطه عهد جدید است وبه خون پاشیده ای که نیکوتر از خون هابیل سخن می گوید*". در کوه صهیون آسمانی ، خون عیسی در قدس الاقداس و در حضور خداوند به نیابت از ما ریخته شده است. مسیح به عنوان اولین نفر به این مکان وارد شده و از طریق قربانی کردن خود نجات ابدی را برای ما مهیا نموده است و او خون را به عنوان شهادتی برای نجات ما در حضور خدای قادر مطلق یعنی خدای پدر می پاشد. تضادی در این قسمت وجود دارد که بسیار مهم است. در آغاز تاریخ بشری، قائن پسر اول آدم و حوا برادر خود هابیل را به قتل رساند. پس از آن قائن سعی کرد که از پذیرش مسئولیت کارخود فرار کند.اما خداوند با او برخورد کرد و گفت :" *هیچ راهی وجود ندارد که تو گناه خود را مخفی کنی زیرا خون برادرت از زمین نزد من فریاد بر می آورد تا انتقامش را بگیرم .*" ( پیدایش ۴ : ۱ - ۱۵ را مطالعه کنید .) اما در مقابل خون عیسی که برای گناهان ما پاشید شد در آسمان نه برای انتقام بلکه برای رحمت و بخشش فریاد بر می آورد. این خون در حضور خداوند دائماً برای انسان ها در خواست رحمت و بخشش می کند. وقتی که ما شخصاً به قدرت خون عیسی ایمان آورده و آن را بر زندگی خود اعلام می کنیم دیگر لازم نیست هر چند دقیقه یک بار این کار را انجام دهیم، زیرا خون عیسی همواره به نیابت از ما در حضورخدا سخن می گوید. هر زمانی که در مشکل هستیم و در آزمایش می افتیم و می ترسیم باید به خود یادآوری کنیم که در همین لحظه خون عیسی در حضور پدر به نیابت از من سخن می گوید.

**خداوند به خاطر خون عیسی از تو متشکرم . اعلام می کنم که اکنون خون عیسی در حضور تو، به نیابت از من در خواست رحمت و بخشش می کند . خون عیسی مسیح پسر خدا همواره مرا ازتمام گناهانم پاک می سازد. آمین.**

## ۲۸ ژانویه

### سنگهای صیقل داده شده

*خون عیسی مسیح، پسر خدا همواره مرا از تمام گناهانم پاک می سازد.*

این حقیقت که شخصی از گناهان خود توبه کرده و ادعا می کند که در مسیح نجات یافته است به این معنا نیست که او فوراً تبدیل به شخص دیگری می شود. واقعیت این است که فرایندی مهم برای تغییر آغاز می شود. اما ممکن است سالها طول بکشد تا جنبه های مختلف شخصیت آن فرد تغییر کرده و تبدیل به آن چیزی شود که مسیح می خواهد. وقتی داود برای مبارزه با جلیات برای فلاخن خود به سنگهای صیقلی نیاز داشت به پائین دره رفت. مکانی پست و نیازمند فروتنی بسیار. آنجا مکانی بود که او می توانست چنین سنگهایی را برای مبارزه بیابد. اما چه چیزی این سنگها را صاف و صیقلی نموده بود؟ دو فشار اصلی باعث شده بود تا این سنگها صیقلی شوند. اول آبی که همواره جاری بود و دوم تماس دائمی سنگها با یکدیگر. این تصویری از نحوه شکل گیری شخصیت یک مسیحی است. اول شسته شدن دائمی توسط کلام خدا ( افسسیان ۵ : ۲۶ را مطالعه کنید . ) و دوم زمانی که در ارتباط با یکدیگر سائیده می شویم . این دو کار باعث می شود لبه ها و قسمت های تیز وجودمان به مرور زمان سائیده شده و صاف و صیقلی شوند. ما سنگهای زنده هستیم و احتیاج داریم که به طور دائمی صیقل داده شویم. ( اول پطرس ۲ : ۵ را مطالعه کنید .) اجازه دهید تفسیر شخصی خود را نیز در این قسمت اضافه کنم. زمانی که عیسی برای فلاخن خود به سنگهای زنده احتیاج دارد او نیز به پائین دره می رود. یعنی به سراغ کسانی می رود که فروتن هستند. در آنجا است که وی سنگهایی را بر می گزیند که توسط عمل به کلام خدا و فشار مشارکت دائمی با دیگر ایمانداران صیقل داده شده اند. مشارکت دائمی با دیگر ایمانداران و محبت خالصانه به آنها نشانه بلوغ روحانی ما است. محبتی که تنها به خاطر وجود خودشان و جایگاهی است که هر کدام از آنها در مسیح دارند. او خون خود را برای هر کدام از این افراد ریخت.

**خداوندا به خاطر خون عیسی از تو متشکرم و فروتنانه اعلام می کنم که کلام خدا مرا شستشو داده و پاک نموده است . خود را متعهد می دانم که خواهران و برادران مسیحی خود را خالصانه محبت نمایم . خون عیسی مسیح پسر خدا همواره مرا از تمام گناهانم پاک می سازد. آمین.**

# هفته ۵

## از طریق خون عیسی من عادل شمرده شده ام و پارسا محسوب می شوم به طریقی که گویی هرگز گناهی مرتکب نشده ام.

*" پس چقدر بیشتر اکنون که توسط خون او پارسا شمرده شده ایم به واسطه او از غضب نجات خواهیم یافت ." ( رومیان ۵ : ۹ )*

### ۲۹ ژانویه

تشنه و گرسنه عدالت

**از طریق خون عیسی عادل شمرده و پارسا محسوب می شوم به طریقی که گویی هرگز گناهی مرتکب نشده ام.**

کلمه عادل شمردگی گاهی تبدیل به واژه ای خسته کننده می شود که غالباً معنای واقعی آن برای ما مبهم باقی می ماند. ابتدا به کلام خدا نگاهی می اندازیم و سپس سعی خواهیم کرد تا معنای این واژه را توضیح دهیم. موضوع اصلی کتاب رومیان عادل شمردگی است. قرنها پیش ایوب سئوالی می پرسد : *" آدمی چگونه نزد خدا پارسا شمرده شود؟ "* کتاب رومیان پاسخ این سئوال را می دهد. اگر ما به عادل شمردگی و عدالت علاقمند باشیم رساله رومیان را نیز دوست خواهیم داشت. عیسی گفت : *" خوشابحال گرسنگان و تشنگان عدالت زیرا آنان سیر خواهند شد . " ( متی ۵ :۶ )* ممکن است ما گرسنه و تشنه شفا و برکت مالی باشیم اما برکتی دریافت نکنیم. اما زمانی که گرسنه و تشنه عدالت شویم یقیناً سیر خواهیم شد.

*" پس چقدر بیشتر اکنون که توسط خون او پارسا شمرده شده ایم به واسطه او از غضب آینده نجات خواهیم یافت . " ( رومیان ۵ : ۹ )*

به این نکته دقت کنید که ما از طریق خون او است که پارسا شمرده می شویم. در هر دو زبان عبری و یونانی یک واژه برای هر دو کلمه عادل و پارسا استفاده می شود. در عبری واژه Tsadoq و در یونانی واژه dikaioo است . اما هر گونه که این دو واژه را ترجمه کنید همان معنا را دارد. در زبان انگلیسی ما از کلمه just (عدالت در قانون و حقوق ) استفاده می کنیم . اما پارسایی righteousness را به عنوان صفتی برای شخصیت و رفتار شخصی به کار می بریم. اما در کتاب مقدس چنین تفاوت معنایی وجود ندارد. عادل شمردگی با خون او همان معنای پارسا شدن با خون او را دارد.

**خداوندا به خاطر خون عیسی از تو متشکرم. اشتیاق خود را برای گرسنگی و تشنگی عدالت و پارسا شمردگی توسط خون عیسی اعلام می کنم . اعلام می کنم که از طریق خون عیسی عادل شمرده شده و پارسا گشته ام چنان که گوئی هرگز گناهی مرتکب نشده ام .آمین.**

## ۳۰ ژانویه

معنای پارسا شمردگی چیست ؟

### از طریق خون عیسی عادل شمرده و پارسا محسوب می شوم به طریقی که گویی هرگز گناهی مرتکب نشده ام.

*" پس چقدر بیشتر اکنون که توسط خون او پارسا شمرده شده ایم به واسطه او از غضب آینده نجات خواهیم یافت ." ( رومیان ۵ : ۹ )*

واژه ای که پارسا شمردگی ترجمه شده دارای طیف وسیعی از معانی مختلفی است. در رابطه با عدالت این کلمه دارای معنای حقوقی و قانونی است یعنی اول این که ما محاکمه و تبرئه گشته ایم. این خبرِ مسرت بخشی است. لحظه ای فکر کنید که شخصی به اتهام قتل محاکمه می شود. پس از آنکه می فهمد تبرئه شده چه احساسی خواهد داشت؟ لحظه ای سعی کنید حس او را درک کنید. ما نیز باید این گونه شاد باشیم. دوم اینکه دیگر گناهکار نیستیم و سوم اینکه در حضور خداوند عادل شمرده شده ایم. افراد بسیاری هستند که وقتی معنای این واژه را درک می کنند به آن بسنده کرده و همان جا متوقف می شوند. در حالی که من به شما اطمینان می دهم معنای این واژه بسیار فراتر از این مفاهیم است. خون عیسی نه تنها باعث می شود که عادل شمرده شویم بلکه در واقع ما را عادل و پارسا می گرداند. پس ما عادل شمرده می شویم چنان که گوئی هرگز گناهی مرتکب نشده ایم. ما بوسیله عدالت مسیح عادل شمرده می شویم. مسیحی که هیچ اثری از شرارت و تاریکی در گذشته او وجود ندارد. کسی که شیطان هیچ ادعایی نمی تواند علیه او وارد کند و این عدالت به حساب ما گذاشته می شود . توسط پارسایی مسیح است که ما پارسا شمرده می شویم و توسط عدالت او است که ما تبرئه می شویم. یعنی هیچ گناه و هیچ مشکلی در گذشته ما وجود ندارد تمام آنها پاک شده اند.

**خداوندا برای خون عیسی از تو متشکرم . اعلام می کنم که از طریق خون عیسی عادل شمرده شده و پارسا گشته ام چنان که گوئی هرگز گناهی مرتکب نشده ام .آمین.**

## ۳۱ ژانویه

### پارسا و عادل

از طریق خون عیسی عادل شمرده و پارسا محسوب می شوم به طریقی که گویی هرگز گناهی مرتکب نشده ام.

" پس چقدر بیشتر اکنون که توسط خون او پارسا شمرده شده ایم به واسطه او از غضب آینده نجات خواهیم یافت . " ( رومیان ۵ : ۹ )

هر جا که در کتاب مقدس با کلمه عادل برخورد می کنیم می توانیم واژه پارسا را جایگزین کنیم، هم برای عهد عتیق عبری و هم برای عهد جدید یونانی. مترجمان یکی از ترجمه های معروف انگلیسی به نام کینگ جیمز متناوباً از کلمات پارسا و عادل هم در عبری و هم یونانی استفاده نموده اند. آنان سعی کردند که از کلمه عادل در جاهایی که متن به موضوعات قانونی اشاره می کند استفاده کنند و از واژه پارسا در جاهایی که متن در مورد زندگی عملی و شخصیت ما صحبت می کند استفاده کنند. اما هر دوی این کلمات یکی هستند و دارای معنای یکسانی می باشند. ما در زمان استفاده از کلمه عادل شمردگی دچار مشکل می شویم. این واژه اغلب در مورد محاکمه هایی به کار می رود که مربوط به داوری آسمانی است. اما این تنها یک جنبه از معنای این واژه است جنبه دیگر آن است که شخصی باعث عادل شمرده شدن و تبرئه شدن شخص دیگری می شود. عادل شمردگی یعنی عادل شدن و جاری شدن عدالت آسمانی به زندگی های ما، به خانه های ما، محل کارمان و روابط شخصی مان. وقتی واژه تبرئه شدن و عدالت را بکار می بریم به یاد آن قوانین و اعلام هایی می افتیم که در دادگاه های قانونی به کار گرفته می شود. کلام خداوند می گوید که ما بوسیله خون عیسی عادل شمرده می شویم ( این ترجمه ای کامل و رسمی برای این واژه مبارک است. ) ما نمی توانیم خود را عادل بدانیم اگر واقعاً عادل شمرده نباشیم. عادل شمردگی چیزی فراتر از یک مراسم قانونی یا تغییر ظاهر انسانها است. عادل شمردگی تغییری است که در شخصیت و زندگی ما اتفاق می افتد و تنها از طریق خون عیسی حاصل می شود. ما بواسطه عدالتی که از آن ما نیست عادل شمرده می شویم عدالتی که تنها متعلق به عیسی مسیح است.

**خداوندا به خاطر خون عیسی از تو متشکرم چون با آن عادل شمرده شده ام. عدالتی که متعلق به من نیست. از طریق خون عیسی عادل شمرده شده و پارسا گشته ام چنان که گوئی هرگز گناهی مرتکب نشده ام . آمین.**

**۱ فوریه**

به رایگان پارسا شمرده شده ایم.

**از طریق خون عیسی عادل شمرده و پارسا محسوب می شوم به طریقی که گویی هرگز گناهی مرتکب نشده ام.**

*" اما به فیض او به واسطه آن بهای رهایی که در مسیح عیسی است به رایگان پارسا شمرده می شوند ." ( رومیان ۳ : ۲۴ – ۲۵ )*

بسیار خوشحال هستم که واژه رایگان در این متن آمده است. مشکل افراد مذهبی این است که همواره سعی می کنند با تلاش خود نجات را حاصل کنند و هرگز هم موفق نمی شوند. آنها هرگز آرام نمی شوند. هرگز از شرایط خود راضی نیستند زیرا فکر می کنند باید کمی بیشتر برای عادل شدن خود تلاش کنند و این تلاش آنها هرگز نتیجه نمی دهد. ما تنها از طریق ایمان به خون عیسی است که عادل شمرده می شویم. بیائید به رومیان ۴ :۴ نگاه کنیم. *" اما کسی که کار می کند ( فرد مذهبی ) مزدش حق او شمرده می شود نه هدیه."* بسیاری از مردم فکر می کنند اگر درست زندگی کنند و به وظایف خود عمل نمایند خداوند مدیون است که آن ها را عادل و پارسا بشمارد خداوند به آن ها بدهکار است و این نتایج حق آن ها است. اما واقعیت مسلم این است که خداوند هیچ چیزی به هیچ کسی مدیون نیست. به آیه ۵ توجه کنید . *" اما آن که کاری نمی کند بلکه به خدایی توکل می دارد که بی دینان را پارسا می شمارد ایمان او برایش پارسایی به شمار می آید."* اولین کاری که باید بکنید این است که از تلاش انسانی برای بدست آوردن عدالت دست بکشید. دست از تلاش برای کمی بهتر بودن بردارید. مدتی همه این کارها را متوقف کنید . تنها کاری که باید انجام دهیم این است که ایمان داشته باشیم به همین سادگی. در غیر این صورت هرگز موفق نخواهیم شد در حضور خداوند در عدالت بایستیم .

**ای خداوند به خاطر خون عیسی از تو متشکرم. اعلام می کنم که توسط فیض او به رایگان پارسا شمرده شده ام . من بر او که مرا عادل می سازد ایمان دارم و ایمانم برایم پارسایی محسوب می شود. از طریق خون عیسی عادل شمرده شده و پارسا گشته ام چنان که گوئی هرگز گناهی مرتکب نشده ام . آمین.**

**۲ فوریه**

شجاعتی که از عادل شمردگی سرچشمه می گیرد.

## از طریق خون عیسی عادل شمرده و پارسا محسوب می شوم به طریقی که گویی هرگز گناهی مرتکب نشده ام.

خداوند افرادی را که عادل و پارسا نیستند، پارسا می گرداند. این کلام خداوند است و من به آن ایمان دارم. بیائید به آیه ساده ای نگاه کنیم که تائیدی بر این حقیقت است :*" او کسی را که گناه را نشناخت در راه ما گناه ساخت تا ما در وی پارسایی خدا شویم ." ( اول قرنتیان ۵ : ۲۱ )* در این آیه می خواهم به جای ضمایر اسمهایی را جایگزین کنم :" خدا عیسی را که گناه را نشناخت برای من و تو گناه ساخت تا ما در عیسی پارسایی خدا شویم . " در این قسمت تبادلی پیچیده رخ می دهد.عیسی به خاطر گناهکار بودن ما گناه شد تا ما به خاطر عادل بودن او عادل شمرده شویم . این عدالت از طریق ایمان به خون او برای ما حاصل می شود .عدالت نتایج قابل مشاهده، فوری و قطعی دارد . بیائید یکی از این نتایج که در کلام خدا بدان اشاره شده است را بررسی کنیم . در واقع روش زندگی ما، دیدگاهای ما، روابط ما ، ثمر بخشی زندگی ما و اعمالی که برای خدمت انجام می دهیم همه وهمه به آن بستگی دارد که چقدر متوجه این حقیقت شده ایم که ما از طریق او عادل شمرده شده ایم . ما در امثال ۲۸ : ۱ می خوانیم*" شریران می گریزند حتی آنگاه که تعقیب کننده ای نیست اما پارسایان همچون شیر شجاعند ."* امروزه بسیاری از مسیحیان شجاعت لازم را ندارند. آنها کمرو و تدافعی هستند و زمانی که با شریر یا دنیای شرارت روبرو می شوند عقب نشینی می کنند. ریشه اصلی این مشکل در آنجا است که آن ها به این حقیقت که در حضور خداوند عادل شمرده شده اند ایمان ندارند و باور ندارند که به همان اندازه که عیسی در حضور پدر عادل است آنها نیز عادل محسوب می شوند. زمانی که ما قدر این حقیقت را در زندگی خود بدانیم جسارت وشجاعت لازم را بدست خواهیم آورد.

**خداوندا به خاطر خون عیسی از تو متشکرم. اعلام می کنم که به خاطر عدالت او است که عادل شمرده می شوم و با ایمان و جسارتی که درک حقیقت عادل شمردگی برایم به ارمغان آورده قدم بر می دارم . از طریق خون عیسی عادل شمرده شده و پارسا گشته ام چنان که گوئی هرگز گناهی مرتکب نشده ام .آمین.**

## ۳ فوریه

### آرامش و آمنیت

**از طریق خون عیسی عادل شمرده و پارسا محسوب می شوم به طریقی که گویی هرگز گناهی مرتکب نشده ام.**

یکی دیگر از نتایج عادل شمردگی ایمانداران را در کتاب اشعیا می خوانیم :

*" ثمره عدالت سلامتی خواهد بود و نتیجه عدالت آرامی و امنیت تا ابدالاباد .* ( اشعیا ۳۲ : ۱۷ )

در این آیه به سه ثمره عدالت اشاره شده است. سلامتی، آرامی و آمنیت . با درک این حقیقت که ما بوسیله عدالت عیسی مسیح عادل شمرده شده ایم این سه ثمره در زندگی ما حاصل می شود. نتیجه دیگر این عدالت در رومیان ۱۴ : ۱۷ آمده است ." *زیرا پادشاهی خدا خوردن و نوشیدن نیست بلکه پارسایی آرامش وشادی روح القدس است.* " در مطالعه دیروز دریافتیم که عدالت برای ما شجاعت به بار می آورد. امروز آرامی و آمنیت و سلامتی و شادی را نیز به این ثمرات اضافه می کنیم . تمام اینها میوه های عدالت هستند. اگر ما عدالت مسیح را با ایمان دریافت نکنیم همواره در کشمکش خواهیم بود. چون باید تمام این خصوصیات را با اعمال خود حاصل کنیم که هرگز نیز به آنها دست نخواهیم یافت. بسیار متاثرکننده است وقتی شاهد هستیم که بسیاری از مسیحیان سعی می کنند با کارهای خود شاد و آرام باشند و احساس آمنیت کنند. شاید کسی به آن ها گفته است که باید این گونه رفتار کنند. اما بنابر تجربه من زمانی که فردی حقیقتاً در می یابد که بخشیده و توسط ایمان عادل شمرده شده است خواهد دید که این نتایج به خودی خود در زندگی اش ایجاد شده اند. شادی به طور طبیعی جاری می شود. آرامش بدون هیچ تلاشی ایجاد می گردد همواره آمنیت در زندگی اش حاکم است و می تواند جسارت خود را در کارهای مختلف آشکار بسازد. قضیه اصلی در اینجا است که بتوانیم مردم را در درک این موضوع که توسط عدالت عیسی مسیح عادل شمرده شده اند کمک کنیم.

**خداوندا برای خون عیسی از تو متشکرم. اعلام می کنم که با عدالت عیسی عادل شمرده شده ام وبا ایمان در آرامی امنیت و شادی قدم بر می دارم. ثمراتی که با درک این عادل شمردگی در زندگی ام جاری می شود . از طریق خون عیسی عادل شمرده شده و پارسا گشته ام چنان که گوئی هرگز گناهی مرتکب نشده ام . آمین.**

**۴ فوریه**

اعتراف نیکو

***از طریق خون عیسی عادل شمرده و پارسا محسوب می شوم به طریقی که گویی هرگز گناهی مرتکب نشده ام.***

افراد مذهبی فکر می کنند اگر به این که چقدر گناهکارند بیشتر اشاره کنند مقدس تر به نظر می آیند. دیدگاه مردم این است که اگر ما اعلام کنیم عادل هستیم متکبر به نظر خواهیم آمد و اگر دائماً از شکست ها و گناهان مان سخن بگوئیم بیشتر مذهبی خواهیم بود و نشان خواهیم داد که چه قدر از غرور و تکبر مبرا هستیم. چون از کارهای اشتباه خود می گوئیم. در کلیسایی که من در آنجا بزرگ شده ام هر یکشنبه باید این جملات را تکرار می کردیم . " ما خطا کاران بیچاره را عفو فرما ". همیشه فکر می کردم که نمی خواهم خطاکاری بیچاره باشم اما زمانی که به خطا کاران دیگر نگاه می کردم به یقین می دانستم که همه ما متخلفان تیره بختی هستیم. اما نهایتاً با خود چنین می گفتم : اگر تمام کاری که مذهب می تواند برای من بکند این است که مرا بدبخت جلوه دهد من می توانم بدون مذهب هم خطا کار و بدبخت باشم و حداقل تا این حد بیچاره به نظر نرسم. اما وقتی که خداوند را ملاقات کردم تبدیل به فردی بدون هیچ گرایش و تمایلات مذهبی شدم. زبان افراد مذهبی دائماً چنین می گوید : " ما خطاکاران بیچاره ای هستیم. ما مانند گوسفندان گم شده از راههای خداوند تمرد کرده و از آن دور گشته ایم . کارهایی را مرتکب شده ایم که هرگز نباید انجام شان می دادیم و کارهایی را که باید به جا می آوردیم انجام نداده ایم." اکنون دیگر این کلمات را بر زبان نمی آورم . زیرا این عمل ریاکاری است. زیرا چطور می توانم صبح دوشنبه برای پیروزی بر گناه دعا کنم با علم به اینکه یکشنبه آینده خواهم گفت که من منحرف و متمرد بوده ام و چگونه اعتراف کنم کارهایی انجام داده ام که نباید می کردم و از کارهایی که باید انجام شان می دادم غافل شده ام؟ این اعتراف اساس ایمان مرا زیر سئوال خواهد برد. با اینکه این اعترافات بسیار خوب و پارسا منشانه به نظر می رسند اما بیائید اعترافات خود را با کلام خدا هم راستا کنیم و به آن ایمان داشته باشیم.

**خداوندا، پدر پر جلال آسمانی، تو را برای خون بی نظیر عیسی شکر می کنم.**
**اعترافات خود را هم راستا با کلام تو گردانیده و اعلام می کنم که**
**من از طریق خون عیسی عادل شمرده شده و پارسا گشته ام**
**چنان که گوئی هرگز گناهی مرتکب نشده ام .آمین.**

## هفته ۶

## با خون عیسی تقدیس شده و مقدس گشته ام و برای کار خداوند جدا شده ام.

" به همین سان عیسی نیز بیرون از دروازه شهر رنج کشید با خون خود قوم را تقدیس کند ." ( عبرانیان ۱۳ :۱۲ )

**۵ فوریه**

تقدیس شدن به چه معنا است ؟

## با خون عیسی تقدیس شده و مقدس گشته ام و برای کار خداوند جدا شده ام.

تقدیس یکی دیگر از واژه های ثقیل الهیاتی است. بیائید آن را بیشتر بشکافیم. تقدیس کردن در زبان اصلی کتاب مقدس رابطه مستقیمی با واژه مقدس دارد. بنابراین " تقدیس " یعنی " مقدس نمودن ". کلمه تقدیس با واژه قدیس نیز ارتباط دارد و از همان ریشه است. تقدیس فرآیندی است که در آن چیزی پاک و مقدس می شود.

*" به همین سان عیسی نیز بیرون از دروازه شهر رنج کشید تا با خون خود قوم را تقدیس کند. " ( عبرانیان ۱۳ : ۱۲ )*

عیسی به عنوان قربانی گناه به بیرون از شهر رفت. ( یوحنا ۱۹ : ۱۶ – ۲۰ را مطالعه کنید. ) با توجه به عهد عتیق می دانیم که قربانی گناه نمی توانست در میان قوم خدا تقدیم شود. (خروج ۲۹ : ۱۴ را مطالعه کنید.) تقدیس همیشه با خود جدا شدن را به همراه داشت. برای اینکه بتوانیم در حضور خدا پاک و مقدس شویم باید اعترافی صحیح داشته باشیم . " از طریق خون عیسی من تقدیس شده و مقدس گشته ام و برای خداوند جدا شده ام . "

شخصی که تقدیس شده در قلمرویی قرار می گیرد که خداوند می تواند در آن حیطه به او دسترسی داشته باشد و نه شیطان. تقدیس شدن به معنای خارج شدن از حیطه دید و دسترس شیطان و قرار گرفتن در قلمروئی است که فرد در دسترس خداوند قرار می گیرد. او دیگر در آن خانه ای نیست که شیطان می خواست و برای او در نظر گرفته بود. این معنای تقدیس شدن است : پاک شدن و جدا شدن برای خداوند.

**خداوند پر جلال آسمانی تو را برای خون پر قوت عیسی شکر می کنم.
اعلام می کنم که از طریق خون عیسی تقدیس شده مقدس گشته و
برای خداوند جدا شده ا م. آمین.**

## ۶ فوریه

### احترامی شایسته خون عیسی

*با خون عیسی تقدیس شده و مقدس گشته ام و برای کار خداوند جدا شده ام.*

در بررسی خود در مورد قوت خون تقدیس کننده مسیح می خواهیم به متنی از عبرانیان نگاه کنیم که در آن سخن درباره اشخاص مرتد است. شخصی که از ایمان مسیحی خود برگشته و با آنکه خداوند عیسی را می شناسد او را انکار کرده و ردش می کند. این قسمت از کلام خداوند درباره موضوعات مقدسی سخن می گوید که چنین اشخاصی آن ها را انکار کرده و پایمال شان می کنند.

> " حال به گمان شما چقدر بیشتر کسی که پسر خدا را پایمال کرده و خون عهدی را که بدان تقدیس شده بود پاک شمرده و به روح فیض بی حرمتی روا داشته سزاوار مجازاتی سخت تر خواهد بود؟ " ( عبرانیان ۱۰ : ۲۹ )

در این متن آشکارا می بینیم که با خون عهد، تقدیس شده ایم اما در اینجا به فردی اشاره می شود که با خون عهد تقدیس شده اما از آن رویگردان می شود . بیائید نگاهی دقیق تر به معنای پایمال کردن خون عیسی بیاندازیم. این قسمت دقیقاً در ارتباط با عید فصحی است که در آن خون باید بر سر در و قائمه در مالیده می شد. اما هرگز نباید بر آستان یعنی در قسمت ورودی در ریخته می شد. ما نیز هرگز نباید نسبت به خون عیسی بی حرمتی کرده و آن را پایمال کنیم .

**خداوندا به خاطر خون عیسی از تو متشکرم. احترام عمیق خود را نسبت به خون عهد اعلام می کنم . از طریق خون عیسی تقدیس شده مقدس گشته و برای خداوند جدا شده ام. آمین.**

**۷ فوریه**

انتقال کامل

## با خون عیسی تقدیس شده و مقدس گشته ام و برای کار خداوند جدا شده ام.

درست همانند عادل شمردگی تقدیس نیز بوسیله تلاش های ما یا مذهب حاصل نمی شود. بلکه تنها از طریق ایمان به خون عیسی است. تقدیس شدن به معنی جدا شدن برای خداوند است. یعنی ما اکنون متعلق به خدا هستیم، تحت کنترل او بوده و در دسترس و حیطه او قرار داریم و هر آنچه که از خداوند نیست حق ندارد به ما نزدیک شود. زیرا خون عیسی مانع از دست یابی آن به ما می شود.

*" پدر را شکر گویید که شما را شایستهٔ سهیم شدن در میراث مقدّسان در قلمرو نور گردانیده است. زیرا ما را از قدرت تاریکی رهانیده و به پادشاهی پسر عزیزش منتقل ساخته است، " (کولسیان ۱ : ۱۲ -۱۳)*

از طریق ایمان به خون عیسی ما از قلمرو شیطان خارج شده و به ملکوت خداوند منتقل شده ایم. واژه " انتقال " به معنای این است که چیزی از جایی برداشته و جای دیگری گذاشته شود. در کلام خدا از این واژه برای رساندن مفهوم جابه جایی کامل استفاده می شود. در عهد عتیق دو مرد به نامهای ایلیا و خنوخ وجود دارند که از زمین به آسمان منتقل شدند. هر دوی آنها کاملاً به آسمان ربوده شدند. تنها چیزی که ایلیا از خود بر زمین باقی گذاشت ردایش بود. اما بدنش به صورت کامل منتقل شد و ما نیز به صورت کامل منتقل شده ایم. در آینده منتقل نخواهیم شد بلکه منتقل شده ایم یعنی روح و جان و جسم ما منتقل گشته است. حال دیگر در قلمرو شریر نیستیم و دیگر قوانین ملکوت شرارت بر ما حاکم نیست. ما تحت قلمرو پسر خدا و تحت قوانین او زندگی می کنیم .

**پدر پر محبت آسمانی تو را برای خون عیسی شکر می کنم. اعلام می کنم که با ایمان به خون عیسی به طور کامل از قلمرو شیطان به ملکوت پسرت منتقل شده ام و از طریق خون عیسی تقدیس شده مقدس گشته و برای خداوند جدا شده ام. آمین.**

## ۸ فوریه

### باز خرید کامل

### با خون عیسی تقدیس شده و مقدس گشته ام و برای کار خداوند جدا شده ام.

در رومیان درباره دو پادشاهی با قوانین متضاد سخن گفته می شود. قوانین شیطان که قوانین گناه و مرگ هستند و قوانین پادشاهی خداوند که قوانین روح حیات در مسیح است.

" زیرا در مسیح قانون روح حیات مرا از قانون گناه و مرگ آزاد کرد ." ( رومیان ۸ : ۲ )

ما دیگر تحت تسلط شیطان نیستیم. قوانین ملکوت او دیگر بر ما تاثیری ندارد. زیرا ما متعلق به پادشاهی دیگری هستیم. تمامیت وجود ما یعنی روح و جان و جسم ما به پادشاهی جدیدی منتقل شده است. این تبادل ازطریق خون عیسی اتفاق می افتد و توسط خون اوست که ما تقدیس شده پاک گشته و برای خداوند جدا می شویم. اکنون ببینیم که معنی این انتقال برای جسم یک ایماندار به چه معنایی است؟ به این آیه دقت کنید :

" آیا نمی دانید که بدن شما معبد روح القدس است که در شما است و او را از خدا یافته اید ؟ و دیگر از آن خود نیستید ؟ به بهایی خریده شده اید پس خدا را در بدن خود تجلیل کنید." ( اول قرنتیان ۶ : ۱۹ – ۲۰ )

واژهٔ به " بهایی خریده شده اید " ما را به موضوع باز خرید بازمی گرداند. ما بوسیله خون مسیح از دستان شیطان باز خرید شده ایم . چه قسمت از وجود ما باز خرید شده است ؟ آیا تنها روح ما باز خرید شده است؟ خیر هم روح و هم بدن های ما متعلق به خداوندمان عیسی است. زیرا او توسط خون خود بهای کامل آزادی ما را پرداخته و ما را فدیه داده است .

**پدر جان تو را بخاطر خون با ارزش عیسی شکر می کنم . اعلام می کنم که به طور کامل از پادشاهی شیطان خریداری شده و به پادشاهی خداوند منتقل گشته ام . روح و جسم من متعلق به خداست زیرا عیسی بهای کامل آزادی مرا پرداخته و مرا با خون گرانبهای خود خریده است . از طریق خون عیسی تقدیس شده پاک گشته ام و برای خداوند جدا شده ام. آمین.**

## ۹ فوریه

### نقشه خداوند برای مقدس نمودن ما

*با خون عیسی تقدیس شده و مقدس گشته ام و برای کار خداوند جدا شده ام.*

می دانیم که در زبان اصلی واژه تقدیس با کلمه قدیس ارتباط مستقیمی دارد. نقشه خداوند برای ما این است که ما را مقدس گرداند. قدوسیت یکی از ویژه گی های خاص ذات خداست. ذات خداوند دارای صفات بی نظیری است. صفاتی از قبیل محبت، قدرت، حکمت و بسیاری از ویژه گی های متعال دیگر. اما تمام این صفات دارای ماهیتی هستند که می توان گفت به صورت غیر مستقیم در وجود انسانها منعکس شده است. ما محبت را در انسان ها می بینیم. افرادی را می شناسیم که قوی هستند. انسانهایی را ملاقات می کنیم که حکیم هستند. البته این ویژه گی ها در سطحی پائین تر از آنچه در وجود خداوند است مشاهده می شوند. اما حداقل ما در مورد اینکه این صفات چه هستند تصویری در ذهن خود داریم. اما زمانی که درباره قدوسیت سخن به میان می آید بر زمین هیچ چیزی وجود ندارد که ما بتوانیم به عنوان ملاک سنجش قدوسیت خدا از آن استفاده کنیم. قدوسیت خداوند منحصر به فرد است. قدوسیت ویژگی است که خارج از او یافت نمی شود. باور کنید شما می توانید میزان شناخت تان از خداوند را بر اساس شناخت قدوسیتش بسنجید. این مطلب را این چنین بازگو می کنم. خداوند را برای نیکویی اش شکر می کنیم او را برای عظمتش ستایش می کنیم و برای قدوسیتش می پرستیم. پرستش ما واکنشی است در مقابل قدوسیت او. خداوند در عهد عتیق می فرماید :" زیرا من یهوه خدای شما هستم پس خود را تقدیس کنید و مقدس باشید زیرا که من قدوسم. خود را با هیچ جنبنده ای که بر زمین می خزد نجس مسازید ." ( لاویان ۱۱ : ۴۴ ) و در عهد جدید پطرس یک بار دیگر کلام خداوند را بازگو می کند و چنین می نویسد :

" چرا که نوشته شده است مقدس باشید زیرا من قدوسم." ( اول پطرس ۱: ۱۶ )

اما در این دو آیه به دو روش متفاوت به یک نکته اشاره شده است. این دو روش را در روزهای آینده با یکدیگر مقایسه می کنیم. یکی در عهد عتیق است و دیگری در عهد جدید.

**خداوندا به خاطر خون عیسی از تو متشکرم . اعلام می کنم که تو قدوس هستی و شایسته پرستش. از طریق خون عیسی تقدیس شده و مقدس گشته ام و برای خداوند جدا شده ام. آمین.**

## ۱۰ فوریه

روشی فراتر از یک سری قوانین

**باخون عیسی تقدیس شده و مقدس گشته ام و برای کار خداوند جدا شده ام.**

بیائید به روشی که در عهد عتیق افراد خود را تقدیس می کردند نگاه کنیم . خداوند فرمود :" *خود را تقدیس کنید و مقدس باشید زیرا که من قدوسم ....* " *( لاویان ۱۱ : ۴۴ )* تمام باب ۱۱ کتاب لاویان لیستی از قوانین پیچیده مذهبی است درباره خوردن و پوشیدن و آنچه که فردی را نجس و ناپاک می گرداند. آنچه خداوند از قوم خود می خواهد این است:" *خود را تقدیس کنید* " ( لاویان ۱۱ : ۴۴ ) اما با نگاه به این باب در می یابیم که حفظ تقدس سخت و بسیار پیچیده بود و مستلزم انجام یک سری قوانین دشوار مذهبی بود.

> *" از میان جنبندگان کوچکی که بر زمین می جنبند اینها بر شما حرامند . راسو ، موش ، هر نوع سوسمار از قبیل مارمولک سوسمار زمینی ، سوسمار معمولی ، بزمجه و آفتاب پرست . اینها از میان تمام جنبدنگان کوچک بر شما حرامند. هر که به مرده آنها دست بزند تا شامگاه نجس خواهد بود ." ( لاویان ۱۱ : ۲۹ - ۳۱ )*

برای مثال بر اساس این قانون اگر موش در خانه شخصی بمیرد و آن شخص آن موش را از دمش بردارد تا شامگاه نجس به شمار خواهد آمد. در ادامه این متن در باره این موضوع سخن می گوید که اگر لاشه هر یک از این حیوانات بر شئی یا لباسی بیافتد چگونه باید آن لباس یا شئی را طاهر کرد. حفظ تمام این قوانین مانند شغلی تمام وقت بود. خداوند فرمود : " اگر در حفظ تمام این قوانین موفق شوید مقدس خواهید بود ." اما اگر شما می خواهید قدوسیت را از طریق انجام یک سری قوانین مذهبی بدست آورید نکته مهم اینجاست که باید همه آن قوانین را همیشه حفظ کنید. هرگز نمی توانید یکی از آن قوانین را تحت هیچ شرایطی حذف کنید. اما خدا را شکر می کنم که وی طریقی بهتر را برای ما برگزید و مهیا نمود. زیرا حفظ تمام این قوانین برای انسان های گناهکار غیر ممکن بود.

**خداوند پر از رحمت، تو رابه خاطر خون نجات بخش عیسی شکر می کنم . اعلام می کنم که نقشه و هدف تو این است که مرا مقدس بگردانی اما نه با حفظ یک سری قوانین بلکه با خون عیسی که از طریق آن من تقدیس شده و مقدس گشته ام و برای خداوند جدا شده ام. آمین.**

## ۱۱ فوریه

### تقدیس بوسیله ایمان

*با خون عیسی تقدیس شده و مقدس گشته ام و برای کار خداوند جدا شده ام.*

می توانیم بگوئیم زمانی شاهد بیداری روحانی خواهیم بود که قوم خدا بیش از آنکه علاقه به شفا داشته باشد به مقدس بودن توجه کند. الویت های ما اشتباه هستند. اگر در جلسه ای شفایی اتفاق بیافتد سیلی از جمعیت وارد آن کلیسا می شوند اما اگر شروع به تعلیم درباره تقدس کنیم شمار شرکت کنندگان کاهش خواهد یافت. واقعیت امر این است که تقدس بسیار مهم تر از شفا است. شفا رخدادی موقتی است و تنها به شما کمک می کند تا بتوانید زندگی زمینی را بهتر سپری کنید. خدا را برای شفا شکر می کنم اما تقدس مفهومی است ابدی و در آسمان تا به ابد همراه شما خواهد بود. باید به قوت روح خداوند اتفاقی در ما رخ دهد تا ارزشها و ملاک های ما نسبت به مسائل روحانی تغییر یابد." اکنون شما را به خداوند به کلام فیض او می سپارم که قادر است شما را بنا کند و در میان جمیع کسانی که تقدیس شده اند میراث ببخشد." ( اعمال ۲۰ : ۳۲ ) میراث متعلق به آنانی است که تقدیس شده اند. در این متن ذکر شده است که کلام خداوند می تواند شما را به آن میراث برساند. اما چگونه تقدس با روش بهتری که خداوند در عهد جدید برگزیده ، حاصل می شود؟ زمانی که عیسی برای اولین بار خود را به شائول که بعداً به پولس تبدیل شد آشکار کرد به او ماموریت می بخشد و می گوید:

*" من تو را رهایی خواهم بخشید از دست قوم خودت و از دست غیر یهودیانی که تو را نزدشان می فرستم تا چشمانشان را بگشایی تا از تاریکی به سوی خدا بازگردند ، آمرزش گناهان یافته در میان کسانی که با ایمان به من مقدس شده اند نصیبی بیابند . ( اعمال ۲۶ : ۱۷ - ۱۹ )*

اگر ما همه قوانین عهد عتیق را در هر زمان و هر مکانی همواره حفظ کنیم مقدس خواهیم بود. بار دیگر باید بگویم که این کار برای انسانهای گناهکار غیر ممکن است. روش دیگر کاملاً متفاوت از روش نخست است. یعنی تقدسی که نه بوسیله حفظ یک سری قوانین بلکه بوسیله ایمان به عیسی حاصل می شود.

**خداوند پر از رحمت تو را به خاطر خون عیسی شکر می کنم. ایمان خود را به عیسی اعلام می کنم و تائید می کنم که از طریق خون او است که تقدیس شده و مقدس گشته ام و برای خداوند جدا شده ام. آمین.**

# هفته ۷

بدن من هیکل روح القدس است که توسط خون عیسی فدیه داده شده و پاک گشته است.

" آیا نمی دانید که بدن شما معبد روح القدس است که در شماست و او را از خدا یافته اید و دیگر از آن خود نیستند؟ ( اول قرنتیان ۶ : ۱۹ )

۱۲ فوریه

روح القدسی که در ما ساکن است.

**بدن من، هیکل روح القدس است که توسط خون عیسی فدیه داده شده و پاک گشته است.**

یکی از ویژگی های بارز هر ذی شخصیتی توانایی سخن گفتن اوست. در روز پنطیکاست زمانی که روح القدس از آسمان نزول کرد شروع به سخن گفتن از طریق رسولان نمود. با این کار او مشخص نمود که به عنوان یک وجود دارای شخصیت بر زمین خواهد آمد و در ما مسکن خواهد گزید. او اکنون نماینده شخصی و دائمی الوهیت است که بر زمین ساکن است. پس از پنطیکاست هر گاه روح القدس می خواهد که به عنوان یک شخصیت در وجود یک ایماندار ساکن شود حضور خود را بوسیله سخن گفتن به صورت ماورالطبیعی آشکار می کند. در واقع او با این کار چنین می گوید که اکنون شما می دانید که من به عنوان یک شخصیت اینجا در جسم شما ساکن شده ام.

به همین دلیل در اول قرنتیان ۶ : ۱۹ پولس می گوید :

" آیا نمی دانید که بدن شما معبد روح القدس است که در شما است و او را از خدا یافته اید و دیگر از آن خود نیستید ؟ "

او تاکید می کند که صحبت کردن به زبان ها صرفاً یک تجربه کوتاه ماورالطبیعی نیست بلکه تجربه ای فراتر از آن است. یعنی نشانه ای است الهی، مبنی بر اینکه روح القدس به عنوان یک شخص در وجود یک ایماندار مسکن گزیده است و بدین سان آن را تبدیل به معبدی مقدس کرده است. این حقیقت وظیفه ای جدی را بر عهده هر ایماندار می گذارد و هر کسی که خود را مسیحی می خواند باید بدن خود را در شرایطی نگاه دارد که قدوسیت لازم برای تبدیل شدن به هیکل روح خدا را داشته باشد.

**خداوندا تو را به خاطر خون پاک عیسی و کار روح القدس شکر می کنم . اعلام می کنم که بدن من هیکل روح القدس است که توسط خون عیسی فدیه شده و پاک گشته است. آمین.**

## ۱۳ فوریه

بدن من هیکل روح القدس است.

**بدن من، هیکل روح القدس است که توسط خون عیسی فدیه داده شده و پاک گشته است.**

*" اما آن قادر مطلق در خانه های ساخته شده به دست انسان ساکن نمی شود چنانکه نبی گفته است : خداوند می فرماید آسمان تخت پادشاهی من است و زمین کرسی زیر پایم. چه خانه ای برای من بنا می کنید و مکان آرمیدنم کجاست؟ مگر دست من این همه را نساخته است؟ "( اعمال ۷ : ۴۸ – ۵۰ )* خداوند بر اساس هدفی الهی نه در هیکلی که بدست انسان ها بنا شده باشد، بلکه در خانه هایی که دستان الهی آنها را ساخته باشد ساکن می شود و آن هیکل بدن ایماندار است که از طریق عیسی فدیه داده شده است. چنانکه پولس در اول قرنتیان ۶ : ۱۳ بیان می کند :" *خوراک برای شکم است و شکم برای خوراک و خدا هم این و هم آن را از میان بر خواهد داشت . اما بدن برای بی عفتی نیست بلکه برای خداوند است و خداوند نیز برای بدن ."* این آیه درباره طعامی صحبت می کند که برای شکم است و شکمی که برای غذا خوردن است. در امثال می خوانیم :" *پارسایان تا به سیری طعام خواهند خورد اما شکم شریران گرسنه می ماند ."* ما به عنوان پارسایان نباید در خوراک خوردن زیاده روی کنیم . چرا ؟ زیرا بدن ما هیکل خداوند است و ما نباید آن را با شکم پرستی، میگساری و فساد و سؤاستفاده های دیگر آلوده کنیم. بدن ما متعلق به خداوند است. " بدن برای خداوند است و خداوند برای بدن . " زمانی که جسم خود را به خداوند تقدیم می کنم در آن صورت خداوند بر بدن من مسلط خواهد شد . اجازه دهید برای توضیح بیشتر از این مثال استفاده کنم. اگر من ملکی را خریداری کنم خود مسئول حفظ و بنای آن ملک هستم. اما اگر من در خانه ای اجاره ای زندگی کنم صاحب خانه مسئول حفظ و بنای آن خانه است. اگر تنها به عیسی اجازه دهیم که به طور موقت بر جسم ما اختیاراتی داشته باشد هیچ مسئولیتی برای حفظ و بنای آن نخواهد پذیرفت. اما اگر بدن ما کاملاً به او تعلق داشته باشد او مسئول نگهداری و بنای آن خواهد بود و نه ما . این آیه هدفی است که خداوند برای جسم ما دارد .

**خداوندا تو را شکر می کنم و به خاطر خون مسیح و کار روح القدس از تو سپاسگزارم. اعلام می کنم که جسم من هیکل روح القدس است و خداوند اختیار کامل بر جسم من دارد . بنابراین من آن را با شکم پرستی میگساری و فساد و هرگونه سؤاستفاده ناپاک نمی کنم . بدن من هیکل روح القدس است که با خون عیسی فدیه شده و پاک گشته است. آمین.**

## ۱۴ فوریه

ملک خاص خداوند

**بدن من، هیکل روح القدس است که توسط خون عیسی فدیه داده شده و پاک گشته است.**

کلام خداوند می گوید که ما باید هم در روح و هم در جسم خود خداوند را جلال دهیم. ( اول قرنتیان ۶ : ۲۰ را مطالعه کنید.) زیرا هر دوی آنها متعلق به خداوند هستند و توسط خون عیسی از دستان شریر فدیه داده شده و نجات یافته اند. هیچ قسمتی از وجود من یعنی روح و جان و جسم من تحت کنترل و سیطره شیطان نیست. اجازه دهید واضح تر بگوییم. هنوز من بدن جلال یافته را ندارم. اما همین بدن فانی من تمام تار و پود و سلولهایش و تمام عضلاتش تحت مالکیت خداوند است و نه شیطان. اگر شیطان به آن قلمرو دست درازی کند در واقع قوانین آسمان را شکسته و متجاوز محسوب می شود. با به کار گیری حقوق مان در مسیح می توانیم نشانی بر زندگی خود قرار دهیم که بر روی آن نوشته شده است. " ورود ممنوع " قانوناً بدن های ما متعلق به شیطان نیست بلکه به عیسی تعلق دارد و او برای بدن های ما نیز هدف خاصی در نظر گرفته است. بدنهای ما مکانی برای سکونت سومین شخصیت الوهی یعنی روح القدس است. بدن های ما مقدس است زیرا به عنوان مکانی برای سکونت روح القدس مقررشده است.

کلام خدا بارها به وضوح بیان می کند که خداوند در خانه هایی که به دست بشر ساخته شده اند ساکن نمی شود. ( اعمال ۷ : ۴۸ را مطالعه کنید. ) او در ساختمان های کلیسا ، کنیسه ها یا خانه های دیگری که برای پرستش او ساخته شده اند ساکن نمی گردد.

**خداوندا تو را برای خون عیسی و عمل پر قوت روح القدس شکر می کنم .**
**اعلام می کنم بدن من ملک خاص تو است و متعلق به شیطان نیستم .**
**بدن من قانوناً به شیطان تعلق ندارد بلکه مال توست و تو هدفی خاص برای بدن من مقرر فرموده ای . بدن من هیکل روح القدس است که با خون عیسی فدیه شده و پاک گشته است. آمین.**

## ۱۵ فوریه

### شنیدن صدای خداوند

*بدن من، هیکل روح القدس است که توسط خون عیسی فدیه داده شده و پاک گشته است.*

سرنوشت ما چه خوب و چه بد در گرو این است که پیروی از چه صدایی را در زندگی خود پیشه کنیم. شنیدن صدای خداوند و اطاعت از آنچه او می گوید برای ما برکت می آورد و بی توجهی به صدای خداوند باعث ورود لعنت های مختلفی به زندگی مان می شود. اطاعت از خداوند بدون اینکه ابتدا صدای او را بشنویم غیر ممکن است زیرا صدای او به ما می گوید که او از ما چه انتظاری دارد.

مسیحیان بسیاری وجود دارند که نسبت به صدای خدا حساس نیستند. ممکن است من فعالیت ها و وظایف مذهبی خود را انجام دهم اما آن ها چیزی جز یک عادت و یک سری رسوم نیستند. روشهایی که نا آگاهانه و بدون شنیدن صدای خداوند انجام می گیرند. خداوند در میان تمام اصول و قوانینی که برای قوم خود تعیین نموده همواره از آنها خواسته که صدای او را بشنوند. در باب ۷ کتاب ارمیا خداوند به قوم اسرائیل می گوید زمانی که آنها را از مصر آزاد کرد چه انتظاری از آنها داشته است. اولین چیزی که او مد نظر داشت این بود : " نه فقط قانون قربانی را نگاه دارند بلکه به صدای او گوش کنند ." این صدای خداوند بود که قوم را هدایت می کرد تا شریعت را حفظ کرده و قربانی های ضروری را به جا آورند. حفظ ظاهری شریعت هیچ فایده ای برای آنها نداشت اگر آنها این کار را بر اساس شنیدن صدای خداوند انجام نمی دادند. خواسته اصلی خداوند این است که ما صدای او را بشنویم. " زیرا آن روز که پدرانتان را از سرزمین مصر بیرون آوردم صرفاً درباره قربانی های تمام سوز و دیگر قربانی ها بدیشان سخن نگفتم و فرمان ندادم بلکه این فرمان را بدیشان داده گفتم از کلام من اطاعت کنید و من خدای شما خواهم بود و شما قوم من " ( ارمیا ۷ : ۲۲ - ۲۳ ) در خواست ساده و اصلی این بود ." صدای مرا بشنوید و آن را اطاعت کنید و من خدای شما خواهم بود."

**خداوندا تو را برای خون عیسی و عمل روح القدس شکر می کنم . اعلام می کنم که می خواهم صدای تو را بشنوم و از آنچه او می گوید اطاعت کنم . این حقیقت را بر زندگی خود اعلام می کنم " از من اطاعت کنید و من خدای شما خواهم بود . " بدن من هیکل روح القدس است که با خون عیسی فدیه شده و پاک گشته است. آمین.**

۱۶ فوریه

روح القدس در میان ما

*بدن من هیکل روح القدس است که توسط خون عیسی فدیه داده شده و پاک گشته است.*

" زیرا اگر طبق نفس زندگی کنید خواهید مرد اما اگر به واسطه روح اعمال گناه آلود بدن را بکشید خواهید زیست . " ( رومیان ۸ : ۱۳ )

پولس به ایمانداران چنین می گوید : " اگر ما طبق نفس زندگی کنیم خواهیم مرد زیرا آنچه که باعث فساد و تباهی است در ما پرورش می یابد . و اما زمانی که بر اساس نفس خود زندگی می کنید تنها نتیجه ای که حاصل می شود فساد و تباهی است . در میان جسم و روح تضاد کامل و آشکاری وجود دارد . هیچ مصالحه ای در میان این دو بخش وجود ندارد . نقشه خداوند در فدیه ما این است که آنچه کهنه و متعلق به طبیعت گذشته ماست را برداشته و بوسیله روح القدس تبدیل به چیزی کاملاً تازه نماید . اگر چه خود خداوند تدارک کامل تحقق این نقشه را دیده اما ما نیز باید در راستای این هدف همکاری کنیم . ما باید اعمال جسم را بکشیم و او نیز این کار را برای ما انجام می دهد . او حق قانونی ، اقتدار و قوت انجام این کار را بخشیده و این ما هستیم که باید از آنها استفاده کنیم . کلام خدا می گوید :

" اما به کسانی که او ( عیسی ) را پذیرفتند این حق را داد ( خداوند اقتدار می بخشد ) که فرزندان خدا شوند . یعنی به هر کسی که به نام او ایمان آورد ." ( یوحنا ۱ : ۱۲ )

در زمان تولد تازه اقتدار را نیز دریافت می کنیم . اما اقتدار تا زمانی که از آن استفاده نشود بی معنا است . تولد تازه پتانسیلی می بخشد که بر اساس آن فرصت پرورش چیزهای بسیار عالی را خواهیم داشت اگر از اقتدار خود استفاده کنیم . چنانچه ما از اقتداری که به ما بخشیده شده است در مقابله با مشکلات و گناهان استفاده نکنیم هرگز پیشرفتی حاصل نمی کنیم .ما باید تفکر جسم را از خود بیرون برانیم و آن را تبدیل به تفکری دیگر کنیم برای این کار به کمک روح القدس احتیاج داریم . " زیرا آنان که از روح هدایت می شوند ( تنها ) پسران خدایند ." ( رومیان ۸ : ۱۴ )

**خداوندا از تو به خاطر خون عیسی و عمل روح القدس در زندگیم متشکرم . اعلام می کنم که با ایمان اعمال جسم را کشته و خود را برای طبیعت تازه ای که روح القدس در من ایجاد می کند آزاد می گذارم . بدن من هیکل روح القدس است که با خون عیسی فدیه شده و پاک گشته است . آمین .**

۱۷ فوریه

غُسل و احیا بوسیله روح القدس

بدن من، هیکل روح القدس است که توسط خون عیسی فدیه داده شده و پاک گشته است.

فرآیند نجات و تولد تازه شامل غسل و نو شدن است.

" ما را نه به سبب کارهای نیکویی که کرده بودیم بلکه از رحمت خویش نجات بخشید به غسل تولد تازه و نو شدنی که از روح القدس است . " ( تیتوس ۳ : ۵ )

بیائید به این موضوع نگاهی اجمالی بیاندازیم. از غسل و شستن و پاک شدن شروع می کنیم. گناه باعث ناپاکی می گردد. ما از درون ناپاک و کثیف هستیم و احتیاج به پاک شدن داریم. اما چگونه می توانیم آن پاکی را بدست آوریم؟ تنها خون عیسی مسیح است که می تواند گناه ما را پاک سازد. " ولی اگر به گناهان خود اعتراف کنیم او که امین و عادل است گناهان ما را می آمرزد و از هر ناراستی پاکمان می سازد." ( اول یوحنا ۱ : ۹ ) خداوند نه تنها گذشته ما را می بخشد بلکه ما را از تمام ناپاکی ها پاک می سازد. در همین باب یوحنا می گوید که این خون عیسی پسر خدا است که ما را پاک می سازد. ( آیه ۷ را مطالعه کنید). مرحله دوم این فرآیند نو شدن یا تولد تازه است. عیسی به نیقودموس گفت :" عیسی در پاسخ گفت : آمین آمین به تو می گویم تا کسی از نو زاده نشود نمی تواند پادشاهی خدا را ببیند ." ( یوحنا ۳ : ۳ ) این تولدی است که از خداوند و از بالا می آید. کمی جلو تر می گوید :" آنچه از بشر خاکی زاده شود بشری است اما آنچه از روح زاده شود روحانی است." ( یوحنا ۳ : ۶ ) زمانی که از مادران خود زاده شدیم این تولد فیزیکی و جسمانی ما بود. این نوع تولد باعث نجات ما نمی شود. ما باید حیاتی کاملاً تازه در وجود خود تجربه کنیم که از آسمان و از طریق روح القدس در ما ایجاد می شود. این همان نو شدن یا تولد تازه است.

**خداوندا تو را به خاطر خون عیسی و عمل روح القدس شکر می کنم . اعلام می کنم که عیسی مسیح مرا توسط خون خود از گناه پاک می کند و من نو شده و تولدی تازه را تجربه می کنم . حیاتی کاملاً تازه در من بواسطه روح خداوند آغاز شده است و بدن من هیکل روح القدس گشته که با خون عیسی فدیه شده و پاک گشته است. آمین.**

۱۸ فوریه

تازگی بوسیله روح

## بدن من، هیکل روح القدس است که توسط خون عیسی فدیه داده شده و پاک گشته است.

تازه شدن قسمتی از فرآیند نجات است. در تیتوس ۳ : ۵ می خوانیم :

" ما را نه به سبب کارهای نیکوئی که کرده بودیم بلکه از رحمت خویش نجات بخشید به غسل تولد تازه و نو شدنی که از روح القدس است . "

آخرین جنبه ای که پولس در این متن بدان اشاره می کند نو شدن است. ما باید تبدیل به مخلوقات تازه ای شویم. برای همین است که پولس می گوید : " پس اگر کسی در مسیح باشد خلقتی تازه است چیزهای کهنه در گذشت هان همه چیز تازه شده است . " ( ۲ قرنتیان ۵ : ۱۷ )

واژه خلقت در اینجا دارای اهمیت بسیاری است. زیرا تنها یک نفر وجود دارد که قادر است خلق کند و آن خود خداوند است. انسان می تواند چیزی را بسازد، تعمیر یا تولید کند اما نمی تواند چیزی را خلق کند. قلب و کلیت وجودمان از درون چنان تحت تاثیر گناه ناپاک و تخریب گشته که تعمیر و یا وصله زدن آن بی فایده است. تنها خلقت تازه است که جواب می دهد. پس از آنکه داود مرتکب زنا شد و فرمان قتل کسی را صادر کرد نهایتا با شرایط وحشتناک قلب خود روبرو شد و در رنج خود به سوی خداوند فریاد بر آورد : " *خدایا دلی طاهر در من بیافرین* ." ( *مزامیر ۵۱ : ۱۰* ) او می دانست که خلقت عمل دست خداوند است و هیچ دست بشری نمی تواند در این قسمت دخالت کند. در تیتوس ۳ : ۵ جنبه های مختلف فرآیند نجات را مشاهده می کنیم که عبارتند از : غُسل یا شسته و پاک شدن، تولدی دوباره و تازه شدن. خلقت تازه کار خداوند است و انسان به هیچ وجه قدرت انجام آن را ندارد. تمام اینها به خاطر رحمت خداوند است و نه عدالت وی. این رخداد بر اثر کارهای عادلانه و نیکوی ما نیست زیرا کارهای ما هیچ ثمری برای مان نخواهد داشت. نجات باید از رحمت بی حد و حصر خداوند برای ما حاصل شود.

**خداوندا تو را برای خون عیسی و روح القدس شکر می کنم . اعلام می کنم که روح القدس مرا تازه ساخته است . من خلقتی تازه هستم نه به خاطر کارهای نیک خود بلکه به خاطر رحمت بی حد و حصر تو . بدن من هیکل روح القدس است که با خون عیسی فدیه شده و پاک گشته است. آمین.**

# هفته ۸

شیطان هیچ جایی در من ندارد، هیچ قوتی بر من ندارد. هیچ ادعای تسویه نشده ای علیه من ندارد. زیرا تمام ادعاهای او در مورد من با خون عیسی تسویه شده است.

" کیست که برگزیدگان خدا را متهم کند؟ خداست که آنها را پارسا می شمارد. کیست که محکومشان کند؟ مسیح عیسی که مرد بلکه برخیزانیده نیز شد و به دست راست خداست اوست که برای ما شفاعت می کند. ( رومیان ۸ : ۳۳ - ۳۴ )

**۱۹ فوریه**

بخشیدن دیگران

*شیطان هیچ جایی در من ندارد، هیچ قوتی بر من ندارد. هیچ ادعای تسویه نشده ای علیه من ندارد. زیرا تمام ادعاهای او در مورد من با خون عیسی تسویه شده است.*

یکی از موضوعاتی که باعث می شود شیطان اجازه یابد بر ایماندار مدعی شود عدم بخشش دیگران است. عیسی به ما تعلیم داد که به همان میزان که دیگران را در زندگی خود ببخشیم از سوی خداوند مورد بخشش قرار می گیریم. او گفت: *" زیرا اگر خطایای مردم را ببخشید پدر آسمانی شما نیز شما را خواهد بخشید اما اگر خطایای مردم را نبخشید پدر شما نیز خطایای شما را نخواهد بخشید ." ( متی ۶ :۱۴-۱۵ )* ما اجازه نداریم از خداوند تقاضای بخشش کنیم اگر دیگران را نمی بخشیم. اگر فردی وجود دارد که او را نبخشیده ایم ما نیز از سوی خداوند بخشیده نخواهیم شد و این بدان معنا است که در آن حیطه هنوز شیطان به طور قانونی می تواند مدعی شود. بدون بخشش فردی که باید از سوی ما بخشیده شود نخواهیم توانست شیطان را از زندگی خود بیرون کنیم. فدیه فرآیندی است که با بخشش دیگران در زندگی مان مرتبط است. اگر تمام گناهان ما بخشیده می شود بنابراین ما از حقوق کامل فدیه و نجات برخوردار هستیم اما اگر قسمتی در زندگی ما وجود دارد که مشکل گناه هنوزکاملاً حل نشده شیطان از لحاظ قانونی بر آن قسمت از زندگی ما اختیار خواهد داشت. ما می توانیم از تمامی واعظان و شبانان کشورمان در خواست کنیم که برایمان دعا کنند اما این کار نیز نمی تواند شیطان را بیرون کند زیرا او حقوق خود را می شناسد. باید به یاد داشته باشیم که شیطان به طور کامل از قوانین آسمان آگاهی دارد. کلام خدا به ما بخشش کامل گناهان را پیشنهاد می کند. اما بسیار مهم است که ما طبق آن بخششی که دریافت می کنیم دیگران را نیز ببخشیم و در آن بخشش زندگی کنیم و اجازه ندهیم هیچ زخمی بدون بخشیدن دیگران در قلب ما باقی بماند.

**خداوندا از تو بخاطر خون عیسی متشکرم . از تو می خواهم که تمامی گناهان مرا ببخشی و من نیز همه افراد را می بخشم ( اسامی افراد را بگوئید. ) با این کار اعلام می کنم که شیطان هیچ جایی در من ندارد. هیچ قوتی بر من ندارد . هیچ ادعای تسویه نشده ای علیه من ندارد زیرا تمام ادعاهای او توسط خون عیسی تسویه شده است .آمین.**

### ۲۰ فوریه

بار دیگر اعلام کنید.

***شیطان هیچ جایی در من ندارد هیچ قوتی بر من ندارد. هیچ ادعای تسویه نشده ای علیه من ندارد. زیرا تمام ادعاهای او در مورد من با خون عیسی تسویه شده است.***

زمانی که برای اولین بار شروع به چنین اعلام هایی نمودم را به یاد می آورم. چنین فکر می کردم که دفعه بعد شیطان به کدام قسمت از زندگی من ضربه خواهد زد. افرادی را می شناسم که از ترس اینکه مبادا شیطان به آنها ضربه بزند این اعلام ها را در زندگی خود نمی کنند. اما این تنها فریبی است که شیطان در ذهن من ایجاد کرده بود. به یاد داشته باشید این روشی است که بوسیله آن شما از دسترس او خارج می شوید. با کلام شهادت شما و اعلام تان است که از مزایای خون عیسی بهره مند می شوید. اولین باری که شما این اعلام را بکنید تمام جهنم خواهد لرزید. بنابراین خداوند را پرستش کنید و این اعلام را بارها تکرار کنید. کلام خدا چنین می گوید :" *پس چون کاهن اعظمی والامقام داریم که از آسمانها در گذشته است یعنی عیسی مسیح پسر خدا بیائید اعتراف خود را استوار نگاه داریم ." ( عبرانیان ۴ :۱۴ )* پس زمانی که شرایط دشوار شود کلام خدا ما را این چنین تشویق می کند :

*" بیائید بی تزلزل امیدی را که به آن معترفیم همچنان استوار نگاه داریم زیرا وعده دهنده امین است ." ( عبرانیان ۱۰ :۲۳ )*

به اعلام نمودن ادامه دهید. این اعلام ها به احساسات شما بستگی ندارد. به شرایط شما، نشانه ها و موقعیت شما نیز بستگی ندارد. این اعلام ها به اندازه کلام خداوند حقیقی هستند. کلام خداوند جاودانه در آسمانها استوار است. ( مزامیر ۱۱۹ : ۸۹ را مطالعه کنید. ) شیطان هیچ جایی در ما ندارد. هیچ قوتی بر ما ندارد و هیچ ادعای قانونی نمی تواند برما وارد کند.

**خداوندا تو را برای خون عیسی شکر می کنم . شیطان هیچ جایی در من ندارد. هیچ قوتی بر من ندارد . هیچ ادعای تسویه نشده ای علیه من ندارد زیرا تمام ادعاهای او با خون عیسی تسویه شده است. آمین.**

## ۲۱ فوریه

عیسی رهایی بخش

**شیطان هیچ جایی در من ندارد و هیچ قوتی بر من ندارد. هیچ ادعای تسویه نشده ای علیه من ندارد. زیرا تمام ادعاهای او در مورد من با خون عیسی تسویه شده است.**

همین عیسایی که تنها نجات دهنده ما است تنها رهاننده ما نیز است. تنها عیسی می تواند بندهای اسارت و شرارت را از زندگی مردم گشوده به آنان آزادی عطا کند. می خواهم برای آن عده از افرادی که احتیاج به رهایی دارند این رهاننده پر محبت را معرفی کنم. باید با مسیح رابطه ای مستقیم و شخصی ایجاد کنیم و برای این کار چهار نکته لازم است. این بدان معنا است که باید از هر گونه گناه روی گردان شویم . تنها به عیسی نگاه کنیم زیرا او تنها رهاننده ماست.

تنها امید خود را بر آنچه عیسی با مرگش بر صلیب تدارک دیده قرار دهیم و نه بر اعمال نیک خود. با اراده آزاد تصمیم بگیریم همه افرادی که به ما آسیب زده و باعث رنجش ما شده اند را ببخشیم. زمانی که شخصاً از روح افسردگی نجات یافتم این وعده را از خداوند دریافت نمودم .

*" و هر که نام خداوند را بخواند رهایی خواهد یافت ." (یوئیل ۲ : ۳۲ )*

همچنین این سخنان عیسی را به یاد آوردم .

*" ( شاگردان ) بنام من دیوها را بیرون خواهند کرد ." ( مرقس ۱۶ : ۱۷ )*

ما نیز در نام عیسی اقتدار داریم دیوها را اخراج کنیم .

**خداوندا تو را به خاطر عیسی شکر می کنم. چون تو تنها رهاننده من هستی و هر که نام خداوند را بخواند رهایی خواهد یافت . شیطان هیچ جایی در من ندارد. هیچ قوتی بر من ندارد . هیچ ادعای تسویه نشده ای علیه من ندارد زیرا تمام ادعاهای او با خون عیسی تسویه شده است .آمین.**

## ۲۲ فوریه

درک نبردگاه

**شیطان هیچ جایی در من ندارد هیچ قوتی بر من ندارد. هیچ ادعای تسویه نشده ای علیه من ندارد. زیرا تمام ادعاهای او در مورد من با خون عیسی تسویه شده است.**

*" زیرا هر چند در این دنیا به سر می بریم اما به روش دنیوی نمی جنگیم . چرا که اسلحه جنگ ما دنیوی نیست بلکه به نیروی الهی که قادر به انهدام دژهاست. ما استدلالها و هر ادعای تکبر آمیز را که در برابر شناخت خدا قد علم کند ویران می کنیم و هر اندیشه را به اطاعت از مسیح اسیر می سازیم ." ( دوم قرنتیان ۱۰ : ۳- ۵ )*

نبرد ما علیه شیطان در قلمرو روحانی است. بنابراین اسلحه های ما نیز روحانی هستند. اسلحه هایی متناسب با قلمرویی که نبرد در آن جریان دارد.بسیار مهم است بدانیم این نبرد در چه جایی انجام می شود. پولس در دوم قرنتیان با واژه های گوناگونی نبردگاه روحانی را تشریح کرده و اهداف ما در این نبردگاه را توصیف می کند. درباره این موضوع در ترجمه های مختلف با واژه هایی از قبیل " تصور " " تحلیل منطقی " " تعمق " " استدلال " " شناخت و افکار " برخورد می کنیم. دقت کنید که همه این واژه ها با قلمرو فکر ارتباط دارند. باید کاملاً درک کنیم که نبردگاه روحانی در افکار ما است. شیطان برای به اسارت گرفتن ذهن نژاد بشری نبردی همه جانبه به پا کرده است او در افکار ما دژها و قلعه های مختلفی می سازد و به عنوان نمایندگان خداوند وظیفه ما این است که با استفاده از اسلحه های روحانی این دژها را خراب کنیم. افکار انسان ها را آزاد کنیم و آنها را به اطاعت از خداوند مسیح اسیر سازیم. چه وظیفه و ماموریت پیچیده ای ! شیطان به صورت جدی ، منظم و سیستماتیک در افکار مردم دژهایی را بنا می کند و این سنگرها در مقابل حقیقت کلام خدا مقاومت می کنند تا مانع از آن شوند که بتوانیم پیغام انجیل را دریافت کرده، درک نموده و نجات یابیم .

**خداوندا تو را به خاطر خون عیسی شکر می کنم. اعلام می کنم که شیطان هیچ جایی در من ندارد. هیچ قوتی بر من ندارد . هیچ ادعای تسویه نشده ای علیه من ندارد زیرا تمام ادعاهای او توسط خون عیسی تسویه شده است .آمین.**

## ۲۳ فوریه

قوت روزه

**شیطان هیچ جایی در من ندارد هیچ قوتی بر من ندارد. هیچ ادعای تسویه نشده ای علیه من ندارد. زیرا تمام ادعاهای او در مورد من با خون عیسی تسویه شده است.**

*" و می گویند چرا روزه گرفتیم و تو ندیدی؟ جان خویش را رنجور ساختیم و در نیافتی؟ از آن رو که شما در روزه خویش خشنودی خود را می جوئید و به کارگران خود ظلم روا می دارید . اینک به جهت نزاع و کشمکش روزه می گیرید برای اینکه شریرانه به یکدیگر مشت بزنید . با روزه ای که امروز می گیرید نمی توانید صدای خود را در عرش برین بشنوانید . آیا روزه ای که من می پسندم این است ؟ روزه ای که آدمی جان خود را رنجور می سازد سر خویش را همچون نی خم کند و بر پلاس و خاکستر بخوابد ؟ آیا این است آنچه روزه اش می نامید و آن را مقبول خدا می خوانید . ( اشعیا ۵۸ : ۳ – ۵ )*

برای افرادی که این آیه درباره شان نوشته شده روزه مورد قبول همان مراسم مذهبی است. همان نوع روزه ای که فریسیان در زمان عیسی می گرفتند. این افراد به جای اینکه خود را فروتن ساخته و توبه واقعی کنند کارهای دنیوی خود را ادامه می دادند و افکار شریرانه خود یعنی طمع و خودپرستی، غرور و ظلم را ادامه می دادند. روزه ای که باعث خشنودی خداوند است کاملاً با انگیزه ای دیگر است. *" آیا روزه ای که من می پسندم این نیست که زنجیر های عدالت را بگشایی و بندهای یوغ را باز کنی؟مظلومان را آزاد سازی و هر نوع یوغ را بشکنی؟" ( آیه ۶ )* هم کلام خداوند و هم تجربیات ما تصدیق می کنند که اسارتهایی وجود دارند که بر طرف نمی شود. بارهایی که از بین نمی روند. یوغهایی که شکسته نمی شوند و مظلومانی که هرگز آزاد نخواهند شد تا آنکه قوم خدا مخصوصاً رهبران از دستور خدا برای داشتن روزه و دعایی واقعی اطاعت کنند. اشعیا در کتاب خود دیدگاه و عملکرد صحیح ما را نسبت به نیازمندان و مظلومان توصیف می کند . *" که نان خود را با گرسنگان قسمت کنی و فقیران و بی خانمانان را به خانه خویش آوری؟ و چون برهنه ای ببینی او را بپوشانی و از کسی که از گوشت تن توست خود را پنهان نسازی؟ ( آیه ۷ )* روزه باید به همراه سخاوت و بخشندگی عملی باشد و بر روابط ما با اطرافیان مان تاثیر بگذارد. مخصوصاً در مورد آنهایی که از لحاظ مادی به کمک ما نیاز دارند.

**خداوندا بخاطر خون عیسی تو را شکر می کنم. من از فرمان خدا برای روزه گرفتن و دعا به همان روشی که او می پسندد اطاعت می کنم . روشی که در آن من باید زنجیرها را بگشایم بند ها و یوغ ها را باز کنم و مظلومان را آزاد بسازم . اعلام می کنم که شیطان هیچ جایی در من ندارد. هیچ قوتی بر من ندارد . هیچ ادعای تسویه نشده ای علیه من ندارد زیرا تمام ادعاهای او توسط خون عیسی تسویه شده است.آمین.**

## ۲۴ فوریه

### صلیب بی رحم

*شیطان هیچ جایی در من ندارد؛ هیچ قوتی بر من ندارد. هیچ ادعای تسویه نشده ای علیه من ندارد. زیرا تمام ادعاهای او در مورد من با خون عیسی تسویه شده است.*

برخی از مردم با ترس، افسردگی، تنهایی، طمع و خشم در کشمکش هستند. یک روانکاو تنها می تواند تا حدی به ما در رهایی از این مشکلات کمک کند. اما راه حل نهایی آزادی از این مشکلات در دستان ما است و آن چیزی نیست جز صلیب. هر زمان که احتیاج باشد ما باید این قوت و اختیار خود را بشناسیم و از آن استفاده کنیم. در خدمت آزاد سازی همیشه دو دیو هستند که نقش دربان را بازی می کنند. آن ها همیشه در را برای ورود دیوهای دیگر باز نگاه می دارند. این دربان یکی ترحم به خود و دیگری رنجش است. ترحم بر خود یکی از ابزارهای قدرتمند شیطان است و از سوی دیگر رنجش نیز ابزار دیگری است که هیچ کس نمی تواند نسبت به آن بی تفاوت باشد. پس ما باید نسبت به موضوعاتی مشخص بی رحم باشیم. صلیب کاملاً بی رحم است و هیچ راحتی و جذابیتی ندارد. اما خدا را شکر می کنم که صلیب راه نجات ما از وضعیت گناه آلود مان است که خدا آنرا برای ما تدارک دیده است. اکثر ما دارای گناهی غالب در زندگیمان هستیم. گناهی که آنقدر با آن خو گرفته ایم که فکر می کنیم قسمتی از وجودمان شده و برای مان تنفر از این گناه دشوار است زیرا فکر می کنیم تنفر از آن به منزله تنفر از خودمان است . جالب است که گناه غالب بر زندگی من همان اشتباهی است که پدرم دائماً آن را در برابر چشمانم تکرار می کرد. فرزندان چیزهای بسیاری را از والدین خود به ارث می برند. من در خود الگوهای رفتاری بسیاری می بینم که محصول مستقیم رفتار پدرم است. باید از روح القدس بخواهیم که ماهیت مشکل مان را به ما نشان دهد و مشکل را باید با نام واقعی آن صدا بزنیم . ( احتمالاً این نامها زیاد هم زیبا نیستند.) طمع، دروغ، غرور. سپس باید بگوییم درعیسی مسیح ای گناه من ، مصلوب شده و بر صلیب گذاشته شده ای و اجازه نمی دهم بر من تسلط داشته باشی چون من بوسیله صلیب عیسی از این گناه آزاد هستم.

**خداوندا تو را به خاطر خون عیسی شکر می کنم. در نام عیسی گناه غالب بر زندگی من ( آن گناه را نام ببرید. ) مصلوب شده است . این گناه را بر صلیب میخکوب می کنم و اجازه نمی دهم دیگر بر من تسلط داشته باشد. شیطان هیچ جایی در من ندارد. هیچ قوتی بر من ندارد . هیچ ادعای تسویه نشده ای علیه من ندارد زیرا تمام ادعاهای او با خون عیسی تسویه شده است. آمین.**

**۲۵ فوریه**

اعتراف خود را تکرار کنید.

*شیطان هیچ جایی در من ندارد،هیچ قوتی بر من ندارد. هیچ ادعای تسویه نشده ای علیه من ندارد. زیرا تمام ادعاهای او در مورد من با خون عیسی تسویه شده است.*

اولین باری که این اعلام را بکنیم شیطان به ما می خندد اما ما باید اعتراف خود را ادامه دهیم. شیطان وسوسه کننده است و بسیار حساب شده عمل می کند. او هیچ زمانی را بیهوده صرف نمی کند و تا وقتی که ببیند شما واکنش مناسبی نشان نمی دهید به وسوسه نمودن ادامه خواهد داد. اما وقتی پاسخی منفی دریافت کند دیگر وقتی در آن زمینه صرف نخواهد کرد. پس ممکن است مثلاً ما در زمنیه خشم وسوسه شویم. باید این اعتراف را تکرار کنیم که خشم مصلوب شده و هیچ قوت و جایی در من ندارد. شیطان می گوید این حقیقت ندارد. این فقط چیزی است که برادر پرینس می گوید اما وقتی شما اعتراف خود را تکرار کنید پس از مدتی این اعتراف آنقدر در زندگی تان جسم خواهد پوشید که دیگر شیطان وقت و نیروی خود را برای وسوسه شما صرف نخواهد کرد. یکی از کارهایی که باید در این راستا انجام دهیم ساختن دیوارهای صحیح شخصیتی مان است . کلام خدا می گوید : *" آن که به نفس خود مسلط نباشد شهری بی حصار را ماند که بدان رخنه کرده باشند. ( امثال ۲۵ : ۲۸ )* امروزه در فرهنگ معاصر ما بسیاری از مردم به خاطر محیط های خانوادگی اشتباه، مواد مخدر و تاثیرات منفی دیگر با دیوارهای شکسته شده شخصیتی بزرگ می شوند. هر کسی که در زندگی خود اسیر مواد مخدر شود همانند شهری است که هیچ دیوار محافظی در اطراف آن وجود ندارد. ما این دیوارها را بوسیله قوی کردن اراده و دست یابی به حقوقی که از طریق صلیب برای ما تدارک دیده شده بنا می کنیم . ممکن است این فرآیند برای ما تجربه ای نا خوشایند و وحشتناک به نظر برسد. اما زمانی که شخصیتی محکم در انتهای دیوارهایی محکم در ما شکل گرفت متوجه نیکوئی آن خواهیم شد. عطایا موقتی هستند و متعلق به این زندگی فانی. اما شخصیت دائمی است و به همراه ما وارد ابدیت خواهد شد و خداوند بسیار بیش از عطایای ما به شخصیت مان اهمیت می دهد .

**خداوندا به خاطر خون عیسی از تو متشکرم اعلام می کنم عزم کرده ام که اراده ام را قوی کرده و به آن حقوقی که از طریق صلیب از آن من است دست یابم . این را بارها و بارها اعلام می کنم که شیطان هیچ جایی در من ندارد. هیچ قوتی بر من ندارد . هیچ ادعای تسویه نشده ای علیه من ندارد زیرا تمام ادعاهای او با خون عیسی تسویه شده است.آمین.**

## هفته ۹

بدن من هیکل روح‌القدس است که با خون عیسی فدیه داده شده پاک گشته و تقدیس شده است.

"آیا نمی‌دانید که بدن شما هیکل روح‌القدس است که در شما است که از خدا یافته‌اید و از آن خود نیستید؟" (اول قرنتیان ۶ : ۱۹)

## ۲۶ فوریه

خدا را در بدن خود جلال می دهم.

### بدن من، هیکل روح القدس است که با خون عیسی فدیه داده شده، پاک گشته و تقدیس شده است.

" آیا نمی‌دانید که بدن شما هیکل روح‌القدس است که در شما است که از خدا یافته‌اید و از آن خود نیستید؟ زیرا که به قیمتی خریده شدید، پس خدا را به بدن خود تمجید نمایید " ( اول قرنتیان ۶ : ۱۹ – ۲۰ )

ما به روشهای مختلفی از بدن خود استفاده می کنیم یکی از فعالیت هایی که هر روزه برای جسم خود انجام می دهیم تغذیه آن است. یعنی خوردن و نوشیدن . پولس می گوید باید این کار را نیز به صورتی انجام دهیم که باعث جلال خداوند شود.

" پس خواه بخورید، خواه بنوشید، خواه هرچه کنید، همه را برای جلال خدا بکنید "" ( اول قرنتیان ۱۰ : ۳۱ )

اما خوردن برای جلال خداوند به چه معنا است ؟ پاسخ به این سئوال را بر عهده شما می گذارم. برخی از افراد حتی نمی توانند تصور کنند که چگونه ممکن است از طریق خوردنشان باعث جلال نام خداوند شوند. اما خداوند می گوید که او خداوندی غیور است. (خروج ۳۴ : ۱۴ را مطالعه کنید . ) او می خواهد در هر زمینه از زندگی ما جلال یابد. مخصوصاً در فعالیت های ساده ای که روزانه بر زمین انجام می دهیم. اما اجازه دهید سئوال دیگری از شما بپرسم. آیا ممکن است با پرخوری باعث جلال خداوند شویم ؟ به هیچ وجه نمی توانم تصور کنم که پرخوری بتواند نام خدا را جلال دهد. زیرا پرخوری نوعی هوسرانی است. امثال ۱۳ : ۲۵ می گوید :     " پارسایان تا به سیری طعام خواهند خورد اما شکم شریران گرسنه می ماند ." ما خوانده شده ایم که تا به سیری غذا بخوریم نه فراتر از آن. اگر فراتر از نیاز طبیعی بخوریم در آن صورت غذا خوردن تبدیل به شهوت و هوس رانی می شود.

**خداوندا تو را برای خون عیسی و کار روح القدس شکر می کنم . اعلام می کنم که جسم من متعلق به خداست و من تصمیم دارم که آن را به گونه ای که باعث جلال خدا شود به کار برم و این شامل آنچه می خورم و می نوشم نیز می شود . بدن من هیکل روح القدس است که با خون عیسی فدیه داده شده ، پاک گشته و تقدیس شده است. آمین.**

## ۲۷ فوریه

عجیب و مهیب ساخته شده ایم.

*بدن من هیکل روح القدس است که با خون عیسی فدیه داده شده، پاک گشته و تقدیس شده است.*

" زیرا باطن مرا تو آفریدی تو مرا در رحم مادرم در هم تنیدی تو را سپاس می گویم زیرا عجیب و مهیب ساخته شده ام. اعمال تو شگفت انگیزند جان من این را نیک می داند ."
( مزامیر ۱۳۹ : ۱۳ - ۱۴ )

به عبارت دیگر داود به خداوند چنین می گوید : " زمانی که هنوز در رحم مادرم بودم تو در کنارم بودی و مرا طراحی می کردی . " نمی دانم چقدر از اینکه عجیب و مهیب ساخته شده ایم خبر داریم. زمانی که به فرآیند خلقت بدنم می اندیشم ترس و شگفتی وجودم را در بر می گیرد. من عجیب و مهیب ساخته شده ام. بنابراین نسبت به عملکرد بدنم مسئول هستم .

امروزه کامپیوتر جزو لاینفک زندگی ماشینی است. ابزاری عالی با کاربردی بسیار. اما می خواهم به این نکته اشاره کنم که عمل کرد بی نظیر کامپیوتر هایی که تا کنون دیده ام در مقابل عمل کرد و پیچیدگی بدن ما هیچ هستند. بسیاری از مسیحیان به کامپیوتر های خود بسیار بیشتر از بدنشان اهمیت می دهند. به هر حال اگر کامپیوتر ما زمین بخورد یا خراب شود و یا از کار بیافتد ، با کمی پول می توانیم بهتر از آن را تهیه کنیم. اما زمانی که بدن انسان از کار بیافتد درست مانند خراب شدن کامل یک کامپیوتر به معنی فرا رسیدن آخر عمر آن است و هیچ کار دیگری نمی توان برای تعمیر آن انجام داد.

**خداوندا تو را شکر می کنم برای خون عیسی و کار روح القدس.**
**با ترس و بُهت اعلام می کنم که من عجیب و مهیب ساخته شده ام.**
**بدن من هیکل روح القدس است که با خون عیسی فدیه داده شده ، پاک گشته**
**و تقدیس شده است. آمین.**

## ۲۸ فوریه

اهمیت رژیم غذایی صحیح

**بدن من، هیکل روح القدس است که با خون عیسی فدیه داده شده، پاک گشته و تقدیس شده است.**

رژیم غذایی صحیح یکی از جنبه های ضروری زندگی است. همه افراد آگاهانه یا نا آگاهانه از رژیم غذایی خاصی پیروی می کنند و البته رژیم های غذایی متفاوتی وجود دارد. یکی از این رژیم ها گیاه خواری است. با افراد بسیاری ملاقات کرده ام که علاقه به گیاه خواری دارند. از آنها انتقاد نمی کنم و برای نظر و شیوه رژیم غذایی آنها احترام قائلم. با این وجود فکر می کنم آن ها باید مراقب طرز تفکر و برخورد خود نسبت به دیگران باشند. به آنچه پولس می گوید دقت کنید :

*" کسی را که ایمانش ضعیف است بپذیرید بی آنکه درباره مسائل مورد تردید حکم صادر کنید. ایمان یکی به او اجازه می دهد هر غذایی را بخورد اما دیگری که ایمانش ضعیف است فقط سبزیجات می خورد. آن که همه چیز می خورد نباید به آن که نمی خورد به دیده تحقیر بنگرد و آن که همه چیز نمی خورد نباید آن کس را که هر غذایی را می خورد محکوم کند. " ( رومیان ۱۴ : ۱ -۳ )*

پولس می گوید که باید مراقب نحوه نگرش مان نسبت به دیگران باشیم. در این مورد نیز نباید کسی که گوشت می خورد آن کسی که گوشت نمی خورد را محکوم کند چون او هنوز نو ایمان است و خوردن آن را حرام می داند. یکی دیگر از عادات غذایی که توسط افراد بسیاری رعایت می شود اجتناب از خوردن مشروبات الکلی است اما کلام خدا به ما می گوید :*" تو علف را برای چارپایان می رویانی و گیاهان را تا انسان با آن زراعت کند تا از دل زمین خوراک بر آورد شراب را تا دل آدمی را شاد بگرداند و روغن را تا روی وی را شاداب سازد و نان را تا جان او را نیرو بخشد ." ( مزامیر ۱۰۴ : ۱۴ – ۱۵ )* خداوند از دل زمین چیزهای بسیاری را بر می آورد تا از آن ها استفاده کنیم. شراب هم یکی از آن ها است که دل آدمی را شاد می گرداند اما واضح است که خداوند هرگز به ما حکم ننموده که از مشروبات الکلی کاملاً احتراز کنیم اما به ما اجازه مست شدن را هم نمی دهد.

**خداوندا تو را برای خون عیسی و عمل پرقوت روح القدس شکر می کنم .من حتی با آنچه می خورم و می نوشم نیز می خواهم خدا را جلال دهم. بدن من هیکل روح القدس است که با خون عیسی فدیه داده شده ، پاک گشته و تقدیس شده است .آمین.**

۱ مارس

همکاری با روح القدس

بدن من، هیکل روح القدس است که با خون عیسی فدیه داده شده، پاک گشته و تقدیس شده است.

"اما روح آشکارا می گوید که در زمان های آخر برخی از ایمان رویگردان شده از ارواح گمراه کننده و تعالیم دیوها پیروی خواهند کرد. این تعالیم را دروغگویان و ریاکارانی می آورند که وجدانشان بی حس شده است. ایشان ازدواج را منع می کنند و به پرهیز از خوراکهایی فرمان می دهند که خدا آفریده تا مومنان که از حقیقت آگاهند با شکرگزاری از آن بهره مند شوند. زیرا هر آنچه خدا آفریده است نیکوست و هیچ چیز را نباید رد کرد. هر گاه با شکرگزاری پذیرفته شود. چرا که بوسیله کلام خدا و دعا تقدیس می گردد." ( اول تیموتائوس ۴ : ۱ – ۵ )

در این متن پیش از هر چیز پولس می گوید که اجتناب از ازدواج شرط کسب تقدس نیست و لزوماً انسان را به سوی قدوسیت هدایت نمی کند. در واقع اگر به تاریخ کلیسا نگاه کنیم زمانی که دست گذاری کشیشان مجرد برای مناصب روحانی بالا صورت گرفته همیشه هم تجرد باعث مقدس ماندن آن ها نگشته است. این متن درباره خوراک ها نیز تعلیم می دهد. یعنی افرادی که به نخوردن برخی از خوراک ها اصرار می ورزند در اشتباهند و می گوید : " هر آنچه خدا آفریده نیکوست و هیچ خوراکی را نباید ناپاک شمرد. " اما به یاد داشته باشیم تمام خوراک هایی که خداوند آفریده اگر به اشتباه ترکیب شوند و یا اشتباه طبخ شوند می توانند مضر باشند. بنابراین زمان و نیروی خود را برای تمییز در میان آنچه نیکو و خوب است و آنچه مضر و مفید است اختصاص دهید و با روح القدس در این زمینه نیز همکاری کنید.

**خداوندا تو را برای خون عیسی و عمل روح القدس شکر می کنم. اعلام می کنم از امروز برای آنچه که به جهت بدن نیکو و مفید است و آنچه مضر با روح القدس همکاری خواهم کرد. بدن من هیکل روح القدس است که با خون عیسی فدیه داده شده ، پاک گشته و تقدیس شده است . آمین.**

## ۲ مارس

### مراقبت از هیکل

**بدن من، هیکل روح القدس است که با خون عیسی فدیه داده شده، پاک گشته و تقدیس شده است.**

کلام خدا مرا به سوی نتیجه ای عملی در مورد جسم هدایت نمود. نمی خواهم آنچه برایم آشکار شده را به دیگران تحمیل کنم اما در مورد این موضوع دعا و دقت نمودم و با کمک خداوند تغییراتی در روش زندگی خود ایجاد کرده ام. به این نتیجه رسیدم که باید با احترام و توجه بسیاری با جسم خود رفتار کنم زیرا معبد خداوند است. بار دیگر یادآوری می کنم که پولس چنین می گوید :" *آیا نمی‌دانید که بدن شما معبد روح‌القدس است که در شماست و او را از خدا یافته اید و دیگر از آن خود نیستید؟* " ( اول قرنتیان ۶ :۱۹ ) اگر ما این قسمت از کلام خدا را جدی بگیریم با بدن های خود همانطور رفتار خواهیم کرد که با خانه خدا رفتار می کنیم. زیرا حقیقتاً جسم ما معبد روح القدس است. برای لحظه ای فرض کنید که خداوند ما را مسئول یک ساختمان به عنوان معبد خود قرار داده است. بنایی متشکل از سنگ و آهن و شیشه. اگر وظیفه شناس و امانت دار باشیم در مورد مراقبت از آن جدی خواهیم بود و سعی می کنیم آن را تمیز نگاه داریم، گرد و خاک آن را تمیز کنیم و اجازه ندهیم که شیشه ای در آن شکسته شود و یا دستشویی کثیف بماند. ما برای اینکه بتوانیم این ساختمان را در بهترین وضعیت ممکن نگاه داریم احساس مسئولیت می کنیم. من و شما به عنوان مسیحیان مسئولیت بیشتری در قبال بدن های خود داریم. بدن هایی که معبد روح القدس هستند و باید سعی کنیم آن را در بهترین شرایط نگاه داریم و باید بدانیم که چه کارهایی به ما در انجام این امر کمک می کنند. پولس در نامه دوم خود به تیموتائوس چنین می نویسد : " *زیرا روحی که خدا به ما بخشیده نه روح ترس بلکه روح قوت و محبت و انضباط است.* " ( *دوم تیموتائوس ۱ : ۷* ) در این آیه می بینیم که روح القدس روح انضباط نامیده شده است. اما در اینجا توازنی وجود دارد و آن این است که اگر ما نخواهیم او به زندگی و وجود ما نظم ببخشد او این کار را با اجبار انجام نخواهد داد. اگر ما برای دست یابی به نظم از روح القدس در خواست کمک کنیم یقیناً این کار را برای ما انجام خواهد داد.

**خداوندا تو را برای خون عیسی و عمل روح القدس شکر می کنم . از روح القدس برای دست یابی به نظم شخصی کمک می طلبم تا بتوانم بدن خود را در بهترین شرایط ممکن نگاه دارم .زیرا بدن من معبد روح القدس است که با خون عیسی فدیه داده شده ، پاک گشته و تقدیس شده است .آمین.**

۳ مارس

اطاعت بی چون و چرا

**بدن من، هیکل روح القدس است که با خون عیسی فدیه داده شده، پاک گشته و تقدیس شده است.**

زمانی که اعترافی می کنیم این اعتراف باید بنیادی باشد. چون مسیحیت تفکری است که با بنیادها سر و کار دارد. در زبان انگلیسی از واژه " رادیکال " استفاده می شود که به معنای ریشه ای است. زمانی که یحیی تعمید دهنده مژده آمدن و نجات عیسی را اعلام می کند چنین می گوید :

" و الحال تیشه بر ریشۀ درختان نهاده شده است، پس هر درختی که ثمرۀ نیکو نیاورد، بریده و در آتش افکنده شود. " ( متی ۳ : ۱۰ )

خداوند تنها چند شاخه را هرس نخواهد کرد او حتی ساقه را نخواهید برید. او مستقیماً به سوی ریشه خواهد رفت. انتظار او این است که درختان میوه بیاورند. اگر درختی میوه خوب نیاورد خداوند آن را از ریشه خواهد کند. امروزه تند روی در بین نسل جوان امری متداول است. فکر می کنم این خصوصیت نسل جوان باید در راستا و مسیر درستی قرار گیرد. اگر بخواهیم صادق باشیم ما به عنوان نسل قدیمی تر به جای آنکه در مورد مسائل گوناگون بنیادگرا و تند رو باشیم باید بیشتر دنبال مصالحه باشیم. ما باید با روح القدس که غالباً ما را به سوی پافشاری بر بنیادهای صحیح هدایت می کند همکاری کنیم.

" و اگر روح او که عیسی را از مردگان برخیزانید در شما ساکن باشد، او که مسیح را از مردگان برخیزانید، بدنهای فانی شما را نیز زنده خواهد ساخت به روح خود که در شما ساکن است. " ( رومیان ۸ : ۱۱ )

پولس در اینجا جمله ای جالب ذکر می کند. او عنوان می کند که اگر شما روح القدس ، یعنی روح خدایی که عیسی را از مردگان برخیزانید در خود داشته باشید او می تواند با قوت خود هر آنچه در بدن تان احتیاج است را به شما عطا کند. چه حقیقت شگفت انگیزی.

**خداوندا تو را به خاطر خون عیسی و عمل روح القدس در زندگی ام شکر می کنم. اعلام می کنم که تصمیم گرفته ام بی چون و چرا با روح القدس همکاری کنم. زیرا بدن من معبد روح القدس است که با خون عیسی فدیه داده شده ، پاک گشته و تقدیس شده است. آمین.**

**۴ مارس**

کار خداوند را به کمال برسانید.

## بدن من، هیکل روح القدس است که با خون عیسی فدیه داده شده، پاک گشته و تقدیس شده است.

در این قسمت چند پیشنهاد به شما ارائه می کنیم که به شما کمک خواهد کرد تا بتوانید از جسم خود به عنوان معبد روح خدا به درستی مراقبت کنید.اول از همه با جسم خود با احترام رفتار کنید زیرا مکان سکونت روح القدس است که برای مان بسیار محترم است. به نظر من بسیاری از مسحیان احترام بسیار کمی برای جسم خود قائل هستند. دوم برای دست یابی به نظم شخصی از روح القدس کمک بخواهید. سوم زمانی را برای تشخیص آنچه مفید و آنچه مضر است اختصاص دهید.چهارم مشتاق همکاری با روح القدس باشید.

قدمهای دیگری را نیز می توانستم به این چند نکته اضافه کنم اما بر حسب تجربه این چند نکته را مفیدتر از همه می دانم. خداوند مرا بر انگیخت تا دریابم آیا در زندگی ام خود خواهی وجود دارد یا خیر؟ آیا می خواهم وظیفه ای که بر عهده ام گذاشته شده است را به پایان رسانم؟ عیسی به شاگردان خود چنین گفت :

*" خوراک من این است که اراده فرستنده خود را به جا آورم و*
*کار او را به کمال رسانم ." ( یوحنا ۴ :۳۴ )*

این بهترین رژیم غذایی است. انجام اراده آن کسی که ما را فرستاده و به کمال رساندن کار او. حتی پس از پنجاه سال خدمت به خداوند باور دارم ، کارهایی وجود دارند که از سوی خداوند بر عهده من گذاشته شده و هنوز نتوانستم آنها را محقق کنم. هرگز فکر نکرده ام که لزوماً آنچه او از من خواست به خودی خود در زندگیم تحقق خواهد یافت بلکه همیشه مراقب جسم خود بوده ام و سعی کرده ام از لحاظ فیزیکی در شرایط خوبی باشم تا پیش از آنکه کار او را تمام کنم زندگیم تمام نشود.

**خداوندا تو را برای خون عیسی و کار روح القدس شکر می کنم . اعلام می کنم که من با روح القدس همکاری و سعی خواهم کرد خود را در شرایط خوب جسمی نگاه دارم تا بتوانم کار او را به کمال رسانم . بدن من هیکل روح القدس است که با خون عیسی فدیه داده شده ، پاک گشته و تقدیس شده است.آمین.**

## هفته ۱۰

### اعضای بدنم ابزار پارسایی هستند که تسلیم خداوند شده اند تا به او خدمت کنند و باعث جلال او شوند.

" و اعضای خود را به گناه مسپارید تا آلات ناراستی شوند، بلکه خود را از مردگان زنده شده به خدا تسلیم کنید و اعضای خود را تا آلات عدالت برای خدا باشند. " ( رومیان ۶ : ۱۳ )

**۵ مارس**

خود را تسلیم خداوند کنید.

**اعضای بدنم ابزار پارسایی هستند که تسلیم خداوند شده اند تا به او خدمت کنند و باعث جلال او شوند.**

روش خداوند برای رهایی ما از طبیعت کهنه مان اعلام است. اعلام آن اتفاقی که بر صلیب افتاد. زمانی که عیسی مرد انسانیت کهنه ما نیز با وی مرد اما ما چگونه باید روشی که خداوند مهیا نموده است را بکار گیریم؟

*"پس مگذارید گناه در بدن های فانی شما فرمان براند تا امیال آن را اطاعت کنید . اعضای بدن خود را تسلیم گناه نکنید تا ابزار شرارت باشند بلکه همچون کسانی که از مرگ به زندگی بازگشته اند خود را تسلیم خدا کنید و اعضای بدن خود را به او بسپارید تا ابزار پارسایی باشند. " ( رومیان ۶ : ۱۲ -۱۴ )*

راهنمایی های پولس را تنها افرادی می توانند انجام دهند که ایمان شان بر عیسی باشد. آنانکه قربانی نیابتی وی را بر صلیب پذیرفته اند. شخصی یک جمله زیبایی می گوید : " اگر می خواهید به آسمان بروید باید نه گفتن را بیاموزید. " این جمله بسیار درست است. در این آیات پولس به ما می گوید که باید با تصمیمی راسخ در مقابل هر گناه بایستیم . شیطان می تواند تفاوت میان اعلام های ظاهری و واقعی ( با ایمان ) را تشخیص دهد. ما باید این جملات را با عزمی راسخ اعلام کنیم. سپس با ایمان به مسیح اراده ما از سلطه و کنترل گناه آزاد می شود. پس از آن وظیفه ما این است که اراده خود را در مسیر صحیحی به کار گیریم. خداوند اراده ما را از ما نمی گیرد و به جای ما تصمیم نخواهد گرفت. این نکته ای است که باید به آن دقت کنید و بر اراده خود با احساس مسئولیت بیشتری نظارت داشته باشید.

**خداوندم عیسی برای پیروزی که بر صلیب کسب کردی تو را شکر می کنم . امروز قاطعانه تصمیم گرفته و اعلام می کنم که گناه و شیطان هیچ ادعا و قوتی بر من ندارند .**
**اعلام می کنم که اعضای بدنم ابزار پارسایی هستند که تسلیم خداوند شده اند تا به او خدمت کنند و باعث جلال او شوند.آمین.**

## ۶ مارس

رهایی از رنج و عذاب

### اعضای بدنم ابزار پارسایی هستند که تسلیم خداوند شده اند تا به او خدمت کنند و باعث جلال او شوند.

سالها به عنوان شبان در شهر لندن خدمت کرده ام و همواره کشمکش و جنگی سخت با افسردگی داشتم. این احساس به من حمله کرده و فشار می آورد و مرا در چنگال خود اسیر می ساخت و احساس ناامیدی و شکستی دائمی داشتم. شاید شما بتوانید این احساس را درک کنید. با تمام روشهایی که می دانستم با این شرایط جنگیدم اما موفق نشدم و هیچ پیشرفتی نداشتم .سپس این آیه از کتاب اشعیا را خواندم :

*" و به آنان که در صیهون سوگوارند تاجی به عوض خاکستر ببخشم و*
*روغن شادمانی به عوض سوگواری و ردای ستایش به جای روح یاس . آنان*
*بلوطهای پارسایی و نهال های مغروس خداوند خوانده خواهند شد*
*تا جلال او نمایان شود ." ( اشعیا ۶۱: ۳ )*

زمانی که این آیات را می خواندم روح القدس به من نشان داد که مشکل من کجاست. سخنان او چون نوری بود که به ذهنم تابید. متوجه شدم که من علیه خودم نمی جنگم بلکه با موجود دیگری در حال نبرد هستم. روح شریری که مرا عذاب می داد و مرا تحت فشار نگاه می داشت. زمانی که متوجه این حقیقت شدم ۸۰ درصد از راه پیروزی را پیمودم. آگاهی ازاین حقیقت برای من یک پیروزی بود. تنها به یک آیه دیگر نیاز داشتم تا آن پیروزی را قطعی سازد و آن این آیه بود :*" و هر که نام خداوند را بخواند رهایی خواهد یافت زیرا به کوه صیهون و در اورشلیم رهایی یافتگانی خواهند بود همان گونه که خداوند فرموده و در میان بازماندگان کسانی که خداوند ایشان را فرا خوانده است ." ( یوئیل ۲ :۳۲ )* واژه های این دو آیه را در کنار هم گذاشته و چنین دعا کردم : " خداوندا تو به من نشان دادی که روح های شرارت مرا افسرده می نمایند. به نزد تو آمده ام و نام عیسی خداوند را صدا می زنم. مرا آزاد کن. و خداوندا مرا از آن روح که دائماً باعث عذابم بود رهایی بخشید .اکنون برنامه ریزی دوباره ذهنم به عهده من بود. من عادت به پرورش الگوهای منفی ذهنی داشتم که خداوند به من نشان داد این عمل به منزله انکار ایمانم در عیسی مسیح است. تربیت دوباره ذهنم بر عهده من بود. پس از گذشت چندین سال هر بار که فکری منفی و ناامید کننده ای به ذهنم می آمد آن را رد کرده و آن را با اعترافی نیکو از کلام می راندم. سال ها بعد تمام عمل کرد درونی من تغییر کرد و من تبدیل به شخص دیگری شده بودم.

**خداوندم عیسی تو را به خاطر پیروزی ات بر صلیب شکر می کنم. اعلام می کنم که من از رنج و عذاب آزاد شده ام و اعضای بدنم ابزار پارسایی هستند که تسلیم خداوند هستند تا به او خدمت کنند و باعث جلال او شوند .آمین.**

۷ مارس

تسلیم خداوند

*اعضای بدنم ابزار پارسایی هستند که تسلیم خداوند شده اند تا به او خدمت کنند و باعث جلال او شوند.*

پولس می گوید :

"پس مگذارید گناه در بدن های فانی شما فرمان براند تا امیال آن را اطاعت کنید. اعضای بدن خود را تسلیم گناه نکنید تا ابزار شرارت باشند بلکه همچون کسانی که از مرگ به زندگی بازگشته اند خود را تسلیم خدا کنید و اعضای بدن خود را به او بسپارید تا ابزار پارسایی باشند." ( رومیان ۶ : ۱۲-۱۴ )

ما آزاد شده ایم. گناه نباید دستها و پاها و زبان ما را کنترل کند. بر عکس پولس می گوید که ما باید خود و اعضای بدن خود را تسلیم خداوند کنیم تا ابزار پارسایی در خدمت خداوند و جلال او باشند. اما این تسلیم کردن دارای دو جنبه است. اول اینکه ما باید اراده خود را با گفتن این جمله تسلیم خداوند کنیم. " *نه خواست من بلکه اراده تو انجام شود* ." و دوم درخواستی است که در دعای ربانی گفته می شود. " اراده تو چنانکه در آسمان است بر زمین نیز کرده شود ." ( متی ۶ : ۱۰ ) زمانی که ما دعا می کنیم اراده تو کرده شود این دعا باید آگاهانه باشد یعنی بر اساس اراده همان شخصی باشد که خواسته اراده خداوند انجام شود. زمانی که ما اراده خود را تسلیم خداوند کردیم باید اعضای بدن خود را تسلیم خداوند کنیم تا ابزار پارسایی گردند. در یونانی واژه " ابزار " از لحاظ لغوی به معنای " اسلحه " است که در نبرد روحانی به کار گرفته می شود. این اعضا ابزار ساده ای نیستند. ابزاری مانند کج بیل و خیش نیستند. بلکه ابزارهایی مانند شمشیر هستند. تعمید روح القدس کلید این کار است زیرا در این کار ما اراده خود را تسلیم خداوند می کنیم و سپس یکی از اعضای متمرد وجود خود را که از کنترل آن ناتوان هستیم یعنی زبان مان را به دست او می سپاریم. زمانی که تعمید روح القدس را دریافت می کنیم در واقع آن فرمان از کلام خدا را که می گوید اعضای بدن خود را به عنوان ابزار پارسایی ( اسلحه های روحانی ) به کار ببرید محقق می شود. به طور قاطع زمانی که زبان ما به خداوند تسلیم می شود و روح القدس آن را در اختیار می گیرد تبدیل به اسلحه ای برای نبرد می شود. اسلحه ای که از آن دردعا، شهادت و موعظه استفاده می کنیم.

**خداوندا تو را به خاطر پیروزیت بر صلیب شکر می کنم وجود خود را تسلیم تو می کنم و اعلام می نمایم که اعضای بدنم ابزار پارسایی هستند که تسلیم خداوند شده اند تا به او خدمت کنند و باعث جلال او شوند. آمین.**

## ۸ مارس

حرکت به جلو

**اعضای بدنم ابزار پارسایی هستند که تسلیم خداوند شده اند تا به او خدمت کنند و باعث جلال او شوند.**

ما در برابر انتخابی مهم ایستاده ایم. یا گناه بر ما مسلط است یا پارسایی. اگر بگوئیم که می خواهیم پارسایی بر ما حکمرانی کند باید یقین بدانیم که آزموده خواهیم شد. شیطان تا جایی که بداند امیدی برای پیروزیش وجود دارد از آزمودن ما دست نخواهد کشید. زمانی که شخصی آزموده و وسوسه می شود شریر آنقدر به کار خود ادامه می دهد تا آن شخص به جایی برسد که دیگر آن وسوسه بر او تاثیری نداشته باشد. از آن پس حتی به وسوسه کردن ما در آن قسمت فکر نمی کند. شیطان آنقدر باهوش هست که زمان و نیروی خود را بر قسمتهای تاثیر پذیر صرف کند.اما اگر در ما شک و دودلی وجود داشته باشد شیطان آن را دریافته و شروع به حمله می کند. بنابراین ما باید تصمیمی راسخ بگیریم.

*" من به‌علت محدودیتهای بشریِ شما، این مطالب را در قالب تشبیهاتی بشری بیان می‌کنم: همان‌گونه که پیشتر اعضای بدن خود را به بندگی ناپاکی و شرارتِ روزافزون می‌سپردید، اکنون آنها را به بندگی پارسایی بسپارید که به قدّوسیت می‌انجامد." ( رومیان ۶ : ۱۹ )*

اگر ما بی قانونی را انتخاب کنیم این موضوع در ما رشد می کند و کم کم تبدیل به افراد قانون گریزی می گردیم و بسیاری از ما این حقیقت را در زندگی مان تجربه نموده ایم. به جای بسط و گسترش بی قانونی در زندگی مان باید اعضای بدن خود را ، به بندگی پارسایی بسپاریم که به قدّوسیت می‌انجامد. (آیه ۱۹) راکد بودن در زندگی روحانی تقریباً غیر ممکن است. ما یا در حال پیشرفت هستیم یا پسرفت. یا در قدوسیت پیشرفت می کنیم، یا به سوی تمرد و نا اطاعتی.

**ای عیسی به خاطر پیروزیت بر صلیب شکر می کنم. خود را به عنوان اسیر به پارسایی تسلیم می کنم و اعلام می دارم که اعضای بدنم ابزار پارسایی هستند که تسلیم خداوند شده اند تا به او خدمت کنند و باعث جلال او شوند. آمین.**

## ۹ مارس

فیض را انتخاب کنید.

### اعضای بدنم ابزار پارسایی هستند که تسلیم خداوند شده اند تا به او خدمت کنند و باعث جلال او شوند.

*"پس ای برادران، در پرتو رحمتهای خدا، از شما استدعا می‌کنم که بدن های خود را همچون قربانی زنده و مقدّس و پسندیدهٔ خدا، به او تقدیم کنید که عبادت معقول شما همین است." ( رومیان ۱۲ : ۱ )*

مسئله مهم این است که ما باید اراده کنیم و سپس خود را تسلیم کنیم. اگر ما در مورد مسئله ای اراده نکنیم بر طبق عادت تسلیم تصمیم اشتباه خواهیم شد. ما باید از تسلیم بدن ها و اعضای خود به گناه دست بکشیم. زمانی که هنوز بی ایمان بودیم این کار را مستمر انجام داده ایم. اما اکنون باید بایستیم و بگوئیم " این پایان این نوع زندگی است. " زمانی که ما اراده خود را تسلیم خداوند کردیم نباید اعضای خود را تسلیم شیطان کنیم.

*" زیرا گناه بر شما فرمان نخواهد راند، چون زیر شریعت نیستید بلکه زیر فیضید."( رومیان ۶ : ۱۴ )*

شاید درک این جمله برای ما بسیار دشوار باشد. پولس می گوید اگر ما تحت شریعت هستیم دیگر تحت فیض نیستیم و اگر تحت فیض هستیم دیگر تحت شریعت نیستیم. علاوه بر آن پولس می گوید  شریعت نباید بر ما فرمان براند زیرا تحت شریعت نیستیم و چنین می توانیم نتیجه گیری کنیم که اگر تحت شریعت هستیم گناه بر ما حکمرانی خواهد کرد. این جمله برای بسیاری از مردم شوک آور است اما کتاب مقدس دائماً بر آن تاکید می کند. ما تحت سلطه یک سری قوانین نیستیم ما فرزندان خدا هستیم و از او اطاعت می کنیم. زیرا او را دوست داریم. از این پس نه با ترس بلکه با انگیزه محبت اطاعت خواهیم نمود. خداوند ما را اسیر نمی کند اما شریعت اسیر می سازد. خداوند ما را پسران و دختران خود خوانده و ما باید بین شریعت و فیض یکی را انتخاب کنیم.

**خداوندم عیسی تو را به خاطر پیروزی که بر صلیب به دست آوردی شکر می کنم. فیض را انتخاب  می کنم و اراده خود را تسلیم خداوند می کنم و اعلام می دارم که اعضای بدنم ابزار پارسایی هستند که تسلیم خداوند شده اند  تا او را خدمت کنند و باعث جلال نام او شوند . آمین.**

## ۱۰ مارس

از که فرمان می برید؟

**اعضای بدنم ابزار پارسایی هستند که تسلیم خداوند شده اند تا به او خدمت کنند و باعث جلال او شوند.**

*" آیا نمی‌دانید که وقتی خود را همچون بندگانی فرمانبردار تسلیم کسی می‌کنید، بندگان آن کس خواهید بود که او را فرمان می‌برید، خواه بندهٔ گناه، که منجر به مرگ می‌شود، خواه بندهٔ اطاعت، که به پارسایی می‌انجامد؟ " ( رومیان ۶ : ۱۶ )*

پولس می گوید زمانی که از کسی فرمان می بریم در واقع بنده او هستیم. به عنوان مثال اگر ما فرمانبردار فساد باشیم بردگان فساد خواهیم بود. ما نمی توانیم بدون اینکه بردگان گناه باشیم تسلیم او شویم. برخی از ما دو راهی را دوست نداریم اما در زندگی روحانی نمی توانیم از آن اجتناب نمائیم. یوشع در انتهای خدمت خود اسرائیل را در مقابل یک انتخاب قرار می دهد :

*" پس حال از خداوند بترسید و او را با خلوص و وفاداری عبادت کنید و خدایانی را که پدرانتان درآنسوی رود و در مصر عبادت می کردند به دور افکنید و خداوند را عبادت کنید . و اگر در نظرتان ناپسند است که خداوند را عبادت کنید همین امروز برگزینید که را عبادت خواهید کرد خواه خدایانی که پدرانتان درآن سوی اردن عبادت می کردند خواه خدایان اموریان را که در سرزمین شان بسر می بردید اما من و خاندانم یهوه را عبادت خواهیم کرد : " ( یوشع ۲۴ : ۱۴ ـ ۱۵ )*

یوشع قوم اسرائیل را بر می انگیزد تا انتخاب خود را انجام دهند و این انتخاب هرگز تغییر نکرده است. این انتخاب این نیست که آیا می خواهیم خدمت کنیم یا نه بلکه انتخاب فردی است که می خواهیم او را خدمت کنیم. قبل از نجات مان هیچ حق انتخابی نداشتیم و نمی توانستیم گناه نکنیم. هیچ گزینه دیگری نداشتیم زیرا مجبور بودیم برده گناه و شیطان باشیم. پس از آنکه توسط عیسی نجات یافتیم گزینه دیگری در مقابل مان گشوده شد و آن این بود که اکنون می توانیم انتخاب کنیم که به خداوند خدمت کنیم و بردگان پارسایی باشیم.

**خداوندم عیسی تو را شکر می کنم به خاطر پیروزیت بر صلیب . من انتخاب می کنم که خداوند را خدمت کنم. اعضای بدنم ابزار پارسایی هستند که تسلیم خداوند شده اند تا به او خدمت کنند و باعث جلال او شوند. آمین.**

## ۱۱ مارس

بدن من متعلق به خداوند است.

**اعضای بدنم ابزار پارسایی هستند که تسلیم خداوند شده اند تا به او خدمت کنند و باعث جلال او شوند.**

ما اعضای بدن مان را تسلیم خداوند کرده و چنین اعلام می کنیم که خداوندا از آنها استفاده کن. پس از آن وظیفه ما این است که این معبد را پاک و مقدس نگاه داریم . پولس می گوید :

*" خوراک برای شکم است و شکم برای خوراک، و خدا، هم این و هم آن را از میان برخواهد داشت. امّا بدن برای بی‌عفتی نیست، بلکه برای خداوند است و خداوند نیز برای بدن، " ( اول قرنتیان ۶ : ۱۳ )*

امروزه ما مفهوم زنا را تخفیف داده و آن را رابطهٔ جنسی قبل از ازدواج می نامیم . اما خداوند ملاک خود را تغییر نداده است. او بدن ما را آن گونه خلق نکرده که قبل از ازدواج رابطه جنسی داشته باشیم. زیرا بدن ما متعلق به خداوند است و سپس خداوند برای بدن. آیا این عالی نیست اگر ما جسم خود را تسلیم خداوند بکنیم خداوند نیز برای بدن ما باشد؟ پولس انسانی زمینی بود که با مردم درباره اموری که واقعاً آن ها را تحت تاثیر خود قرار می داد سخن می گفت.

*" از بی‌عفتی بگریزید! هر گناه دیگر که انسان مرتکب شود بیرون از بدن اوست، امّا کسی که مرتکب بی‌عفتی می‌شود، بخصوص نسبت به بدن خود گناه می‌کند. " ( اول قرنتیان۶ :۱۸ )*

بسیاری از مردم این قسمت از کلام را در مورد بیماریهایی که از طریق رابطه جنسی منتقل می شود می دانند. بیماریهایی از قبیل ایدز، سوزاک و سفلیس . این بیماری ها نیز به طور قطع نتیجه فساد جنسی هستند. اما آنچه پولس تعلیم می دهد چیزی بیش از این است. زمانی که مرتکب هر گونه فساد می شویم سلامتی بدن خود را به خطر می اندازیم. زمانیکه مسیحیان در خواست شفا می کنند اما شفا نمی یابند ریشه آن همین فساد ها هستند. در بسیاری از این موارد خدا می خواهد که ما ریشه مشکلات را یافته و در حضور خداوند از آنها آزاد شویم تا بتوانیم شفا را دریافت کنیم .

**خداوندم عیسی تو را به خاطر پیروزیت بر صلیب شکر می کنم. بدنم را به خداوند تقدیم می کنم و اعلام می نمایم که اعضای بدنم ابزار پارسایی هستند که تسلیم خداوند شده اند تا به او خدمت کنند و باعث جلال او شوند. آمین.**

## هفته ۱۱

من با خون بره و با کلام شهادت خود بر شیطان پیروز شده ام و جان خود را عزیز نمی شمارم حتی تا به مرگ.

" آنان با خون بره و با کلام شهادت خود بر او پیروز شده‌اند. زیرا که جان خود را عزیز نشمردند، حتی تا به مرگ " ( مکاشفه ۱۲ : ۱۱ )

## ۱۲ مارس

قوت قیام در زندگی ما

### من با خون بره و با کلام شهادت خود بر شیطان پیروز شده ام و جان خود را عزیز نمی شمارم حتی تا به مرگ.

در لاویان ۱۷ : ۱۱ آمده است *" زیرا حیات هر جاندار در خون است. "* زمانی که خون عیسی ریخته شد در حقیقت حیات او ریخته شد. من این طور می فهمم که حیات خداوند بر این جهان جاری شد و هیچ فکری قادر نیست کمال و معنای کار او را به طور کامل درک کند.

*" عیسی به ایشان گفت: «آمین، آمین، به شما می‌گویم، که تا بدن پسر انسان را*
*نخورید و خون او را ننوشید، در خود حیات ندارید. هر که بدن مرا*
*بخورَد و خون مرا بنوشد، حیات جاویدان دارد،*
*و من در روز بازپسین او را برخواهم خیزانید. " ( یوحنا ۶ : ۵۳ ـ ۵۴ )*

به خاطر داشته باشید که نجات ما در روز رستاخیز کامل می شود. پولس در فیلیپیان ۳ :۱۲ چنین می گوید :

*" نمی‌گویم هم اکنون به اینها دست یافته‌ام یا کامل شده‌ام، بلکه خود*
*را به پیش می‌رانم تا چیزی را به دست آورم که مسیحْ عیسی برای آن مرا*
*به دست آورد. " (که همان رستاخیز از مردگان است . آیه ۱۱ )*

برخی از افراد این گونه فکر می کنند که جسم آنها اهمیت زیادی ندارد. اما خداوند به ما می گوید که بدن های ما نیز بسیار مهم اند. زیرا آنها معبد خداوند هستند . *" آنها به طور عجیب و مهیبی ساخته شده اند. " ( مزامیر ۱۳۹ : ۱۴ )* خداوند بدن ما را رها نخواهد کرد تا فاسد شود و از بین برود. او بدنهای ما را درست همانند بدن عیسی قیام خواهد داد. فدیه جان های ما نیز نتیجه قربانی عیسی است و به وسیله قیام ما از مردگان این نجات به کمال می رسد.

**خداوندا تو را به خاطر خون بره شکر می کنم . من نیز مانند پولس**
**خود را پیش می رانم تا به هر طریقی که شده به رستاخیز از مردگان**
**نایل شوم .اعلام می کنم که من با خون بره و با کلام شهادت خود بر شیطان پیروز شده ام**
**و جان خود را عزیز نمی شمارم حتی تا به مرگ. آمین.**

۱۳ مارس

جلالی که آشکار خواهد شد.

**من با خون بره و با کلام شهادت خود بر شیطان پیروز شده ام و جان خود را عزیز نمی شمارم حتی تا به مرگ.**

در نظر من رنجهای زمان حاضر در قیاس با جلالی که در ما آشکار خواهد شد ( در زمان رستاخیز ) هیچ است زیرا خلقت با اشتیاق تمام در انتظار ظهور پسران خداست . ( رومیان ۸ : ۱۸ – ۱۹ )

گویی بسیاری از مسیحیان هنوز مفهوم واقعی رستاخیز مسیح را در نیافته اند. در زمان رستاخیز پسران خدا ظهور خواهند کرد و تمامی خلقت با اشتیاق انتظار آن را می کشد. درختان، دریاها، رودخانه و کوه ها همه و همه در انتظار هستند. بسیار عجیب است که خلقت چنین انتظاری برای ظهور مسیح می کشد. اما این انتظار در کلیسا بسیار کم است.

" زیرا خلقت تسلیم بطالت شد، نه به خواست خود، بلکه به ارادۀ او که آن را تسلیم کرد، با این امید که خودِ خلقت نیز از بندگی فساد رهایی خواهد یافت و در آزادی پرجلال فرزندان خدا سهیم خواهد شد. " ( رومیان ۸ : ۲۰ - ۲۱ )

تمام خلقت به خاطر گناه انسان رنج می کشد. قبل از گناه آدم هیچ خار و خاشاکی بر زمین نبود و هیچ چیز نمی مرد و فاسد نمی شد. می بینیم که این تنها ما نیستیم که در روز رستاخیز قیام کرده، نو خواهیم شد بلکه طبیعت نیز در آن روز از بندگی فساد رهایی خواهد یافت. اما خداوند الویت ها را چنین قرار داده که قبل از رستاخیز ما هیچ چیزی نو نخواهد شد. چنانکه پولس می گوید:

" ما می‌دانیم که تمام خلقت تا هم اکنون از دردی همچون درد زایمان می‌نالد. " ( آیه ۲۲ )

پولس غالباً از عبارت " ما می دانیم " استفاده می کند. اما بسیاری از مسیحیان معاصر نمی دانند. آیا ما می دانستیم که تمامی خلقت نیز درد زه دارد و منتظر ظهور پسران خدا و ظهور عصر جدید و رهایی از فساد و تباهی است؟

**خداوندا تو را به خاطر خون بره شکر می کنم . اعلام می کنم در جلالی که برای پسران خدا مهیا شده ،شریک خواهم بود . من با خون بره و با کلام شهادت خود بر شیطان پیروز شده ام و جان خود را عزیز نمی شمارم حتی تا به مرگ. آمین.**

## ۱۴ مارس

### خون عیسی

**من با خون بره و با کلام شهادت خود بر شیطان پیروز شده ام و جان خود را عزیز نمی شمارم حتی تا به مرگ.**

در باب ۶ انجیل یوحنا عیسی ۴ بار این جمله را برای ایمانداران تکرار می کند : *" در روز واپسین او را بر خواهم خیزانید "* قیام بخشی از نجات است.

*" هر که بدن مرا بخورَد و خون مرا بنوشد، حیات جاویدان دارد، و من در روز بازپسین او را برخواهم خیزانید. زیرا بدن من خوردنی حقیقی و خون من آشامیدنی حقیقی است. کسی که بدن مرا می‌خورَد و خون مرا می‌نوشد، در من ساکن می‌شود و من در او. " ( یوحنا ۶ : ۵۴ ـ۵۶ )*

کلمات می خورد، می نوشد، ساکن می شود همگی در زمان حال استمراری به کار رفته اند. یعنی آنکه همواره بدن مرا می خورد و دائماً خون مرا می نوشد دائماً در من ساکن است و من در او. بسیار واضح است که خداوند اهمیت بسیار خاصی برای خوردن بدن و نوشیدن خون خود قائل است. من واقعاً فکر می کنم که خداوند در اینجا درباره آئین عشای ربانی سخن می گوید که گاهی شام خداوند خوانده می شود. زمانی که در بین مسیحیان عرب خدمت می کردم وقتی آن ها شراب را بر می داشتند چنین می گفتند: " بیائید خون خداوند را بنوشیم. " به نظر من آن مسیحیان عرب تصویر صحیحی از شام خداوند داشتند. زیرا عشا همان خوردن خون عیسی است . برخی می گویند : " ما عبارت نوشیدن خون را دوست نداریم . " بیاد دارم چند سالی طول کشید تا بتوانم خود را با این جمله تطبیق دهم. اما برای داشتن حیات جاودانی ما باید خون عیسی را بنوشیم و بدن او را بخوریم.

**خداوندا تو را به خاطر خون عیسی شکر می کنم من با نوشیدن خون تو و خوردن بدن تو در حیات جاودانی تو شریک می گردم و اعلام می کنم که من با خون بره و با کلام شهادت خود بر شیطان پیروز شده ام و جان خود را عزیز نمی شمارم حتی تا به مرگ .آمین.**

## ۱۵ مارس

### اهمیت عشأ

**من با خون بره و با کلام شهادت خود بر شیطان پیروز شده ام و جان خود را عزیز نمی شمارم حتی تا به مرگ.**

به این نکته اشاره کردیم که حیات هر فرد در خون است ( لاویان ۱۷ : ۱۱ ) اگر بخواهیم حیات روحانی داشته باشیم باید خون او در بدن ما جریان داشته باشد. ما این کار را با شرکت در عشا و همچنین کلام شهادت خود انجام می دهیم. شرکت در مراسم عشا برای من بسیار مهم است. پولس در اول قرنتیان ۱۱ : ۲۵ سخنان عیسی را نقل قول می کند و می گوید : " *به همین‌سان، پس از شام، جام را گرفت و فرمود: این جام، عهد جدید است در خون من. هر بار که از آن می‌نوشید، به یاد من چنین کنید.* " بسیاری از کلیساها فکر می کنند در این جمله چنین گفته شده که " به ندرت این کار را انجام دهید " برخی از زیباترین و بهترین جلساتی که در آن ها شرکت کرده ام جلسات عبادتی به همراه عشای ربانی بوده اند و حقیقت موجود در این آئین ، باعث زیبایی جلسات می گردد. من و همسرم روت به این نتیجه رسیدیم که آنطوری که کلام می گوید در شام خداوند شرکت نمی کنیم. بنابراین به عنوان کاهن خانه تصمیم گرفتم که هر روز صبح در زمان رازگاهان عشا داشته باشیم. نمی گویم که هر خانواده مسیحی باید این کار را انجام دهد اما خدا را شکر می کنم که ما این کار را کردیم و اگر یک روز انجام نمی شد احساس می کردیم چیزی در زندگی مان گم شده است. هر روز زمانی که در عشا شرکت می کردیم چنین می گفتیم : " خداوندا نان را به عنوان بدن تو و شراب را به عنوان خون تو دریافت می کنیم . " این مراسم را به صورت ساده و خاص انجام می دادیم و می گفتیم : " خداوندا این کار را به یاد گاری تو انجام می دهیم و مرگ تو را بر صلیب تا زمان بازگشت تو اعلام می کنیم ." در شام خداوند هیچ گذشته ای جز صلیب و هیچ آینده ای جز بازگشت خداوند وجود ندارد. این کار را به یادگاری مسیح تا بازگشتش انجام می دهیم. آیا واقعاً از حیاتی که در آن خون موجود است بهره مند هستیم یا خیر؟

**خداوندا به خاطر خون بره از تو متشکرم. من با شرکت در عشا از حیاتی که در خون مسیح وجود داشت بهره مند گشته ام و اعلام می کنم که با خون بره و با کلام شهادت خود بر شیطان پیروز شده ام و جان خود را عزیز نمی شمارم حتی تا به مرگ. آمین.**

**۱۶ مارس**

تقدیم جان خود

## من با خون بره و با کلام شهادت خود بر شیطان پیروز شده ام و جان خود را عزیز نمی شمارم حتی تا به مرگ.

برای اینکه به طور کامل از تمام برکاتی که در خون عیسی نهفته است بهره مند شویم باید بدانیم چگونه آن را در زندگی مان به کار گیریم. آیه امروز و اعتراف ما برای این هفته در ارتباط با نبرد آخر الزمانی عظیمی است که هم در آسمان و هم بر زمین به وقوع خواهد پیوست. این نبرد بین فرشتگان خداوند و شیطان و قوم خداوند به وقوع خواهد پیوست. این جمله توسط فرشته خداوند گفته می شود :

*" آنان با خون بره و با کلام شهادت خود بر او پیروز شده‌اند. زیرا که جان خود را عزیز نشمردند، حتی تا به مرگ. ( مکاشفه ۱۲ :۱۱ )*

" آنها " افرادی مانند من وشما هستند یعنی ایمانداران به عیسی. " او " به شیطان اشاره دارد. این نبردی رودرو بین ما و شیطان است. این آیه به ما می گوید که چگونه ایمانداران بر او پیروز شدند. در ادامه این آیه به ما می گوید که این ایمانداران افراد تسلیم شده و متعهدی بودند. ایماندار تسلیم به خداوند، ایمانداری است که شیطان از او می ترسد. زمانی که در این آیه گفته می شود " آنان جان خود را عزیز نشمردند حتی تا به مرگ " این بدان معنا است که زنده ماندن اولین الویت آنها نیست. الویت آنها این بود که به خداوند وفادار بمانند و اراده خدا را انجام دهند. زمانی که درباره سربازان ارتش خداوند سخن می گوئیم بسیاری از ما برداشتی احساسی داریم. زمانی که در ارتش انگلستان بودم از افسر ارشد خود ضمانت نامه ای مبنی بر اینکه زنده باز خواهم گشت دریافت نکردم. هر سربازی می داند که ممکن است در حین خدمت کشته شود و خدمت ممکن است به قیمت از دست دادن جانش تمام شود. در ارتش خداوند نیز این گونه است. هیچ تضمینی وجود ندارد که جان ما محفوظ خواهد ماند. افرادی که شیطان از آن ها می ترسد آنانی هستند که از فدا کردن جانشان نمی ترسند. به هر حال زندگی بر زمین در مقایسه با حیات ابدی مان در آسمان بسیار کوتاه و گذرا است.

**خداوندا به خاطر خون عیسی از تو متشکرم. اعلام می کنم که زنده ماندن اولین الویت من نیست و همچنین با خون بره و با کلام شهادت خود بر شیطان پیروز شده ام و جان خود را عزیز نمی شمارم حتی تا به مرگ.آمین.**

## ۱۷ مارس

### اسلحه های نبرد ما

**من با خون بره و با کلام شهادت خود بر شیطان پیروز شده ام و جان خود را عزیز نمی شمارم حتی تا به مرگ.**

در مکاشفه ۱۲ : ۷ ـ ۹ آسمان از اژدها ( شیطان ) و فرشتگانش پاک می شود. آسمان شادی کن. زمین مراقب باش. در این زمان شیطان دقیقاً همین جا بر روی زمین خواهد بود. و او می داند که تنها چند سالی کوتاه فرصت دارد تا انسان ها را بفریبد و به آنها صدمه بزند. برای من واضح است که این دوره همان ( یا قسمتی از آن ) هفته هفتم نبوت دانیال است. ( دانیال ۹ : ۲۱ ـ ۲۴ را مطالعه کنید . ) این دوره زمانی خاصی است و خود شیطان نیز که شاهد این نبوت بوده به خوبی این را می داند. عیسی می گوید که این روزها کوتاه خواهند شد (متی ۲۴ : ۲۱ - ۲۲ را مطالعه کنید. ) اگر چه کتاب مقدس از لحاظ تئوری، به سه سال و نیم اشاره می کند اما حداقل مدتی کوتاه تر خواهد بود. سپس شیطان به زنجیر کشیده شده و در چاه هاویه زندانی خواهد شد. شیطان می خواهد ما را نسبت به این حقیقت بی توجه سازد زیرا تا زمانی که ما بی توجه باشیم نمی توانیم کاری که خداوند برعهده مان گذاشته را انجام دهیم. اما خداوند به ما اسلحه های روحانی برای مبارزه با شیطان در جای هایی آسمانی بخشیده است .

*" چرا که اسلحهٔ جنگ ما دنیایی نیست، بلکه به نیروی الهی قادر به انهدام دژهاست.*
*ما استدلالها و هر ادعای تکبّرآمیز را که در برابر شناخت خدا قد علم کند ویران*
*می‌کنیم و هر اندیشه‌ای را به اطاعت از مسیح اسیر می‌سازیم" ( ۲ قرنتیان ۱۰ :۴ ـ ۵ )*

اسلحه های روحانی که به ما بخشیده شده ما را قادر می سازد تا هر چیزی که در مقابل خداوند و ملکوت او قد علم کند را به زیر افکنیم. آخرین و بالاترین چیزی که در مقابل خداوند می ایستد ملکوت شیطان است که در جایهای آسمانی است. اما اسلحه های روحانی به ما عطا شده اند تا بتوانیم این ملکوت را در هم بشکنیم. این دو اسلحه خون عیسی و کلام شهادت ما است.

**خداوندا به خاطر خون عیسی از تو متشکرم . سلاح روحانی خود را بر می دارم و همراه با کلام شهادت خود اعلام می کنم که با خون بره و با کلام شهادت خود بر شیطان پیروز شده ام و جان خود را عزیز نمی شمارم حتی تا به مرگ . آمین.**

۱۸ مارس

اعتراف ایمان

*من با خون بره و با کلام شهادت خود بر شیطان پیروز شده ام و جان خود را عزیز نمی شمارم حتی تا به مرگ.*

خداوند بر من آشکار ساخته که اگر مسیحیان به گذشته خود نگاه کنند خواهند دید که اعلام های منفی بسیاری بر زندگی خود نموده اند. ممکن است در مورد آنچه نتوانسته اید انجام دهید یا در مورد شکست ها و نا امیدی های خود سخن گفته باشید. اما می دانید اعترافات ما آینده ما را رقم می زنند. موسی دوازده جاسوس به سرزمین موعود می فرستد. از میان آنها دو نفر با اعترافات مثبت بازگشته و ده نفر با اعترافات منفی . اکثر اسرائیلی ها اعترافات منفی را قبول کردند و پذیرفتند که ما نمی توانیم. اما آن دو نفر می گفتند که ما می توانیم. قوم اسرائیل سرنوشت خود را بوسیله اعترافشان رقم زدند. آنانی که گفتند : " ما نمی توانیم " واقعاً هم نتوانستند و آنانی که گفتند ما می توانیم موفق شدند. ممکن است شما سخنانی منفی بر زبان آورده باشید که باعث جلال خداوند نبوده است سخنانی در مورد نا امیدی ها و سرخوردگی هایتان. بدانید این اعترافات نهایتاً شما را به شکست و ناتوانی می رساند.اگر ما اعتراف کنیم که شکست می خوریم سهم ما همان خواهد شد. اما اگر ما اعتراف مثبت ایمان خود را بلند کنیم خداوند سهم و نصیب ما خواهد شد. کاری که باید بکنید این است : نزد خداوند اعتراف کنید و بگوئید : " خداوندا متأسفم. مرا ببخش که با بی ایمانی و افکار منفی دستان تو را در زندگی ام بسته ام و آنچه می توانستی در زندگی ام انجام دهی را محدود ساخته ام. کلام خدا می گوید :

*" حیات ظاهر شد؛ ما آن را دیده‌ایم و بر آن شهادت می‌دهیم. ما حیات جاویدان را به شما اعلام می‌کنیم، که با پدر بود و بر ما ظاهر شد." ( اول یوحنا ۱ : ۹ )*

زمانی که اعترافات منفی را رد می کنید از آن دره تاریک تنهایی بیرون می آئید. بگذارید اعتراف شما این باشد : *" قوت هر کار را دارم در مسیح که من را تقویت می بخشد. ( فیلیپیان ۴ : ۱۳ )*

**خداوندا به خاطر خون بره تو را شکرمی کنم . اعلام می کنم قوت انجام هر کاری را دارم درمسیح که من را تقویت می بخشد و با خون بره و با کلام شهادت خود بر شیطان پیروز شده ام و جان خود را عزیز نمی شمارم حتی تا به مرگ.آمین.**

# هفته ۱۲

## بدن من برای خداوند است و خداوند نیز برای بدن من.

*" خوراک برای شکم است و شکم برای خوراک، و خدا، هم این و هم آن را از میان برخواهد داشت. امّا بدن برای بی‌عفتی نیست، بلکه برای خداوند است و خداوند نیز برای بدن،" ( اول قرنتیان ۶ :۱۳ )*

**۱۹ مارس**

خدای شخصی

## بدن من برای خداوند است و خداوند نیز برای بدن من.

زمانی در یکی از بزرگترین دانشگاههای انگلستان مقام استادی داشتم. دارای مدارج تحصیلی بودم. بهره هوشی بالایی داشتم. اما به هیچ وجه از اعتراف ایمان به داستان خلقتی که در کتابمقدس ذکر شده احساس شرمساری نداشتم. قبل از آنکه به کلام خدا ایمان داشته باشم منابع مختلف بسیاری را درباره منشأ خلقت مطالعه کرده بودم اما هیچ کدام از آنها پاسخ کامل سئوالات مرا نمی داد. بسیاری از این منابع با یکدیگر در تضاد بودند. سپس تصمیم گرفتم که کتاب مقدس را بخوانم نه به عنوان یک ایماندار بلکه به عنوان یک فیلسوف و محقق. با خود اندیشیدم که آنچه دراینجا نوشته شده نمی تواند بدتر از تئوری های دیگری باشد که قبلاً مطالعه کرده ام. بسیار شگفت زده شدم وقتی دیدم کتاب مقدس پاسخ سئوالات مرا می دهد. در پیدایش ما این جمله ساده را می خوانیم که چنین می گوید:" یهوه خدا " این نام خداوند است. زیرا این عبارت به ما می گوید که خدای ذی شخصیت انسان ذی شخصیتی می آفریند تا با او مشارکت داشته باشد.

*" آنگاه یهوه خدا آدم را از خاک زمین بسرشت ( تولید نمود ) و در بینی او نفس حیات دمید و آدم موجودی زنده شد . ( جان گرفت . ) ( پیدایش ۲ : ۷ )*

در اینجا می بینیم که چگونه روح الهی و ابدی خدا با جسمی که از خاک سرشته شد، یک می گردد.اتحاد روح از بالا و خاک از زمین باعث شکل گیری وجود و شخصیت یک انسان می شود. انسانی که می تواند با خدای زنده و شخصی خود ارتباط و مشارکت داشته باشد.

**خداوندا تو را برای بدنی که برایم سرشته ای شکر می کنم . اعلام می کنم که خداوند مرا برای مشارکت شخصی باخود خلق نموده است و بدن من برای خداوند است و خداوند برای بدن من. آمین.**

## ۲۰ مارس

خلقتی معجزه آسا

**بدن من برای خداوند است و خداوند نیز برای بدن من.**

ما به شخصیت انسان ها و دنیای درونی آن ها یعنی روح و جان آن ها اهمیت می دهیم . اما اجازه دهید که چشمان خود را بر این حقیقت که جسم انسان ها نیز بسیار مهم است و خلقت شگفت انگیز و معجزه آسای خداوند است، نبندیم. بسیاری از ایمانداران نسبت به جسم خود بی توجهند. تا آن زمان که دم خداوند وارد این جسم نشده بود بدن ما چیزی جز خاک نبود. با عمل کرد معجزه آسای روح خداوند این خاک سرشته و تبدیل به جسم انسانی و ارگانیزمی زنده شد. برای مثال چشم انسان را در نظر بگیرید. در یک برنامه تلویزیونی نماینده جامعه چشم پزشکان آمریکا اطلاعات خارق العاده ای در مورد چشم انسان عنوان نمود. بنا بر تحقیقات آن ها چشم انسان اگر درست به یاد داشته باشم متشکل از سه میلیون بخش است که با یکدیگر هماهنگ کار می کنند. اما چه چیزی این عضو بی مانند را حیات بخشیده است؟ نفس و دم خداوند. تمام عضلات، اعصاب وغدد بدن ما و تمامی عمل کرد جسم ما مدیون همین نفسی هستند که از سوی خداوند دمیده شده است. این آن چیزی است که خاک را تبدیل به چنین ارگارنیزم شگفت انگیزی نموده است. وقتی که حقیقت خلقت انسان را درک می کنید معجزات و شفای الهی برای شما شکل منطقی تر به خود می گیرند. چه کسی می تواند بدن ما را تعمیر و بازسازی کند و اگر احتیاج باشد از نو خلق کند؟ مگر نه آن که از ابتدا آن را خلق نموده است؟ بله روح خدا خالق و شفا دهنده ما است. این افتخار را داشته ام که شاهد معجزه ای باشم که در آن استخوان هایی که به طور مادر زادی در بدن آن شخص وجود نداشت در او شکل بگیرند. از من در خواست شد که برای دختر کوچکی در سن حوزه کالیفرنیا دعا کنم. خواهر بزرگتر این دختر به طور مادرزادی استخوان بالای هر دو پای خود را نداشت و پس از دعا خداوند استخوان های پای او را خلق نمود. ادعا نمی کنم که این معجزه ساده است اما زمانی که درک می کنیم منشا بدن انسانها چیست در آن صورت چنین معجزاتی قابل درک و پذیرش می گردند. بدن ما خاکی بیش نبود تا اینکه روح خداوند بر آن دمیده شد و در آن حرکت کرده و ارگانیزمی چنین پیچیده خلق کرد. بدنی که تنها خالق آن قادر است آن را از نو خلق کرده و یا شفا دهد .

**خداوندا تو را برای بدنی که برایم سرشته ای شکر می کنم. من خلقت معجزه آسا و شگفت انگیز خداوند هستم و اعلام می کنم که بدن من برای خداوند است و خداوند برای بدن من. آمین.**

۲۱ مارس

خلقتی کامل

### بدن من برای خداوند است و خداوند نیز برای بدن من.

اگر به کتاب ایوب نگاه کنیم مکاشفات بی نظیری درباره بدن مان آن جا ذکر شده است. بین کتاب پیدایش و ایوب ارتباط متقابل و زیبایی وجود دارد. ایوب ۱۰ : ۸ – ۱۲ خلاصه ای از خلقت بی نظیر خداوند درباره بدن های ما ارائه می دهد. آیه ۸ چنین می گوید : " دستان تو مرا به تمامی بسرشت و بساخت آیا اکنون هلاکم می کنی؟ " همان طور که در پیدایش ۲ : ۷ می خوانیم خداوند انسان را از خاک سرشت و این واژه بیانگر عمل ماهرانه و هوشمند خداوند است. همانطور که در کتاب ایوب نیز بدان اشاره می شود این عمل در زمان خلقت انسان رخ می دهد.

" دستان تو مرا به تمامی بسرشت و بساخت آیا اکنون هلاکم می کنی ؟ تمنا به یاد آری
که من را از گل سرشتی آیا ا کنون مرا به خاک باز می گردانی؟ آیا مرا
همچون شیر نریختی و همچون پنیر منجمد نساختی ؟ مرا به پوست و
گوشت پوشانیدی و به استخوانها و پی ها بافتی " ( ایوب ۱۰ : ۸ – ۱۱ )

در این قسمت ایوب به زیبایی خلقت قسمت های مختلف بدن را به ما نشان می دهد و با چه وضوحی این خلقت را تشریح می کند. در آیه ۱۲ می خوانیم : " مرا حیات و محبت بخشیدی و در عنایت خود روح مرا حفظ کردی." چند آیه بعد در همان کتاب ایوب جنبۀ دیگری از خلقت آدمی را می بینیم . یعنی بخش روحانی وجود او را." اما روحی که در انسان است یعنی دم قادر مطلق آن است که انسان را فهم می بخشد ." ( ایوب ۳۲ : ۸ ) این جملات از کتاب ایوب با قسمت هایی از کتاب پیدایش که در رابطه با خلقت انسان است کاملاً هم خوانی دارد. خلقتی که در آن نفس خداوند از اعلی و خاک از زمین با یکدیگر متحد شدند و انسان کامل و ذی شخصیتی را بوجود آوردند.

**خداوندا تو را به خاطر بدنی که برایم سرشتی شکر می کنم . من از به هم پیوستن روح خدا از اعلی و خاک زمین از اسفل ساخته شده ام و اعلام می کنم که بدن من برای خداوند است و خداوند برای بدن من. آمین.**

## ۲۲ مارس

طرح خداوند برای بدن ما

# بدن من برای خداوند است و خداوند نیز برای بدن من.

*" زیرا باطن مرا تو آفریده ای تو مرا در رحم مادرم در هم تنیدی تو را سپاس می گویم زیرا عجیب و مهیب ساخته شده ام اعمال تو شگفت انگیزند جان من این را نیک می داند . استخوان بندی ام از تو پنهان نبود چون در نهان ساخته می شدم آنگاه که در ژرفای زمین تنیده می شدم ." ( مزامیر ۱۳۹ : ۱۳ - ۱۵ )*

زمانی که به بدن فیزیکی خود می اندیشم سراسر وجودم سرشار از حیات او می شود. ماده ای که باید کالبد ما را شکل می داد پیش از آنکه این کالبد شکل بگیرد توسط خداوند در ژرفای زمین تعبیه شده بود. خداوند ماده ای که باید روزی بدن مرا شکل می داد از پیش خلق کرده بود :

*" دیدگانت کالبد شکل نگرفته مرا می دید همه روزهایی که برایم رقم زده شد در کتاب تو ثبت گردید پیش از آنکه هیچ یک هنوز پدید آمده باشد ." ( آیه ۱۶ )*

قبل از اینکه بدن های ما شکل بگیرد خداوند طرحی از پیش برای شان در نظر گرفته بود .این آیه را با آنچه عیسی در لوقا ۱۲ : ۷ می گوید مقایسه کنید: *"حتی موهای سر شما به تمامی شمرده شده است. پس مترسید، زیرا ارزش شما بیش از هزاران گنجشک است." ( لوقا ۱۲ : ۷ )* این جمله نشان دهنده دقت و توجه خداوند به جسم فیزیکی ما است. او حتی موهای سر ما را نیز شمرده است. وقتی ما این حقیقت را درک می کنیم می فهمیم که خداوند هدفی برای خلقتی بدین مهارت وشگفتی دارد. این هدف در اول قرنتیان ۶ : ۱۹ - ۲۰ آمده است :

*" آیا نمی دانید که بدن شما معبد روح القدس است که در شماست و او را از خدا یافته اید و دیگر از آن خود نیستید؟ به بهایی خریده شده اید پس خدا را در بدن خود تجلیل کنید. ( اول قرنتیان ۶ : ۱۹ - ۲۰ )*

**خداوندا برای بدنی که برایم سرشتی از تو متشکرم. من خدا را در بدن خود جلال می دهم و اعلام می کنم که بدن من برای خداوند است و خداوند برای بدن من. آمین.**

## ۲۳ مارس

قربانی زنده

# بدن من برای خداوند است و خداوند نیز برای بدن من.

*" پس ای برادران، در پرتو رحمتهای خدا، از شما استدعا می‌کنم که بدنهای خود را همچون قربانی زنده و مقدّس و پسندیدهٔ خدا، به او تقدیم کنید که عبادت معقول شما همین است." ( رومیان ۱۲ : ۱ )*

در بابهای نخستین کتاب رومیان با الهیات بسیار شگفت انگیزی روبرو می شویم. روش کاربرد این آیات از بدن ما آغاز می شود. ما باید بدنهای خود را به عنوان قربانی زنده تقدیم خداوند کنیم . ممکن است چنین فکر کنیم که جسم ما آن قدر هم مهم نیست و آن چه مهم است روح و جان ماست. اما بیائید مثالی عملی برای شما بزنم. اگر من یک لیوان آب بخواهم هم ظرف و هم محتویات آن را احتیاج دارم. نمی توانم آب را بدون لیوان در دست بگیرم. این همان چیزی است که خداوند می گوید او هم ظرف را می خواهد یعنی بدن و هم محتویات آن را یعنی روح و جان را. نمی توانیم محتویات را بدون ظرف به او بدهیم. معنی این جمله چیست ؟ بدن های خود را قربانی زنده گردانیم؟ قربانی عهد عتیق حیواناتی بودند که باید کشته و سپس بر مذبح گذاشته می شدند. خداوند می گوید : من جسم شما را به صورت قربانی های عهد عتیق کامل می خواهم اما با یک تفاوت که نمی خواهم جسم شما قربانی بی جان باشد بلکه آن را زنده می خواهم. وقتی که جسم شما را داشته باشم در واقع شما را دارم. ". در متی باب ۲۳ عیسی با فریسیان سخن می گوید و توضیح می دهد که در خدمت به خداوند چه چیزهایی مهم هستند. فریسیان می گفتند قربانی مهم تر از مذبح است. اما عیسی به آنها می گوید :*" ای کوران! کدام برتر است؟ هدیه یا مذبحی که هدیه را تقدیس می‌کند؟ " ( متی ۲۳ : ۱۹ )* مذبح است که قربانی را تقدیس می کند و قربانی زمانی که بر مذبح خداوند است مقدس می گردد. برای بدنهای ما نیز این چنین است زمانی که بدن های خود را بر مذبح خداوند قرار می دهیم مقدس می شود. بدن ما تقدیس شده و برای خداوند جدا می شود. این عملی است که هر کدام از ما باید در حضور خداوند شخصاً انجام دهیم.

**خداوندا تو را به خاطر بدنی که برایم سرشتی شکر می کنم. خود را به عنوان قربانی زنده به تو تقدیم می کنم و اعلام می کنم که بدن من برای خداوند است و خداوند برای بدن من. آمین.**

## ۲۴ مارس

بدنهای حقیر

**بدن من برای خداوند است و خداوند نیز برای بدن من.**

زمانی که انسان بر علیه خداوند سرکشی نمود تمام شخصیت وی تحت تاثیر قرار گرفت. کلمه ای که در کلام خدا برای تشریح شرایط انسان بعد از ورود گناه به کار می رود فساد است. تمامی جنبه های شخصیت انسان یعنی روح و جان و جسم او تحت تاثیر گناه قرار گرفت و انسان از لحاظ روحانی و اخلاقی و جسمی به سوی تباهی رفت. مرگ پایان فساد فیزیکی است. پولس می گوید :

*" پس، همان‌گونه که گناه به واسطهٔ یک انسان وارد جهان شد، و به واسطهٔ گناه، مرگ آمد، و بدین‌سان مرگ دامنگیر همهٔ آدمیان گردید، از آنجا که همه گناه کردند " ( رومیان ۵ :۱۲ )*

از طریق گناه سَم فساد وارد وجود ما شد. اول قرنتیان ۱۵ : ۵۶ به ما می گوید : *" نیش مرگْ گناه است و نیروی گناه، شریعت."* درست مانند یک زنبور یا یک حشره که سّم خود را بوسیله نیش وارد بدن می کند شیطان نیز سم فساد و مرگ را از طریق نیش گناه وارد بدن ما کرده است. همه ما تبدیل به مخلوقات فاسدی شدیم. در فیلیپیان ۳ : ۲۱ پولس بدن های حال حاضر ما را بدن های " حقیر" می خواند. بدن های ما در شرایط حقیرانه ای قرار دارد ، بدلیل اینکه ما علیه خالق خود سرکشی و طغیان نموده ایم. فرقی نمی کند که چقدر عالی، سالم و قوی و پولدار یا مشهور هستیم. بدن های ما در شرایط سقوط کرده ای قرار دارند. ممکن است بهترین غذاها را بخوریم و بهترین نوشیدنی ها را بنوشیم اما باز هم احتیاج داریم از دستشویی استفاده کنیم. ممکن است قوی و سالم باشیم اما وقتی بیش از حد گرم شدیم عرق می کنیم. فقیر باشیم یا غنی در هر دو صورت عرق می کنیم . این عمل کرد درونی در بدن های ما به یاد آورنده این حقیقت است که همه ما یاغی و گناهکار هستیم و بدن های مان تحت تاثیر فساد قرار گرفته اند. به مدت پنج سال مشغول تعلیم به معلمان آفریقایی بودم و از توانایی ها و استعداد های ورزشی آنها در شگفت بودم . اما همیشه به این مردان قوی می گفتم : " به یاد داشته باشید که اگر یک پشه کوچک آنوفل شما را نیش بزند و خرطوم خود را وارد بدن شما کند شما به شدت تب کرده و دچار لرز شدیدی می شوید و حالتان دگرگون خواهد شود . " این شرایط بدن سقوط کرده ما است.خبر خوش این است که عیسی مُرد تا ما را نجات دهد و این نجات تنها شامل روح ما نمی شود. او کلیت وجود ما را نجات بخشید جسم و جان و روح مان را.

**خداوندا تو را شکر می کنم به خاطر این بدنی که برایم سرشتی . اعلام می کنم که عیسی مرد تا کلیت وجود من نجات یابد. بنابراین اعلام می کنم که بدن من برای خداوند است و خداوند برای بدن من. آمین.**

۲۵ مارس

شفا برای بدن

### بدن من برای خداوند است و خداوند نیز برای بدن من.

کلام خدا چنین می گوید که عیسی :

" او خود گناهان ما را در بدن خویش بر دار حمل کرد تا برای گناهان بمیریم و برای پارسایی زیست کنیم همان که به زخمهایش شفا یافته اید " ( اول پطرس ۲ : ۲۴ )

او گناهان ما را بر صلیب بر بدن خود حمل نمود و بر صلیب بدن او تبدیل به قربانی گناه شد. او زحماتی(رنجی) را که ما شایسته اش بودیم بر بدن خود حمل کرد تا ما بتوانیم از گناه آزاد شویم. ( متی ۸ : ۱۷ ) کلام خدا همچنین می گوید: عیسی بر بدن خود این بار را حمل نمود و توسط زخمهای او ما شفا یافتیم. (اول پطرس ۲ : ۲۴ را مطالعه کنید.) از دیدگاه خداوند آزادی ما از گناه هم اکنون مهیا شده است. خداوند نجات ما را تحقق بخشیده و این کار انجام شده است. نکته جالب اینجاست که عهد جدید شفا را مفهومی مرتبط با آینده نمی داند بلکه آنرا برای گذشته بکار می برد. ما در زمان مرگ عیسی از زخم های او شفا یافته ایم پس شفا هم اکنون برای ما مهیا شده است. ایمانداران گاهی از من می پرسند چطور بدانم که آیا اراده خداوند برای من این است که شفا بیابم یا نه ؟ معمولاً این پاسخ را می دهم اگر تو یک مسیحی متعهد هستی و با خون عیسی فدیه شده ای فکر می کنم سئوال اشتباهی می پرسی. این که چگونه بدانم آیا اراده خداوند برای من شفا است یا خیر سئوال صحیحی نیست بلکه سئوال صحیح این است که چگونه می توانم آن شفایی که خداوند برای من مهیا نموده را بدست آورم؟ هدف خداوند این است که کاملیت وجود ما را نجات داده و شفا بخشد. یعنی روح و جان و جسم مان را. چنانکه پولس می گوید :" خدای آرامش، خودِ شما را به تمامی تقدیس کند و روح و جان و تن شما تا آمدن خداوندمان عیسی مسیح، بی‌عیب محفوظ بماند. " ( اول تسالونیکیان ۵ : ۲۳ )

**خداوندا تو را برای آنچه برای جسم من تدارک دیده ای شکر می کنم. اعلام می کنم که بوسیله مرگ عیسی بر صلیب فدیه داده شده و شفا یافته ام و هدف خداوند این است که تمام وجود مرا محفوظ بدارد. یعنی روح و جان و جسم مرا. زیرا بدن من برای خداوند است و خداوند برای بدن من. آمین.**

# هفته ۱۳

## خداوند قومش را ترک نخواهد کرد.

" زیرا خداوند به خاطر نام عظیم خود قومش را ترک نخواهد کرد زیرا خشنودی او در این بود که از شما قومی برای خود بسازد . " ( اول سموئیل ۱۲ : ۲۴ )

**۲۶ مارس**

خداوند حاضر است.

## خداوند قومش را ترک نخواهد کرد.

خداوند به ابراهیم و یعقوب وعده داد که نسل آنها مانند شنهای ساحل بی شمار خواهند بود. این وعده تصویری واضح از چیزی است که ۲۰۰۰ سال بعد در قوم اسرائیل مشاهده می شود . امواج سهمگین بسیاری بر آنان فرود آمد. حملات بسیاری از سوی مردم و نیروهای شرارت و خود شیطان بر قوم یهود وارد آمد.این فشارها به روش های مختلفی بر قوم یهود وارد شد. دریا متلاطم شد موج ها خروشیدند و دریا امواج سهمگینش را بر تن شن های ساحل کوبید. اما می دانید چه اتفاقی افتاد؟ شنها پیروز شدند چون خداوند گفته بود این اتفاق خواهد افتاد و بخاطر کلام خداوند بود که این پیروزی به شنها بخشیده شد. بسیار مهم است بدانیم که این خود قوم یهود نبودند که انتخاب کردند قوم خدا خوانده شوند بلکه این خود خداوند بود که آنها را برگزید. ایمان دارم هر انتخابی که خداوند انجام می دهد صحیح است. فرقی نمی کند که چه نیروهای مخالفی در مقابل آن انتخاب سر بر آورند چون خداوند انتخاب و کار صحیح را انجام می دهد. خداوند قوم خود را ترک نخواهد کرد نه به این خاطر که آنها شایسته این وفاداری بودند بلکه به خاطر نام عظیم خود آنها را ترک نخواهد کرد. نام خداوند بر اسرائیل و آن قوم نهاده شده است و آنچه در اینجا مهم است احترام نام خداوند است.عیسی در عهد جدید همان اطمینان را به ما نیز می بخشد : *" زندگی شما بَری از پولدوستی باشد و به آنچه دارید قناعت کنید، زیرا خدا فرموده است: تو را هرگز وا نخواهم گذاشت، و هرگز ترک نخواهم کرد." ( عبرانیان ۱۳ :۵ )* گاهی ممکن است ما به هیچ وجه از حضور او آگاهی نداشته باشیم اما او بوسیله روح القدس خود همراه ما است. فرقی نمی کند که ما کجا برویم چون خداوند حاضر مطلق است. او با روح خود درکنار ما حضور دارد. روحی نا مرئی که اغلب از حضور آن نا آگاه هستیم اما نمی توانیم از آن نیز بگریزیم. این حقیقت برای یک بی ایمان ممکن است ترسناک باشد اما برای یک ایماندار موجب تسلی ، تقویت و اطمینان است.

**خداوندا تو را شکر می کنم که تو به قوم خود متعهد و وفادار بودی . من امروز برای قوم تو دعا می کنم و برای آن ها شفاعت می کنم و اعلام می کنم همانگونه که خداوند در عهد عتیق به همراه قوم خود بود امروز با من نیز هست زیرا خداوند قومش را ترک نخواهد کرد. آمین.**

**۲۷ مارس**

خداوند محافظت می کند.

## خداوند قومش را ترک نخواهد کرد.

زمانی که اسرائیل به عنوان یک کشور مستقل شناخته شد من در اورشلیم زندگی می کردم. به یاد می آورم زمانی که پرچم اسرائیل در مرکز اورشلیم بر افراشته شد با خود گفتم این حقیقتاً شگفت انگیز است. *" ای قومها کلام خداوند را بشنوید و آن را در سرزمین های دور دست ساحلی اعلام کنید. بگوئید آن که اسرائیل را پراکنده ساخت ایشان را گرد می آورد و چنانکه شبان گله خویش را می پاید او نیز از ایشان مراقبت خواهد کرد. " ( ارمیا ۳۱ : ۱۰ )* ۲۵۰۰ سال پیش خداوند چنین مقرر فرمود که وعده ای خاص به سوی تمامی ملت ها در سراسر زمین فرستاده شود و این وعده امروز در برابر چشمان و گوشهای ما آشکار شده است. امروز می توانیم بگوئیم که : " آن که اسرائیل را پراکنده ساخت ایشان را گرد می آورد و چنانکه شبان گله خویش را می پاید او نیز از ایشان مراقبت خواهد کرد ." این روزها روزهایی است که هیچ کس نمی داند فردا چه اتفاقی ممکن است در اسرائیل رخ دهد. ممکن است که در طول ۲۴ ساعت آینده بدون هیچ هشدار قبلی جنگی آغاز شود. ولی خداوند اسرائیل را محافظت خواهد نمود همانطور که شبان گله اش را محافظت می کند. این اطمینان وجود دارد که صرف نظر از فشارهای سیاسی و خشونت هایی که ممکن است بر علیه این قوم اتفاق بیافتند خداوند اسرائیل را محافظت کرده و آنها را دوباره جمع خواهد کرد. خداوند همان وعده را در مزمور ۱۲۱ : ۷ – ۸ به ما می دهد : *" خداوند تو را از هر بدی حفظ خواهد کرد؛ او حافظ جان تو خواهد بود! خداوند آمد و شد تو را پاس خواهد داشت، از اکنون و تا به ابد! "* دانستن این حقیقت که خداوند با شما است بسیار عالی است. او نه تنها درآغاز سفر با شما است بلکه وقتی به انتهای آن نیز می رسید با شما است. نه تنها وقتی که شما صبح ها سر کار می روید بلکه هنگام عصر زمان بازگشت نیز با شما است. خداوند همواره با شما است و شما را محافظت و مراقبت می کند و او این کار را از هم اکنون تا به ابدالاباد انجام خواهد داد. خداوند خالق ، محافظ ما است.

**خداوندا تو را شکر می کنم که نسبت به قومت اسرائیل وفادار بوده ای . من برای آن ملت شفاعت می کنم و اعلام می کنم همانطور که خداوند محافظ قومش است مراقب و محافظ من نیز هست . برای اینکه خداوند قومش را ترک نخواهد کرد.آمین.**

**۲۸ مارس**

شفای شکسته دلان

## خداوند قومش را ترک نخواهد کرد.

در مزمور ۱۴۷ : ۲ -۳ چنین می خوانیم :

*" خداوند اورشلیم را بنا می‌کند، و رانده‌شدگان اسرائیل را گرد می‌آورد. زیرا او پشت‌بندهای دروازه‌هایت را مستحکم می‌گرداند، و فرزندانت را در اندرونت برکت می‌دهد. "*

این واژه ها زیبا هستند ولی مهم ترین نکته در مورد این واژه ها این است که آنها در عصر ما تحقق یافتند. من تحقق این واژه ها را مشاهده کرده ام. بار دیگر یادآوری می کنم زمانی که بعد از ۲۰۰۰ سال قوم اسرائیل در ماه می ۱۹۴۸ به عنوان قوم و کشوری مستقل شناخته شد من این فرصت را داشتم که در اورشلیم باشم. او اسیران اسرائیل را باز می گرداند. او شکسته دلان را شفا می دهد و بر زخمهای آنها مرهم می گذارد. این خبر خوشی برای همه ماست که به سوی خداوند باز می گردیم. این خبر خوش برای قوم خداوند اسرائیل است. این خبر همچنین مژده ای برای کلیسای عیسی مسیح است زیرا همان خدایی که قوم اسرائیل را جمع می کند کلیسای خود را نیز نزد خود جمع خواهد کرد و ما را به ارث خود خواهد رساند و جراحات ما را شفا داده و قلبهای شکسته ما را احیا خواهد کرد. یکی از خدمات خاص روح القدس شفای شکسته دلان است. خدمت به افرادی که قلب شان مجروح شده است. اگر شما بر قلب خود جراحتی دارید چنین دعا کنید : " خداوندا اکنون زمان احیای من است زیرا زمانی که تو قوم خود را گرد می آوری تو شکسته دلان را شفا می بخشی و بر زخم های شان مرهم می نهی. خداوندا تو از زخمی که در قلب من ساکن بوده آگاه هستی از تو می خواهم که مرا شفا دهی و انگشت نا مرئی خود یعنی روح القدس را به قسمت هایی که تیغ هیچ جراحی به آنجا نمی رسد فرو کنی و آن زخم و جراحت را شفا دهی تا من تر و تازه بگردم."

**خداوندا تو را شکر می کنم که نسبت به قوم خود متعهد بوده ای. اکنون برای آن قوم شفاعت می کنم اعلام می کنم همانطور که خداوند شکسته دلان را شفا می هد و زخم های آنها را می بندد دلشکستگان را نیز التیام می بخشد و زخم هایشان را می بندد.او همچنین شفا و احیا را به زندگی من می آورد زیرا خداوند قومش را ترک نخواهد کرد. آمین.**

**۲۹ مارس**

رحمت نسبت به قوم خدا

## خداوند قومش را ترک نخواهد کرد.

خوب است به یاد داشته باشیم که عیسی بر سر چاه، چه حقیقتی را به زن سامری گفت. " *نجات به واسطه قوم یهود فراهم می آید " ( یوحنا ۴ : ۲۲ )* .بدون قوم یهود ما هیچ پاتریارخی نداشتیم. هیچ نبی و رسول و کتاب مقدسی نداشتیم. بدون آنها ما نجات دهنده ای نداشتیم. بدون همه این چیز ها چگونه ممکن بود که ما نجات را دریافت کنیم. این امکان وجود نداشت. کتاب مقدس به وضوح می گوید که مسیحیان و ملت های دیگر باید دِینی که نسبت به قوم یهود دارند را شناخته و آنرا ادا نمایند. در رومیان ۱۱ :۳۰ – ۳۱ پولس وظایف و دِینی که امتها نسبت به اسرائیل دارند را چنین خلاصه می کند:

*" درست همان گونه که شما زمانی نسبت به خدا نافرمان بودید، امّا اکنون در نتیجهٔ نافرمانی ایشان رحمت یافته‌اید، ایشان نیز اکنون نافرمان شده‌اند تا در نتیجهٔ رحمت خدا بر شما، [اکنون] بر ایشان نیز رحم شود. "*

به عبارت دیگر به خاطر رحمتی که از سوی خداوند از طریق قوم اسرائیل نسبت به ما امت ها نشان داده شد این وظیفه ماست که ما نیز نسبت به قوم اسرائیل رحیم باشیم. اما چگونه می توانیم این وظیفه را انجام داده و این دین را ادا کنیم؟ در ادامه به ۴ روش عملی برای انجام این کار اشاره خواهیم کرد. اول- باید دیدگاهی مبتنی بر محبت و احترام نسبت به قوم اسرائیل و یهودیان داشته باشیم. دوم - باید چنان زندگی کنیم تا زمانی که یهودیان این را در ما می بینند مشتاق آن برکتی باشند که از طریق عیسی بر ما جاری شده است.سوم - باید خواهان برکت و نیکوئی برای اسرائیل باشیم و برای قوم اسرائیل دعا کنیم زیرا کتاب مقدس نیز ما را به انجام این موضوع تشویق می کند. چهارم - ما با اعمالی سرشار از محبت و رحمت به آنان باید تلاش کنیم دِین خود را نسبت به قوم اسرائیل پرداخت کنیم.

**خداوندا تو را شکر می کنم که تو نسبت به قوم خود اسرائیل وفادار هستی. من اکنون برای آن ملت شفاعت می کنم . من دِینی که نسبت به قوم یهود دارم را شناخته و اعلام می کنم قطعاً به روشهای عملی آن دِین را ادا خواهم کرد و نسبت به آنها رحمت خواهم داشت برای اینکه خداوند قومش را ترک نخواهد کرد .آمین.**

**۳۰ مارس**

رأفت بر صهیون

## خداوند قومش را ترک نخواهد کرد.

خداوند فرموده است : " جمع شدن اسرائیل در عصر حاضرنشانه ای است برای ملتها. امروزه آنچه در اسرائیل و خاورمیانه رخ می دهد مرکز توجه تمامی دنیا و تحت پوشش خبری آنها است. دوران گرد آمدن دوباره اسرائیل نزد هم در تقویم نبوتی خداوند ۳۰۰۰ سال پیش ذکر شده است. یکی از متونی که به وضوح به این امر اشاره می کند این است :

*" تو بر خواهی خاست و بر صهیون شفقت خواهی کرد، زیرا وقت آن است که بر او نظر لطف افکنی! آری، زمان معین فرارسیده است! زیرا که خادمانت سنگهایش را عزیز می‌دارند، و بر خاک آن شفقت می‌نمایند. قومها از نام خداوند خواهند ترسید، و همهٔ پادشاهان زمین از جلال تو.زیرا خداوند صهیون را بنا خواهد کرد و در جلال خویش نمایان خواهد شد. "*
*( مزامیر ۱۰۲ : ۱۳-۱۶ )*

اکنون زمانی است که خداوند در نظر گرفته که بر صهیون رحم کرده و نسبت به او رأفت نشان دهد. این چیزی نیست که صهیون و یا یهودیان با تلاش خود کسب کرده باشند بلکه چیزی است که خداوند بواسطه فیض و رحمت ابدی خود آن را برای این قوم خواسته است. یکی از اهداف خداوند این است که نام خود را بین تمامی ملت ها جلال دهد و این کار را بوسیله تحقق وعده هایی که به قوم اسرائیل داده بود انجام می دهد. بازسازی صهیون یکی از نشانه های کتاب مقدسی برای ظاهر شدن جلال خدا است. ما این فرصت عالی نصیب مان شده است تا در زمان هایی زندگی کنیم که مزمور نویس آنرا از پیش نبوت نموده بود. ایمان دارم ما نیز به این خاطر خلق شده ایم که آن هدف متعال و الهی خداوند را محقق کنیم . این هدف چیزی نیست جز جلال دادن نام او بر زمین.

**خداوندا تو را شکر می کنم به خاطر اینکه تو نسبت به قومت اسرائیل وفادار هستی. من برای این ملت شفاعت می کنم. اعلام می کنم که خداوند با حفظ وعده هایش برای قوم اسرائیل نام خود را جلال خواهد داد زیرا خداوند قوم خود را ترک نخواهد کرد. آمین .**

## ۳۱ مارس

خدای عهد

### خداوند قومش را ترک نخواهد کرد.

در مزمور ۸۹ : ۳۴ خداوند چنین می گوید :

*" عهد خود را بی‌حرمت نخواهم ساخت و آنچه را از دهانم صادر شد، تغییر نخواهم داد. "*

مهم است بدانیم که وقتی خداوند وعده ای می دهد و عهدی می بندد هرگز آنرا زیر پا نخواهد گذاشت. ما باید از این حقیقت آگاه باشیم. کتاب مقدس ما از دو عهد تشکیل شده است. عهد جدید و عتیق. بنابراین اساس و ماهیت مکاشفه الهی بر عهد استوار است. اگر خداوند عهد های خود را می شکست ما نمی توانستیم هیچ امیدی داشته باشیم. باور شخصی من این است که اگرخداوند عهد خود را با اسرائیل به جا نمی آورد هیچ تضمینی وجود نداشت که با ما به عنوان کلیسا نیز عهد خود را به جا آورد و آنرا زیر پا نگذارد. ممکن است شما این چنین بگوئید که خب اسرائیل خدا را نا امید کرد. بی شک چنین بود . اما آیا صادقانه می توانید بگوئید که آیا کلیسا خدا را از خود نا امید نکرده است؟ من نظر خداوند را نمی دانم اما با درک محدود خود دریافته ام که اسرائیل عهد را دریافت کرد با اینکه به طور غم انگیزی باعث نا امیدی خداوند شده بود. همچنین می بینم که کلیسا نیز عهد را دریافت کرده با اینکه حتی بدتر از اسرائیل رفتار نموده و باعث نا امیدی خداوند شده است. اما خداوند درباره احیای اسرائیل به ما چه می گوید؟ به نظر من خداوند در این مورد حداقل به ۴ نکته اشاره می کند و هر کدام از این چهار نکته بسیار مهم هستند و برای کلیسای مسیح نیز ضروری اند. اول اینکه خداوند می گوید کلام خدا حقیقت است و کتابی برای استفاده تمامی اعصار بوده و مصون از خطا است. دوم اینکه خداوند می گوید که او عهد خود را به جا خواهد آورد . سوم - خداوند می گوید که وی حاکم است و چهارم - این است که خداوند احیای قوم اسرائیل و باز گرداندن آنها به سرزمین شان را به عنوان نشانه ای برای پایان این عصر قرار داده است. هر نبوتی که درباره پایان این عصر است به یک اصل مهم اشاره می کند و آن این است که اسرائیل به عنوان کشوری مستقل باید مرز های خود را داشته باشد.

**خداوندا تو را شکر می کنم که تو نسبت به قوم خود اسرائیل وفادار هستی. برای آن قوم دعا می کنم چون خداوند عهد خود را وفا می کند. زیرا خداوند قومش را ترک نخواهد کرد. آمین.**

## ۱ آوریل

خداوند منتظر واکنش ما است.

### خداوند قومش را ترک نخواهد کرد.

ایمان دارم که خداوند از قوم ایماندار خود انتظار دارد که در رابطه با آنچه وی در اسرائیل و خاورمیانه انجام می دهد واکنش مناسبی نشان دهد. به ما این اجازه داده نشده که در حالتی خنثی و بی تفاوت و منفعل باقی بمانیم. خداوند از ما پاسخ می طلبد. در کتاب ارمیا خداوند به ما فرمان می دهد که چه کاری انجام دهیم.

" خداوند چنین می فرماید : به جهت یعقوب بانگ شادی سر دهید برای سر آمد قومها فریاد بر آورید ندا در دهید و بستائید و بگوئید ای خداوند قوم خود را نجات ده باقیماندگان اسرائیل را . اینک آنان را از سرزمین شمال خواهم آورد و از کرانه های زمین جمع خواهم کرد . همراه شان کوران و لنگان آبستنان و زنان زائو خواهند بود آری جماعتی عظیم بدین مکان باز خواهند گشت . " ( ارمیا ۳۱ : ۷ – ۸ )

در ترجمه NAS از کتاب مقدس در آیه ۷ این کلمات بکار رفته است. " اعلام کنید، جلال دهید و بگوئید"زمانی که این دو ترجمه یعنی NIV و NAS را با هم ادغام می کنم در می یابم که خداوند از ما پنج واکنش انتظار دارد همه این واکنش ها کاملاً آگاهانه هستند. " سرود بخوانید، فریاد بزنید، جلال دهید، اعلام کنید و بگوئید ( دعا کنید ) ". اما ما نسبت به چه چیزی باید واکنش نشان دهیم؟ ما به جمع شدن دوباره بازماندگان یهود واکنش نشان می دهیم. اما این فرمان خطاب به چه کسی است؟ کلیسا. ما باور داریم که کتاب مقدس کلام خدا است و باید از آن اطاعت کنیم و خداوند از ما می خواهد که برای اسرائیل شفاعت کنیم. او چنین می گوید : " من قوم خود را احیا می کنم من آنها را گرد هم می آورم و از شما می خواهم که با من بوسیله دعاهایتان متحد شوید ." فکر می کنم که ما باید به این مطلب به عنوان یکی از حقایق اسرار آمیز طبیعت خداوند نگاه کنیم. بدان معنا که وقتی او در نظر می گیرد کاری را انجام دهد به قوم خود می گوید دعا کنید تا من این کار را انجام دهم. به عبارتی دیگر او چنین می گوید هدف من این است ولی تا شما دعا نکنید این هدف محقق نخواهد شد. به عنوان مسیحیان ما مسئولیت بزرگی بر دوش داریم و آن این است که ما نیز متعهد و وفادار به آن وعده ای باشیم که خداوند می خواهد در تاریخ محقق کند.

**خداوندا از تو تشکر می کنم که تو نسبت به قوم خود اسرائیل وفادار هستی. من هم اکنون برای آن ملت شفاعت می کنم. اعلام می کنم که خداوند قوم خود را احیا کرده و آن ها را گرد هم می آورد. من با دیگر ایمانداران در دعا متحد می شوم. چون خداوند قومش را ترک نخواهد کرد. آمین.**

# هفته ۱۴

## عیسی مجازات شد تا ما بخشیده شویم.

" حال آنکه رنجهای ما بود که او بر خود گرفت و دردهای ما
بود که او بر خود حمل اما ما او را از جانب خدا مضروب واز دست او مصدوم
و مبتلا پنداشتیم حال آنکه به سبب نا فرمانی های ما بدنش سوراخ
شد و به جهت تقصیر های ما له گشت . تادیبی که ما را سلامتی بخشید بر او آمد
و به زخمهای او ما شفا می یابیم". ( اشعیا ۵۳ : ۴ – ۵ )

## ۲ آوریل

او مجازات شد تا ما آرامی بیابیم.

### عیسی مجازات شد تا ما بخشیده شویم.

به یاد می آورم که با یک فرد یهودی صحبت می کردم و او توضیح می داد که چرا باور ندارد عیسی همان مسیح موعود است.او چنین گفت :" این مرد نمی توانسته مرد خوبی باشد. اگر او مرد خوبی بود خداوند هرگز اجازه نمی داد که این چنین زجر بکشد. " این دقیقا همان چیزی است که اشعیای نبی در مورد عیسی می گوید." *حال آنکه رنجهای ما بود که او بر خود گرفت و دردهای ما بود که او بر خود حمل کرد اما ما او را از جانب خدا مضروب و از دست او مصدوم و مبتلا پنداشتیم." ( اشعیا ۵۳ : ۴ )* اما در آیه ۵ چنین می گوید :

*" حال آنکه به سبب نا فرمانی های ما بدنش سوراخ شد و به جهت تقصیر های ما له گشت .تادیبی که ما را سلامتی بخشید بر او آمد و به زخمهای او ما شفا می یابیم" ( آیه ۵ )*

در این دو آیه به دو مبادله اصلی اشاره شده است. مجازات اشتباهات ما بر عیسی آمد تا ما بخشیده شده و آرامش داشته باشیم. تا زمانی که مجازات گناه برداشته نشده بود هیچ امکانی برای داشتن آرامش وجود نداشت. بیائید با هم به متنی دیگر در رساله افسسیان بنگریم که در آن پولس به زیبایی توضیح می دهد که بر صلیب چه اتفاقی افتاد." *زیرا که او سلامتی ما است، که هر دو را یک گردانید و دیوار جدایی را که در میان بود منهدم ساخت، و عداوت، یعنی شریعت احکام را که در فرایض بود، به جسم خود نابود ساخت تا که مصالحه کرده، از هر دو یک انسان جدید در خود بیافریند. و تا هر دو را در یک جسد با خدا مصالحه دهد، بوساطت صلیب خود که بر آن عداوت را کُشت،و آمده بشارت مصالحه را رسانید به شما که دور بودید و مصالحه را به آنانی که نزدیک بودند." ( افسسیان ۲ : ۱۴ – ۱۷ )* دقت کنید بر کلمه آرامش تاکید شده است. برای فرد گناهکار تا زمانی که بخشیده نشده هیچ آرامشی وجود ندارد. عیسی مجازات شد تا ما بتوانیم با خداوند مصالحه کرده و بوسیله او بخشیده شویم .( کولسیان ۱ : ۱۹ – ۲۰ را نیز مطالعه کنید .)

**خداوندم عیسی از تو متشکرم برای اینکه جانت را بر صلیب برای من فدا کردی. اعلام می کنم که عیسی مجازات شد تا من بتوانم بخشیده شوم وبا او مصالحه داشته باشم . چون عیسی مجازات شد تا ما بخشیده شویم. آمین.**

۳ آوریل

فدیه داده شده

## عیسی مجازات شد تا ما بخشیده شویم.

هر شرارتی که ما تا کنون مرتکب شده ایم بر صلیب به حساب عیسی گذاشته شد تا درعوض آن ما کاملاً بخشیده شده و از قوت شیطان رهایی یابیم. *" که در وی به سبب خون او فدیه، یعنی آمرزش گناهان را به اندازه دولت فیض او یافته‌ایم. " ( افسسیان ۱ : ۷ )* زمانی که ما بخشیده می شویم در واقع ما فدیه را دریافت کرده ایم. بله ما فدیه شده ایم و فدیه شدن به معنای بازخرید و یا رهایی و رستگاری است. خون عیسی به عنوان قربانی به جای ما ریخته شد و ما را از شیطان برای خداوند بازخرید کرد. در رومیان ۷ پولس به مطلبی اشاره می کند.این مطلب برای افرادی که در عصر حاضر زندگی می کنند مبهم است. *" زیرا می‌دانیم که شریعت روحانی است، لکن من جسمانی و زیر گناه فروخته شده هستم، " ( رومیان ۷ : ۱۴ )*

به یاد داشته باشید که عبارت " فروخته شده به گناه " به بازار خرید و فروش بردگان در رم اشاره می کند. آنانی که به عنوان برده فروخته می شدند باید بر یک سنگ بزرگ می ایستادند و یک نیزه بر بالای سرشان قرار داده می شد. برای همین است که پولس چنین می گوید من انسانی نفسانی و همچون برده به گناه فروخته شده ام. گناهی که بر بالای سر من قرار دارد هر گونه حق انتخاب را از من می گیرد. زیرا من فروخته شده هستم و زمانی که شخصی برده بود حق انتخابی نداشت. بار دیگر اشاره می کنم زمانی که دو زن را به عنوان برده در بازار می خواستند بفروشند صاحب آن ها یکی را به عنوان آشپز و دیگری را به عنوان فاحشه می فروخت. همین مطلب برای ما به عنوان گناهکاران نیز صدق می کند ما ممکن است گناهکاران خوب و محترمی باشیم و به زناکاران و معتادان به دیده تحقیر بنگریم. اما این صاحب اسیران است که تصمیم می گیرد هر اسیر چه خدمتی برای او انجام دهد.خبر خوش این است که عیسی وارد بازار برده داران شد و گفت :" من او را می خرم ." شیطان من بهای او را پرداخت می کنم. آنها دختران و پسران من هستند. این معنای فدیه است و فدیه تنها به وسیله بخشش گناهان ما بدست می آید .

**خداوندم عیسی تو را به خاطر اینکه بر صلیب جان خود را فدا کردی شکر می کنم. اعلام می کنم که عیسی مرا از شیطان باز خریده است. او مجازات شده تا من بخشیده شوم. آمین.**

**۴ آوریل**

نیاز ما به بخشیده شدن

## عیسی مجازات شد تا ما بخشیده شویم.

چه چیزی باعث می شود که واژه بخشش چنین زیبا و خاص باشد؟ خُب. به برخی از نتایجی که پس از بخشش حاصل می شود. بنگرید مصالحه، آرامش، هماهنگی، درک، مشارکت. به برخی از نتایجی که در زمان عدم بخشش ایجاد می شود نگاه کنیم .تلخی، نزاع، تشویش، تنفر، جنگ. گاهی چنین به نظر می رسد که تمامی نژاد بشری اسیر نیرو های تاریکی هستند. ما تنها به یک روش می توانیم از این سرنوشت هولناک رهایی یابیم و آن این است که اصول بخشش را آموخته و آن را در زندگی مان بکار گیریم. اجازه دهید بار دیگر دو جنبه بخششی که کتاب مقدس به آن اشاره می کند را یادآوری کنم. این دو جهت به زیبایی در سمبل مسیحیت یعنی صلیب نمایان است. صلیب دارای دو وجه است. عمودی و افقی

چوب هایی که در دو جهت قرار دارند نشان دهنده دو جهت بخشش هستند. چوب عمودی نمایانگر بخششی است که ما باید از سوی خداوند دریافت کنیم . و چوب افقی بیانگر این است که باید دیگران را ببخشیم و بخشوده شویم. فیضی که به ما قوت بخشش را دیگران می دهد تنها از طریق صلیب قابل دریافت است. آن بخششی که محتاج دریافت آن از سوی خداوند هستیم به زیبایی در مزامیر ۳۲ : ۱ – ۲ بیان شده است.

*" خوشا به حال آن که عصیانش آمرزیده شد، و گناهش پوشانیده گردید. خوشا به حال آن که خداوند جرمی به حسابش نگذارد و در روحش فریبی نباشد. "*

بار دیگر دقت کنید که کلام خدا در باره کسی که احتیاج به بخشش ندارد سخن نمی گوید. کلام خدا به وضوح اشاره می کند که همه ما احتیاج داریم که از سوی خداوند بخشیده شویم. هیچ استثنایی در این امر وجود ندارد. در مزامیر چنین آمده که هیچ فرد بی گناهی وجود ندارد. ( به عنوان مثال مزامیر ۱۴ : ۱ – ۳ و ۵۳ : ۱- ۳ را مطالعه کنید.)همه ما گناه کرده ایم بنابراین همه ما به بخشش احتیاج داریم .

**خداوندم عیسی از تو تشکر می کنم که برای من بر صلیب جان خود را فدا کردی. من نیاز خود را به بخشیده شدن پذیرفته و اعلام می کنم که عیسی مجازات شد تا من بخشیده شوم. آمین.**

**۵ آوریل**

شفا از طریق بخشش

## عیسی مجازات شد تا ما بخشیده شویم.

*" خوشا به حال آن که خداوند جرمی به حسابش نگذارد و در روحش فریبی نباشد. "* ( مزامیر ۳۲ : ۲ ) برای دریافت بخشش ما باید کاملا با خداوند صادق باشیم و هیچ چیز را نپوشانده و گناهان خود را توجیه نکنیم و چیزی را از خداوند مخفی نگاه نداریم. داود به گناه خود یعنی زنا و قتل در رابطه با موضوع بتشبع اشاره می کند و مزمور خود را چنین ادامه می دهد: *" هنگامی که خاموشی گزیده بودم، استخوانهایم می‌پوسید از ناله‌ای که تمام روز برمی‌کشیدم. زیرا دست تو روز و شب بر من سنگینی می‌کرد؛ طراوتم به تمامی از میان رفته بود، بسان رطوبت در گرمای تابستان. سلاه. آنگاه به گناه خود نزد تو اعتراف کردم و جرمم را پنهان نداشتم. گفتم: «عصیان خود را نزد خداوند اقرار خواهم کرد»؛ و تو جرمِ گناهم را عفو کردی. سلاه"* ( مزامیر ۳۲ : ۳ - ۵ ) مانند بسیاری از افراد، داود نیز از پذیرش گناه خود سرباز می زند و سعی می کند چنان تظاهر کند که گوئی هرگز گناهی رخ نداده است. او می خواست آنرا بپوشاند اما وی مانند کسی بود که تب بالایی دارد. استخوانهای وی پوسیده شده و طراوتش از بین رفته بود. گناهان بخشیده نشده می تواند نتایج فیزیکی در بر داشته باشد. یک روان شناس داستانی برای من تعریف کرد و می گفت : یک روز به بیمارستانی سر زد و زنی را ملاقات کرد که در شرایط بسیار بد و نا امید کننده ای بسر می برد. کلیه هایش از کار افتاده بودند و رنگ پوستش تغییر کرده و به کما رفته بود. اگر بخواهیم ساده بگوئیم او منتظر مرگ خود بود. روح القدس این روانشناس را هدایت می کند که چنین دعا کند " خداوندا در نام عیسی مسیح می خواهم گناهان او را ببخشی. " او فکر می کرد که کار احمقانه ای بجای آن شخص انجام داده است. حدود یک هفته بعد او با تعجب مشاهده می کند که همان زن در خیابان قدم می زند و کاملا سالم است. گناهان بخشیده نشده می تواند باعث بیماری جسمی شود. زمانی که گناهان آن زن از طریق شفاعت این مرد بخشیده شد روحش در حضور خداوند پاک گشته و دری برای شفای او از سوی خداوند باز شده بود.

**خداوندم عیسی تو را شکر می کنم که برای من بر صلیب جان خود را فدا کردی. من شفایی که از طریق بخشش نصیب مان می شود را از تو درخواست می کنم و اعلام می کنم که عیسی مجازات شد تا من بخشیده شوم. آمین.**

**۶ آوریل**

زمانی که می بخشیم ، بخشیده می شویم.

## عیسی مجازات شد تا ما بخشیده شویم.

عیسی در موعظه سر کوه به ما نحوه دعا کردن را چنین آموزش می دهد: *" و قرض های ما را ببخش، چنانکه ما نیز قرضداران خود را می‌بخشیم." ( متی ۶ : ۱۲ )* این درخواست به عبارت دیگر چنین می گوید : " زمانی که ما قرض داران خود را می بخشیم تو نیز ما را ببخش. " به یاد داشته باشید که به همان میزان که دیگران را می بخشید خداوند شما را خواهد بخشید. اگر شما کاملا دیگران را ببخشید خداوند نیز کاملا شما را می بخشد و اگر شما دیگران را نیمه کاره ببخشید خداوند نیز نمی تواند شما را کامل ببخشد. یکی از اصلی ترین دلایلی که مسیحیان پاسخ دعای خود را دریافت نمی کنند این است که در بخشیدن دیگران نا توان هستند و اغلب در زندگی شان افرادی وجود دارند که هنوز آن ها را نبخشید است. در تجربیاتی که در مشاوره های خود با دیگران داشتم فهمیدم که عدم بخشش یکی از اصلی ترین موانع رشد روحانی در زندگی آن ها است. روزی به خانمی که برای دریافت مشاوره رجوع کرده بود گفتم: آیا شخصی در زندگیت وجود دارد که او را نبخشیده باشی ؟ او پاسخ داد و گفت : بله . شخصی در دادگستری کار می کند که نتوانسته تا امروز او را ببخشم. به او چنین گفتم اگر می خواهی که آزاد شوی باید او را ببخشی و هیچ گزینه دیگری هم وجود ندارد. اگر او را نبخشی خداوند نیز تو را نخواهد بخشید . آیا ما می خواهیم دیگران را ببخشیم ؟ شاید چنین فکر کنیم نمی دانم! اگر بتوانم می خواهم دیگران را ببخشم و خداوند نیز می تواند به ما چنین بگوید که من هم نمی دانم اگر بتوانم تو را می بخشم . بنابراین بهتر است ما تصمیم خود را به طور جدی بگیریم. بخشش یک احساس نیست بلکه یک تصمیم است. من این کار را پاره کردن اسناد بدهکاری می خوانم. ممکن است شخصی به ما ۳۰۰۰۰ دلار بدهکار باشد اما ما به خداوند ۶۰۰۰۰۰۰ دلار بدهکار باشیم. اگر ما می خواهیم که سند بدهکاری ما نزد خداوند پاره شود اول باید اسناد بدهکاری دیگران را پاره کنیم. این قانون تغییر ناپذیر خداوند است. بنابراین در دعای ربانی این قسمت گنجانده شده است و آخرین درخواست در دعای ربانی رهایی از شریر است. یعنی رهایی از شیطان. اگر ما دیگران را نبخشیم این اجازه را نداریم که از خداوند درخواست رهایی و آزادی کنیم.

**خداوندم عیسی از تو برای این که جان خود را بر روی صلیب فدا کردی تشکر می کنم. اعلام می کنم که عزم خود را جزم نموده ام تا دیگران را ببخشم چون عیسی مجازات شد تا من بخشیده شوم. آمین.**

۷ آوریل

احسان های او را فراموش مکن.

## عیسی مجازات شد تا ما بخشیده شویم.

*" ای جان من خداوند را متبارک بخوان! و هر چه در درون من است، نام قدوس او را متبارک خواند! ای جان من، خداوند را متبارک بخوان و هیچ یک از همهٔ احسانهایش را فراموش مکن! " (مزامیر ۱۰۳ : ۱ – ۲ )*

در اینجا روح دارد به نفس داود می گوید که چه کاری باید انجام دهد. روح داود می داند که چه کاری باید انجام دهد اما این کار انجام نخواهد شد تا زمانی که نفس داود با روحش همکاری نکند و به آن واکنش مثبت نشان ندهد. بیائید به طور خلاصه احسان هایی که خداوند نسبت به ما می نماید را بشماریم، احسان هایی که در این مزمور تشویق می شویم آنها را فراموش نکنیم. بسیاری از مسیحیان از این احسان ها بهره مند نمی شوند زیرا تا کنون احسان های خداوند را به یاد نیاورده اند. در سه آیه بعدی شش احسانی که از سوی خداوند به سمت ما جاری است را مشاهده می کنیم .

*" که همهٔ گناهانت را می‌آمرزد، و همهٔ بیماریهایت را شفا می‌بخشد! که حیات تو را از هاویه فدیه می‌دهد و تاجِ محبت و رحمت را بر سرت می‌نهد! که جان تو را به چیزهای نیکو سیر می‌کند تا همچون عقاب، جوانی تو تازه شود." ( آیات ۳- ۵ )*

ایمان دارم که ارتباط تنگاتنگی بین سیر شدن جان مان با چیزهای نیکو و تازه شدن جوانی مان مانند عقاب وجود دارد. باور دارم که اراده خداوند برای ما شادابی و جوانی است. منظور من این نیست که هیچ تغییری بر اثر گذر عمر ایجاد نشود بلکه گذر زمان به معنای شکست، بدبختی و بیماری برای آنها نیست.

**خداوندم عیسی تو را شکر می کنم که جانت را بر صلیب به خاطر من قربانی کردی. تمامی احسانهای تو را به یاد خواهم داشت و اعلام می کنم که عیسی مجازات شد تا من بخشیده شوم. آمین.**

**۸ آوریل**

رهایی از لعنت

## عیسی مجازات شد تا ما بخشیده شویم.

زمانی که ما می خواهیم از لعنتی آزاد شویم اول باید هر گناهی که خود ما و یا گذشتگان مان مرتکب شده اند را اعتراف کرده و به حضور خداوند بیاوریم. زیرا ممکن است گناهان گذشتگان ما باشد که تأثیرش بر زندگی ما به عنوان لعنت به ما منتقل شده باشد. درست است که گناه آن ها بر دوش شما نیست اما شما نتایج گناه آن ها را در زندگی تان خواهید دید. برای رهایی از لعنتی که در زندگی تان وجود دارد باید گناهی که توسط گذشتگان تان انجام شده را به حضور خداوند بیاورید و از او بخواهید که نتایج آن گناه را از زندگی شما بردارد. شما با اعتراف این گناهان و درخواست بخشش از خداوند از او می خواهید تا نتایج این لعنت را از زندگی تان بردارد. امثال ۲۸ : ۱۳ چنین می گوید :" *هر که نا فرمانی های خود را بپوشاند کامیاب نخواهد شد اما هر که آنها را اعتراف کند و ترک نماید رحمت خواهد یافت.* " در اینجا نیز باید تمام افراد دیگر را ببخشید عیسی چنین می گوید :" *پس هر گاه به دعا می‌ایستید، اگر نسبت به کسی چیزی به دل دارید، او را ببخشید تا پدر شما نیز که در آسمان است، خطاهای شما را ببخشاید.*" ( مرقس ۱۱ : ۲۵ ) این نکته بسیار مهم است. عیسی به وضوح بیان می کند که اگر در وجود ما عدم ببخش یا تلخی و انتقام وجود دارد در زمان دعا همانند موانعی عمل می کند. این عدم ببخش ما را تحت لعنت نگاه خواهد داشت. با تصمیمی آگاهانه و دعا باید هر نوع انتقام ، تلخی و عدم بخشش را از خود برانیم و به همان میزان که دیگران را می بخشیم خداوند نیز ما را می بخشد. اگر ما از خداوند بخششی کاملی انتظار داریم باید دیگران را کاملاً ببخشیم. این به معنای قهرمان بودن نیست بلکه بخشش دیگران به معنای کاری است که من آن را روشنگری درونی می نامم .

**خداوندم عیسی از تو به خاطر فدا کردن جانت بر صلیب تشکر می کنم .اعلام می کنم که با برداشتن این قدمها می خواهم از هر لعنتی رهایی یابم زیرا عیسی مجازات شد تا من بخشیده شوم. آمین.**

# هفته ۱۵

## عیسی مجروح شد تا ما شفا یابیم.

" حال آنکه رنجهای ما بود که او بر خود گرفت و دردهای ما بود که او بر خود حمل کرد ما او را از جانب خدا مضروب و از دست او مصدوم و مبتلا پنداشتیم . " ( اشعیا ۵۳ : ۵ )

**۹ آوریل**

نجات کامل

## عیسی مجروح شد تا ما شفا یابیم.

تولد تازه تجربه ای است بسیار خاص و مهم و تا زمانی که تولد تازه نیابید نمی توانید ملکوت خداوند را ببینید و وارد آن شوید. ( برای مثال یوحنا ۳ : ۳ – ۵ را مطالعه کنید.) این تجربه مخصوص یک زمان خاص نیست بلکه فرایندی است دائمی و همیشگی. یکی از قسمت های نجات تعمید است. نمی خواهم باعث بحث و مجادله شوم اما شما می توانید بدون اینکه تعمید داشته باشید تولد تازه را دریافت کنید. اگر می خواهید نجات را دریافت کنید تعمید یکی از کلیدهای اصلی این فرایند است.

*" هر که ایمان آوَرَد و تعمید گیرد، نجات خواهد یافت. امّا هر که ایمان نیاورد، محکوم خواهد شد." ( مرقس ۱۶ : ۱۶ )*

نجات مفهومی فراتر از آماده سازی نفس تان برای آسمان است . شخصی می گوید : " مفهوم انجیلی نجات از پیش بسته بندی نمودن نفس تان برای آسمان است " تا حدی ممکن است این سخن درست باشد اما نجات شامل مفاهیمی بسیار وسیع تر از این است. می خواهم قسمتی از عهد جدید را که در آن نویسنده از کلمه نجات که در یونانی SOZO گفته می شود استفاده کنم . وقتی که به این کلمه در کلام خدا نگاه می کنیم به ما ایده ای از مفهوم نجات ارائه می دهد. کتاب متی در باره خدمات عیسی به بیماران چنین می نویسد:

*" مردمان آنجا عیسی را شناختند و کسانی را به تمامی آن نواحی فرستاده، بیماران را نزدش آوردند. آنها از او تمنا می‌کردند اجازه دهد تا فقط گوشهٔ ردایش را لمس کنند، و هر که لمس می‌کرد، شفا می‌یافت." ( متی ۱۴ : ۳۵ _ ۳۶ )*

فعلی که در ترجمه تحت الفظی برای شفا یافتن استفاده شده صحت کامل است. واژه یونانی SOZO به همراه کلمه کامل آمده است. نجات کامل در واقع به معنای شفای کامل هم هست. این متن تنها درباره شرایط باطنی فرد سخن نمی گوید بلکه درباره افرادی سخن می گوید که مریض هستند و هر که عیسی آنها را لمس می نمود کاملا نجات می یافتند. نجات شما چقدر کامل است ؟

**عیسی جان برای کار تو بر صلیب متشکرم. اعلام می کنم که من کاملاً نجات یافته ام و صحت کامل دارم و عیسی برای من مجروح شد تا من شفا یابم. آمین.**

۱۰ آوریل

شفا و نجات

# عیسی مجروح شد تا ما شفا یابیم.

اکنون بیائید به قسمتهایی از کلام خداوند که در آن از واژه یونانی SOZO به معنای نجات استفاده شده نگاهی بیاندازیم.درانجیل مرقس نوشته شده که عیسی با مرد کوری به نام بارتیمائوس در راه اریحا ملاقات می کند. ( مرقس ۱۰ : ۴۶ – ۵۲ را مطالعه کنید .) " عیسی از او پرسید: «چه می‌خواهی برایت بکنم؟» پاسخ داد: «استاد، می‌خواهم بینا شوم.» " ( مرقس ۱۰ : ۵۱ ) بارتیمائوس که مرد کوری بود یک خواسته بیشتر در ذهن خود نداشت و تمام آنچه که او می خواست این بود که بتواند ببیند و این کار برایش انجام شد. سپس عیسی به او می گوید به راه خود ادامه بده. ایمانت تو را شفا داد. وی فوراً شفای خود را دریافت کرد ، چشمانش بازشد و عیسی را دنبال نمود.ترجمه تحت الفظی یونانی واژه هایی که عیسی استفاده کرد چنین است : " ایمانت تو را نجات داد ." این همان نجات است.

در لوقا ۸ : ۴۳ – ۴۸ می خوانیم زنی که مشکل خونریزی داشت عیسی را دنبال کرده و به او نزدیک شد و ردایش را لمس کرد. او نمی خواست کسی متوجه این کارش شود. زیرا بر اساس قوانین یهود هر کسی که مشکل خونریزی داشته باشد ناپاک محسوب شده و اجازه ندارد کسی را لمس کند. این زن نیز خجالت زده بود. اما آنقدر مشتاق شفا یافتن بود که آن قانون را زیر پا گذاشت.

*" آن زن چون دید نمی‌تواند پنهان بماند، با ترس و لرز پیش آمد و به پای او افتاد و در برابر همگان گفت که چرا او را لمس کرده و چگونه دردَم شفا یافته است عیسی به او گفت: «دخترم، ایمانت تو را شفا داده است. به سلامت برو.» " ( لوقا ۸ : ۴۷ و ۴۸ )*

چقدر شگفت انگیز است شفای آن مرد کور و شفای آن زن از خونریزی هر دو بخشی از فرایند نجات آنها بود.

**خداوندم عیسی تو را برای کارت بر صلیب شکر می کنم زیر از همین طریق شفایی که بخشی از نجات من است را مهیا نمودی . اعلام می کنم که عیسی مجروح شد تا من شفا یابم. آمین.**

۱۱ آوریل

شکرگزاری

## عیسی مجروح شد تا ما شفا یابیم.

قدرت عظیمی در شکرگزاری نهفته است. شکرگزاری نه تنها قوت معجزه گر خداوند را جاری می سازد بلکه باعث می شود که قوت خداوند در این دنیا خاکی عمل نموده و مُهری در تائید دریافت برکات روحانی ما باشد.

*" پس چون به دهی وارد می‌شد، ده جذامی به او برخوردند. آن ها دور ایستاده با صدای بلند فریاد برآوردند: «ای عیسی، ای استاد، بر ما ترحم کن.» چون عیسی آنها را دید، گفت: «بروید و خود را به کاهن بنمایید.» آنها به‌راه افتادند و در میانهٔ راه از جذام پاک شدند. یکی از آنها چون دید شفا یافته است، در حالی که با صدای بلند خدا را ستایش می‌کرد، بازگشت و خود را به‌پای عیسی افکند و او را سپاس گفت. آن جذامی سامری بود. عیسی فرمود: «مگر آن ده تن همه پاک نشدند؟ پس نُه تن دیگر کجایند؟ آیا به‌جز این غریبه، کسی دیگر بازنگشت تا خدا را سپاس گوید؟» سپس به او گفت: «برخیز و برو، ایمانت تو را شفا داده است.» " ( لوقا ۱۷ : ۱۲- ۱۹ ).*

همه ده جذامی از لحاظ فیزیکی شفا یافتند. اما تنها برای آن کسی که باز گشت تا از عیسی تشکر کند چیز بیشتری اتفاق افتاد. عیسی به او گفت برخیز و برو ایمانت تو را شفا داد . واژه شفا در یونانی کلمه SOZO به معنای نجات است. بار دیگر این واژه تقریبا مانند همیشه به چیزی فراتر از یک شفای فیزیکی و تهیه و تدارک این شفا به صورت موقتی اشاره می کند.این واژه تمامی جوانب شفا و نجات را در خود شامل می شود. در میان این جذامی ها تفاوت بسیار مهمی وجود داشت. ۹ تای آنها تنها از لحاظ فیزیکی شفا یافتند اما نفر دهم که باز گشت تا از عیسی تشکر کند نه تنها از لحاظ فیزیکی شفا یافت بلکه از لحاظ روحانی نیز شفای خود را دریافت کرد و روحش نجات یافت. او وارد رابطه ای جاودانه و صحیحی با خداوند شد. ۹ جذامی دیگر تنها برکتی جزئی و موقتی دریافت نمودند. اما دهمین نفر از آنها برکتی کامل و دائمی دریافت نمود اما چه چیزی این تفاوت را ایجاد کرد ؟ شکرگزاری آن جذامی.

**خداوندم عیسی برای کاری که بر صلیب انجام داده ای تو را شکر می کنم. اعلام می کنم که شکرگزاری باعث جاری شدن برکتی کامل و دائمی در زندگی من می شود و اعلام می کنم که عیسی مجروح شد تا من شفا یابم. آمین.**

## ۱۲ آوریل

او بیماری های ما را بر خود متحمل شد.

## عیسی مجروح شد تا ما شفا یابیم.

*" حال آنکه رنجهای ما بود که او بر خود گرفت و دردهای ما بود که او بر خود حمل نمود اما ما او را از جانب خدا مضروب و از دست او مصدوم و مبتلا پنداشتیم. حال آنکه به سبب نا فرمانی های ما بدنش سوراخ شد و به جهت تقصیر های ما له گشت .تادیبی که ما را سلامتی بخشید بر او آمد و به زخمهای او ما شفا می یابیم" ( اشعیا ۵۳ : ۴ - ۵ )*

ترجمه اشتباه این آیات از کتاب اشعیا باعث شده که میلیونها نفر از دریافت شفای فیزیکی خود در مسیح غافل شوند. بنابراین شکی وجود ندارد که معنای صحیح واژه هایی که در ترجمه تحت الفظی غم ها ذکر شده همان رنج ها و بیماری ها و دردها است که در ترجمه هزاره نو به صورت واضح تری نوشته شده است. این واژه ها دارای ریشه عبری بوده که با همین معانی در زمان موسی استفاده می شدند و امروز هم همان معنا را دارند این حقیقت به صورت واضح در کلام خداوند ذکر شده است. *" هنگام غروب، بسیاری از دیوزدگان را نزدش آوردند و او با کلام خود ارواح را از آنان به در کرد و همهٔ بیماران را شفا داد. بدین‌سان، پیشگویی اِشَعْیای نبی به حقیقت پیوست که: «او ضعفهای ما را برگرفت و بیماریهای ما را حمل کرد.» ( متی ۸ : ۱۶ – ۱۷ ) " او گناهان ما را در بدن خویش بر دار حمل کرد، تا برای گناهان بمیریم و برای پارسایی زیست کنیم، همان که به زخمهایش شفا یافته‌اید. زیرا همچون گوسفندانی گم گشته از راه بودید، امّا اکنون به‌سوی شبان و ناظر جان هایتان بازگشته اید." ( اول پطرس ۲ : ۲۴ )*

می بینیم که متی و پطرس به عنوان یهودیانی که به زبان عبری مسلط بودند توسط روح خداوند هدایت می شوند و معنای صحیحی برای واژه های اشعیا بیان می کنند. زمانی که این دو متن را با آیات ۴ و ۵ اشعیا ترکیب می کنیم این نتیجه را خواهید گرفت که کار عیسی برای ما هم در قلمرو فیزیکی و هم در قلمرو روحانی است. در قلمرو فیزیکی او دردها و رنجهای ما را بر خود گرفت و اکنون بوسیله کار او شفا یافتیم و در قلمرو روحانی او مجروح شد به سبب نا فرمانی های ما و به جهت تقصیر های ما له گشت و تأدیبی که ما را سلامتی بخشید بر او آمد.

**خداوندم عیسی از تو برای کارت بر صلیب متشکرم. عیسی تقصیرها و بیماری های مرا برداشته و مرا شفا داده است. او مجروح شد تا من شفا یابم. آمین.**

## ۱۳ آوریل

برداشتن موانع شفا

### عیسی مجروح شد تا ما شفا یابیم.

اغلب مشکلات و مسائلی که در قلب و زندگی قوم خداوند وجود دارند به عنوان مانعی در راه شفای آنها قرار می گیرند. هفت مانعی که در این مسیر وجود دارند عبارتند از:

۱- بی تفاوتی نسبت به کلام خدا . ( اشعیا ۵ :۱۳ هوشع ۵ : ۶ را مطالعه کنید .) ۲- بی ایمانی . ( عبرانیان ۳ : ۱۲ -۱۲ را مطالعه کنید . ). ۳ - گناهان اعتراف نشده . ( امثال ۲۸ : ۱۳ را مطالعه کنید . ) ۴ – کینه و عدم بخشش نسبت به دیگران. ( مرقس ۱۱ : ۲۵ – ۲۶ را مطالعه کنید . ) . ۵ - هر گونه ارتباط با سحر و جادو و مذاهب رمزی. ( خروج ۲۳ : ۲۴ – ۲۶ را مطالعه کنید . ). ۶ - عهد های غیر کتاب مقدسی. به عنوان مثال عهد در تفکر فراماسونری . ( خروج ۳۱ : ۳۱ -۳۳ را مطالعه کنید. ) ۷ – تأثیرات یک لعنت. ( تثنیه ۲۸ : ۱۵ – ۶۸ را مطالعه کنید .) گاهی بیماری ها در اثر عمل کرد روحهای شریر ایجاد می شوند یا به آن ها ارتباط دارند. بیائید به یک مثال از انجیل لوقا نگاهی بیاندازیم . *" هنگام غروب، همهٔ کسانی که بیمارانی مبتلا به امراض گوناگون داشتند، آنان را نزد عیسی آوردند، و او نیز بر یکایک ایشان دست نهاد و شفایشان داد. دیوها نیز از بسیاری بیرون می‌آمدند و فریادکنان می‌گفتند: «تو پسر خدایی!» امّا او آنها را نهیب می‌زد و نمی گذاشت سخنی بگویند، زیرا می‌دانستند مسیح است."* ( *لوقا ۴ : ۴۰ -۴۱* ) زمانی که قدرت مافوق طبیعی خداوند عمل می کند روح های شریر نمی توانند بیش از آن مقاومت کرده و باید از شخص خارج شوند. روح های شریر به اشکال مختلفی باعث بیماری می شوند. امراض مختلف ، درد ها ، فلجی و مرگ چهار مثال از تأثیراتی هستند که این روح ها می توانند در افراد ایجاد کنند. عیسی با زنی برخورد می کند که برای سال ها خمیده بود و نمی توانست صاف بایستد. او بجای اینکه شرایط او را یک ناتوانی جسمی بداند می گوید که این زن ۱۸ سال با روح بیماری تسخیر شده است. سپس عیسی آن زن را از آن روح ناپاک آزاد می کند و فورا آن زن می تواند صاف بایستد. ( لوقا ۱۳ : ۱۱ -۱۳ را مطالعه کنید . )

**خداوندم عیسی از تو برای کارت بر صلیب متشکرم. اعلام می کنم زمانی که قدرت مافوق طبیعی خداوند وارد عمل می شود تمامی موانع برای شفا برداشته می شوند زیرا عیسی مجروح شد تا من شفا بیابیم. آمین.**

۱۴ آوریل

شفا برای همه

## عیسی مجروح شد تا ما شفا یابیم.

*" هنگام غروب، بسیاری از دیوزدگان را نزدش آوردند و او با کلام خود ارواح را از آنان به در کرد و همهٔ بیماران را شفا داد. بدین‌سان، پیشگویی اِشَعْیای نبی به حقیقت پیوست که: «او ضعف های ما را برگرفت و بیماری های ما را حمل کرد.» " ( متی ۸ : ۱۶ – ۱۷ )*

متی برای توصیف مشکلات جسمی از دو واژه ضعف و بیماری استفاده می کند. برای درک تفاوت میان این دو می توان ضعف را به عنوان ناتوانی تعریف کرد. یعنی مواردی که ما نسبت به آنها ناتوان هستیم و در وجودمان ضعف وجود دارد. مانند واکنش های آلرژیک و یا گزش زنبور. بیماری ها را می توانیم جزو مرض های واقعی جسمی بدانیم. بیماریهایی چون وبا و آنفلوانزا . متی چنین می نویسد خدماتی که عیسی برای شفای مردم انجام می دهد در واقع تحقق باب ۵۳ کتاب اشعیای نبی است که عیسی همه مرض های ایشان را برداشت. چرا ؟ زیرا در محکمه ابدی خداوند او بیماری های ما را برداشته و دردهای ما را بر خود گرفته است. این خبری است بسیار نیکو و اگر کلیسا واقعا این امر را باور داشت در آن صورت برای او بشارت به امری بسیار ساده و مهمی تبدیل می شد. زمانی که به پاکستان مسافرت کردم خداوند نکات بسیاری را برایم مکاشفه نمود.۹۸% جمعیت پاکستان مسلمان هستند. ما در جلسات خود ۱۶۰۰۰ شرکت کننده داشتیم بدون آنکه احتیاج به تبلیغ باشد چرا؟ زیرا ما برای بیماران دعا کرده بودیم و آنها شفا یافته بودند. نه اینکه تمام آنها شفا بیابند بلکه عده کمی از آنها شفا یافتند. کوران بینا شدند کران توانستند بشنوند و مفلوجان خرامان گشتند. هیچ مشکلی در این روش وجود ندارد این اولین روشی بود که خداوند برای جذب مردم بکار می برد.

**خداوندم عیسی از تو بخاطر کارت بر صلیب تشکر می کنم. اعلام می کنم که با قربانی عیسی شفای خداوند برای همه مهیا شده و این شفا شامل حال من نیز می شود زیرا عیسی مجروح شد تا من شفا بیابیم. آمین.**

**۱۵ آوریل**

پذیرش شفا

*عیسی مجروح شد تا ما شفا یابیم.*

در سال ۱۹۴۳ من بیمار بودم و ماه ها در بیمارستان بستری شدم. خانمی از مؤسسه Salvation Army برای ملاقات من آمد و برایم دعا کرد. در آن زمان این کلام را از خداوند دریافت کردم. " به کاری که بر جلجتا صورت گرفت دقت کن و ببین که این کار از هر جهت کامل است . " از آن روز به بعد این جمله را مد نظر داشتم وسعی کردم آنرا در زندگیم بکار برم. می دانم که تنها گوشه ای از آنچه بر صلیب رخ داده برایم باز شده است اما می دانم که این کارِ کاملی است. از هر زاویه ای که به صلیب بنگری تمام و کمال است. هر گونه کمکی که ما احتیاج داشته باشیم به صورت عملی بر صلیب محقق شده است. ممکن است بگوئید این چیز ساده ای است اما چگونه می توانیم این شفا را برای خود بپذیریم ؟ زمانی که مردم در باره شفا فکر می کنند این فکر ایجاد می شود. " چگونه می توانم درک کنم که آیا این اراده خداوند است تا من شفا یابم یا خیر؟ " اگر ما فرزندان خداوند هستیم این سئوالِ اشتباهی است چون شفا نان فرزندان است. زیرا عیسی گفت : *" نان فرزندان را گرفتن و پیش سگان انداختن روا نیست. "( متی ۱۵ : ۲۶ )* زن سامری پاسخ صحیحی را برای این جمله عیسی داشت. آن زن واقعاً زن با ایمانی بود. فرزندان بسیاری وجود دارند که نان کامل در اختیار آنها قرار دارد اما هنوز بیمارند. ممکن است همه پدران این توانایی را نداشته باشند که برای خانواده خود بستنی یا استیک تهیه کنند ولی هر پدری این وظیفه را دارد تا برای فرزندان خود نان تهیه کند. پدر آسمانی نان فرزندان خود را بر میز قرار داده است نانی که به من و تو تعلق دارد. این سئوال را اینگونه باز کنم که چگونه می توانم شفایی که خداوند تدارک دیده است را در زندگیم بپذیرم و آنرا به کار گیرم ؟ برای یک ایماندار شفا و فدیه هرگز متعلق به آینده نیست. اکنون این سهم ما است که آن شفا را دریافت کنیم و ارث خود را از خداوند بپذیریم. تمامی این برکات برای ما در عهد جدید مهیا شده است. عهدی که در آن اراده خداوند توسط مرگ عیسی بر صلیب مهر و موم شده است .

**خداوندم عیسی از تو برای کارت بر صلیب تشکر می کنم. اعلام می کنم که می خواهم کار کامل عیسی در جلجتا را بر زندگی خود بپذیرم . زیرا عیسی مجروح شد تا من شفا بیایم . آمین.**

## هفته ۱۶

### عیسی به خاطر گناهان ما گناه شد تا ما به خاطر عدالت او عادل محسوب شویم.

" او کسی را که گناه را نشناخت، در راه ما گناه ساخت، تا ما در وی پارسایی خدا شویم." ( دوم قرنتیان ۵ : ۲۱ )

## ۱۶ آوریل

### مبادله ای آشکار

### عیسی به خاطر گناهان ما گناه شد تا ما به خاطر عدالت او عادل محسوب شویم.

*" او کسی را که گناه را نشناخت، در راه ما گناه ساخت، تا ما در وی پارسایی خدا شویم." ( دوم قرنتیان ۵ : ۲۱ )*

خداوند، عیسی را که هیچ گناهی نداشت در راه ما گناه ساخت تا ما بتوانیم بواسطه عیسی در حضور او عادل محسوب شویم. مبادله ای که در اینجا صورت می گیرد بسیار واضح است. عیسی گناه شد تا ما عادل محسوب شویم. دقت کنید که بوسیله عدالت ما نیست که ما در حضور خداوند عادل محسوب می شویم بلکه این عدالت خداوند است که به حساب ما گذاشته می شود. در متی ۶ : ۳۳ عیسی چنین می گوید : *" بلکه نخست در پی پادشاهی خدا و انجام ارادۀ او باشید، آنگاه همۀ اینها نیز به شما عطا خواهد شد. "* عدالتی که در آسمان مورد پذیرش خداوند است عدالتی است که از طریق ایمان به عیسی مسیح حاصل شده است.

*" همه ما همچون شخص نجس شده ایم و اعمال نیک ما جملگی همچون پارچه کثیف است. همگی ما مانند برگ پژمرده ایم و گناهان ما همچون باد ما را با خود می برد. " ( اشعیا ۶۴ :۶ )*

این آیه نمی گوید که گناهان ما مانند پارچه ای کثیف هستند بلکه عدالت ما اینگونه است. حتی بهترین کارهایی که انجام می دهیم تا مذهبی تر باشیم. وقتی سعی می کنیم خداوند را با قوت خودمان خشنود ساخته و او را خدمت کنیم همه این کارها مانند پارچه کثیفی در حضور خداوند هستند. با این پارچه های کثیف نمی توانیم لباسهای مناسبی برای ایستادن در محکمه آسمانی بر تن کنیم.خداوند از ما می خواهد که پارچه های کثیف عدالت شخصی خود را کناری بگذاریم و از تکیه بر کارهای نیکو و مذهبی باز ایستیم و بدانیم که ما گناه کاریم.باید ایمان داشته باشیم که عیسی بر صلیب به خاطر گناهان ما گناه شد تا بتوانیم بوسیله عدالت او عادل محسوب شویم.

**خداوندم عیسی از تو به خاطر کاری که بر صلیب انجام دادی تشکر می کنم. اعلام می کنم که من تمامی عدالت شخصی خود را کنار گذاشته و بجای آن عدالت خدا را طالب هستم . زیرا عیسی به خاطر گناهان ما گناه شد تا ما به خاطر عدالت او عادل محسوب شویم. آمین.**

## ۱۷ آوریل

### تصمیم خداوند

### عیسی به خاطر گناهان ما گناه شد تا ما به خاطر عدالت او عادل محسوب شویم.

*" اما خواست خداوند این بود که او را له کرده به دردها مبتلا سازد چون جان خود را قربانی گناه ساخت نسل خود را خواهد دید و عمرش دراز خواهد شد و اراده خداوند به دست وی به انجام خواهد رسید ." ( اشعیا ۵۳ : ۱۰ )*

در ترجمه انگلیسی واژه اراده کردن یا تصمیم گرفتن به کلمه Pleased یعنی خشنود شدن ترجمه شده است.اما هیچ اشتباهی در این ترجمه وجود ندارد زیرا معنی واژه خشنودی در زبان انگلیسی آنچه امروز از آن استفاده می شود نیست.این آیه چنین می گوید: " این تصمیم خداوند است و هدفی است که خداوند مقرر فرموده است. " در انگلستان زمانی که مجرمین توسط قاضی به حبس ابد محکوم می شوند حبس او به خاطر خشنودی ملکه است. اما این بدان معنا نیست که ملکه از حبس آن مجرم خشنود و خوشحال می شود بدان معنا است که او محکومیت این مجرم را امری الزامی می داند. از لحاظ تاریخی این عبارت به زمان الیزابت در انگلستان بر می گردد. بنابراین وقتی در کلام خدا به زبان انگلیسی می خوانیم که این امر باعث خشنودی خداوند بود این به آن معنا نیست که این امر باعث خشنودی خداوند می شد بلکه به این معنا است که این تصمیم خداوند است که مقرر فرموده و چنین صلاح دیده که مصلوب شدن عیسی امری الزامی است زبان عبری چنان قوی است که ترجمه صحیح و واژه به واژه آن در زبان دیگری ممکن نیست. دو خطی که در آیات بالا وجود دارند در زبان عبری توسط چهار کلمه بیان شده اند جایی که در کلام خدا آمده : *" اما خواست خداوند این بود که او را له کرده به دردها مبتلا سازد چون جان خود را قربانی گناه ساخت ." ( اشعیا ۵۳ :۱۰ )* بهترین ترجمه ای که توانستم برای این قسمت بیابم این است که خداوند اجازه داد تا او بیمار شود یا با ضربه زدن به او وی را مبتلا و بیمار ساخت. واژه هایی که به کلمه مبتلا ترجمه شده در میکا ۶ : ۱۳ نیز دیده می شوند. خداوند با افراد سرکش و نافرمان اسرائیل صحبت می کند و چنین می گوید: *" پس من نیز به ضربه ای تو را مجروح می سازم تا به سبب گناهانت تو را هلاک کنم." ( میکا ۶ : ۱۳ )* در اینجا نیز به کلمه مضروب و مبتلا در ترجمه فارسی قدیم اشاره شده است.

**خداوندم عیسی از تو برای کاری که بر صلیب انجام دادی تشکر می کنم. اعلام می کنم که خداوند اجازه داد که بیماری بر عیسی وارد شود و او به خاطر گناهان من گناه شد تا من بتوانم به خاطر عدالت او عادل محسوب گردم. آمین.**

## ۱۸ آوریل

### قربانی کامل

**عیسی به خاطر گناهان ما گناه شد تا ما به خاطر عدالت او عادل محسوب شویم.**

خداوند را پسند آمد تا عیسی را مضروب ساخته و او را به دردها مبتلا سازد. عیسی مبتلا و دردمند شد . عیسی از لحاظ جسمی بیمار شد. بدن او له شده و مضروب و مبتلا گشت و هر فشار دیگری که می توانید در این باره فکر کنید بر جسم او وارد آمد. او بر صلیب تمامی بیماری ها را بر خود گرفت.

*" اما خواست خداوند این بود که او را له کرده به دردها مبتلا سازد چون جان خود ر*
*ا قربانی گناه ساخت . نسل خود را خواهد دید و عمرش دراز خواهد شد و*
*اراده خداوند به دست وی به انجام خواهد رسید ."( اشعیا ۵۳ : ۱۰ )*

واژه ای که در زبان فارسی به قربانی گناه ترجمه شده در زبان عبری تنها یک واژه است و آن واژه Asham است که به معنای گناه، تقصیر یا قربانی گناه است. در زمان عهد عتیق این واژه هم برای قربانی گناه و هم برای گناه استفاده شده است. اما چرا ؟ زیرا بر اساس قوانین ذکر شده در لاویان زمانی که حیوانی برای قربانی گناه به هیکل آورده می شد شخصی که گناهکار بود باید دست خود را بر سر آن حیوان قرار می داد و گناه خود را اعتراف می کرد و بدین وسیله به طور سمبلیک گناه خود را بر آن حیوان قرار می داد. بنابراین گناه آن شخص بر قربانی قرار می گرفت و سپس آن حیوان محکوم می شد و بجای آن شخص کشته می شد. البته همه این مراسم نمونه ای از مرگ مسیح است برای ما . نویسنده عبرانیان چنین می گوید : که خون این گاوها و بزها قادر نبود گناهان انسانها را بردارد. ( عبرانیان ۱۰ : ۴ را مطالعه کنید . ) این سیستم تنها تصویری بود که انسان ها را به سوی مبادله ای که بر صلیب محقق می شد هدایت کند. اما زمانی که به واقعهٔ صلیب می نگریم کلام خداوند می گوید : " خداوند نسل عیسی را گناه ساخت " و به معنای خاص کلمه در این قسمت کلام خدا می خواهد اشاره کند که خداوند نفس عیسی را قربانی گناه ساخت. در تائید و تصدیق این امر پولس رسول در آیه زیر اشعیا ۵۳ : ۱۰ را نقل قول می کند و می گوید :

*" او کسی را که گناه را نشناخت، در راه ما گناه ساخت، تا ما در وی*
*پارسایی خدا شویم." ( دوم قرنتیان ۵ : ۲۱ )*

**خداوندم عیسی از تو به خاطر کاری که بر صلیب برای من انجام دادی تشکر می کنم. اعلام می کنم که عیسی به خاطر گناهان ما گناه شد تا ما به خاطر عدالت او عادل محسوب شویم. آمین.**

۱۹ آوریل

تدارکی کامل

## عیسی به خاطر گناهان ما گناه شد تا ما به خاطر عدالت او عادل محسوب شویم.

خداوند از طریق صلیب با مشکل گناه برخورد کرد. او فدیه ای برای تمامی گذشته ما مهیا نمود. " *او همه گناهان ما را آمرزید.* " ( *کولسیان ۲ : ۱۳* ) از طریق مرگ عیسی به عنوان نماینده ما و پرداخت جریمه ما ، خداوند توانست همه گناهان ما و اعمال گناه آلود ما را ببخشد بدون آنکه عدالتش زیر سئوال برود. زیرا با مرگ مسیح بر صلیب عدالت خداوند اجرا شد. باید این مطلب را درک کنیم که تمام اعمال گناه آلود ما در گذشته صرف نظر از اینکه چقدر بوده و چقدر جدی بوده اند توسط کار مسیح بر صلیب بخشیده می شوند. زمانی که ما ایمان خود را بر او قرار می دهیم خداوند نه تنها جریمه گناهان ما را تدارک دیده بلکه برای گناهان آینده ما نیز فدیه ای تهیه نموده است.

*" و آن سند قرضها را که به موجب قوانین بر ضد ما نوشته شده و علیه ما قد علم کرده بود، باطل کرد و بر صلیب میخکوبش کرده، از میان برداشت." (کولسیان ۲ :۱۴ )*

سند قرضها همان شریعت موسی است .عیسی با صلیب خود شریعت موسی را به جا آورد و از آن وسیله ای ساخت برای کسب عدالت در حضور خداوند. از آن جایی که حفظ شریعت موسی برای عادل شمرده شدن ضروری بود هر بار که یکی از این قوانین زیر پا گذاشته می شد ما در حضور خداوند گناهکار شمرده می شدیم. اما اکنون این شریعت از سر راه ما برداشته شده و ما قادریم بدون گناه زندگی کنیم. زیرا اکنون ایمان ما به کار مسیح است که برای ما عدالت شمرده می شود. همانطور که پولس می نویسد :" *زیرا مسیح غایتِ شریعت است تا هر که ایمان آوَرَد، پارسا شمرده شود.* " ( *رومیان ۱۰ : ۴* ) مسیح غایت شریعت و دلیل عادل شمردگی هر کسی است که به او ایمان آورد خواه یهود و خواه غیر یهود. کاتولیک و پروتستان هیچ فرقی وجود ندارد و او نهایت شریعت است و راهی است برای کسب عدالت در حضور خداوند. اکنون دیگر ما احتیاج نداریم برای عادل شمرده شدن در حضور خداوند شریعت را حفظ کنیم .

**خداوندم عیسی از تو برای کارت بر صلیب تشکر می کنم. اعلام می کنم که خداوند تدارکی کامل برای گناهان گذشته و حال و آینده من دیده است. زیرا عیسی به خاطر گناهان ما گناه شد تا ما به خاطر عدالت او عادل محسوب شویم. آمین.**

۲۰ آوریل

روش کار رومیان

## عیسی به خاطر گناهان ما گناه شد تا ما به خاطر عدالت او عادل محسوب شویم.

اکنون بیائید به روش کاری که در رومیان باب ۶ ذکر شده نگاه بیاندازیم. وقتی به روش کار رومیان فکر می کنم بیشتر یاد کتابهای آشپزی می افتم. اگر ما مسیحیان از کتاب مقدس به عنوان کتابی برای روش و عمل کرد زندگی خود نگاه کنیم می بینیم که خداوند نیز همانند کتاب آشپزی راه کارهایی را به ما ارائه می دهد که همیشه به نیکویی می انجامد. روش کاری که در رومیان آمده روشی است که از طریق آن انجیل خداوند در زندگی مان جسم می پوشد.

*" پس چه گوییم؟ آیا به گناه کردن ادامه دهیم تا فیض افزون شود؟ هرگز! ما که نسبت به گناه مردیم، چگونه می‌توانیم به زندگی در آن ادامه دهیم؟ آیا نمی‌دانید همهٔ ما که در مسیحْ عیسی تعمید یافتیم، در مرگ او تعمید یافتیم؟ پس با تعمید یافتن در مرگ، با او دفن شدیم تا همان‌گونه که مسیح به‌وسیلهٔ جلال پدر، از مردگان برخیزانیده شد، ما نیز در زندگی نوینی گام برداریم. پس اگر در مرگی همچون مرگ او، با وی یگانه شده‌ایم، به یقین در رستاخیزی همچون رستاخیز او نیز با او یگانه خواهیم بود. زیرا می‌دانیم آن انسانِ قدیمی که ما بودیم، با او بر صلیب شد تا پیکرِ گناه درگذرد و دیگر گناه را بندگی نکنیم. چون آن که مرده است، از گناه آزاد شده است. حال اگر با مسیح مرده‌ایم، ایمان داریم که با او زندگی نیز خواهیم کرد. زیرا می‌دانیم چون مسیح از مردگان برخیزانیده شده است، دیگر هرگز نخواهد مرد و مرگ دیگر بر او تسلطی ندارد. او با مرگ خود، یک بار برای همیشه نسبت به گناه مُرد و در حیات کنونی خود برای خدا زندگی می‌کند.( رومیان ۶ : ۱ – ۱۰ )*

نتیجه این روش شگفت انگیز است. دیگر گناه بر شما تسلط و کنترل نخواهد داشت. زمانی که ما با مسیح یکی شدیم یعنی در مرگ و دفن و قیام و صعود او شریک گشتیم ، دیگر از گناه و نتایج شرارت بار آن آزاد شده ایم.

**خداوندم عیسی به خاطر کارت بر صلیب تشکر می کنم. اعلام می کنم که دیگر گناه را بندگی نمی کنم زیرا عیسی به خاطر گناهان ما گناه شد تا ما به خاطر عدالت او عادل محسوب شویم. آمین.**

۲۱ آوریل

ورود به حیات

## عیسی به خاطر گناهان ما گناه شد تا ما به خاطر عدالت او عادل محسوب شویم.

امروز ما با جزئیات بیشتری به آنچه در کتاب رومیان به عنوان روش عمل کرد خدا نوشته شده نگاه می کنیم. در رومیان باب ۶ چند نکته به عنوان یکی شدن ما با عیسی ذکر شده است. اول در آیه ۲۲ ما نسبت به گناه مردیم . یعنی زمانی که عیسی مرد ما نیز در مرگش با او یکی شدیم یعنی زمانی که مسیح مصلوب گشت نفس ما یعنی آن انسانیت کهنه ما بر صلیب رفت. در آیه ۶ آن طبیعت سرکشی که از آدم به ارث برده بودیم نیز مصلوب شد. دوم با او دفن شدیم. آیه ۴ با تعمید در مرگ او ما مردیم و به همراه او دفن شدیم . سوم ما با او قیام کردیم .یعنی در رستاخیز او نیز شریک گشتیم. زمانی که ما در مرگ و دفن شریک شدم از آن پس به سوی قیام و زندگی پس از قیام کرده حرکت خواهیم کرد و در حیات او شریک می گردیم. نتایجی که به صورت عملی توسط یکی شدن ما با عیسی در مرگ دفن و قیام او وجود دارند عبارتند از :

۱ ـ " پیکر گناه ما در می گذرد " ( آیه ۶ ) یعنی طبیعت فاسد و شریر مان که ما را اسیر خود ساخته و وادار به گناه می نمود حتی زمانی که می خواستیم کار صحیحی را انجام دهیم اکنون دیگر ذایل شده و بی اثر گشته است. زیرا دیگر این بدن مرده است.

۲ ـ در نتیجه " ما دیگر گناه را بندگی نمی کنیم " ( آیه ۶ ) گناه دیگر ما را مجبور نمی سازد که کارهای مخرب و زیان آوری انجام دهیم و نتایج آن از زندگی ما رفته و تا ابد همراه ما نیست.

۳ ـ " ما از گناه آزاد شده ایم. " ( آیه ۷ ) ما به معنای خاص کلمه عادل شمرده می شویم. زیرا ما تبرئه گشته ایم . عیسی جریمه نهایی گناهان ما را پرداخت کرد و هیچ چیز دیگری برای پرداخت وجود ندارد. با آزاد شدن از قدرت گناه اکنون وجدان ما پاک است و می توانیم در مقابل تخت خداوند قادر مطلق بدون ترس بایستیم.

۴ ـ " با او زندگی خواهیم کرد " ( آیه ۸ ) چه وعده شگفت انگیزی! ما شریک رستاخیز ابدی عیسی و زندگی ابدی او هستیم. او یک بار نسبت به گناه مرد و دیگر مرگ برای او معنا ندارد. او تا ابد با خداوند زندگی می کند و ما نیز وارد آن حیات ابدی شده ایم.

**عیسی جان اعلام می کنم که من با مسیح یک گشته ام و دیگر بنده گناه نیستم. چون عیسی به خاطر گناهان ما گناه شد تا ما به خاطر عدالت او عادل محسوب شویم. آمین.**

## ۲۲ آوریل

رهایی خواهیم یافت.

## عیسی به خاطر گناهان ما گناه شد تا ما به خاطر عدالت او عادل محسوب شویم.

راهنمایی های عملی مفیدی در کتاب رومیان ۶ : ۱۱ - ۱۳ یافت می شود. اول - " *خود را مرده انگارید* " ( *آیه ۱۱* ) کتاب مقدس می گوید که ما نسبت به گناه مرده ایم. این را باور کنید. پولس می گوید : " *با مسیح بر صلیب شده‌ام، و دیگر من نیستم که زندگی می‌کنم، بلکه مسیح است که در من زندگی می‌کند؛ و این زندگی که اکنون در جسم می‌کنم، با ایمان به پسر خداست که مرا محبت کرد و جان خود را به خاطر من داد.* " ( *غلاطیان ۲ : ۲۰* ) پولس مصلوب شدن و مرگ مسیح را مرگ خود می داند. او بر اساس این حقیقت فکر می کند و سخن می گوید و این حقیقت را در وجود خود می پذیرد و ما نیز باید این کار را انجام دهیم. قدم های دو و سه جملات هشدار دهنده و منفی هستند که چنین می گویند : " *پس مگذارید گناه در بدنهای فانی شما فرمان براند تا امیال آن را اطاعت کنید.* " ( *آیه ۱۲* ) " *اعضای بدن خود را تسلیم گناه نکنید تا ابزار شرارت باشند، بلکه همچون کسانی که از مرگ به زندگی بازگشته‌اند، خود را تسلیم خدا کنید و اعضای بدن خود را به او بسپارید تا ابزار پارسایی باشند.* " ( *آیه ۱۳* ) قبل از این ما نمی توانستیم تسلیم گناه نباشیم اما اکنون حق انتخاب داریم. اکنون قوتی در وجود ما هست که بزرگتر از گناه است. پس ما آزاد شده و عادل شمرده شده ایم. با این وجود باید اراده خود را به کار بریم. زمانی که وسوسه سراغ ما می آید باید به طور قاطع و راسخ چنین بگوئیم : " من تسلیم بدن و اعضای وجود خود نمی شوم. شیطان من تسلیم تو هم نمی شوم. من متعلق به عیسی هستم . " قدم چهارم جمله ای مثبت است. ما نمی توانیم به طور مستقل زندگی کنیم و در عین حال آزاد از گناه باشیم. باید انتخاب کنیم که خدا را به جای شیطان خدمت نمائیم و خود را به عنوان قربانی زنده تقدیم خداوند کنیم و هر آنچه هستیم و هرآنچه داریم را به او تقدیم کنیم. هیچ چیز را برای خود نگاه نداریم. پولس چنین می گوید : " *اعضای بدن خود را تسلیم گناه نکنید تا ابزار شرارت باشند، بلکه همچون کسانی که از مرگ به زندگی بازگشته‌اند، خود را تسلیم خدا کنید. و اعضای بدن خود را به او بسپارید تا ابزار پارسایی باشند.* " ( *آیه ۱۳* ) تمام اعضای بدن خود را تسلیم خداوند کنید تا او بتواند به هر صورت که می خواهد از آنها برای جلال نام خود استفاده کند. نتیجه این است گناه بر شما فرمان نخواهد راند. ( آیه ۱۴ ) ما از خجالت و از همه نتایج شرارت و گناه نجات یافته ایم. اگر ما بنا بر آنچه در کتاب رومیان ذکر شده زندگی و عمل نمائیم و خود را با مرگ ، دفن و قیام مسیح شریک بدانیم رهایی خواهیم یافت.

**خداوندم عیسی تو را برای کارت بر صلیب شکر می کنم. اعلام می کنم که از طریق یکی شدن با عیسی رهایی یافته ام زیرا عیسی به خاطر گناهان ما گناه شد تا ما به خاطر عدالت او عادل محسوب شویم. آمین.**

# هفته ۱۷

## عیسی به جای ما مرد تا بتوانیم در حیات او سهیم گردیم.

" امّا عیسی را می‌بینیم که اندک زمانی پایینتر از فرشتگان قرار گرفت، ولی اکنون تاج جلال و اکرام بر سرش نهاده شده است، چرا که از رنج مرگ گذشت تا بر حسب فیض خدا برای همه طعم مرگ را بچشد." ( عبرانیان ۲ : ۹ )

## ۲۳ آوریل

کفاره : رینگ

### عیسی به جای ما مرد تا بتوانیم در حیات او سهیم گردیم.

برای اینکه بتوانید نقش کفاره را در سایه کل انجیل درک کنید به ساختار یک چرخ توجه کنید. یک چرخ از سه قسمت اصلی تشکیل شده است. قسمت خارجی، پره ها و رینگ. دایره خارجی نشان تدارک کامل خداوند برای زندگی های ماست. تدارکی که خداوند برای روح و جسم و برکت مالی ما از حال تا به ابد دیده است. پره هایی که دایره خارجی را می پوشانند روشهایی است که خداوند بوسیله آن تدابیر خود را در زندگی های ما جاری می کند. برای مثال او از طریق بخشش صلح، شفا، سلامتی، رهایی، نجات، تقدیس، قدوسیت و موارد دیگر را در زندگی های ما جاری می سازد. اما بدون قسمت مرکزی چرخ یعنی رینگ این پره ها بدون تکیه گاه می مانند. همچنین توسط قسمت مرکزی است که نیروی محرکه به چرخ ها منتقل می گردد.در تدارک خداوند کفاره گناهان ما قسمت مرکزی چرخ ها است که از طریق آن قوت لازم برای زندگی مسیحی برای ما جاری می شود. با مطالعه عبرانیان ۲ : ۹ در می یابیم که از طریق فیض خداوند است که عیسی طعم مرگ را به خاطر تک تک ما چشید. او جایگزین ما شد و آنچه ما لایقش بودیم بر او قرار گرفت. اشعیا ۵۳ : ۶ چنین می گوید :" *همه ما چون گوسفندان گمراه شده بودیم و هر یک از ما به راه خود رفته بود اما خداوند تقصیر جمیع ما را بر وی نهاد.* " . واژه تقصیر همچنین به معنی سرکشی نیز است. سرکشی تمامی نسل بشر در این عبارت خلاصه شده است. ما به خداوند پشت کرده بودیم و هر کدام به راه خود رفته بودیم هر کدام از ما ملاک های خود را داشتیم. دنبال خشنودی خود بودیم و برای خودمان زندگی می کردی . همه ما سرکش بودیم اما خداوند سرکشی های همه ما را بر عیسی قرار داد. در نتیجه سرکشی همه ما بر او قرار گرفت. زمانی که وی بر صلیب رفت تمامی نتایج شرارت بار سرکشی ما بر او قرار گرفت. بیماری، طردشدگی، درد، عذاب و در نهایت مرگ.اما او به جای خود نمرد بلکه او به جای ما مرد. او طعم مرگ را به جای ما چشید .

**خداوندم عیسی از تو به خاطر کارت بر صلیب تشکر می کنم اعلام می کنم که من از سرکشی و تمرد خود باز گشته و می پذیریم که عیسی به جای من طعم مرگ را چشیده است زیرا عیسی به جای من مرد تا من بتوانم در حیات او سهیم گردم. آمین.**

## ۲۴ آوریل

### او به خاطر ما رنج کشید

*عیسی به جای ما مرد تا بتوانیم در حیات او سهیم گردیم.*

باب ۵۳ کتاب اشعیا توصیفی جز به جز و نبوتی درباره رنج های عیسی مسیح به ما ارائه می دهد. این کتاب در حدود ۷۰۰ سال قبل از اینکه این واقعه رخ دهد نگاشته شده است.

" آزار و ستم دید اما دهان نگشود همچون بره ای که برای ذبح می برند و چون گوسفندی که نزد پشم برنده اش خاموش است هچنان دهان نگشود . با محاکمه ای ظالمانه برده شد چه کسی از نسل او سخن تواند گفت زیرا او از زمین زندگان منقطع شد و به سبب نا فرمانی قوم من مضروب گردید ؟ گر چه هیچ خشونت نورزید و فریبی در دهانش نبود قبرش را با شریران تعیین کردند و پس از مرگش با دولتمندان . ( اشعیا ۵۳ : ۷ - ۹ )

جزئیات به طور دقیق در مرگ و رنج های عیسی محقق شد. اول اینکه در اناجیل بارها بر این نکته تاکید شده که عیسی هیچ تلاشی برای پاسخ به اتهاماتی که به او وارد می شد نکرد. او سعی نکرد خود را تبرئه کند و یا از خود دفاع کند. ( برای مثال به انجیل مرقس ۱۵ : ۳ - ۵ نگاه کنید . ) اتهامات بی اساس و محکمه ای ناعادلانه او را به سوی مرگ برد و باعث شد که وی از زمین زندگان منقطع شود. جزئیاتی که در مورد دفن عیسی در این کتاب نوشته شده به صورت شگفت انگیزی صحیح است . " قبرش را با شریران تعیین کردن و پس از مرگش با دولتمردان . " از لحاظ تاریخی می دانیم که عیسی در میان دو دزد مصلوب شد و در قبری که یوسف رامه ای برای خود خریده بود دفن شد. اشعیا تاکید می کند که عیسی به خاطر گناهان خود نمرد او کاملا بی گناه بود اما مرگ او همانند مرگ مجرمان بود.

**عیسی جان از تو بخاطر مرگت بر صلیب تشکر می کنم اعلام می کنم که تو رنج دیدی و برای من مردی و اعلام می کنم که عیسی به خاطر من مرد تا من بتوانم حیات او را داشته باشم. آمین.**

## ۲۵ آوریل

نماینده شگفت انگیز ما

### عیسی به جای ما مرد تا بتوانیم در حیات او سهیم گردیم.

بیائید در مورد این که چگونه مسیح خود را با نژاد بشری یکی ساخت و گناه آنها را بر خود گرفت نگاهی به چند آیه بیاندازیم.

*" از آنجا که فرزندان از جسم و خون برخوردارند، او نیز در اینها سهیم شد تا با مرگ خود، صاحب قدرت مرگ یعنی ابلیس را به زیر کِشد، و آنان را که همهٔ عمر در بندگیِ ترسِ از مرگ به‌سر برده‌اند، آزاد سازد." ( عبرانیان ۲ : ۱۴ - ۱۵ )*

زمانی که آدم سرکشی کرد بجای اینکه پادشاه شود تبدیل به یک برده شد. برده ای که اسیر شیطان، مرگ و فساد گشت. اما او دیگر آزاد نبود. عیسی به خاطر اینکه بتواند بشریت را از بردگی آزاد سازد خود را مانند یک انسان ساخت و طبیعت آدمی بر خود گرفت. او همان جسم و خونی که من و تو داریم را بر خود گرفت تا با مرگ خود بتواند قوت آن کسی که نیروی مرگ را در دستانش دارد نابود سازد. او با کار خود قدرت شرارت را سرکوب کرده و همه ما را که تمامی عمرمان در اسارت و ترس از مرگ بودیم آزاد ساخت. عیسی طبیعت سقوط کرده انسانها و گناهان آنها را بر صلیب، بر خود گرفت. این حقیقت در اول پطرس ۲ : ۲۴ نیز ذکر شده است.
*" او گناهان ما را در بدن خویش بر دار حمل کرد، تا برای گناهان بمیریم و برای پارسایی زیست کنیم، همان که به زخمهایش شفا یافته‌اید. زیرا همچون گوسفندانی گم گشته از راه بودید، امّا اکنون به سوی شبان و ناظر جان هایتان بازگشته‌اید." (اول پطرس ۲ : ۲۴ )*

عیسی بر صلیب گناهان و تقصیرات ما را کاملاً بر خود گرفت و تبدیل به آخرین و بزرگترین قربانی گناه شد. قربانی که تقصیرات تمامی نسل بشر را برداشت. او گناهان ما و مجازات ما را بر خود متحمل شد. جراحات ما بر وی قرار گرفت و او به جای ما مرد. او به عنوان نماینده ما تقصیر سرکشی ما را بر خود پذیرفت. آدم آخر بر صلیب رفت، خونش را ریخت و تمام وجود خود را برای رهایی ما فدا ساخت.

**خداوندم عیسی از تو به خاطر کارت بر صلیب متشکرم. اعلام می کنم که توکاملا خود را فدا ساختی تا مرا رهایی ببخشی و اعلام می کنم که عیسی به جای من مرد تا بتوانم در حیات او سهیم گردم. آمین.**

## ۲۶ آوریل

### یکی شدن با عیسی

**عیسی به جای ما مرد تا بتوانیم در حیات او سهیم گردیم.**

زمانی که به یکی شدن مسیح با ما می اندیشیم درمی یابیم که ما نیز از طریق ایمان و توبه می توانیم با مسیح یک گردیم و نه تنها در مرگ او بلکه در جلالی که در نتیجه این قربانی به او بخشیده شد سهیم گردیم .

*" امّا خدایی که در رحمانیت دولتمند است، به‌خاطر محبت عظیم خود به ما، حتی زمانی که در نافرمانیهای خود مرده بودیم، ما را با مسیح زنده کرد - پس، از راه فیض نجات یافته‌اید؛و با مسیح برخیزانید و در جایهای آسمانی با مسیحْ عیسی نشانید، " ( افسسیان ۲ : ۴ – ۷ )*

این نقطه مقابل یکی شدن است. ابتدا عیسی خود را با نسل سقوط کرده ما یکی ساخت. یعنی او جای ما را گرفت. جریمه ما را پرداخت کرد و به جای ما مرد. او تقصیر های ما را بر خود گرفت و جریمه آنرا پرداخت کرد. سپس زمانی که ما خود را با مسیح و مرگ او بوسیله ایمان یکی می دانیم ما نیز در آنچه او پس از مرگش بدست آورد شریک می شویم. سه مرحله عالی از یکی شدن ما با عیسی در افسسیان ۲ : ۴- ۶ نوشته شده است . اول " خداوند ما را با مسیح زنده کرد. دوم خداوند ما را با مسیح برخیزانید و سوم در جایهای آسمانی با مسیح عیسی نشانید . " خداوند ما را به همراه مسیح بر تخت خود نشاند. دقت کنید که این سه مرحله از یکی شدن ما با عیسی چطور سیر صعودی به خود می گیرد. اول ما با او زنده می شویم، برخیزانیده می شویم و با او بر تخت می نشینیم. ما این مسیر رو به بالا را از پست ترین جایگاه شروع می کنیم وبه بالاترین جایگاه می رسیم . خداوند پست ترین ها را بلند می کند و دربالاترین جایگاه می نشاند و این اصل در تمام آیات کلام خدا صادق است. این تنها مسئله ای نیست که در تاریخ تکرار می شود و مردم آنرا تجربه می کنند بلکه عمل کرد یک قانون کیهانی است. هر کسی که خود را فروتن سازد بلند کرده شود و هر کس خود را بلند کند فروتن خواهد شد. ( متی ۲۳ : ۱۲ را مطالعه کنید . )

**خداوندم عیسی از تو به خاطر کارت بر صلیب تشکر می کنم . اعلام می کنم که خود را در حضور خداوند فروتن می کنم تا با عیسی یکی شده و بتوانم با او زنده شوم. با او برخیزانیده شده و با او بر تخت بنشینم . زیرا عیسی به جای من مرد تا بتوانم در حیات او سهیم گردم. آمین.**

۲۷ آوریل

پنهان در مسیح

*عیسی به جای ما مرد تا بتوانیم در حیات او سهیم گردیم.*

زمانی که ما با صلیب روبرو می شویم اولین کاری که باید انجام دهیم بازگشت است. اما صلیب عیسی راهی است بسوی مکانی پنهان که هیچ موجودی قادر نیست آنرا بیابد و هیچ پرنده ای قادر نیست آنرا ببیند و تمامی خلقت از آن بی خبر است. ( ایوب ۲۸ : ۷ – ۸ را مطالعه کنید.) این مکان پنهان قلمرو روحانی است. چنان که پولس می گوید: " *پس چون با مسیح برخیزانیده شده اید، به آنچه در بالاست دل ببندید، آنجا که مسیح به دست راست خدا نشسته است به آنچه در بالاست بیندیشید، نه به آنچه بر زمین است. زیرا مُردید و زندگی شما اکنون با مسیح در خدا پنهان است. چون مسیح که زندگی شماست، ظهور کند، آنگاه شما نیز همراه او با جلال ظاهر خواهید شد.*" ( کولسان ۳ : ۱ - ۴ ) عبارت کلیدی در این قسمت این است. زندگی شما اکنون با مسیح در خدا پنهان است و این عبارت در مورد دنیای آینده صحبت نمی کند بلکه در مورد قلمرویی که هم اکنون، در همین جا وجود دارد صحبت می کند. پنهان بودن در خداوند یعنی بودن در او. زمانی که عیسی مرد به جای خود نمرد بلکه به عنوان نماینده ما بر صلیب رفت و تقصیر ها و محکومیت ما را بر خود گرفت. بنا بر درکی که با ایمان از کلام خداوند دریافت می کنیم در می یابیم که عیسی مرد و برخاست و ما نیز با او مرده و برخیزانیده شدیم. ما از طریق مرگ به قلمرویی وارد شدیم که با این حواس پنجگانه قادر به درک آن نیستیم و موجودات دیگر نیز قادر به شناسایی آن نیستند. ما در مسیح هستیم . ما در خداوند هستیم. هیچ چیزی نمی تواند نزد ما بیاید مگر آنکه از خداوند و از طریق عیسی عبور کرده باشد. ما در جسم خود هستیم اما حیات ما در واقع محدود به این دنیای مرئی نیست. ممکن است از با این ظروف خاکی از مشکلات بسیاری عبور کنیم اما ما حیاتی داریم که ابدی و فساد ناپذیر است. این یعنی امنیت کامل. فرقی نمی کند که چه اتفاقی بیافتد. ما در مسیح در مکان مخفی خداوند قادر مطلق قرار گرفتیم و از همه آسیب ها و خطرات محافظت می شویم. ( مزامیر ۹۱ : ۱- ۲ را مطالعه کنید. ) صلیب کلید رفتن به این مکان پنهان است.

**خداوندم عیسی برای کارت بر صلیب تو را شکر می کنم . اعلام می کنم که از طریق صلیب به مکان پنهان خدای قادر مطلق راه یافته ام و از تمامی آسیب ها و خطرات محافظت می شوم زیرا عیسی به جای من مرد تا بتوانم در حیات او سهیم گردم. آمین.**

۲۸ آوریل

حیاتی زیاده

## عیسی به جای ما مرد تا بتوانیم در حیات او سهیم گردیم.

عیسی خود را شبان نیکو می خواند. ( یوحنا ۱۰ : ۱۱ و ۱۴ را مطالعه کنید .) کاری که یک شبان بنا بر آنچه در مزامیر ۲۳ آمده انجام می دهد را می توان در یک عبارت زیبا خلاصه نمود و آن عبارتست از دادن امنیت کامل به گوسفندان. اما به یاد داشته باشید که آنچه شبان برای ما تدارک می بیند بنا بر مقیاسی است که ما تعهدات خود را انجام می دهیم. زمانی که سرسپردگی ما کامل است امنیت ما نیز کامل است. اما زمانی که سرسپردگی ما محدود است در آن صورت نمی توانیم از امنیت کاملی که عیسی به ما می تواند عطا می کند بهره مند شویم. با نگاه به سخنان عیسی در عهد جدید می توانیم تصویری واضح تری از عهد عتیق داشته باشیم.

*" دزد نمی‌آید جز برای دزدیدن و کشتن و نابود کردن؛ من آمده‌ام تا ایشان حیات داشته باشند و از آن به فراوانی بهره‌مند شوند. " ( یوحنا ۱۰ : ۱۰ )*

تا شما بتوانید حیات داشته باشید حیاتی نه محدود و نه گذرا بلکه حیاتی به فراوانی. حیاتی که لبریز شده است. حیات برای همه جنبه های وجود ما. حیاتی که می تواند فراتر از هر چالش و فشاری که علیه ما قد علم می کند باشد.سپس کمی جلوتر عیسی این عبارت را بکار می برد. " حیات ابدی " *" گوسفندان من به صدای من گوش فرامی‌دهند؛ من آنها را می‌شناسم و آنها از پی من می‌آیند. من به آنها حیات جاویدان می‌بخشم، و به‌یقین هرگز هلاک نخواهند شد. کسی آنها را از دست من نخواهد ربود." ( یوحنا ۱۰ : ۲۷ و ۲۸ )* به عبارت کلیدی این آیه توجه کنید . من به آنها حیات جاودان می بخشم و به یقین هرگز هلاک نخواهند شد. با نگاه به این متن در می یابیم که عیسی آمد تا ما حیات جاودان داشته باشیم حیاتی که فراتر از حیات این دنیا است. حیاتی که تا ابد ادامه خواهد داشت. یک بار جملهٔ هوشمندانه ای از کسی شنیدم که چنین می گفت : " ایمان دارم که به همان مدت که خداوند زندگی می کند زندگی خواهم کرد. زیرا خداوند تبدیل به حیات من شده است . " این آن نوع حیاتی است که عیسی برای عطا کردن آن به زمین آمد یعنی حیات خودش . حیاتی که تا ابد باقی خواهد ماند.

**خداوندم عیسی برای کارت بر صلیب تو را شکر می کنم. بوسیله مرگ تو حیات جاودانی را به فراوانی دارم. زیرا عیسی به جای من مرد تا بتوانم در حیات او سهیم گردم. آمین.**

**۲۹ آوریل**

تبادل کامل

# عیسی به جای ما مرد تا بتوانیم در حیات او سهیم گردیم.

*" همه ما چون گوسفندان گمراه شده بودیم و هر یک از ما به راه خود رفته بود اما خداوند تقصیر جمیع ما را بر وی نهاد ." ( اشعیا ۵۳ : ۶ )*

خلاصه این متن را می توانیم در یک کلمه بیان کرد. " سرکشی ." این گناه متداول تمامی نسل بشر است. این نبی چنین ادامه می دهد." *اما خداوند تقصیرهای جمیع ما را بر وی نهاد " ( آیه ۶ )* واژه تقصیرها ( در زبان عبری ) به معنای سرکشی و طغیان است و همچین به معنای مجازات سرکشی و نتایج شرارت باری است که از سرکشی حاصل می شود. اما جانشین ما ، آن آدم آخر جریمهٔ سرکشی ما نتایج شرارت بار آنرا بر صلیب بر خود گرفت. اگر ما بتوانیم مفهوم این حقیقت را درک کنیم این همان مجوز ورود به گنجینه خداوند است. مبادله چنین انجام شد. تمام نتایج سرکشی ما بر عیسی آمد تا ما بتوانیم بخاطر اطاعت کامل تمام نتایج نیکو را وارث شویم. از هر جهت که به این مبادله نگاه بیاندازیم، مبادله ای کامل است. عیسی مجازات شد تا ما بخشیده شویم.او مجروح شد تا ما شفا یابیم. او گناهان ما را بر خود متحمل شد تا ما بتوانیم شریک عدالت او باشیم. او به جای ما مرد تا ما بتوانیم شریک حیات او باشیم. او به خاطر ما لعنت شد تا ما بتوانیم وارث برکات باشیم. او فقر ما را تحمل کرد تا ما بتوانیم به وفور برکات او را دریافت کنیم. او شرمساری و خجالت ما را بر خود گرفت تا ما بتوانیم جلال او را دریافت کنیم . او طرد شدگی ما را بر خود گرفت تا ما مورد پذیرش قرار بگیریم. برای لحظه ای آن شورشی را بر صلیب تصور کنید و فکر کنید که آن شورشی شما هستید. در واقع شما باید بر صلیب میخکوب می شدید اما عیسی به جای شما بر صلیب رفت. او نه تنها سرکشی و عصیان ما را بر خود گرفت بلکه تمامی نتایج شرارت بار آن را نیز تحمل نمود تا شما بتوانید وارد تمامی برکاتی شوید که در نتیجه اطاعت کامل حاصل می شود. این معنای فیض است فیضی که در این جا به فراوانی کار می کند و شما قادر نیستید آنرا با تلاش شخصی بدست آوردید. شما شایسته آن هم نیستید و نمی توانید هیچ ادعایی در مورد آن داشته باشید. تنها یک روش است که می توانید آن فیض را دریافت کنید و آن ایمان است. تنها ایمان داشته باشید.

**خداوندم عیسی برای کارت بر صلیب تو را شکر می کنم اعلام می کنم که عیسی به جای من مرد تا من بتوانم در حیات او سهیم باشم. آمین.**

## هفته ۱۸

## عیسی لعنت شد تا ما از برکات بهره‌مند گردیم

" مسیح به‌جای ما لعن شد و این‌گونه ما را از لعنت شریعت بازخرید کرد، زیرا نوشته شده که «هرکه به دار آویخته شود ملعون است.»" (غلاطیان ۳ : ۱۳ )

## ۳۰ آوریل

### حقیقت وجود برکت و لعنت

*عیسی لعنت شد تا ما از برکات بهره مند گردیم.*

عیسی بر صلیب لعنت شد تا ما بتوانیم واجد شرایط برای دریافت برکات باشیم. برای دریافت آنچه که خداوند برای ما تدارک دیده ضروری است که ماهیت برکت و لعنت را درک کنیم. اگر ما این دو مفهوم را به درستی نفهمیم نمی توانیم خود را در مقابل تدارکی که خداوند برایمان دیده واجد شرایط بدانیم. برکت و لعنت هر دو از موضوعات اصلی کلام خدا هستند. واژه برکت یا برکت دادن بیش از ۴۱۰ بار در کتاب مقدس آمده است. واژه لعنت حدوداً ۱۶۰ بار در کلام خداوند ذکر شده است. به عبارت دیگر کلام خدا مطالب بسیاری درمورد این دو کلمه می گوید. هر دوی این مفاهیم کاملا واقعی هستند. آنقدر واقعی که عیسی باید لعنت می شد تا ما بتوانیم از لعنت آزاد شده و برکات را دریافت کنیم. بعضی افراد می خواهند چنین فکر کنند که برکات واقعی اما لعنتها مفاهیمی خیالی یا فرضی هستند. چنین تفکری بسیار غیر منطقی است. اگر ما یکی از مفاهیم را در نظر بگیریم و بدانیم که آن مفهوم واقعی است مفهوم متضاد آن نیز باید واقعی باشد. به عنوان مثال روز و شب را در نظر بگیرید. اگر روز واقعی است بنابراین شب هم واقعیت دارد. گرما و سرما اگر گرما واقعی است سرما نیز واقعیت دارد. نیکوئی و شر اگر نیکوئی واقعیت دارد شرارت نیز واقعیت دارد. ما نمی توانیم یکی از این مفاهیم را پذیرفته و در برابر دیگری بی تفاوت باشیم. این حقیقت در مورد برکت و لعنت نیز صدق می کند. برکات واقعی هستند و به همان نسبت لعنت ها نیز واقعیت دارند. کتاب مقدس تعالیم بسیاری در مورد ماهیت لعنت ها دارد و به ما در مورد عمل کرد لعنت ها ، روش تشخیص و چگونگی رهایی از آن را آموزش می دهد. اگر ما در مورد این حقیقت بی توجه باشیم ضرر آن متوجه خودمان خواهد بود. اگر ما نتوانیم مبادله ای که بر صلیب اتفاق افتاد را درک کنیم برکات بسیاری را از دست خواهیم داد. آنچه خداوند از طریق مرگ فداکارانه مسیح بر صلیب برای مان مهیا نموده با درک آن مبادله قابل دریافت می گردد.

**خداوندم عیسی تو را به خاطر کارت بر صلیب شکر می کنم. اعلام می کنم و ایمان دارم که برکات و لعنت ها واقعی هستند. آنقدر واقعی که عیسی بخاطر ما لعنت شد تا ما بتوانیم از برکات او بهره مند گردیم. آمین.**

۱ می

رهایی از لعنت

## عیسی لعنت شد تا ما از برکات بهره مند گردیم.

بیائید طبیعت و عظمت نجاتی که از طریق مسیح شامل حال ما شده را در نظر بگیریم . آیات امروز ما از غلاطیان ۳ : ۱۳ و ۱۴ هستند.

*" مسیح به‌جای ما لعن شد و این گونه ما را از لعنت شریعت بازخرید کرد، زیرا نوشته شده که «هرکه به دار آویخته شود ملعون است.» او چنین کرد تا برکت ابراهیم در مسیحْ عیسی نصیب غیریهودیان گردد، و تا ما آن روح را که وعده داده شده بود، از راه ایمان دریافت کنیم." ( غلاطیان ۳ : ۱۳ - ۱۴ )*

در اینجا پولس به شریعت موسی اشاره می کند که به صورت مفصل در کتاب تثنیه آمده است. در این کتاب خداوند می گوید : " هر کسی که از طریق آویخته شدن بر دار مجازات شده و می میرد در واقع ملعون است. " واژه " دار " همچنین اینجا به معنی قطعه چوبی است که از آن صلیب ساخته می شود و مدرک ملعون بودن یک فرد این بود که در مقابل چشم همگان بر تکیه ای چوب آویخته می شد. مسیح برای رهایی ما از لعنتِ شریعت ملعون شد و این حقیقت زمانی که وی بر صلیب آویخته شد آشکار گشت. ضرورت داشت که او لعنت شود زیرا لعنت نتیجه گناه و تمرد ما بر علیه خداوند است. رازِ آنچه بر صلیب اتفاق افتاد مبادله ای الهی بود. چیزی که نمی توانیم آن را با چشم دید و تنها از طریق مکاشفه خداوند توسط روح القدس و کلام خدا برای ما قابل درک و فهم می گردد. او لعنت گناه و نا فرمانی ما را بر خود گرفت تا ما بتوانیم از طریق ایمان به برکاتی که نتیجه اطاعت بدون گناه وی است دست یابیم.

**خداوندم عیسی به خاطر کارت بر صلیب تو را شکر می کنم. اعلام می کنم که عیسی برای فدیه من از لعنت شریعت خود لعنت شد. عیسی لعنت شد تا من بتوانیم از برکات بهره مند گردم. آمین.**

**۲ می**

مشخصه های بارز یک لعنت

## عیسی لعنت شد تا ما از برکات بهره مند گردیم.

۷ علامت رایج لعنت ها را برای شما توضیح می دهم. لعنت ها نه تنها می توانند بر افراد تاثیر بگذارند بلکه می توانند خانواده ها یا جوامع بزرگتر را مبتلا سازند. بر طبق کلام یکی از مهمترین خصوصیات لعنت ها و برکات این است که می توانند از نسلی به نسل دیگر منتقل شوند مگر آنکه اتفاقی بیافتد و این زنجیره گسسته شود. با افرادی سر و کار داشته ام که مشکلات آنها به صدها سال قبل به تاریخچه خانوادگی آنها باز می گشت. بر اساس مشاهدات شخصی در اینجا به ۷ مشخصه اشاره خواهم کرد که این مشخصه ها معمولاً می تواند نمایانگر وجود لعنتی در زندگی شما یا خانواده تان باشد. اگر تنها یکی از این علایم در زندگی شما وجود دارد به طور قطع نمی توانم بگویم که این یک لعنت است اما اگر علایم بیشتری در زندگی شما وجود دارد یعنی اینکه جوانب مختلف زندگی شما را تحت تاثیر قرار می دهند و در نسل های مختلف تکرار می شوند شما تقریبا می توانید مطمئن باشید که لعنتی در کار است. این مشخصه ها عبارتند از :

۱ – اختلالات روانی و عاطفی
۲ – بیماریهای مزمن و تکرار شونده به خصوص اگر این بیماریها ارثی باشند.
۳ – سقط جنین های مکرر و مشکلات مربوط به زنان
۴- طلاق و در گیریی های خانوادگی. مخصوصاً اگر در نسل های قبلی وجود دارد.
۵ – مشکلات مالی اگر این مشکلات دائمی هستند.
۶ – اگر دائماً برای تان حوادث غیر مترقبه روی می دهد.
۷ – وجود خودکشی و مرگهای غیر عادی در سابقه خانوادگی

ما خود مشکل را نمی خواهیم بررسی کنیم ، اما راه حل رهایی از آن را برای شما به طور قطع بازگو می کنیم. عیسی لعنت شد تا ما بتوانیم از برکات بهره مند شویم .

**خداوندم عیسی به خاطر کارت بر صلیب تو را شکر می کنم. اعلام می کنم که مرگ عیسی راه حل هر لعنت در زندگی من است. زیرا عیسی لعنت شد تا من بتوانم از برکات بهره مند گردم. آمین.**

### ۳ می

برکت در همه چیز

## عیسی لعنت شد تا ما از برکات بهره مند گردیم.

از شما می خواهم که بار دیگر غلاطیان ۳ :۱۳ – ۱۴ را بخوانید. زیرا می خواهم به خوبی کلمات این آیه در وجودتان نهادینه شود.

*" مسیح به‌جای ما لعن شد و این‌گونه ما را از لعنت شریعت بازخرید کرد، زیرا نوشته شده که «هرکه به دار آویخته شود ملعون است.» او چنین کرد تا برکت ابراهیم در مسیحْ عیسی نصیب غیریهودیان گردد، و تا ما آن روح را که وعده داده شده بود، از راه ایمان دریافت کنیم." ( غلاطیان ۳ : ۱۳ – ۱۴ )*

اما برکت ابراهیم چه بود؟ احتیاج نیست که زیاد در این باره بیاندیشیم زیرا کلام خدا به وضوح معنای آن را برای ما آشکار می کند.

*" و اما ابراهیم پیر و سالخورده شده بود و خداوند او را در همه چیز برکت داده بود. " ( پیدایش ۲۴ : ۱ )*

شاید این آیه این احساس را در شما ایجاد کند که ابراهیم در حالی که به چوب دستی خود تکیه کرده بود لنگان لنگان به این سو و آن سو می رفت. اما کلام خداوند تنها می گوید که ابراهیم پیر و سالخورده شده بود و صحبتی از چوب دستی نیست. زیرا چند سال بعد به کوه موریا می رود و از آنجا باز می گردد. اما برکت ابراهیم چیست؟ خداوند او را در همه چیز برکت داده بود. بنابراین برکتی که او داشت شامل همه چیزها بود. در همین رابطه پولس می گوید که ما باید وعده های خداوند را از طریق ایمان دریافت کنیم. من ایمان دارم که ما فقط می توانیم برکات را از طریق روح القدس دریافت کنیم. روح القدس آن کسی است که مجری تمامی برکاتی است که ما وارثش هستیم .

**خداوندم عیسی تو را برای کارت بر روی صلیب شکر می کنم. اعلام می کنم که من از طریق ایمان وعده روح خدا و وعده برکات ابراهیم را دریافت می کنم که تمامی جنبه های زندگی مرا در بر می گیرد. زیرا عیسی برای من لعنت شد تا من بتوانم از برکات بهره مند گردم. آمین.**

۴ می

## جاری کننده برکات

### عیسی لعنت شد تا ما از برکات بهره مند گردیم.

روح القدس جاری کننده برکات ابراهیم است که ارث ماست. (غلاطیان ۳: ۱۴ را مطالعه کنید.) در پیدایش باب ۲۴ داستانی زیبایی می بینیم که این حقیقت را به تصویر می کشد. این داستان باز گو می کند که چگونه ابراهیم عروسی برای پسر خود اسحاق انتخاب می کند. این داستانی بسیار ساده است و چهار شخصیت در آن وجود دارند. سه شخصیت آن عبارتند از ابراهیم که نمایانگر خدای پدر است. اسحاق که نماد خدای پسر است ( عیسی ). ربکا که عروس و نماد کلیسا است ( عروس مسیح ) شخصیت دیگری نیز وجود دارد که به نحوی شخصیت اصلی این داستان است. این شخص خادم بی نام و نشانی است که نماد روح القدس است و اگر ما این باب را به خوبی بخوانیم و این شخصیت ها را در این داستان به خاطر بسپاریم حقایق بسیاری برای مان آشکار می شود. دقت کنید که در ابتدای باب کلام خداوند می گوید همه آن چه که ابراهیم داشت تحت کنترل این خادم بود و مدیر اجرائی تمام کارهای ابراهیم بود. این حقیقت در مورد روح القدس نیز صدق می کند او مدیر اجرائی الوهیت است و وفور برکات در دستان اوست. ما وارث خداوند و هم ارث با عیسی مسیح هستیم. اما مدیر اجرائی که ارث را به ما می دهد روح القدس است. بدون روح القدس ما نمی توانیم ارث خود را دریافت کرده و از آن لذت ببریم.

زمانی که کلام خدا در مورد ارث فرزندان ابراهیم سخن می گوید در واقع به طور مشخص به وعده روح خدا اشاره می کند. روحی که تنها بوسیله او ارث وعده داده شده به ما می رسد. برکات ابراهیم شامل همه موارد است ( پیدایش ۲۴ : ۱ را مطالعه کنید.) اما مدیر اجرایی این برکات روح القدس است. بنابراین پولس به طور مشخص در غلاطیان اشاره می کند که ما وعده دریافت روح خداوند را داریم.

**خداوندم عیسی تو را به خاطر کارت بر صلیب شکر می کنم. اعلام می کنم که روح القدس جاری کننده ارث من از آسمان است و من وعده روح القدس را توسط ایمان دریافت می کنم. این وعده برکت ابراهیم در همه چیز است. زیرا عیسی لعنت شد تا من بتوانم برکات را دریافت کنم. آمین.**

## ۵ می

وعده پدر من

# عیسی لعنت شد تا ما از برکات بهره مند گردیم.

دریافت هدیه روح القدس به استعدادها و لیاقت های ما بستگی ندارد بلکه تنها و تنها به کاملیت کار مسیح و فدیه او متکی است . تنها از طریق ایمان و نه اعمال است که ما می توانیم وعده روح خدا را دریافت کنیم." *او چنین کرد تا برکت ابراهیم در مسیحْ عیسی نصیب غیریهودیان گردد، و تا ما آن روح را که وعده داده شده بود، از راه ایمان دریافت کنیم.*" ( غلاطیان ۳ : ۱۴ ) این نظریه با مسئولیتی که عیسی پیش از صعود خود به شاگردانش سپرد هم خوانی دارد." *من موعودِ پدر خود را بر شما خواهم فرستاد؛ پس در شهر بمانید تا آنگاه که از اعلی با قدرت آراسته شوید.»*" ( لوقا ۲۴ : ۴۹ ) عیسی در رابطه با تعمید روح القدس سخن می گوید که شاگردان در روز پنطیکاست آنرا دریافت کردند. عبارت موعود پدر به ما بینشی بسیار عالی در مورد آنچه پدر در مورد عطا نمودن روح القدس مد نظر داشته می دهد. برخی از نظریه پردازان تخمین می زنند که کتاب مقدس شامل ۷۰۰۰ وعده است و خداوند به آنانی که به او ایمان دارند عطا می کند. اما در میان تمامی این وعده ها عیسی یکی از آنها را مشخص نموده و به آن اشاره کرد. گوئی این وعده بسیار منحصر بفرد است. وعده دریافت روح خداوند. پولس این را برکت ابراهیم می خواند " *او چنین کرد تا برکت ابراهیم در مسیحْ عیسی نصیب غیریهودیان گردد، و تا ما آن روح را که وعده داده شده بود، از راه ایمان دریافت کنیم.*" ( غلاطیان ۳ : ۱۴ ) دریافت روح القدس با هدف خداوند از انتخاب ابراهیم ارتباط دارد . زیرا زمانی که خداوند ابراهیم را از اور فرا خواند به او گفت :

*" از تو قومی بزرگ پدید خواهم آورد و تو را برکت خواهم داد نام تو را بزرگ خواهم ساخت و تو برکت خواهی بود . برکت خواهم داد به کسانی که تو را برکت دهند و لعنت خواهم کرد کسی را که تو را لعنت کند و همه طوایف زمین به واسطه تو برکت خواهند یافت ."* ( پیدایش ۱۲ : ۲ – ۳ )

خداوند در زمان حیات ابراهیم هدف خود را بارها و بارها تصدیق می کند. ( پیدایش ۲۲ : ۱۷ – ۱۸ را مطالعه کنید. ) تمامی این وعده ها با واژه های پولس در غلاطیان ۳ : ۴ مرتبط هستند. عیسی خون خود را بر صلیب ریخت تا بتواند برکاتی که به نسل ابراهیم وعده داده شده بود را مهیا نماید.

**خداوندم عیسی از تو به خاطر کارت بر صلیب متشکرم. اعلام می کنم که عیسی بر روی صلیب خون خود را ریخت تا بتواند برکات ابراهیم را مهیا نماید و او آن را وعده موعود پدر من می خواند. من اعلام می کنم که وعده روح خداوند را دریافت می کنم زیرا عیسی لعنت شد تا من بتوانم از برکات وی بهره مند گردم. آمین.**

**۶ می**

برکات از شما پیشی خواهند گرفت.

# عیسی لعنت شد تا ما از برکات بهره مند گردیم.

زمانی که من در ایرلند بودم پسر ۶ ساله ای را ملاقات کردم که والدینش به او چند سیب زمینی داده بودند تا آنها را بکارد. او سیب زمینی های خود را کاشته بود و یک هفته بعد رفت تا ببیند آیا سیب زمینی هایش رشد کرده اند یا نه. هیچ نشانه ای از رشد وجود نداشت. دو هفته بعد او دوباره به آنها سر زد ولی باز هم چیزی ندید. بنابراین زمین را کنده و آنها را بیرون آورد تا ببیند آن ها جوانه زده اند یا خیر. نهایتا این پسر سه یا چهار بار آنها را کاشت و آنها را دوباره از زمین بیرون آورد تا باعث شد آن سیب زمینی ها هرگز رشد نکنند. برخی از مسیحیان مانند این پسر کوچک عمل می کنند. آنها سیب زمینی ایمان خود را می کارند ولی دائما آنرا از خاک بیرون می آورند تا ببینند رشد کرده یا خیر. ماهیت ایمان این است که باید اجازه دهیم خداوند آنرا رشد دهد. ما شرایط لازم برای رشد را فراهم می کنیم اما خداوند است که وعده را محقق کرده و رشد می دهد. تثنیه ۲۸ : ۲ چنین می گوید : *" آری اگر صدای یهوه خدای خویش را بشنوید تمامی این برکات بر شما خواهد آمد و از شما پیشی خواهد گرفت ."* من واژه پیشی خواهد گرفت را بسیار دوست دارم. این وظیفه ما نیست که دنبال برکات بدویم بلکه برکات هستند که باید به دنبال ما آمده و از ما پیشی بگیرند. ما می توانیم زمانی که به رختخواب می رویم به این بیاندیشیم که خداوند در صبح چه برکاتی برای ما مهیا نموده است. متی۶ : ۳۳ به ما می گوید: نخست در پی پادشاهی خداوند باشیم و در پی این چیزها نباشیم در آن صورت خداوند تمام چیزهایی که به آنها احتیاج داریم را به ما خواهد بخشید. اما شرایطی وجود دارد که ما می توانیم با انجام آنها وفور نعمات خداوند را دریافت کنیم. اول باید انگیزه ها و نگرش ما درست باشد. دوم باید ایمان خود را به کار گیریم. سوم باید خداوند را ، والدین خود را و خادمین خداوند را احترام کنیم. چهارم باید سعی کنیم افکار، سخنان و اعمال ما صحیح باشند. پنجم باید اجازه دهیم که خداوند در زمان مقرر روش های خود را به آنچه ما کاشته ایم اضافه کند. اگر ما این شرایط را به جا آوریم می توانیم مطمئن باشیم که برکات وافر خداوند از ما پیشی خواهند گرفت. این تنها راهی است که ما می توانیم از برکات خداوند بهره مند گردیم.

**خداوندم عیسی تو را به خاطر کارت بر صلیب شکر می کنم. اعلام می کنم ابتدا ملکوت تو را خواهان هستم پس برکات خداوند برای من مزید خواهند شد. زیرا عیسی بر صلیب لعنت شد تا من بتوانم از برکات او بهره مند گردم. آمین.**

# هفته ۱۹

## عیسی فقر و تنگدستی ما را متحمل شد تا ما در دولت او سهیم باشیم.

*" زیرا از فیض خداوند ما عیسی مسیح آگاهید که هر چند دولتمند بود،*
*به‌خاطر شما فقیر شد تا شما در نتیجهٔ فقر او*
*دولتمند شوید." ( دوم قرنتیان ۸ : ۹ )*

**۷ می**

نابودی لعنت فقر

*عیسی فقر و تنگدستی ما را متحمل شد تا ما در دولت او سهیم باشیم.*

عیسی آن لعنت فقری را متحمل شد که در تثنیه ۲۸ : ۴۸ به تفصیل معرفی شده است.

*" دشمنان خویش را که خداوند بر ضد شما خواهد فرستاد در گرسنگی و تشنگی و عریانی و نیازمندی تمام بندگی خواهید کرد و او یوغ آهنین بر گردن شما خواهد نهاد تا هلاکتان کند ."*

سالها پیش یک روز درباره " تدارک خداوند برای نیازهای مالی " وعظ می نمودم . نا گاه مکاشفه ای از روح القدس دریافت نمودم که بسیار والاتر از رئوس مطالب موعظه ام بود. در حالیکه مقابل مردم ایستاده و سخن می گفتم در رویایی مسیح را بر صلیب دیدم. او را همان گونه دیدم که انجیل بیان می کند. روح القدس چهار جنبه از لعنت فقر را یک به یک یادآوری می کرد و بالاخره نابودی لعنت فقر را به من نشان داد. اولاً او گرسنه بود و بیست و نه ساعت قبل از مصلوب شدنش چیزی نخورده بود. دوماً او تشنه بود. " تشنه ام " یکی از آخرین سخنان مسیح بود. سوماً او عریان بود. سربازان رومی او را برهنه کردند و لباس هایش را بین خود تقسیم کردند.او محتاج همه چیزبود. چرا عیسی چیزی نداشت؟ چونکه مشیت الهی بر آن بود که لعنت فقر ما بکلی نابود شود. ابتدا من منظور کامل آنچه روح القدس به من نشان داد را نفهمیدم اما وقتی به گذشته می نگرم می توانم چنین بگویم که این مکاشفه اساس دریافت برکات را در من بنیاد نهاد.غایت این مبادله این است که عیسی لعنت فقر را برداشت تا ما بتوانیم برکت ابراهیم را دریافت کنیم. کسی که خداوند او را در همه چیز برکت داد .( پیدایش ۲۴ : ۱ را مطالعه کنید.) برکتی که مجریش روح القدس است .

**عیسی خداوند برای کارت بر صلیب از تو متشکرم. اعلام می کنم که تو تمام جوانب لعنت فقر مرا برداشتی، زیرا عیسی فقر و تنگدستی مرا متحمل شد تا من در دولت او سهیم باشم. آمین.**

۸ می

وفور نعمت

**عیسی فقر و تنگدستی ما را متحمل شد تا ما در دولت او سهیم باشیم.**

قسمت های مختلفی از رسالات تصدیق می کنند که عیسی لعنت فقر ما را متحمل شد. اجازه دهید به موضوعاتی که در دوم قرنتیان ۸ : ۹ آمده اشاره ای بکنم.

*" زیرا از فیض خداوند ما عیسی مسیح آگاهید که هر چند دولتمند بود، به خاطر شما فقیر شد تا شما در نتیجهٔ فقر او دولتمند شوید."*

همواره بر حسب عادت پایان آیه را " شما دولتمند خواهید شد " نقل قول می نمودم، اما روح القدس به من نشان داد که معنی آن این است : " شما دولتمند هستید ." ممکن است ما ثروتمند و مجدداً فقیرشویم. اما دولتمند بودن یک مفهوم دائمی است. مسیح لعنت فقر را برداشت تا برای ما دولتمندی به نیکوئی ممکن گردد. مسیح فقر ما را برداشت تا داشتن دولت او برای ما مقدور باشد.

به نظر برخی از افراد عیسی در طول خدماتش بر زمین مسکین بود. اما من این نظر را صحیح نمی دانم. ما باید تفاوت میان دولت و وفور نعمت را درک کنیم. اگر داشتن وجوه نقد در حساب بانکی و املاک زیاد ملاک دولتمندی باشد بله مسیح دولتمند نبود اما قدر مُسلم او در زندگیش وفور نعمت را داشت. زیرا فردی که بتواند به پنج هزار نفر مرد و زن و بچه خوراک دهد نمی تواند فرد مسکینی باشد. در حقیقت او پس از دادن خوراک به ۵۰۰۰ نفر هنوز غذا برای دوازده هزار نفر دیگر داشت. ( متی باب ۱۴ : ۱۵ - ۲۱ را مطالعه کنید.) چه تصویر زیبایی از وفور نعمت.علاوه بر این مسیح داشتن وفور نعمت را نیز به شاگردان خود بخشید. وقتی که آنها را فرستاد تا پیغام انجیل را اعلام کنند به آنها گفت : " که با خود هیچ چیزی بر ندارید و شاگردان هم شهادت دادند که نیاز به هیچ چیزی نداشتند ( انجیل لوقا ۲۲ : ۳۵ را مطالعه کنید. ) و این مسکنت نیست.

**خداوندم عیسی برای کار تو بر روی صلیب از تو متشکرم. من اعلام می کنم که مسیح کاملاً فقیر شد تا فیض خداوند به وفور برای من حتی در مسائل مالی وجود داشته باشد. چونکه عیسی فقر و تنگدستی مرا متحمل شد تا من در دولت او سهیم باشم. آمین.**

**۹ می**

فیض کامل : کافی و حتی بیشتر

## عیسی فقر و تنگدستی ما را متحمل شد تا ما در دولت او سهیم باشیم.

مسکین بودن به معنای گرسنگی ، تشنگی ، عریانی و محتاج همه چیز بودن است.( تثنیه ۲۸ : ۴۸ را مطالعه کنید. ) چه زمانی عیسی دقیقاً مسکین گشت ؟ عیسی از زمانی که گناهان ما را بر خود گرفت مسکین شد. از آن لحظه به بعد او عمیق و عمیق تر در فقر ما شریک شد و آنرا بر خود گرفت. از زمانی که او بر صلیب، به طور کامل، فقر ما را بر خود پذیرفت، مسکنت او آشکار گشت. بدانید که بر صلیب مسکنت او تنها مسکنت روحانی نبود بلکه او از لحاظ جسمی و مادی نیز مسکین گشت. بنابراین منطقاً وفور نعمت و برکات ما نیز تنها روحانی نخواهد بود. عیسی کاملاً از لحاظ مادی مسکین و فقیر گشت تا ما بتوانیم برکت یافته و همه نیازهای مادی و فیزیکی خود را بدست آوریم و حتی چیزی برای ما باقی بماند تا بتوانیم دیگران را در آن شریک بگردانیم. در دوم قرنتیان ۹ : ۸ قسمت دوم آیه به طور مشخص به این حقیقت اشاره می کند که عیسی لعنت فقر ما را بر خود گرفت." *و خدا قادر است هر نعمت را برای شما بس فزونی بخشد تا در همه چیز همواره همهٔ نیازهای تان برآورده شود و برای انجام هر کارِ نیکو، به فراوانی داشته باشید.* " خدای ما خدایی خسیسی نیست بلکه او نه تنها به اندازه نیاز ما می بخشد بلکه فراتر از آن را نیز می بخشد. این معنای وفور نعمت است. در آیه بالا بارها از کلمات فراوانی ،همه و هر استفاده شده است . نمی دانم که آیا می توان واضح تر به این مطلب اشاره کرد یا نه؟ این آیه چه چیزی را تشریح می کند؟ فیض خداوند را. در دوم قرنتیان بابهای ۸ و ۹ بارها درباره پول صحبت می شود. واژه کلیدی فیض است . این واژه ۷ بار در باب هشتم و ۲ بار در باب نهم آمده است . فیضی وجود دارد که در قلمرو پول عمل می کند. با این حال مسیحیان معتقد کمی وجود دارند که بتوانند به طور کامل مفهوم فیض خداوند را درک کنند. در یافته ام آنانی که بیشتر در مورد فیض صحبت می کنند همانانی هستند که معنای آنرا کمتر درک کرده اند .

**خداوندم عیسی از تو به خاطر کارت بر صلیب متشکرم. اعلام می کنم که عیسی کاملاً فقیر شد تا فیض خداوند برای من فزونی یابد حتی در قسمت های مالی. زیرا عیسی فقر و تنگدستی ما را متحمل شد تا ما در دولت او سهیم باشیم. آمین.**

**۱۰ می**

فیض خداوند در مسائل مالی

## عیسی فقر و تنگدستی ما را متحمل شد تا ما در دولت او سهیم باشیم.

سه اصل بنیادی همواره عمل کرد فیض خدا را تشریح می کند. اولاً فیض اکتسابی نیست. عکس آن نیز صادق است یعنی هر چیزی که بتوان کسب کرد دیگر فیض نیست. بنابراین اگر این نجات همانطور که گفتیم به علت رحمت خدا است طبیعتاً دیگر به سبب اعمال نیک ما نخواهد بود. زیرا اگر بخاطر اعمال نیک ما باشد در این صورت نجات دیگر هدیه رایگان خدا نخواهد بود چون اگر در قبال آن کاری انجام شده باشد دیگر رایگان محسوب نخواهد شد. *" امّا اگر از راه فیض باشد، دیگر بر پایهٔ اعمال نیست؛ و گرنه فیض دیگر فیض نیست.* [امّا اگر از راه اعمال باشد، دیگر بر پایهٔ فیض نیست؛ وگرنه عمل دیگر عمل نیست.]" ( رومیان ۱۱ : ۶ ) با ترجمه تفسیری این اصل بسیاری از مردم مذهبی از فیض خدا محروم می شوند زیرا آنان فکر می کنند می توانند آنرا کسب کنند. دوماً فقط یک مجرا برای دریافت فیض موجود دارد. *" زیرا شریعت به واسطهٔ موسی داده شد، و فیض و راستی به واسطهٔ عیسی مسیح آمد." ( یوحنا ۱ : ۱۷).* هر نوع فیضی که به ما می رسد از طریق عیسی مسیح است. سوماً ما فقط به یک وسیله می توانیم فیض خداوند را تصاحب کنیم و آن ایمان است. این حقیقت به ترتیب در سه موضوع ذیل خلاصه شده است. *" زیرا به فیض و از راه ایمان نجات یافته‌اید - و این از خودتان نیست، بلکه عطای خداست و نه از اعمال، تا هیچ کس نتواند به خود ببالد." ( افسسیان ۲ : ۸ – ۹ )*

عدهٔ کمی از مسیحیان پی برده اند که این سه موضوع همانطور که درباره موارد دیگر صادق است درباره مسائل مالی نیز صدق می کند. انجیل به طور خاص نسبت به بی مسئولیتی ( امثال ۱۰ :۴ )، تنبلی ( امثال ۲۴ – ۳۴ )، نادرستی ( افسسیان ۴ : ۲۸ ) هشدار می دهد. تا زمانی که ما به یکی از این رفتار های گناه آلود مبتلا هستیم حق نداریم انتظار دریافت فیض خداوند در مسائل مالی زندگی مان را داشته باشیم. بنابراین به عنوان یک مسیحی ما ملزم به رعایت صداقت ،سخت کوشی و مسئولیت پذیری هستیم.

**خداوندم عیسی برای کار تو بر صلیب سپاسگزارم . اعلام می کنم که عیسی مسیح فقر مرا برداشت و فیض خداوند را در قلمرو مادی برای من مهیا نمود. چونکه عیسی فقر و تنگدستی ما را متحمل شد تا ما در دولت او سهیم باشیم . آمین.**

## ۱۱ می

واجد شرایط خداوند

**عیسی فقر و تنگدستی ما را متحمل شد تا ما در دولت او سهیم باشیم.**

ما باید درک کنیم که بین دو موضوع حاصل نمودن فیض خداوند، که امری است غیر اکتسابی و انجام شرایطی که خداوند آنها را مقرر فرموده و امری است الزامی ، تمایزی مهم و منطقی ای وجود دارد. نمی توانیم وفور نعمت خداوند را که فقط از طریق فیض او قابل حصول است به طریق دیگری حاصل کنیم .لکن خداوند برای بدست آوردن وفور نعمت طریق ایمان را مقرر فرموده است که نمی توان آنرا نادیده گرفت. اگر ما واجد این شرایط نباشیم ایمان ما پایه و اساس کتابمقدسی ندارد و تنها تبدیل به یک تئوری می شود. برای حصول شرایط خداوند باید انگیزه و رفتار و روش ما درست باشد. بهتر است که انگیزه های مان را بدقت تفتیش کنیم مخصوصاً در ارتباط با بدست آوردن پول. انگیزه های ناپاک در ارتباط با پول شامل :۱- خدا سازی پول."... *طمع بت پرستی است*". (کولسیان ۳ : ۵ )*زیرا پول دوستی ...*"( اول تیموتائوس ۶ : ۱۰ ) ۲- بدست آوردن ثروت از روشهای گناه آلود." *آن که به ناحق ثروت اندوزد کبکی را ماند نشسته بر تخمهایی که خود نگذاشته است چون عمرش به نیمه رسد ترکش خواهند کرد و در پایان کار خویش احمقی بیش نخواهد بود.* " ( ارمیا ۱۷ :۱۱ )." *هر که ثروت خویش با بهره گزاف بیفزاید آن را برای کسی می اندوزد که با بینوایان گشاده دست است* . ( امثال ۲۸ :۸ )
۳ - تکیه بر ثروت برای امنیت و رفاه ." *آنکه بر ثروت خویش توکل کند سقوط خواهد کرد اما پارسایان چون برگ سبز خواهند شکفت.* " ( امثال ۱۱ : ۲۸ )" *حکیم به حکمت خویش فخر نکند و مرد نیرومند به نیروی خود ننازد و دولتمند به دولت خویش نبالد.* " ( ارمیا ۹ : ۲۳ )
۴ - استفاده خودخواهانه از ثروت و منافع برای خود." *یکی می بخشد و دولتش افزون می گردد دیگری دریغ می ورزد و محتاج می شود.* " ( امثال ۱۱ : ۲۴ ) در انجیل لوقا ۱۲ : ۱۶ ـ ۲۱ به مثل مرد ثروتمندی اشاره شده که انبارهای بزرگتری را برای محصول خود می سازد. اما خداوند به او گفت :" *ای نادان همین امشب جانت را از تو خواهند ستاند ...* " (آیه ۲۰) سپس مسیح در آیه ۲۱ می گوید" *این است فرجام کسی که برای خویشتن ثروت می‌اندوزد، امّا برای خدا ثروتمند نیست.»* ". اولین هدفی که ما باید به خاطر آن ثروتمند شویم خود خداوند است تا هدایا و ده یک خود را برای گسترش ملکوت او بدهیم.

**خداوندم عیسی برای کار تو بر روی صلیب از تو متشکرم. اعلام می کنم که با انجام شرایط مقرر شده توسط خداوند فیض او را از طریق ایمان دریافت کرده ام. چونکه عیسی فقر و تنگدستی ما را متحمل شد تا ما در دولت او سهیم باشیم. آمین.**

**۱۲ می**

توجه به فقرا

## عیسی فقر و تنگدستی ما را متحمل شد تا ما در دولت او سهیم باشیم.

ما دیروز چهار انگیزه اشتباه را در ارتباط با مسائل مالی بررسی نمودیم. اما هنوز یک انگیزه اشتباه دیگری نیز وجود دارد که باید مراقب آن باشیم و از آن اجتناب کنیم. آن عمل کرد ما نسبت به فقرا است.انجیل مکرراً به ما در مورد تحقیر و استثمار فقرا هشدار می دهد. آیات بسیاری در باب این موضوع در کلام خدا وجود دارد. ما به بعضی از این آیات در کتاب امثال اشاره می کنیم:

*" آن که همسایه اش را خوار شمارد گناه می ورزد اما خجسته آن که با فقیران مهربان باشد. " (امثال ۱۴:۲۱)*

*" آن که بر بینوا شفقت کند به خداوند قرض می دهد و او پاداش کارش را به تمامی خواهد داد ." (امثال ۱۹ : ۱۷ )*

*" هر آن کس گوش خود بر فریاد بینوا ببندد خود نیز فریاد بر خواهد آورد و کسی نخواهد شنید ." ( امثال ۲۱ : ۱۳ )*

*" آن که به فقیران می بخشد به نداری گرفتار نمی آید اما لعنت بسیار نصیب کسی است که چشمان بی شفقت دارد." ( امثال ۲۸ : ۲۷ )*

*" پارسا به حقوق بینوایان توجه دارد اما شریر را چنین درکی نیست ." ( امثال ۲۹ :۷ )*

این آیات و آیات مشابه مسئولیت بزرگی را در رابطه با توجه به فقرا بر دوش ما می گذارند. یکی از نشانه های عادل شمردگی ما توجه به فقرا است و در مقابل یکی از نشانه های شرارت، بستن چشمهای تان بر نیاز فقرا است. علاوه بر این در کلام خداوند پاداشی برای توجه از فقرا وعده داده شده است. سلیمان به ما گفت وقتی به خداوند قرض می دهیم او در هنگام پس دادن بهره آنرا فراموش نخواهد کرد.

**خداوندم عیسی برای کار تو بر روی صلیب از تو متشکرم . اعلام می کنم که من به احتیاجات فقرا توجه خواهم کرد و من از آنها مراقبت خواهم نمود . چونکه عیسی فقر و تنگدستی ما را متحمل شد تا ما در دولت او سهیم باشیم. آمین.**

## ۱۳ می

لذت از برکات

### عیسی فقر و تنگدستی ما را متحمل شد تا ما در دولت او سهیم باشیم.

بگذارید با هم به لیست لعنت هایی که در کتاب تثنیه باب ۲۸ آمده نگاهی بیاندازیم. تمام باب را بخوانید ، تا دریابید که آیا از برکات خداوند لذت می برید یا بار لعنت ها را بر دوش می کشید. اگر فرزندان فدیه شده خداوند هستیم برکات به ما تعلق دارند نه لعنت ها. بیائید به طور خاص بر برکات و لعنت هایی که در ارتباط با فقر و دولت است دقت کنیم .

*" اما اگر صدای یهوه خدای خویش را نشنوید تا به هوش بوده تمامی فرمان ها و فرایض او را که من امروز به شما امر می فرمایم به جای آورید آنگاه همه این لعنت ها بر شما خواهد آمد و از شما پیشی خواهد گرفت . – سبد شما و ظرف خمیرتان زیر لعنت خواهد بود – به هنگام ظهر همچون نابینایان کورانه راه خواهید رفت و در راه های خود کامیاب نخواهید شد . همواره تحت ظلم و غارت خواهید بود و نجات دهنده ای نخواهد بود . – حال که یهوه خدای خویش را به سبب وفور نعمت شادمانه و با خوشی دل خدمت نکردید دشمنان خویش را که خداوند بر ضد شما خواهد فرستاد در گرسنگی و تشنگی و عریانی و نیازمندی تمام بندگی خواهید کرد ." (تثنیه ۲۸ : ۱۵ ، ۱۷ ، ۲۹ ، ۴۷ ، ۴۸ )*

اراده خداوند در آیه ۴۷ بیان شده است. ما باید خداوند را با شادی و خوشی قلب خدمت کنیم تا وفور نعمات را تجربه کنیم . وفور نعمت کلمه قشنگی است که بارها در انجیل تکرار شده و معنی اصلی این کلمه یعنی که تو به هیچ چیزی احتیاج نخواهی داشت بلکه آنقدر اضافه خواهی داشت که از باقیمانده برکات خود به دیگران ببخشی. اراده خدا این است که ما به عنوان قومش برای تمام برکاتی که به ما عطا شده او را با خوشی و شادی خدمت کنیم .

**خداوندم عیسی برای کارت بر صلیب از تو متشکرم. اعلام می کنم که برای تمام نعمات تو را با شادی و خوشی خدمت خواهم کرد. چونکه عیسی فقر و تنگدستی ما را متحمل شد تا ما در دولت او سهیم باشیم. آمین.**

# هفته ۲۰

## عیسی شرم ما را متحمل شد تا بتوانیم در جلال او سهیم باشیم.

" و چشمان خود را بر قهرمان و مظهر کامل ایمان یعنی عیسی بدوزیم که بهخاطر آن خوشی که پیشِ رو داشت، صلیب را تحمل کرد و ننگ آن را ناچیز شمرد و اکنون بر جانب راست تخت خدا نشسته است. " (عبرانیان ۱۲ : ۲ )

۱۴ می

آزاد ازخجالت

## عیسی شرم مارا متحمل شد تا بتوانیم در جلال او سهیم باشیم.

احساس خجالت، یک احساس منفی و آزار دهنده ای است که متاسفانه برخی از مسیحیان از آن رنج می برند. علت آن غالباً سو استفاده های جنسی و احساسی در دوره کودکی و تمسخر شدن در دوران مدرسه است. یک بار داستانی را از مدیر مدرسه ای شنیدم که دانش آموزی را انتخاب کرده و به او گفت که بایستد. سپس به هم کلاسی هایش گفت : " همه شما در امتحان قبول شده اید به جز او. " این نوجوان چه احساس دیگری به جز خجالت می توانست داشته باشد؟ تجربیاتی که سالیان قبل در زندگی ما رخ داده گاهاً به سختی فراموش می شود و اگر سال های بسیاری از آن تجربه گذشته باشد یافتن ریشه های آن دشوار تر می شود. آنچه اولین بار اتفاق افتاده احتمالاً آخرین چیزی است که شخص از آن آزاد می شود. احتمالاً بیشترین علل خجالت و شرمساری در جوامع غربی سو استفاده جنسی است. من با قربانیان بی شماری در این زمینه گفتگو داشته ام و آنها زمانی از این خجالت آزاد شدند که نزد صلیب آمدند. این پیام نبوتی توضیح می دهد که عیسی مسیح چه کاری برای ما انجام داد :

*" خداوندگار یهوه گوش مرا گشود و من سرکشی نکردم و روی بر نتافتم . پشت خود را به آنان سپردم که مرا زدند و رخسار خویش را به آنان که ریش مرا کندند آری از رسوایی و آب دهان روی خود را نپوشاندم." ( اشعیا ۵۰ : ۵- ۶ )*

مسیح گفت که " پشتم را به ضرب شلاق کسانی که مرا می زدند سپردم. او می توانست خود را نجات دهد. او می توانست لشکر فرشتگان را صدا کند تا او را نجات دهند اما این کار را نکرد. آن چیزی که عیسی از ضربات شلاق تحمل کرد فراتر از تصورات ماست. صحنه وحشتناکی بود. چونکه تکه های کوچک فلز برروی شلاق، وقتی که با بدن او تماس پیدا می کرد پوستش را می کند. این کاری بود که عیسی برای ما انجام داد. او صورت خود را از شرم شلاق پنهان نکرد. عیسی مسیح بر روی صلیب شرم و خجالت ما را متحمل شد.

**خداوندم عیسی مسیح برای کارت بر صلیب از تو متشکرم . اعلام می کنم که عیسی بر صلیب مرا از خجالت آزاد کرد . چونکه او شرم مرا متحمل شد تا بتوانم در جلال او سهیم گردم. آمین.**

## ۱۵ می

خنثی نمودن شرم و خجالت

### عیسی شرم ما را متحمل شد تا بتوانیم در جلال او سهیم باشیم.

این خلاصه ای از دستگیری عیسی در باغ جتسیمانی است. پیلاتس مسیح را به سربازان تحویل داد تا او را اعدام کنند.

*" سربازانِ پیلاتُس، عیسی را به صحن کاخِ والی بردند و همهٔ گروه سربازان گرد او جمع شدند. - پس از آنکه او را استهزا کردند، خرقه از تنش به‌در آورده، جامهٔ خودش را بر او پوشاندند. سپس وی را بیرون بردند تا بر صلیبش کِشند. - هنگامی که او را بر صلیب کشیدند، برای تقسیم جامه‌هایش، میان خود قرعه انداختند - و در آنجا به نگهبانی او نشستند." ( متی ۲۷ : ۲۷ ـ ۳۱ ، ۳۵ ، ۳۶ )*

در حقیقت هنگام مصلوب شدن عیسی در دو صحنه او واقعاً عریان شد. آنها به مدت سه ساعت نشسته او را نگاه می کردند. در بسیاری از تصاویر مربوط به عیسی مسیح، او را با پوشش لنگ مانندی نشان می دهند در حالی که اصلاً لنگی در کار نبوده و او عریان و بدون پوشش بود. شرم او برای کسانی که از آنجا گذر می کردند واقعاً آشکار شد و او را تمسخر می کردند. رساله عبرانیان بر این واقعیت تاکید دارد.

*" و چشمان خود را بر قهرمان و مظهر کامل ایمان یعنی عیسی بدوزیم که به‌خاطر آن خوشی که پیشِ رو داشت، صلیب را تحمل کرد و ننگ آن را ناچیز شمرد و اکنون بر جانب راست تخت خدا نشسته است." (عبرانیان ۱۲ :۲ )*

**خداوندم عیسی برای کارت بر صلیب از تو متشکرم. اعلام می کنم که عیسی به عوض من خجالت کشید. او متحمل شرم و شلاق شد چونکه عیسی شرم مرا متحمل شد تا بتوانم در جلال او سهیم باشم .آمین.**

## ۱۶ می

### سهیم شدن در جلال

### عیسی شرم ما را متحمل شد تا بتوانیم در جلال او سهیم باشیم.

می دانید که متضاد کلمه شرم و خجالت چیست؟ من فکر می کنم بهترین کلمه جلال است.

*" بجا بود خدا که همه چیز برای او و به واسطهٔ او وجود دارد، برای اینکه پسران بسیار را به جلال برساند، قهرمانِ نجات ایشان را از راه تحمل رنج، کامل گرداند." (عبرانیان ۲ : ۱۰ )*

توجه داشته باشید که عیسی فرزندان بسیاری را در جلال خود شریک می گرداند. او شرم ما را متحمل شد تا ما بتوانیم در جلال او سهیم باشیم. بعضی از ما گذشته ای داریم که باعث خجالت ما است ما هنوز پر از تلخی هایی هستیم که کاملاً از آنها آزاد نگشته ایم. وقایعی که مرتب به فکر ما خطور می کند و ما را می رنجاند. این افکار منفی و خاطرات دردناک مانعی برای پرستش حقیقی خداوند هستند. به یاد داشته باشید که عیسی سه ساعت عریان خجالت ما را بر صلیب تحمل کرد تا برای ما سهیم شدن در جلال او ممکن گردد. یک بار در هلند، از تحمل شرم ما توسط عیسی مسیح صحبت می کردم. یک زن هلندی بعداً شهادت خود را برای من فرستاد. او سال ها پیش به عنوان یک دختر جوان مورد سؤ استفاده جنسی قرار گرفته بود. گانگسترهای جوانی به وی تجاوز کرده بودند و بعدا باز او مورد سؤ استفاده افراد دیگری قرار گرفته بود. او ازدواج کرده بود اما خوشحال نبود. چونکه تلخی عمیقی نسبت به آن مرد ها ( جنس مذکر ) در دل داشت. او نمی توانست از خجالتی که تحمل کرده بود آزاد شود. اما خداوند کار جالبی انجام داد. یک روز در حالی که تنها در اتاقی نشسته بود در رویایی مسیح را عریان بر صلیب می بیند و دو چیز بر او آشکارمی شود. اول اینکه عیسی شرم ما را متحمل شد و دوم اینکه او یک مرد ( جنس مذکر ) بود.اگر چه او نسبت به مردان احساس بدی داشت اما وقتی متوجه شد که یک مرد(عیسی مسیح ) جریمه خجالت او را پرداخت نموده از این احساس آزاد شد. آیا این واقعاً زیبا نیست؟ عریان بر روی صلیب که توسط رهگذران مورد تمسخر قرار می گرفت. هدف اولیه از اعدام بر صلیب بی آبرو نمودن آن شخص بود و عیسای مسیح همه خجالت ما را تحمل کرد.

**خداوندم عیسی برای کارت بر صلیب از تو متشکرم. اعلام می کنم که عیسی خجالت ما را تحمل کرد. عیسی شرم مرا متحمل شد تا بتوانم در جلال او سهیم باشم. آمین.**

## ١٧ می

شادی پیش روی وی

### عیسی شرم ما را متحمل شد تا بتوانیم در جلال او سهیم باشیم.

عبرانیان ١٢ :٢ مسیح را " کامل کننده ایمان " معرفی می کند. این آیه در ترجمه هزاره نو " کامل کننده ایمان " ترجمه شده است. می خواهم شما را با این کلمات تشویق کنم تا بدانید کاری که عیسی شروع کند حتماً آنرا کامل خواهد کرد. اگر او کاری را در شما شروع کرده است آنرا کامل خواهد کرد این نه به خاطر زرنگی و باهوشی ماست بلکه به خاطر وفاداری اوست. عبرانیان ١٢ : ٢ می گوید که :

*" و چشمان خود را بر قهرمان و مظهر کامل ایمان یعنی عیسی بدوزیم که به‌خاطر آن خوشی که پیشِ رو داشت، صلیب را تحمل کرد و ننگ آن را ناچیز شمرد و اکنون بر جانب راست تخت خدا نشسته است. "*

بر روی صلیب عیسی مسیح شرم ما را تحمل کرد و به خاطر آن خوشی که در مقابل او بود از این کار منصرف نشد و خجالت را دلیلی برای دور شدن از آن منظور در نظر نگرفت. چه خوشی در مقابل او بود؟ خوشی سهیم نمودن فرزندان بسیاری در جلال پدر. به منظور آوردن من و تو و میلیون ها نفر به جلال پدر او متحمل شرم صلیب شد. هیچ مرگی شرم آورتر از مرگ صلیب نیست. به این علت شرم آوراست که زیرا پست ترین مجازاتی بود که برای جنایتکاران به کار می رفت. اناجیل بطور واضح توضیح می دهند که سربازان رومی لباس های مسیح را از تن او در آوردند. عیسی مسیح به مدت سه ساعت عریان در مقابل مردم آویخته بود. مردم از روبروی او رد می شدند و او را مسخره می کردند. اگر شما در آن وضعیت بودید چه احساسی پیدا می کردید؟ " شرم آور" در یک کلمه بطور خلاصه. عیسی مسیح شرم ما را تحمل کرد چونکه از طریق آن شرم توانست ما را به جلال پدر ببرد.

**خداوندم عیسی به خاطر کارت بر صلیب از تو متشکرم. اعلام می کنم که عیسی خجالت را متحمل شد تا فرزندان بسیاری را به جلال پدر وارد کند. به خاطر شادی که پیش روی وی بود شرم مرا متحمل شد. عیسی شرم مرا متحمل شد تا بتوانم در جلال او سهیم باشم. آمین.**

## ۱۸ می

کمک به برگزیدگان خداوند

### عیسی شرم ما را متحمل شد تا بتوانیم در جلال او سهیم باشیم.

من و همسرم یک بار درگیر کمک به دو زن یهودی شدیم که از اتحادیه جماهیر شوروی فرار کرده بودند. این دو زن به کمک و مساعدت ما احتیاج داشتند. ما برای کمک به آنها مشکلات و سختی های بسیاری را پشت سر گذاشتیم و با فیض خداوند نهایتا توانستیم به آنها کمک کنیم. یک بار من درون خود به خاطر کمک به آنها و سختی هایی که به خاطر آنها متحمل شدیم غرغر می کردم. روز گرمی بود و من از تپه ای بالا می رفتم. اگر چه این دو زن همیشه نسبت به ما مهربان بودند اما من فکر می کردم مسیری که ما به خاطر آنها می پیمائیم بسیار وحشتناک است. در همان لحظه خداوند این آیه را به من یادآوری کرد.

*" پس همه چیز را به‌خاطر برگزیدگان تحمل می‌کنم تا آنان نیز نجاتی را که در مسیحْ عیساست، با جلال جاودانی به‌دست آورند" ( دوم تیموتائوس ۲ :۱۰ )*

پس از آن تجربه دیدم دیدگاهی که من به خاطر این دو زن دارم بسیار دور از چیزی است که عیسی بر صلیب به خاطر من بر خود گرفت. ناراحتی که من به خاطر آنها تحمل می کردم حتی قابل مقایسه با آنچه عیسی برای من تقبل کرد، نبود. هدف او کمک به برگزیدگان خدا بود تا آن ها نیز بتواند وارد نجات و جلال ابدی شوند. ما باید بیشتر در مورد واژه جلال فکر کنیم. زیرا جلال مقصد و هدف ما است. اگر برای دریافت آن جلال بهایی باید پرداخت شود باور داشته باشید که ارزشش را دارد. شاید گاهی ما خوانده شویم تا ما دو بت راحتی و استراحت را در زندگی مان بشکنیم و آنها را کنار بگذاریم. اگر تنها روزی می توانستیم ببینیم که بهای دشواری و فداکاری ما چیست می فهمیدیم که افراد بسیاری به خاطر آنچه ما انجام می دهیم شریک آن جلال می گردند. این انگیزه عیسی بود. او این کار را به خاطر خود انجام نداد بلکه تا بتواند فرزندان بسیاری را وارد آن جلال کند .

**خداوندم عیسی به خاطر کارت بر صلیب از تو متشکرم. اعلام می کنم که من دو بت راحتی و استراحت را می شکنم. همانطور که عیسی این کار را کرد تا برگزیدگان خداوند را به نجات دعوت کند. چونکه عیسی شرم مرا متحمل شد تا بتوانم در جلال او سهیم باشم .آمین.**

**۱۹ می**

افتخار به صلیب

## عیسی شرم ما را متحمل شد تا بتوانیم در جلال او سهیم باشیم.

روزی روح القدس از طریق پیغامی با من سخن گفت. " به کار که در جلجتا انجام شد دقت کن." یک کار کامل . کامل از چه لحاظ ؟ از هر لحاظ. خداوند به من نشان داد که اگر من کار عیسای مسیح در جلجتا را کامل ببینم کار دیگری نیست که بخواهیم به آن اضافه یا کم کنیم.تمام احتیاجات در آن مرتفع شده است.او مرا هدایت کرد که از صلیب نکات بسیاری بیاموزم . در طی سال ها روح القدس کلام را برای من بیشتر و بیشتر باز کرد. اما حاشا از من اگر من به این مسائل افتخار کنم. تنها افتخار من همانا صلیب خداوند مان عیسی مسیح است . بلی به سبب همین صلیب تمام دلبستگی هایی که در این دنیا داشتم مصلوب شد و از بین رفت و من نسبت به گرایش های دنیا مصلوب شدم و مردم.

*" امّا مباد که من هرگز به چیزی افتخار کنم جز به صلیب خداوندمان عیسی مسیح، که ب ه واسطهٔ آن، دنیا برای من بر صلیب شد و من برای دنیا. " (غلاطیان ۶ : ۱۴ )*

پولس فقط یک موضوع داشت تا به آن افتخار کند و آن هم صلیب عیسای مسیح خداوند بود. این یک اعتراف احمقانه ای در زمان پولس بود زیرا صلیب تجسم کامل شرم و عصیان بود.در کتابی بنام " دکتری در جلجتا " پیر باریب ، جراح کاتولیک سعی کرد که تجربه فیزیکی مصلوب شدن را تشریح کند و مشکل این بود که ملاکی و مرجعی برای این کار وجود نداشت چونکه در دو قرن اخیر کسی مصلوب شدن فردی را ندیده بود.فهمیدم که چقدر از صلیب به عنوان ابزار شرم و شکنجه فاصله داریم. پولس رسول به اجداد خود و کلیساهایی که با معجزه تأسیس کرده بود افتخار نمی کرد بلکه افتخار او تنها صلیب بود وبس. باشد که آن روح ما را در بر بگیرد. روحی که از افتخار انسانی ، غرور و خودپسندی خالی است و متواضعانه به صلیب عیسای مسیح افتخار می کند .

**خداوندم عیسی برای کارت بر صلیب از تو متشکرم. اعلام می کنم که من هم به صلیب افتخار می کنم چونکه عیسی شرم مرا متحمل شد تا بتوانم در جلال او سهیم باشم. آمین.**

۲۰ می

جلالی که برای ما مقرر شده است.

## عیسی شرم ما را متحمل شد تا بتوانیم در جلال او سهیم باشیم.

*" زیرا آنان را که از پیش شناخت، ایشان را همچنین از پیش معین فرمود تا به شکل پسرش درآیند، تا او فرزند ارشد از برادران بسیار باشد. و آنان را که از پیش معین فرمود، همچنین فراخواند؛ و آنان را که فرا خواند، همچنین پارسا شمرد؛ و آنان را که پارسا شمرد، همچنین جلال بخشید. در برابر همهٔ اینها چه می‌توانیم گفت؟ اگر خدا با ماست، کیست که بتواند بر ضد ما باشد؟ او که از پسر خود دریغ نکرد، بلکه او را در راه همهٔ ما فدا ساخت، آیا همراه با او همه چیز را به ما نخواهد بخشید؟ " ( رومیان ۸ : ۲۹ – ۳۲)*

زمانی که ما در مرگ عیسی شریک می شویم وارث نعمات فراوان او نیز می گردیم. ما وارثین خداوند و هم ارث با عیسی مسیح می گردیم. اما در این بین فرایندی پنج مرحله ای وجود دارد. پنج مرحله ای که پولس رسول در این باره ذکر می کند همگی مربوط به زمان گذشته هستند. دو مرحله اول پیش از شروع زمان درازل اتفاق افتاده اند .خداوند ما را از پیش شناخت و ما را از پیش معین فرمود. سپس خداوند ما را از طریق موعظه انجیل فرا خواند. زمانی که ما به این خواندگی پاسخ مثبت دادیم او ما را پارسا شمرد. اما او به این مراحل اکتفا نکرد. او همچنین به ما جلال بخشید. او ما را فرا خواند، بلند نمود تا در آسمان به عنوان پادشاهان و کاهنان شریک جلال او باشیم. افعال این جملات مربوط به زمان گذشته است.

*" پس چون با مسیح برخیزانیده شده‌اید، به آنچه در بالاست دل ببندید، آنجا که مسیح به دست راست خدا نشسته است. به آنچه در بالاست بیندیشید، نه به آنچه بر زمین است.زیرا مُردید و زندگی شما اکنون با مسیح در خدا پنهان است.چون مسیح که زندگی شماست، ظهور کند، آنگاه شما نیز همراه او با جلال ظاهر خواهید شد. " (کولسیان ۳ : ۱-۴ )*

ما هم اکنون شریک جلال مسیح هستیم اما این جلال در دنیای روحانی است و نمی توان آنرا دید یعنی آنجا که عیسی است ما نیز آنجا هستیم.

**خداوندم عیسی به خاطر کارت بر صلیب از تو متشکرم. اعلام می کنم که خداوند از پیش مرا شناخته و فراخوانده و پارسا شمرده و جلال بخشیده است. زیرا عیسی شرم مرا متحمل شد تا بتوانم در جلال او سهیم باشم. آمین.**

## هفته ۲۱

### عیسی طرد شدگی ما را بر خود گرفت تا چون او نزد پدر پذیرفته شده باشیم.

" بنا بر خشنودی ارادهٔ خود، ما را از پیش تعیین کرد تا به واسطهٔ عیسی مسیح از مقام پسرخواندگی او برخوردار شویم؛ تا بدین وسیله فیض پرجلال او ستوده شود، فیضی که در آن محبوب به رایگان به ما بخشیده شده است. " ( افسسیان ۱ : ۵ – ۶ )

## ۲۱ می

ما پذیرفته شده هستیم.

### عیسی طردشدگی ما را بر خود گرفت تا چون او نزد پدر پذیرفته شده باشیم.

تعریفی که برای طرد شدگی وجود دارد در واقع حسی منفی است که " تو ناخواستنی هستی." یا با وجود این که شما دوست دارید دیگران شما را دوست بدارند احساس می کنید که هیچ کسی علاقه ای به شما ندارد. این احساس می تواند همانند اشتیاقی باشد که می خواهید در گروهی عضویت داشته باشید اما شما را از آن بیرون گذاشته اند. این احساس چنان است که گوئی شما همیشه از بیرون به درون گروه نگاه می کنید. یکی از دلایلی که امروزه بیشتر مردم از احساس طردشدگی رنج می برند بافت جامعه و فشارهای موجود است. مخصوصاً فشارهایی که باعث از هم پاشیده شدن خانواده ها می گردد. متضاد طردشدگی چیست ؟ پذیرش. قسمت آخر افسسیان ۱ : ۶ را دوست دارم جایی که پولس در آن چنین می گوید :

*" .... فیضی که در آن محبوب به رایگان به ما بخشیده شده است ."*

عیسی یگانه پسر حقیقی خداوند طرد شد تا ما که سرکشان نالایقی بودیم بتوانیم از آن پذیرشی که او نزد پدر دارد برخوردار شویم. خانواده خداوند بهترین خانواده است. همتا ندارد. حتی اگر خانواده زمینی شما اهمیتی به شما ندهند، اگر پدرتان شما را رد کرده و مادرتان هرگز وقتی برای شما نداشته، خداوند در هر شرایطی شما را می خواهد. شما پذیرفته شده هستید و او به شما اهمیت و محبت و توجه خاصی دارد. هر کاری که وی در این خلقت انجام می دهد حول محور شما به عنوان فرزندانش می گردد. زمانی که خداوند می گوید ما پذیرفته شده هستیم این بدان معنا نیست که او صرفاً ما را تحمل می کند. ما هرگز وقت او را نمی گیریم. او هرگز ما را به گوشه ای نمی راند و بگوید: " صبر کن سرم بسیار شلوغ است . برای تو وقتی ندارم ." بلکه او چنین می گوید : " مشتاق تو هستم ای فرزند. تو را می خواهم تو همواره نزد من پذیرفته شده هستی. خوش آمدی. زمان بسیاری منتظر تو بوده ام . "

**خداوندم عیسی به خاطر کارت بر صلیب از تو متشکرم. اعلام می کنم که از طریق پسر یگانه خداوند پذیرفته شده هستم. او مرا مشتاقانه می پذیرد. چون عیسی طرد شدگی مرا بر خود گرفت تا من چون او نزد پدر پذیرفته شده باشم .آمین.**

۲۲ می

درمانی برای طرد شدگی

عیسی طرد شدگی ما را بر خود گرفت تا چون او نزد پدر پذیرفته شده باشیم.

به اعتقاد من اولین نتیجه طرد شدگی ناتوانی در برقراری محبت دو طرفه است. هیچ کدام از ما نمی توانیم محبت کنیم اگر محبتی دریافت نکرده باشیم. این نکته در عهد جدید توسط یوحنا تشریح می شود. او چنین می نویسد : *" ما محبت می‌کنیم زیرا او نخست ما را محبت کرد." ( اول یوحنا ۴ : ۱۹ )* به اعتقاد من هیچ کس نمی تواند قبل از اینکه خود محبت شود دیگران را محبت کند. بنابراین کسی که هرگز محبت نشده نمی تواند محبتی از خود نشان دهد. دومین نتیجه طرد شدگی به سه شکل خود را نمایان می سازد. سه روشی که بوسیله آنها مردم نسبت به طرد شدگی را آشکار می کنند. اول : برخی از افراد تسلیم می شوند. برخی دیگر مقاومت می کنند. و گروه سوم مبارزه می کنند. این سه واکنش یک نقطه مشترک دارند. در هر سه روش حالتی تدافعی وجود دارد و تلاش می شود تا زخم حاصل از طرد شدگی پوشانده شود.هیچ کدام از این سه روش راه حلی درستی نیستند. خداوند راه حلی بنیادی برای این مشکل دارد. در اشعیا ۶۱ : ۱ ما وعده ای را دریافت می کنیم که با آمدن عیسی مسیح محقق می شود.

*" روح خداوند یهوه بر من است زیرا که خداوند مرا مسح کرده است تا فقیران را بشارت دهم او مرا فرستاده تا دلشکستگان را التیام بخشم وآزادی را به اسیران و رهایی را به محبوسان اعلام کنم." ( اشعیا ۶۱ :۱ )*

خداوند با تحقق این وعده درمانی برای طرد شدگی، به ما ارائه می دهد. این درمان از طریق عیسی و صلیب او برای ما مهیا شده است. هدف ازلی و ابدی خداوند حتی قبل از خلقت این بوده که ما بتوانیم فرزندان او خوانده شویم. دختران و پسران او. زمانی که عیسی بار گناهان ما را بر خود گرفت و طرد شدگی ما را بر خود متحمل گشت او راهی به سوی پذیرفته شدن ما گشود.

**خداوندم عیسی به خاطر کارت بر صلیب تو را شکر می کنم. اعلام می کنم که من از نتایج طرد شدگی آزاد شدم و درمانی که خداوند از طریق عیسی مسیح برای من مهیا نموده را می پذیرم . اعلام می کنم که عیسی طرد شدگی مرا بر خود گرفت تا من چون او نزد پدر پذیرفته شده باشم .آمین.**

## ۲۳ می

تفتیش روح خدا

*عیسی طرد شدگی ما را بر خود گرفت تا چون او نزد پدر پذیرفته شده باشیم.*

اولین قدم برای آزاد شدن از طرد شدگی تشخیص مشکل است. زمانی که مشکل را در خود تشخیص دادید می توانید به آن رسیدگی کنید. شما در این مسیر تنها نیستید. خداوند به شما در تشخیص این مشکل کمک خواهد کرد. بگذارید با مثالی عملی این را برای شما بازگو کنم . در زمان جنگ جهانی دوم وقتی که من در بهداری خدمت می کردم با پزشکی بسیار عالی همکار بودم. گلوله ای به یکی از سربازان اصابت کرده بود. او به مرکز پزشکی آمد و بر روی شانه اش سوراخ بسیار کوچک تیره رنگی وجود داشت. کارهای او را انجام دادم و از پزشک پرسیدم آیا باید زخم را پانسمان کنم ؟ پزشک پاسخ داد. خیر. او گفت پنس معاینه را به من بده. بنابراین من پنس نقره ای کوچکی را به او دادم و او آن پنس را بر روی زخم گذاشت و بوسیله آن زخم را بررسی کرد. ابتدا هیچ اتفاقی رخ نداد اما یکدفعه پنس معاینه با قطعهٔ کوچک گلوله در زخم برخورد کرد و بیمار فریادی از درد کشید. در این زمان بود که پزشک مشکل را پیدا کرد. زمانی که دوباره پرسیدم پانسمان کنم یا نه او پاسخ داد. خیر. انبرک را به من بده. سپس با استفاده از انبرک قطعه گلوله را از درون زخم بیرون کشید و در آن زمان بود که تصمیم گرفت زخم را پانسمان کند. ممکن است شما برای زخم های تان کمی از پانسمان مذهب استفاده کنید. اما این پانسمان نمی تواند باعث شفای آن زخم شود زیرا چیزی در درون آن زخم وجود دارد که ابتدا باید مشخص شده و از وجودتان خارج شود. با این وجود اگر قلب خود را نسبت به روح القدس باز کنید او ریشه مشکل را به شما نشان خواهد داد. اگر پنس معاینه روح القدس به گلوله ای که در وجودتان فرو رفته برخورد کند فریاد شما حتماً بلند می شود. اما مقاومت نکنید. از او بخواهید که از انبرک خود استفاده کرده و مشکل را از وجودتان خارج کند. سپس خداوند می تواند بر روی زخم تان مرهمی قرار دهد که بتواند کاملاً آنرا درمان کند.

**خداوندم عیسی به خاطر کارت بر صلیب تو را شکر می کنم. اعلام می کنم که من قلبم را به سوی پنس معاینه روح القدس باز می کنم تا او بتواند منشأ مشکل مرا به من نشان دهد. چون عیسی طرد شدگی مرا بر خود گرفت تا من چون او نزد پدر پذیرفته شده باشم . آمین.**

## ۲۴ می

### تجربه پذیرش او

### عیسی طرد شدگی ما را بر خود گرفت تا چون او نزد پدر پذیرفته شده باشیم.

برای اینکه بتوانید آنچه که خداوند برای آزادی از حس طرد شدگی مهیا نموده را دریافت کنید باید دو اصل اساسی را به خوبی رعایت کنید. اول اینکه خداوند روش های متفاوتی برای هر کدام از مشکلات بشریت مقرر نکرده بلکه او تنها یک روش کامل دارد که تمامی جنبه های احتیاجات همه انسانها را در بر می گیرد. این تدارک کامل مرگ فداکارانه عیسی بر صلیب است. دوم اینکه آنچه بر روی صلیب رخ داد مبادله ای بود که خداوند خود آنرا برنامه ریزی کرده بود. تمامی نتایج شرارت بار گناه بر عیسی قرار گرفت تا در عوض تمام نعمت هایی که به خاطر اطاعت عاری از گناه عیسی باید شامل حال او می شد برای ما مهیا شود.

ما به نوبه خود هیچ کاری انجام نداده ایم که شایسته دریافت این نعمت ها باشیم و هیچ لیاقت یا حقی برای دریافت این برکات نداریم. این نعمات تنها توسط محبت غیر قابل درک خداوند برای ما مهیا شده است. بنابراین رفتن به حضور خداوند بر اساس شایستگی و پارسایی ما کاری بیهوده است. ما چیزی در وجودمان نداریم که بتواند با قربانی شایسته ای که عیسی بجای ما در حضور خداوند ارائه داد مقایسه شود. مسیح طرد شدگی ما را بر دوش کشید. او همه خجالت ، احساس خیانت و غضب و طرد شدگی ما را تحمل نمود و در واقع دلیل مرگ او شکسته شدن قلبش بود. از آنجا که او طرد شد امروز ما می توانیم پذیرفته شویم. ما نه تنها پذیرفته شده ایم بلکه به واسطه او عزیز نیز خوانده شده ایم. این یک مبادله بود. عیسی نتایج شرارت بار را متحمل شد تا ما بتوانیم نتایج نیکو را دریافت کنیم. او غمهای ما را بر دوش گرفت تا ما بتوانیم شادی او را داشته باشیم. راه برای بشریت باز شده تا بتوانند بدون حس خجالت و گناه و ترس نزد خداوند بیایند. عیسی طرد شدگی ما را متحمل شد تا ما بتوانیم پذیرش را از سوی او دریافت و تجربه کنیم.

**خداوندم عیسی برای کارت بر صلیب تو را شکر می کنم. اعلام می کنم مبادله ای که عیسی انجام داد متعلق به من است و من پذیرفته شده هستم زیرا او بر صلیب طرد شد. من نیکوئی او را دریافت کرده ام زیرا او شرارت را بر خود متحمل شد. من شادمانم چون او غم های مرا بر دوش کشید. من اعلام می کنم که عیسی طرد شدگی مرا بر خود گرفت تا من چون او نزد پدر پذیرفته شده باشم. آمین.**

۲۵ می

مراحل پذیرفته شدن

# عیسی طرد شدگی ما را بر خود گرفت تا چون او نزد پدر پذیرفته شده باشیم.

برای اینکه از طرف خداوند پذیرفته شوید چهار قدم وجود دارد که باید آنها را بردارید. اولین نکته بخشیدن شخصی است که شما را طرد نموده و به شما آسیب زده است. همانطور که عیسی در مرقس ۱۱ : ۲۵ تعلیم می دهد . " *«پس هر گاه به دعا می‌ایستید، اگر نسبت به کسی چیزی به دل دارید، او را ببخشید تا پدر شما نیز که در آسمان است، خطاهای شما را ببخشاید."* این جمله جامع و کامل است. اگر شما از کسی چیزی به دل داشته باشید باید او را ببخشید و سپس خداوند شما را خواهد بخشید. اما اگر دیگران را نبخشید خداوند نیز شما را نخواهد بخشید. مخصوصا باید والدینتان را ببخشید زیرا معمولا باعث ایجاد حس طرد شدگی در ما می گردند. زمانی که افراد درک می کنند از دیدگاه کتاب مقدس وظیفه دارند تا والدین خود را احترام کنند زندگی آنها بسیار تغییر می کند. افسسیان ۶ : ۲ چنین می گوید : " «پدر و مادر خود را گرامی دار»، که این نخستین حکمِ با وعده است: " این بدان معنا نیست که شما کاملاً از اشتباهات آنها را می پذیرید بلکه شما باید آنها را ببخشید و مصمم باشید تا در حد توان خود آنها را احترام کنید. هرگز ندیده ام که شخصی با وجود اینکه رابطه بدی با والدین خود داشته باشد واقعاً برکت یافته و کامیاب شود. دوم باید تمامی نتایج منفی طرد شدگی را به حضور خداوند بیاورید. نتایجی از قبیل تلخی، انتقام، نفرت و سرکشی. این خصوصیات اخلاقی خصوصیاتی مسموم و زهر آگینی هستند که می توانند تمامی زندگی شما را مسموم سازند. این احساسات می توانند مشکلات جدی عاطفی و گاهی نیز جسمی برای شما ایجاد کنند. شما نباید ریسک کنید و چنین افکاری را در خود نگاه دارید. با عزمی راسخ سعی کنید این افکار را از خود برانید. با ایمان اعتراف کنید که من تمامی تلخی، انتقام و نفرت و سرکشی را از خود دور می کنم. به افرادی که از اعتیاد الکل آزاد شده اند چنین گفته می شود : " انتقام حس خوشایندی است که نمی توانید ریسک داشتن آنرا به جان بخرید . " این جمله حقیقت دارد. هیچ کدام از ما نمی توانیم ریسک کنیم و در زندگی مان حس انتقام داشته باشیم . زیرا نتایج و تأثیرات این حس مسموم کننده است.

**خداوندم عیسی برای کارت بر صلیب تو را شکر می کنم . افرادی که مرا طرد کرده اند را می بخشم. اعلام می کنم که تمامی تلخی و انتقام و نفرت و سرکشی را از خود می رانم. اعلام می کنم عیسی طرد شدگی مرا بر خود گرفت تا من چون او نزد پدر پذیرفته شده باشم. آمین.**

## ۲۶ می

### پذیرش خود

### عیسی طرد شدگی ما را بر خود گرفت تا چون او نزد پدر پذیرفته شده باشیم.

باید هر آنچه که خداوند در کلامش گفته را با ایمان بپذیرید. باید باور داشته باشید که در مسیح پذیرفته شده هستید .کلام خدا به ما می گوید که هدف خداوند از ازل این بوده که ما را فرزندان خود بگرداند و این هدف را محقق نموده است. او این هدف را از طریق مرگ عیسی بر صلیب ممکن ساخت. ( افسسیان ۴ : ۱ – ۶ را مطالعه کنید. ) زمانی که از طریق عیسی نزد خداوند می آئید خدای پدر شما را می پذیرد. او روی خود را از شما بر نمی گرداند. برای پذیرفته شدن از سوی خداوند قدم بردارید. شما باید نخست خود را بپذیرید . بسیاری از مواقع این سخت ترین کار برای ما است. زمانی که بر می گردیم و به شکست ها و تصمیمات اشتباه خود می اندیشیم و شاید به زمان هایی که باعث نا امیدی دیگران شده ایم ممکن است نام خود را یک بازنده بگذارید. اما خداوند نام شما را " پسر من و دختر من " می نامد. ما نیز باید خود را بپذیریم زیرا خداوند ما را پذیرفته است. زمانی که از طریق عیسی نزد خداوند می آئید شما خلقتی تازه هستید .

*" پس اگر کسی در مسیح باشد، خلقتی تازه است. چیزهای کهنه درگذشت؛ هان، همه چیز تازه شده است! اینها همه از خداست که به واسطهٔ مسیح ما را با خود آشتی داده و خدمت آشتی را به ما سپرده است. ( دوم قرنتیان ۵ : ۱۷ – ۱۸ )*

این یعنی خلقتی تازه. به خود تان همانند گذشته نگاه نکنید. زیرا شما خلقتی تازه هستید. بیائید با یکدیگر دعا کنیم. [ خداوندا از تو متشکرم که تو مرا دوست داری و از تو تشکر می کنم که عیسی یعنی پسر خود را برای من دادی تا به جای من بمیرد. متشکرم که او گناهان مرا بر خود گرفت و طرد شدگی مرا برداشته جریمه گناه مرا پرداخت کرد. از این رو که من از طریق او نزد تو آمده ام و طرد شده نیستم. من نخواستنی نیستم . من پذیرفته شده هستم و تو واقعاً مرا دوست داری. من واقعاً فرزند تو هستم تو واقعاً پدر من هستی من متعلق به خانواده الهی تو هستیم و آسمان خانه من است. از تو متشکرم ای خداوند آمین . ]

**خداوندم عیسی به خاطر کارت بر صلیب از تو متشکرم. ایمان دارم آنچه خداوند گفته حقیقت دارد.ایمان دارم در مسیح پذیرفته شده ام و من نیز خود را می پذیرم و اعلام می کنم عیسی طرد شدگی مرا بر خود گرفت تا من چون او نزد پدر پذیرفته شده باشم.آمین.**

۲۷ می

جای خود را پیدا کنید.

*عیسی طرد شدگی ما را بر خود گرفت تا چون او نزد پدر پذیرفته شده باشیم.*

مرحله بعدی که در فرایند پذیرفته شدن وجود دارد این است که توسط قوم خدا پذیرفته شوید. این یعنی اینکه شما سعی کنید جای تان را در بدن مسیح بیابید. می دانید که به عنوان مسیحیان نباید اشخاص منزوی باشید. ما خوانده شده ایم که با ایمانداران دیگر مشارکت داشته باشیم. این روابط یکی از روشهایی است که از طریق آن حس پذیرفته شدن در زندگی روزمره ما تقویت می شود. پذیرفته شدن توسط پدر آسمانی کافی نیست بلکه این تنها قدم اول است و در واقع مهم ترین قدم. اما با این وجود پس از آن حس پذیرش شدن در روابط ما با ایمانداران دیگر متجلی می شود. همه مسیحیان با یکدیگر یک بدن را تشکیل می دهند و هر کدام از این مسیحیان عضوی از اعضای یک بدن هستند. هیچ کدام از ما نمی توانیم به ایمانداران دیگر بگوئیم که من به تو احتیاج ندارم. همه ما به یکدیگر نیازمندیم. خداوند بدن را چنان خلق کرده که هر کدام از اعضای این بدن متکی و متصل به اعضای دیگر هستند. هیچ کدام از این اعضا قادر نیستند که به تنهایی به طور موثر عمل کنند. این اصل برای هر کدام از ما صادق است. این اصل برای شما نیز صادق است و شما باید جایگاه خود را در بدن مسیح بیابید. شما به اعضای دیگر احتیاج دارید و آنها نیز به شما. زمانی که جایگاه خود را در بدن مسیح می یابید پذیرفته شدن شما تجربه ای واقعی و روزمره می گردد. اگر در عمق وجودتان مشتاق چنین رابطه ای هستید به شما پیشنهاد می کنم که این دعا را انجام دهید. [ خداوندا من مشتاق آن هستم که در خانه تو ساکن شوم و عضوی از خانواده الهی باشم. خانواده ای که متشکل از ایمانداران متعهد است. اگر در من مانعی وجود دارد از تو می خواهم که آنرا بر داری و مرا به سوی گروهی هدایت کن که این اشتیاق من بر طرف شود. به من کمک کن که تعهدات خود را نسبت به آنها انجام دهم. در نام مسیح دعا کردم. آمین.

**خداوندم عیسی برای کارت بر صلیب تو را شکر می کنم. اعلام می کنم که من قلب خود را باز کرده و می خواهم جای خود را در بدن مسیح بیابم. همانطور که دعا کردم بسیار مشتاق هستم. عیسی طرد شدگی مرا بر خود گرفت تا من چون او نزد پدر پذیرفته شده باشم. آمین.**

# هفته ۲۲

## عیسی از زمین زندگان منقطع شد تا بتوانیم تا ابد به خداوند بپیوندیم.

" با محاکمه ای ظالمانه برده شد چه کسی از نسل او سخن تواند گفت زیرا او از زمین زندگان منقطع شد و به سبب نا فرمانی قوم من مضروب گردید ؟ ( اشعیا ۵۳ : ۸ )

" امّا آن که با خداوند می‌پیوندد، با او یک روح است. " ( اول قرنتیان ۶ : ۱۷ )

**۲۸ می**

زندگی روحانی یعنی مشارکت با خداوند

## عیسی از زمین زندگان منقطع شد تا بتوانیم تا ابد به خداوند بپیوندیم.

پس از آنکه پطرس شمشیر خود را کشید تا مانع از دستگیری او در باغ جتسیمانی شود عیسی بدو گفت : " *عیسی به پطرُس گفت: «شمشیر خویش در نیام کن! آیا نباید جامی را که پدر به من داده است، بنوشم؟»* " ( *یوحنا ۱۸ : ۱۱* )

عیسی این پیاله را تا انتها نوشید. می دانید کار عیسی تنها بر صلیب تمام نشد بلکه تحقق واقعی بعد از مرگ جسمی او اتفاق افتاد. عیسی این پیاله را از هر لحاظ سر کشید. اول اینکه نوشیدن این پیاله باعث مرگ روحانی او شد و دوم مرگ فیزیکی و سوم باعث جدائی روحانی او از پدر شد. عیسی در راه همه انسان ها طعم موت را چشید تا ما بتوانیم حیات داشته باشیم. ما در همان سه جنبه ای که عیسی از حیات محروم شد حیات او را دریافت کردیم. می بینیم که موازنه ای به دقیق در این میان انجام شد. ما دارای حیات روحانی هستیم و از طریق ایمان به عیسی مسیح هم اکنون با پدر پیوند یافته و با او مشارکت داریم. عیسی حیاتش وابسته به حیات پدر بود" *من و پدر یکی هستیم.»* " ( یوحنا ۱۰ : ۳۰ ) تا اینکه عیسی جریمه ما را بر خود گرفت و از پدر جدا شد. او از حیات منقطع گشت تا ما بتوانیم به سرچشمه حیات پیوند یابیم. از طریق عیسی من و شما می توانیم در روح با خداوند پیوند یافته و زندگی خود را در اتحاد با خداوند سپری کنیم همان طور که عیسی زندگی زمینی خود را در پیوند روحانی با پدر گذراند. این هدف نهایی انجیل است. اول یوحنا ۱ : ۳ چنین می گوید :

*" ما آنچه را دیده و شنیده‌ایم به شما نیز اعلام می‌کنیم تا شما نیز با ما رفاقت داشته باشید؛ رفاقت ما با پدر و با پسرش عیسی مسیح است. " عیسی مشارکت خود را با پدر از دست داد تا ما بتوانیم وارد این مشارکت شویم .*

**خداوندم عیسی به خاطر کارت بر صلیب تو را شکر می کنم. اعلام می کنم که عیسی طعم مرگ را چشید تا بتوانم در حیات او سهیم گردم. او از حیات زندگان منقطع گشت تا بتوانم با سرچشمه حیات مرتبط شوم و او مشارکت خود را با خداوند از دست داد تا بتوانم وارد این مشارکت شوم. اعلام می کنم که عیسی از زمین زندگان منقطع گشت تا بتوانم تا ابد به خداوند بپیوندم. آمین.**

## ۲۹ می

### زندگی فیزیکی : حیاتی قیام کرده

### عیسی از زمین زندگان منقطع شد تا بتوانیم تا ابد به خداوند بپیوندیم.

عیسی مرگ را در تمامی جنبه ها چشید تا ما نیز بتوانیم در تمامی جنبه های زنگی خود حیات داشته باشیم. دیروز درباره جنبه نخست صحبت کردیم یعنی جنبه روحانی. امروز جنبه دوم را بررسی می کنیم یعنی جنبه فیزیکی حیات. این حیات در دو فاز پی در پی در زندگی ما آشکار می شود. اول اینکه ما هم اکنون در جسم فیزیکی خود حیات داریم اما بدن های ما فانی هستند. بنابراین در جنبه دوم یعنی در زمان قیام این بدن ها تبدیل به بدن های غیر فانی می شوند .

*" و اگر روح او که عیسی را از مردگان برخیزانید در شما ساکن باشد، او که مسیح را از مردگان برخیزانید، حتی به بدنهای فانی شما نیز حیات خواهد بخشید. او این را به واسطهٔ روح خود انجام خواهد داد که در شما ساکن است. " ( رومیان ۸ : ۱۱ )*

هر کدام از ما دارای بدن هایی فانی هستیم اما حیات ما حیاتی است قیام کرده جسم ما فانی است و ما در این بدن فانی هستیم، اما حیات قیام کرده در آن متجلی شده است.نه تنها این حیات در وجود ما عمل می کند بلکه در آن متجلی شده و اگر این آیه به شفای الهی و قوت جسمی و حیات آسمانی اشاره نمی کرد این آیات نامفهوم بودند. اما همه چیز به اینجا ختم نمی شود بلکه ما در آینده بدنی جلال یافته داریم . به آنچه پولس درباره بدن تبدیل شده ما اشاره می کند توجه کنید.

*" گوش فرادهید! رازی را به شما می‌گویم: ما همه نخواهیم خوابید، بلکه همه دگرگونه خواهیم شد. در یک آن و در یک چشم به هم زدن، آنگاه که شیپور آخر نواخته شود، این به‌وقوع خواهد پیوست. زیرا شیپور به صدا درخواهد آمد و مردگان در فسادناپذیری برخواهند خاست و ما دگرگونه خواهیم شد. زیرا این بدنِ فسادپذیر باید فسادناپذیری را بپوشد و این بدن فانی باید به بقا آراسته شود. چون این فسادپذیر، فسادناپذیری را پوشید و این فانی به بقا آراسته شد، آنگاه آن کلامِ مکتوب به حقیقت خواهد پیوست که می‌گوید: «مرگ در کام پیروزی بلعیده شده است.» " ( اول قرنتیان ۱۵ : ۵۱ ـ ۵۴ )*

**خداوندم عیسی از تو به خاطر کارت بر صلیب متشکرم. اعلام می کنم از آنجا که عیسی طعم مرگ را به خاطر من چشید من حیات دارم. من هم اکنون دارای حیاتی قیام کرده و زندگی ابدی هستم. اعلام می کنم که عیسی از زمین زندگان منقطع گشت تا من بتوانم تا ابد به خداوند بپیوندم. آمین.**

## ۳۰ می

ابدیت با خداوند

**عیسی از زمین زندگان منقطع شد تا بتوانیم تا ابد به خداوند بپیوندیم.**

جنبه سوم حیاتی که ما در مسیح داریم نقطه اوج و کمال کار او بر صلیب است. این جنبه حضور ابدی ما در کنار پدر است و نه گذراندن ابدیت جدای از او و در جهنم.

*" زیرا خداوند، خود با فرمانی بلندآواز و آوای رئیس فرشتگان و نفیر شیپور خدا، از آسمان فرود خواهد آمد. آنگاه نخست مردگانِ در مسیح، زنده خواهند شد. پس از آن، ما که هنوز زنده و باقی مانده‌ایم، با آنها در ابرها ربوده خواهیم شد تا خداوند را در هوا ملاقات کنیم، و بدین‌گونه همیشه با خداوند خواهیم بود. " ( اول تسالونیکیان ۴ : ۱۶ ـ ۱۷ )*

کمال نجات ما بودن در حضور خداوند در ابدیت است. دو باب آخر کتاب مکاشفه زندگی ابدی ما را در حضور خداوند تشریح می کند.

*" سپس آسمانی جدید و زمینی جدید دیدم، زیرا آسمان اوّل و زمین اوّل سپری شده بود و دیگر دریایی وجود نداشت. و شهر مقدّس اورشلیم جدید را دیدم که از آسمان از نزد خدا پایین می‌آمد، آماده شده همچون عروسی که برای شوهر خود آراسته شده باشد. " ( مکاشفه ۲۱ : ۱ ـ ۲ )*

به اعتقاد من اورشلیم جدیدی که از آسمان پائین می آید همان کلیسا است. جایی که خداوند دائما در آن ساکن است. یکی از اهداف خداوند برای کلیسا این است که بتواند در آن ساکن شود و برای همیشه در آن زندگی کند آیه ۳ در کتاب مکاشفه باب ۲۱ چنین می گوید :

*" و از تخت، صدای بلندی شنیدم که گفت: «اینک، مسکن خدا با آدمیان است، و او با آنها ساکن خواهد شد؛ و ایشان قوم او خواهند بود، و خودِ خدا با ایشان خواهد بود و خدای ایشان خواهد بود. " ( مکاشفه ۲۱ : ۳ )*

**خداوندم عیسی به خاطر کارت بر صلیب تو را شکر می کنم.اعلام می کنم که من تا به ابد در حضور خداوند ساکن خواهم شد و از او جدا نخواهم بود. زیرا عیسی از زمین زندگان منقطع گشت تا من بتوانم تا ابد به خدا بپیوندم. آمین.**

۳۱ می

اتحاد با مسیح

# عیسی از زمین زندگان منقطع شد تا بتوانیم تا ابد به خداوند بپیوندیم.

*" امّا آن که با خداوند می‌پیوندد، با او یک روح است." ( اول قرنتیان ۶ : ۱۷ )*

واژه پیوستن در اینجا برای زمان گذشته به کار نرفته بلکه زمان آن حال استمراری است. به عبارتی دیگر کسی که دائماً به خداوند می پیوندد با او یکی می شود. پیوند و اتحاد روحانی با خداوند همانند پیوند جسمی بین یک زن و مرد هست. این چیزی است که کلام خداوند درباره آن سخن می گوید . پیوندی بسیار واقعی و صمیمی تری است که یک ایماندار می تواند با خداوند داشته باشد به طوری که بتواند با خداوند یکی شود. همانطور که عیسی با پدر یک بود ایمانداران نیز می توانند با پدر یکی شوند.

بار دیگر می خواهم بر این نکته تاکید کنم که این واقعه ای نیست که در گذشته اتفاق افتاده باشد بلکه امری است که به صورت مستمر به وقوع می پیوندد. آن کسی که دائماً به خداوند می پیوندد رابطه اش درست همانند عیسی می گردد که در اتحادی دائمی با پدر بود و اگر زمانی این اتحاد از هم گسسته شود مانند امری که بر روی صلیب اتفاق افتاد او حیات خود را همچون عیسی از دست می دهد. من و شما نیز به عنوان ایمانداران تا زمانی که در اتحاد دائمی با پسر یعنی عیسی مسیح هستیم دارای حیات هستیم ودر واقع یک روح می گردیم. اولین فعالیتی که روح بشری باید داشته باشد اتحاد و ارتباط با خداوند است. این تنها قسمتی از وجود انسان است که می تواند به صورت مستقیم با خداوند متحد گردد. ما در روح خود این افتخار و این فرصت عالی را داریم که با خداوند متحد شده و مشارکت داشته باشیم .یک ایماندار باید در اتحاد با عیسی زندگی کند درست همانند اتحادی که مسیح با پدر داشت. ما برای ادامه حیات متکی به این امر هستیم. لحظه به لحظه حیات ما وابسته به اتحاد ما با مسیح است. هرگز برای امروز نمی توان به تجربیات گذشته خود اکتفا کرد.

**خداوندم عیسی به خاطر کارت بر صلیب تو را شکر می کنم. اعلام می کنم که من در اتحاد با مسیح زندگی می کنم و ما دارای یک روح هستیم و عیسی از زمین زندگان منقطع گشت تا من بتوانم تا ابد به خداوند بپیوندم. آمین.**

۱ جون

مشارکت با خالق

## عیسی از زمین زندگان منقطع شد تا بتوانیم تا ابد به خداوند بپیوندیم.

در اول تسالونیکیان ۵ : ۲۳ پولس چنین دعا می کند :

" خدای آرامش، خودِ شما را به تمامی تقدیس کند و روح و جان و تن شما تا آمدن خداوندمان عیسی مسیح، بی‌عیب محفوظ بماند. "

پولس در اینجا به سه جزئی که با هم یک شخصیت کامل را شکل می دهند اشاره می کند و آن ها را به ترتیب اهمیت ذکر می کند. اول روح دوم جان و سوم تن یا بدن. روح آدمی آن قسمت از وجود اوست که در زمان خلقت به طور مستقیم توسط خداوند در او دمیده شده است. بنابراین این قسمت از وجود اوست که می تواند در اتحاد و مشارکت مستقیم با خداوند باشد. خداوندی که خالق اوست. در اول قرنتیان ۶ : ۱۷ پولس چنین می گوید :" امّا آن که با خداوند می‌پیوندد، با او یک روح است. " تنها روح انسان است که می تواند در اتحاد و ارتباط مستقیم با خداوند باشد. در ابتدای خلقت روح انسان ها از بالا با خداوند خالق و از پائین با نفس انسانها ارتباط داشت. خداوند می خواست به طور مستقیم با روح انسان ارتباط ایجاد کرده و از طریق روح  با نفس انسان ارتباط ایجاد کند  و در روح و جان و بدن آدمی متجلی گردد. اجازه دهید برای تشریح عمل کرد روح، جان و جسم سه تعریف ساده ارائه دهم. تعریفی که می تواند برای شما مفید باشد. روح انسانی خدامحور است و نفس آدمی شخص محور و بدن آدمی دنیا محور است. ما از طریق روح است که با خداوند ارتباط داریم و از طریق نفس است که ما از وجود خود آگاهیم و از طریق بدن مان با دنیای اطراف در ارتباط هستیم. زمانی که روح انسان به اتحاد و پیوند دوباره با خداوند باز می گردد به عنوان چراغی در وجود او دوباره مشتعل می شود. روح القدس وارد شده و آن چراغ را لبریز می کند و به تمام دنیای درونی انسان نور می بخشد .( امثال ۲۰ : ۲۷ را مطالعه کنید. )

**خداوندم عیسی برای کارت بر صلیب تو را شکر می کنم. اعلام می کنم که من در مشارکت و اتحاد مستقیم با خالق خود هستم زیرا عیسی از زمین زندگان منقطع شد تا من بتوانم تا ابد به خداوند بپیوندم. آمین.**

۲ جون

وصلت با خداوند

*عیسی از زمین زندگان منقطع شد تا بتوانیم تا ابد به خداوند بپیوندیم.*

در باب ۷ کتاب رومیان پولس می گوید که ما از طریق شریعت با او وصلت نموده بودیم. یعنی شریعت همانند پیمان ازدواجی برای تمامی عمرانسان بود. اما ما با چه کسی یا چه چیزی وصلت کرده بودیم؟ ما با طبیعت نفسانی خود ازدواج کرده بودیم . ماهیت شریعت این بود که ما باید می توانستیم آن را با توانایی های خود حفظ نماییم، و برای این کار ما بر طبیعت جسمانی خود توکل می کردیم و به همین خاطر شریعت هیچ فایده ای برای انسانها نداشت. زندگی تحت شریعت مانند عقد نامه ای است که بر اساس آن با طبیعت نفسانی خود وصلت می کنید. تا زمانی که طبیعت کهنه شما زنده باشد باید به آن وصلت وفادار بمانید. شما نمی توانید از آن جدا شده و به کس دیگری بپیوندید. خبر خوش این است که همسر اول شما مرده است. اما چه وقت ؟ زمانی که عیسی بر صلیب جان خود را داد انسانیت کهنه ما نیز با او مصلوب شد. زمانی که این حقیقت را درک می کنید چنین خواهید گفت: جلال بر نام خداوند. من آزاد هستم . من دیگر نباید با همسر سابقم زندگی کنم. همسری که باعث شد زندگیم تبدیل به جهنم شود و هیچ برکتی از او به ما نرسید و نتوانست باعث آرامش و پارسا شمرده شدن من گردد. دیگر من متعهد به آن وصلت نیستم و می توانم با شخص دیگر ازدواج کنم. همسری که قرار است جایگزین او شود آن کسی است که از مردگان قیام کرد. مسیح قیام کرده و جلال یافته. او می تواند خواه شما مرد باشید یا خواه زن همسر شما باشد. آنچه ما در باره آن صحبت می کنیم وصلتی است روحانی که با عیسی ایجاد می شود. در اول قرنتیان ۶ : ۱۵ – ۱۶ پولس تصویری از اتحاد زن و مرد زناکار به ما ارائه می دهد که در آن مرد و آن فاحشه با هم یک تن می گردند. او از این مثال منفی برای به تصویر کشیدن نوع دیگری از اتحاد استفاده می کند. اما در اینجا رابطه فیزیکی مطرح نیست بلکه ارتباط روحانی است. این همان رابطه یا وصلت با خداوند است . اول قرنتیان ۶ : ۱۷ " وصلت میان نفس و جسم ما نیست بلکه در روح است ."

**خداوندم عیسی به خاطر کارت بر صلیب تو را شکر می کنم. اعلام می کنم که من در روح با آن که از مردگان برخاست یعنی عیسای قیام کرده و جلال یافته وصلت کردم. اعلام می کنم که عیسی از زمین زندگان منقطع شد تا من بتوانم با خداوند تا ابد بپیوندم. آمین.**

## ۳ جون

### پرستش والاترین عمل

*عیسی از زمین زندگان منقطع شد تا بتوانیم تا ابد به خداوند بپیوندیم.*

در یوحنا ۴ : ۲۳ ـ ۲۴ عیسی می گوید که خود پدر به دنبال کسانی است که او را به روح و راستی پرستش کنند. پرستش یکی از عمل کرد های روح ماست. چه عملی باعث می گردد ما به عنوان یک روح با خداوند متحد شویم؟ بله این پرستش است که والاترین فعالیتی است که یک بشر می تواند آنرا انجام دهد. زمانی که ما خداوند را می پرستیم با او متحد می شویم .وقتی آنچه که او می خواهد انجام شود را انجام می دهیم ، اراده او در وجود ما جسم می پوشد. پرستش نوعی فعالیت کلیشه ای و الصاق شده به زندگی مسیحی ما نیست. فکری نیست که در آخر به ذهن ما خطور می کند و تنها می خواهیم آنرا به جلسات خود اضافه کنیم. بلکه پرستش نقطه اوج جلسات ماست و تائیدی است بر رابطه ما با خداوند. من حتی می خواهم چنین بگویم که پرستش نقطه اوج وصلت ما با خداوند است. پرستش ما را با او پیوند می دهد. آنچه در این وصلت اهمیت دارد ثمر بخشی آن است. به عبارتی دیگر ما در زندگی خود میوه می آوریم یعنی همان ثمرات روح القدس که در غلاطیان ۵ : ۲۲ ـ ۲۳ آمده است.

" اما ثمره روح محبت ، شادی ،آرامش ، صبر ، مهربانی ، نیکویی ، وفاداری ، فروتنی و خویشتن داری است . "

انسان هایی که میوه های روح القدس در زندگی آن ها وجود دارد دیگر تحت شریعت نیستند. آن ها از وصلت خود با جسم رهایی یافته ( شریعت ) و اکنون آزاد هستند که وصلتی با روح القدس و مسیح قیام کرده داشته باشند و ثمراتی را ببار آورند که متناسب با این وصلت و اتحاد باشد. کلید زندگی مسیحی تلاش نیست بلکه اتحاد با خداوند است.

**خداوندم عیسی به خاطر کارت بر صلیب از تو متشکرم. اعلام می کنم که من خداوند را پرستش می کنم و با او متحد شده و یک روح می گردم. اعلام می کنم که عیسی از زمین زندگان منقطع شد تا من بتوانم با خداوند تا ابد بپیوندم. آمین.**

# هفته ۲۳

## من بخشیده شدم و از گناهانم رهایی یافتم.

" که در او از رهایی، یعنی از آمرزش گناهان برخورداریم." ( کولسیان ۱ : ۱۴ )

**۴ جون**

سابقه ای پاک

## من بخشیده شدم و از گناهانم رهایی یافتم.

یکی از شگفت انگیزترین جنبه های طبیعت خدا این است که وقتی او می بخشد این کار را نیمه کاره انجام نمی دهد. بلکه بخشش او تمام و کمال است. میکا نبی این حقیقت را به زیبایی بیان می کند.

*" کیست خدایی همانند تو که گناه را می آمرزد و از نافرمانی باقیمانده میراث خویش در می گذرد؟ خشم خود را تا به ابد نگاه نمی دارد زیرا از محبت کردن لذت می برد بار دیگر بر ما رحم خواهد کرد و بر گناهان ما چیره خواهد شد تو تمامی گناهان ما را به قعر دریا خواهی افکند امانت را برای یعقوب و محبت را برای ابراهیم به جا خواهی آورد چنانکه در روزگاران کهن برای پدران ما سوگند خوردی." ( میکا ۷ : ۱۸ ـ ۱۹ )*

آیا این زیبا نیست که خداوند همه گناهان ما ، احساس گناه و اتهامات دشمن را زیر پای نهاده و سپس به عمق دریا افکنده است. شخصی چنین می گفت: " زمانی که خداوند گناهان ما را به عمق دریا می افکند در همان جا تابلویی نصب می کند که بر آن نوشته شده . ماهیگیری ممنوع ! " هرگز تلاش نکنید چیزی که خداوند دفن کرده است را دوباره بیرون کشیده و زنده کنید. اگر خداوند شما را بخشیده ، شما بخشیده شده هستید. هیچ اما و اگری وجود ندارد بخشش خداوند کامل است. خداوند با قوم خود در کتاب اشعیا چنین می گوید :*" من هستم آری من که نافرمانی هایت را به خاطر خویشتن محو می سازم و گناهانت را دیگر به یاد نمی آورم ." ( اشعیا ۴۳ : ۲۵ )* زمانی که خداوند ما را می بخشد وی سابقه ما را پاک می کند. سابقه ما از هر لحاظ پاک است. به آن صورت که گوئی آنچه بخشیده شده هرگز رخ نداده و خداوند نه تنها سابقه ما را پاک می کند بلکه گناهان ما را نیز از یاد و خاطره خود پاک می سازد و او چنین گفته که هرگز گناهان ما را به یاد نخواهد آورد. خداوند حافظه ضعیفی ندارد اما او این توانایی را دارد که بخواهد چیزی را فراموش کند و زمانی که او می بخشد فراموش می کند.

**خداوندا از تو به خاطر بخششت متشکرم. اعلام می کنم که بخشش خداوند در من کامل است و او سابقه مرا پاک کرده و اکنون سابقه من عاری از هر گونه نا پاکی است. من بخشیده شدم و از گناهانم رهایی یافتم. آمین.**

**۵ جون**

هیچ چیز به ما آسیب نخواهد رساند.

## من بخشیده شدم و از گناهانم رهایی یافتم.

*" زیرا ما را از قدرت تاریکی رهانیده و به پادشاهی پسر عزیزش منتقل ساخته است، که در او از رهایی، یعنی از آمرزش گناهان برخورداریم. " ( کولسیان ۱ :۱۳ - ۱۴ )*

از طریق ایمان به عیسی و مرگ فداکارانهٔ او خداوند ما را از قدرت تاریکی رهانیده است. دقت کنید واژه قدرت در زبان اصلی ( یونانی ) همان کلمه اقتدار است. شیطان بر آنانی که نا مطیع هستند، بی ایمانند و نجات را ندارند اقتدار دارد. اما از طریق عیسی ما از قلمرو تاریکی رهایی یافته و به پادشاهی پسر او منتقل شده ایم. پسری که در او رهایی یعنی آمرزش گناهان را داریم . دقت کنید که واژهٔ رهایی یا فدیه به این معنا است که ما باز خریده شده ایم و دیگر تحت قدرت لعنت نیستیم. زیرا مسیح در راه ما مرد و خون خود را ریخت تا ما را فدیه دهد.

*" آن که گناه می‌کند از ابلیس است، زیرا ابلیس از همان آغاز گناه کرده و می‌کند. از همین رو پسر خدا ظهور کرد تا کارهای ابلیس را باطل سازد. " (اول یوحنا ۳ : ۸ )*

اما چرا عیسی آمد؟ تا کارهای شریر را باطل سازد. تاثیراتی چون لعنت را باطل سازد.

*" اینک شما را اقتدار می‌بخشم که ماران و عقربها و تمامی قدرت دشمن را پایمال کنید، و هیچ‌چیز به شما آسیب نخواهد رسانید. " ( لوقا ۱۰ : ۱۹ )*

ممکن است شیطان قدرت داشته باشد اما عیسی به ما قدرتی فراتر از او بخشیده تا دیگر هیچ چیز به ما آسیب نرساند.

**خداوندا از تو به خاطر بخششت متشکرم. اعلام می کنم که عیسی مرا از قلمرو تاریکی رهایی بخشیده و به من قوتی بخشیده که فراتر از قوت شیطان است. بنابراین هیچ چیز نمی تواند به من آسیب برساند.من بخشیده شده و از گناهانم رهایی یافته ام. آمین.**

**۶ جون**

جایگزینی برای انسانیت گناهکار گذشته

## من بخشیده شدم و از گناهانم رهایی یافتم.

برای رهایی کامل از قلمرو گناه خداوند در سه مرحله عمل می کند. پیش از هر چیز او باید با گناه ما برخورد کند یعنی با تمام کارهای گناه آلودی که تا کنون مرتکب شده ایم. از آنجا که عیسی جریمه کامل گناهان ما را بر صلیب پرداخته است خداوند می تواند بدون زیر پا گذاشتن عدالت خود گناهان ما را ببخشد. بنابراین اولین تدارک او برای ما بخشش است. سپس خداوند باید طبیعت گناه آلودی که باعث شده به کارهای گناه آلود تمایل داشته باشیم را از بین ببرد. آنچه خداوند برای این نَفس در نظر گرفته اعدام است. یعنی این طبیعت کهنه باید کشته شود. خبر خوب این است که این اعدام بیش از بیست قرن پیش زمانی که عیسی بر صلیب مرد انجام شد. اما این آخرین مرحله نبود. خداوند می خواست انسانیت گناه آلود و کهنه ما را با انسانیت جدید و کاملی که خود خلق کرده جایگزین کند. پولس این قسمت از تدارک خداوند را در کتاب افسسیان چنین توصیف می کند :

*" شما آموختید که باید به لحاظ شیوهٔ زندگی پیشین خود، آن انسان قدیم را که تحت‌تأثیر امیالِ فریبنده دستخوش فساد بود، از تن به در آورید. باید طرز فکر شما نو شود، و انسان جدید را در بر کنید، که آفریده شده است تا در پارسایی و قدّوسیت حقیقی، شبیه خدا باشد. " ( افسسیان ۴ : ۲۲ _ ۲۴ )*

ما نباید فرض کنیم که انسانیت کهنه ما به راحتی حکم اعدام خود را خواهد پذیرفت. برعکس انسانیت کهنه با ما نبرد خواهد کرد. گاهی به سختی در مقابل ما ایستاده و سعی می کند تا کنترل ما را بدست گیرد. این حقیقت آنچه که پولس در کولسیان ۳ : ۳ نوشته را به خوبی توصیف می کند جایی که پولس می گوید : " زمانی " شما مردید . " سپس وی در آیه ۵ چنین می گوید :

*" پس، هر آنچه را در وجود شما زمینی است، بکُشید، یعنی بی‌عفتی، ناپاکی، هوی و هوس، امیال زشت و شهوت‌پرستی را که همان بت‌پرستی است. " ( آیه ۵ )*

ما باید با ایمان بپذیریم که مرگ انسانیت کهنه ما حقیقتی است که محقق شده و باید فعالانه بکوشیم و اجازه ندهیم دوباره این انسانیت بخواهد کنترل ما را به دست گیرد.

**خداوند از تو بخاطر بخششت متشکرم. اعلام می کنم که عیسی طبیعت کهنه مرا مصلوب کرده و آنرا با طبیعتی تازه جایگزین نموده است. من فعالانه می کوشم تا با هر تلاشی که انسانیت کهنه برای بدست گرفتن کنترل من انجام می دهد مقابله کنم و اعلام می کنم من بخشیده شده ام و از گناهانم رهایی یافته ام. آمین.**

## ۷ جون

### پیروزی کامل و دائمی

*من بخشیده شدم و از گناهانم رهایی یافتم.*

مرگ فداکارانه عیسی بر صلیب تنها روشی است که خداوند برای نجات بشریت تدارک دیده است. کلام خداوند می گوید خداوند به جای اینکه اعمال مختلفی انجام دهد این گونه عمل نمود:

" زیرا با یک قربانی، تقدیس شدگان را تا ابد کامل ساخته است." ( عبرانیان ۱۰ : ۱۴ )

نویسنده عبرانیان چنین توصیف می کند. پس از آنکه عیسی آن قربانی را به جا آورد او در دست راست خداوند نشست (( آیه ۱۲ )) . اما چرا نشست ؟ زیرا هرگز قرار نبود دوباره این کار را انجام دهد. عیسی با کار خود بر صلیب برای همیشه بر شیطان و پادشاهی او پیروز شد. این پیروزی کامل، دائمی و غیر قابل بازگشت بود. عیسی هرگز نمی بایست آن کار را دوباره انجام دهد. شیطان هم اکنون مغلوب شده و من و شما نباید دوباره او را مغلوب کنیم بلکه باید پیروزی که عیسی بر صلیب کسب کرده را در زندگی خود به کار برده و در پیروزی او قدم برداریم.

ما در کولسیان ۱ : ۱۲ چنین می خوانیم : " پدر را شکر گویید که شما را شایستهٔ سهیم شدن در میراث مقدّسان در قلمرو نور گردانیده است." میراث ما در قلمرو نور است و هیچ تاریکی در آن راه ندارد. این میراث کاملا در نور قرار گرفته است.اما او چگونه این کار را انجام داد ؟

" زیرا ما را از قدرت تاریکی رهانیده و به پادشاهی پسر عزیزش منتقل ساخته است،که در او از رهایی، یعنی از آمرزش گناهان برخورداریم." ( آیات ۱۳ و ۱۴ )

در این آیه بوسیله خون عیسی ما از قلمرو تاریکی رهایی یافته و به پادشاهی پسر عزیز خداوند منتقل می شویم یعنی مکان مان تغییر می کند .

**خداوندا از تو به خاطر بخششت متشکرم. اعلام می کنم که عیسی از طریق مرگ خود بر صلیب شیطان را مغلوب ساخته است. پیروزی او کامل ، همیشگی و غیر قابل بازگشت است. من پیروزی عیسی را در زندگیم بکار می گیرم و در آن پیروزی قدم بر می دارم. زیرا که من بخشیده شده ام و از گناهانم رهایی یافته ام. آمین.**

## ۸ جون

### آزادی از قانون گرائی

### من بخشیده شدم و از گناهانم رهایی یافتم.

پولس در رومیان ۸ : ۱۵ به مسیحیانی که تعمید روح دارند چنین می گوید : " چرا که شما روح بندگی را نیافته اید تا باز ترسان باشید، بلکه روح پسرخواندگی را یافته اید که به واسطۀ آن ندا در می دهیم: «اَبّا، پدر .» " بندگی به معنای اسارت است. او به مسیحیان هشدار می دهد که دوباره به اسارت خود بازنگردند. بسیار واضح است که پولس در اینجا به اسارتی اشاره می کند که ممکن است مسیحیان به آن بازگردند و آن اسارت مذهب است. یعنی بر گشتن به شریعتی که از آن رهایی یافته اند. تمام کتاب غلاطیان در مورد این موضوع سخن می گوید که ایمانداران باید مراقب باشند که پس از نجات توسط مژده انجیل و قوت روح القدس بار دیگر تحت اسارت شریعت و مذهب در نیایند. واضح است که پولس با این موضوع بسیار جدی و شدید برخورد می کند و آنرا حتی خطرناکتر از گناهان جنسی می داند. گناهانی از قبیل زنا و تجاوز. این نکته قابل توجه است که پولس رساله به غلاطیان را با شکر گزاری به خاطر مخاطبین شروع نمی کند کاری که پولس در رسالات دیگر خود انجام می دهد. او آنقدر از آنچه غلاطیان انجام می دادند ناراحت بود که به سرعت به موضوع اصلی می پردازد.

" در شگفتم که شما بدین زودی از آن که شما را به واسطۀ فیض مسیح فرا خوانده است رویگردان شده، به سوی انجیلی دیگر می روید. " ( غلاطیان ۱ : ۶ )

این مثالی واضح از عمل کرد روح های شریر مذهب است که می خواهند مردم را اسیر مذهب بسازند. بگذارید به هشدارهای دلسوزانه پولس در این قسمت توجه کنیم.

" مسیح ما را آزاد کرد تا آزاد باشیم. پس استوار بایستید و خود را بار دیگر گرفتار یوغ بندگی مسازید. " ( غلاطیان ۵ : ۱ )

**خداوندا از تو به خاطر بخششت متشکرم. اعلام می کنم که من دوباره توسط شریعت گرائی و مذهب اسیر نخواهم شد پس از آنکه تو مرا با انجیل و قوت روح القدس رهایی بخشیده ای. زیرا من بخشیده شده ام و از گناهانم رهایی یافته ام . آمین.**

**۹ جون**

محکومیتی نیست.

## من بخشیده شدم و از گناهانم رهایی یافتم.

*" پس اکنون برای آنان که در مسیحْ عیسی هستند، دیگر هیچ محکومیتی نیست، چون آنچه شریعت قادر به انجامش نبود، از آن رو که به سبب انسان نفسانیْ ناتوان بود، خدا به انجام رسانید. او پسر خود را به شباهت انسان گناهکار فرستاد تا «قربانی گناه» باشد، و بدین‌سان در پیکری بشری، حکم محکومیت گناه را اجرا کرد" ( رومیان ۸ : ۱ و ۳ )*

دو نوع قهوه وجود دارد فوری و قهوه ای که باید از صافی بگذرد تا آماده شود. قهوه نوع دوم زمان بیشتری برای آماده شدن نیاز دارد. زیرا باید تصفیه شود. کتاب رومیان مانند قهوه ای است که باید از صافی عبور کند. ما نمی توانیم به نتیجه ای که از باب ۸ کتاب رومیان می گیریم همانند قهوه فوری نگاه کنیم بلکه ما باید ۷ بابی که قبل از آن آمده را مد نظر داشته باشیم. این ۷ باب مانند صافی عمل می کنند اما نتیجه ای که می دهند نتیجه ای است پر بار و غنی. تنها زمانی که ما آن باب ها را خوانده باشیم می فهمیم که معنای بنابراین چیست. باب های پیشین در مورد گناهکار بودن کامل نژاد بشری سخن می گوید. این باب ها در باره شکست مذهب برای تغییر طبیعت گناه آلود انسان صحبت می کند. در این باب ها از مثال ابراهیم و داود سخن به میان می آید. ( باب ۴ را مطالعه کنید. ) و مقایسه ای میان آدم و مسیح انجام می شود. و این چنین پولس در باب ۶ راه کاری که خداوند برای انسانیت کهنه بشر ارائه داده است را باز گو می کند و آن راهکار مرگ و اعدام است. خداوند انسانیت کهنه را وصله نمی زند او آنرا تعمیر و اصلاح نمی کند بلکه آنرا اعدام می کند. خوشبختانه زمانی که عیسی بر صلیب جان خود را داد این اعدام به وقوع پیوست. رومیان ۷ درباره رابطه ما با شریعت سخن می گوید. همیشه فکر می کردم چرا باید بعد از همه این چیزها دوباره از شریعت سخن بگوئیم. ولی دریافتم که آخرین مانعی که ما باید از آن عبور کنیم و مرحله آخر خالص شدن ما این است که چگونه با شریعت برخورد کنیم. بدون گذر از این صافی نخواهیم توانست بر اساس رومیان باب ۸ زندگی کنیم. زیرا شرط اصلی این است که هیچ محکومیتی وجود نداشته باشد. به محض اینکه ما در خود احساس محکومیت کنیم زندگی ما از کنترل روح القدس خارج می شود. هدف اصلی شریر این است که ما را محکوم کند و هدف کلام خداوند به خصوص در رومیان این است که ما را از محکومیت رهایی بخشد .

**خداوندا تو را به خاطر بخششت شکر می کنم .من از هر گونه تلاشی که شریر برای محکوم ساختن من انجام می دهد آزاد هستم و هیچ محکومیتی برای من وجود ندارد زیرا که من در مسیح عیسی ساکن هستم و من بخشیده شده ام و از گناهانم رهایی یافته ام. آمین.**

**۱۰ جون**

کاملا متعلق به او هستم.

## من بخشیده شدم و از گناهانم رهایی یافتم.

پسری در شهری ساحلی زندگی می کرد او مجسمه ساز و حکاکی ماهر بود. برای خود قایق کوچک درست کرد. زمانی که وی بادبان های کوچکی بر آن نصب کرد آن قایق به زیبایی می توانست بر روی آب حرکت کند. روزی وی قایق کوچک خود را به ساحل برد و آنرا به آب انداخت. اما موجی سهمگین آمده و قایق را به وسط دریا برد. پسرک نتوانست آن قایق را نجات دهد. بنابراین بدون قایق به خانه بر گشت.وقتی که جهت باد تغییر می کند و موج ها در جهت عکس شروع به حرکت می کنند قایق دوباره به ساحل باز می گردد. مردی که در ساحل قدم می زد قایق را پیدا کرده بر می دارد و می بیند قایق دست ساز و زیبایی است. وی قایق را به یکی از مغازه های شهر برده و آنرا می فروشد. مغازه دار آنرا پاک کرده در ویترین مغازه اش قرار می دهد و قیمت آنرا ۳۵ دلار تعیین می کند. مدتی بعد پسرک از کنار آن مغازه عبور می کند به ویترین نگاه می کند و قایق خود را می بیند که قیمت ۳۵ دلار زیر آن نوشته شده است. می داند که هیچ راهی برای اینکه اثبات کند که این قایق مال اوست بنابراین تصمیم می گیرد تا آن را بخرد. او کار می کند تا بتواند پول لازم برای خرید قایق را فراهم کند. زمانی که مزد خود را دریافت می کند به مغازه رفته و آنرا خریداری می کند. زمانی که قایق را در دستانش می گیرد به بیرون از مغازه آمده و در کنار پیاده رو می ایستد. او قایق را به سینه اش می فشارد و می گوید: " اکنون مال من هستی من تو را درست کرده و تو را خریده ام. " این معنای فدیه و باز خرید است. خداوند در ابتدا ما را خلق کرد. اما ما در بازار خرید و فروش بردگان برای فروش گذاشته شده بودیم. خود را بجای آن قایق تصور کنید. ممکن است احساس کنید بسیار بی کفایت و بی ارزش هستید. ممکن است فکر کنید آیا خداوند واقعاً به شما اهمیت می دهد؟ تنها سعی کنید ایمان داشته باشید که خداوند در بازوان خود شما را نگاه می دارد و مانند آن قایق کوچک به شما می گوید : " اکنون مال من هستی من تو را ساخته و تو را باز خریده ام. " من مالک تو هستم و تو کاملاً متعلق به من هستی .

**خداوندا از تو به خاطر بخششت متشکرم. اعلام می کنم که من در بازوان تو هستم . اعلام می کنم که من متعلق به تو هستم . تو مرا درست کرده و مرا باز خریده ای و تو مرا دوست داری و من کاملاً متعلق به تو هستم . من بخشیده شده ام و از گناهانم رهایی یافته ام. آمین.**

# هفته ۲۴

## من فرزند خداوند، هستم.

" امّا به همهٔ کسانی که او را پذیرفتند، این حق را داد که فرزندان خدا شوند، یعنی به هر کس که به نام او ایمان آورد؛ " ( یوحنا ۱ : ۱۲ )

۱۱ جون

هویت واقعی

*من فرزند خداوند هستم.*

دلیل اینکه عیسی مسیح به زمین آمد این بود که ما را به سوی خداوند هدایت کند. اگر ما این مکاشفه را به خوبی درک نکنیم نمی توانیم هدف کامل و نهایی فدیه را درک کنیم. زمانی که ما به طور کامل این مکاشفه را درک کرده و با خداوند به عنوان پدرمان وارد رابطه ای مستقیم می شویم برکاتی به ما می دهد که بی ایمانان از آن بی بهره اند. سه نتیجه ای که در پی این مکاشفه و رابطه به وجود می آید عبارتند از: هویت ، احساس خود ارزشمندی و احساس امنیت. بی هویت یکی از مشکلات اصلی انسان های معاصر است. نکته جالبی که این حقیقت را تصدیق می کند موفقیت کتاب و برنامه تلویزیونی " ریشه ها " است. داستان از این قرار است که مردی به دنبال ریشه ها و اصل و نسب خود می گردد تا بتواند احساس قویتری داشته باشد. تمامی بشریت در این جستجو بسر می برند. مردان و زنان بسیاری سعی می کنند که بدانند از کجا آمده اند و چه کسی پیش از آنها وجود داشته است. چگونه زندگی آنها شروع شده و چه کسی هستند. کلام خداوند و همچنین روانشناسان در این باره اتفاق نظر دارند. هیچ انسانی واقعاً نمی تواند پاسخ این سئوال را داشته باشد تا وقتی که بداند پدرش کیست. امروزه رابطه بین والدین و فرزندان بسیار بدتر از گذشته شده و بسیاری از روابط گسسته شده هستند و نتیجه آن بحران بی هویتی است. پاسخ مسیحیت به این بحران این است که مردان و زنان باید وارد رابطه ای شخصی با خداوند به عنوان پدر خود شده و از طریق عیسی مسیح این رابطه را بدست آورند. افرادی که واقعاً خداوند را به عنوان پدر خود می شناسند دیگر دچار بحران هویت نیستند. آن ها می دانند که چه کسی هستند. بله آنها فرزندان خداوند هستند. پدر آنها جهان را آفریده و آن ها را دوست دارد و به آنها اهمیت می دهد.

**خداوندم عیسی از تو متشکرم که مرا باز خریده و اعلام می کنم که از طریق عیسی با خدای پدر ارتباط دارم و می دانم که چه کسی هستم و اعلام می کنم که من فرزند خداوند هستم. آمین.**

## ۱۲ جون

حس ارزشمند بودن واقعی

*من فرزند خداوند هستم.*

افراد بسیاری را خدمت کرده ام که از حقارت و حس کوچک پنداری خود رنج می برند. این افراد عزت نفس بسیار پائینی داشتند و همین امر باعث می شد که مشکلات روحانی و عاطفی بسیاری در زندگی آنها وجود داشته باشد. اول یوحنا ۳ :۱ می گوید :

*" ببینید پدر چه محبتی به ما ارزانی داشته است تا فرزندان خدا خوانده شویم! و چنین نیز هستیم! از همین‌روست که دنیا ما را نمی‌شناسد، چرا که او را نشناخت."*

وقتی کاملاً پذیرفتیم که فرزندان خداوند هستیم، فرزندانی که او قلباً آن ها را دوست دارد و به آن ها علاقمند است آنگاه حس خود ارزشمند وبدن ما تقویت می شود. وقتی بدانیم که برای او مهم هستیم و او مشتاق است با ما رابطه ای شخصی داشته باشد در آن زمان احساس ارزشمند بودن به طور واقعی و شگفت انگیزی در ما افزایش می یابد. یک بار در حال رفتن به جلسه بودم با خواهری برخورد کردم. چون ما در دو جهت مخالف حرکت می کردیم و سرعت ما هم زیاد بود. پس از آنکه به یکدیگر برخورد کردیم او خود را جمع و جور کرد و گفت : " آقای پرینس من دعا می کردم که اگر خداوند می خواهد از طریق شما با من سخن گوید ما یکدیگر را ملاقات کنیم ." به او گفتم باشه ما با هم ملاقات کردیم اما تنها دو دقیقه وقت دارم چون امروز سرم بسیار شلوغ است. او شروع به باز گو کردن مشکلش نمود و سپس من سخنان او را قطع کرده و گفتم: " ببخشید من فقط یک دقیقه بیشتر وقت ندارم اما فکر می کنم می دانم مشکل شما چیست. آیا می خواهید در این دعا با من متحد شوید ؟ " سپس دعا کردیم. این گونه دعا کردم پدر تو را شکر می کنم که تو پدر این خواهر هستی و او متعلق به تو است و او فرزند توست و از تو تشکرمی کنم که این خواهر را دوست داری و او برای تو مهم است چون او برای تو منحصر به فرد است. در دعا اشاره نمودم که او متعلق به بهترین خانواده بر زمین است. پس از یک ماه نامه ای از آن زن دریافت کردم که نوشته بود." فقط می خواستم به شما بگویم دقایقی که با هم دعا کردیم دیدگاه مرا کاملاً نسبت به زندگی تغییر داد و برای اولین بار واقعاً احساس می کنم که ارزشمند هستم ."

**خداوند عیسی از تو به خاطر اینکه مرا فدیه کردی متشکرم و اعلام می کنم که رابطه شخصی من با خداوند است که حس خود ارزشمندی به من می دهد و اعلام می کنم که فرزند خداوند هستم . آمین.**

**۱۳ جون**

رفتن به حضور خداوند

# من فرزند خداوند هستم.

زمانی که عیسی به زمین آمد هدف اصلی او این بود آنانی که به او ایمان می آورند را نزد پدر ببرد. خداوند این حقیقت را در آیات مختلفی بازگو می کند. به عنوان مثال به آیه زیر توجه کنید.

*" باری، همه یکدل و همدرد و برادردوست و دلسوز و فروتن باشید. " ( اول پطرس ۳ :۱۸ )*

چرا عیسی جان خود را فدا کرد؟ تا ما را نزد خداوند بیاورد. عیسی هدف نبود بلکه او راه بود. او درباره خود در یوحنا ۱۴ : ۶ آشکارا سخن می گوید :

*" عیسی به او گفت: «من راه و راستی و حیات هستم؛ هیچکس جز به واسطهٔ من، نزد پدر نمی‌آید. "*

عیسی راه است اما مقصد پدر است. گاهاً هدف اصلی که همانا رسیدن به خدای پدر است را فراموش می کنیم و بیشتر در مورد مسیح به عنوان نجات دهنده، شفیع و القاب دیگر سخن می گوئیم. تمامی این نامها عالی و واقعی هستند اما نباید ازهدف اصلی خداوند غافل شویم .هدف اصلی این نیست که تنها نزد پسر بیائیم بلکه هدف اصلی این است که ما از طریق پسر نزد پدر بیائیم.

**خداوندم عیسی از اینکه مرا فدیه کردی از تو متشکرم. اعلام می کنم که از طریق پسر نزد پدر می آیم و اعلام می کنم که من فرزند خدا هستم.آمین.**

**۱۴جون**

پذیرفته شده

## من فرزند خداوند هستم.

افسسیان ۱ : ۶ را دوست دارم زیرا در آن یک مفهوم اصلی مستتر است و آن کلمه " پذیرفته شده " است. *" تا بدین وسیله فیض پرجلال او ستوده شود، فیضی که در آن محبوب به رایگان به ما بخشیده شده است "* یکبار دیگر تاکید می کنم زمانی که خداوند می گوید ما پذیرفته شده ایم این بدان معنا نیست که او ما را تحمل می کند بلکه بدان معنا است که او به ما علاقه دارد و ما مورد توجه و محبت او هستیم. ما در لیست موضوعاتی قرار داریم که برایش مهم است و الویت اول هستیم. او ما را به گوشه ای رها نکرده و به ما نمی گوید : " همین جا بایست. صبر کن. من سرم شلوغ است." او به ما نمی گوید که برای تو وقت ندارم یا نمی گوید که سر و صدا نکن! بابا خواب است. بلکه می گوید من به تو علاقمندم. من تو را می خواهم .خوش آمدی.داخل بیا. من زمان بسیاری منتظر تو بوده ام. او مانند پدر پسر گمشده است. او در بیرون ایستاده و منتظر پسر بود که به خانه باز گردد. دیگران نیامدند بگویند می دانی پسرت دارد به خانه باز می گردد؟ چون او اولین کسی بود که فهمید پسر دارد به خانه باز می گردد. او بیش از همه اعضای خانواده راغب است. دیدگاه خداوند نسبت به ما در مسیح نیز بدین گونه است ما مطرود نیستیم. شهروند درجه دو نیستیم. ما دیگر غلام نیستیم. زمانی که پسر گمشده باز می گردد او حتی می خواست که غلام پدرش باشد او چنین گفت : " پدر تنها اجازه بده تنها یکی از غلامانی باشم که به آنها حقوق می دهی . " اما اگر شما داستان را با دقت بخوانید می بینید زمانی که پسر گناهان خود را اعتراف کرد پدر سخن او را قطع می کند و اجازه نمی دهد که سخنانش تمام شود. او هرگز به پسر اجازه نمی دهد که این جمله را بگوید: " مرا یکی از غلامان خود بدان . " بلکه بر عکس او چنین می گوید : *" امّا پدر به خدمتکارانش گفت: "بشتابید! بهترین جامه را بیاورید و به او بپوشانید. انگشتری بر انگشتش و کفش به پاهایش کنید. گوسالهٔ پرواری آورده، سر ببرید تا بخوریم و جشن بگیریم. زیرا این پسر من مرده بود، زنده شد؛ گم شده بود، یافت شد!" پس به جشن و سرور پرداختند. "* ( لوقا ۱۵ : ۲۲ – ۲۴ ). جلال بر نام خداوند.

**خداوندم عیسی از تو متشکرم که مرا فدیه دادی. اعلام می کنم که از طریق فیض خداوند در پسر عزیزش پذیرفته شده هستم. اعلام می کنم که من فرزند خداوند هستم. آمین.**

**۱۵ جون**

در آغوش پدر

## من فرزند خداوند هستم.

کودکی را تصور کنید که در آغوش پدر خود احساس امنیت دارد. صورتش را بر شانه پدرش چسپانده است. ممکن است مشکلات و بحران های بسیاری در اطرافش وجود داشته باشند حتی ممکن است دنیای اطرافش نابود شود اما کودک کاملاً در آرامش است و به هیچ وجه نگران وقایعی که پیرامون او اتفاق می افتد نیست زیرا او در آغوش خود احساس امنیت دارد. ما نیز در آغوش پدر امنیت داریم. عیسی به ما تضمین داده که پدر ما بزرگتر از تمام افرادی است که اطراف ما هستند و هیچ کس قادر نیست ما را از دستان پدر خارج سازد. عیسی این تضمین را به شاگردان نیز می دهد.

*" «ای گلۀ کوچک، ترسان مباشید، زیرا خشنودی پدر شما این است که پادشاهی را به شما عطا کند." ( لوقا ۱۲ : ۳۲ )*

ممکن است مانند گله ای کوچکی باشیم که توسط حیوانات وحشی مختلفی محاصره شده باشیم اما اگر پدر ما تصمیم گرفته که ما را وارد پادشاهی خود کند هیچ قدرتی در جهان نمی تواند مانع این کار شود.

**خداوندم عیسی از تو متشکرم که مرا فدیه دادی. اعلام می کنم که در آغوش پدر در امنیت هستم و من فرزند خداوند هستم. آمین.**

۱۶ جون

خشنودی پدر

# من فرزند خداوند هستم.

در فیلیپیان ۲ :۳ پولس به ما هشدار می دهد که :" *هیچ کاری را از سَرِ جاه‌طلبی یا تکبّر نکنید، بلکه با فروتنی دیگران را از خود بهتر بدانید.*" یکی از مشکلات دائمی و شایعی که در کلیساها مشاهده کردم و متأسفانه بین خادمین نیز وجود دارد تکبر، رقابت و مقایسه است. از آنجا که نمی خواهم طوری به نظر برسد که من نسبت به دیگران قضاوت می کنم اجازه دهید این حقیقت را نیز اضافه کنم که من در خود نیز این رقابت و جاه طلبی را در می دیدم . غالبا ما امنیت را با موفقیت یکی می دانیم که این اشتباه است. ما فکر می کنم که اگر من بزرگترین کلیسا را داشته باشم و یا بزرگترین جلسات را برگزار نمایم و یا بیشترین نام ها را در لیست ایمیلم داشته باشم دارای امنیت خواهم بود. اما این فریبی بیش نیست. واقعیت امر این است که ما هر چه بیشتر بر مورد موفقیت شخصی خود متمرکز می شویم کمتر احساس امنیت می کنیم. ما دائما احساس خطر می کنیم که نکند شخص دیگری کلیسای بزرگتر یا جلسه ای بزرگتر یا لیست بلند تری از اسامی من داشته باشد. من اصول کامل خدمت را در آنچه عیسی گفت یافته ام.

*" و او که مرا فرستاد، با من است. او مرا تنها نگذاشته، زیرا من همواره آنچه را که مایهٔ خشنودی اوست، انجام می‌دهم.»* " ( یوحنا ۸ : ۲۹ )

دیگر جاه طلبی شخصی انگیزه خدمت من نیست. من انگیزه های شیرین تر و خالص تری کشف نموده ام و آن انگیزه این است که به سادگی بیاندیشم که چه نکته ای باعث می شود پدر من خشنود گردد. من خود را تمرین می دهم که در هر شرایط و تصمیمی یک سئوال از خود بپرسم که چگونه می توانم باعث خشنودی پدرم شوم؟ زمانی که نا امید و شکست خورده ام سعی می کنم تمرکز خود را از راه حل بر داشته و تنها به این چیز بیاندیشم که چه چیزی پدر مرا خشنود می کند آنرا انجام دهم. ما به عنوان خادمین مسیح با هم رقابت نخواهیم کرد اگر تنها هدف و انگیزه ما این باشد که پدر خود را خشنود سازیم. زمانی که این اشتیاق در ما وجود داشته باشد هماهنگی و توجه متقابل جای جاه طلبی و تکبر را خواهد گرفت.

**خداوندم عیسی از تو متشکرم که مرا باز خریدی. اعلام می کنم که انگیزه من در زندگی این است که پدر خود را خشنود سازم زیرا من فرزند خداوند هستم .آمین.**

## ۱۷ جون

خانه واقعی ما

### من فرزند خداوند هستم.

یکبار زمانی که واقعاً در مورد شرایط روحانی خود نگران بودم از خداوند خواستم که آسمان را برای من واقعی تر بسازد. ایمان دارم که آسمان خانه حقیقی همه فرزندان پدراست. هرگز کودکی را ندیدیم که خانه خود را نشناسد. یک کودک ممکن است خیابان و کوچه را به خوبی نشناسد اما خانه خود را به خوبی می شناسد.

به نظر من یکی از علائمی که نشان می دهد ما فرزندان خدا هستیم این است که وقتی به آسمان می اندیشیم احساس کنیم که آنجا خانه اصلی ماست. این دنیا زیبا است. این زندگی هیجان انگیزاست. اما این دنیا مکان سکونت ابدی ما نیست. مقدسین بزرگ خداوند به آینده می نگریستند به جایی که خارج از زمان و در ابدیت بود و آن ها ذره ای از آن چیزی که در آینده خواهد آمد را داشتند. مرگ فیزیکی برای آنها مانند انتقال به مکانی مبهم نبود. آنها مکاشفه ای واضح در مورد آنچه انتظارشان را می کشد، داشتند. من مشتاق دیدن هیکل هستم. من مشتاق ملاقات با فرشتگان هستم. من مشتاقم که آن چهار حیوان را ببینم. چیزهای بسیاری وجود دارد که من مشتاق دیدنشان هستم. به نظر من دریایی که در کلام گفته می شود باید بسیار زیبا و هیجان انگیز باشد. ( برای مثال مکاشفه ۳ : ۵ و ۴ : ۶ - ۸ و ۷ : ۱۵ را مطالعه کنید. ) هیچ لحظهٔ کسل کننده ای در آسمان وجود نخواهد داشت.

**خداوندم عیسی از تو به خاطر اینکه مرا فدیه داده ای متشکرم. اعلام می کنم که آسمان خانه همه فرزندان خداوند است و من نیز جزو این فرزندان هستم.**
**من فرزند خداوند هستم . آمین.**

# هفته ۲۵

## من دوست مسیح هستم.

" دیگر شما را بنده نمی‌خوانم، زیرا بنده از کارهای اربابش آگاهی ندارد. بلکه شما را دوست خود می‌خوانم، زیرا هر آنچه از پدر شنیده‌ام، شما را از آن آگاه ساخته‌ام. " ( یوحنا ۱۵ : ۱۵ )

## ۱۸ جون

ملاک خداوند برای دوستی

### من دوست مسیح هستم.

متأسفانه در دنیای امروز واژه دوست ارزش خود را از دست داده و دوستی تبدیل به مفهومی بی ارزش گشته است. اما می خواهم بدانید که ملاک خداوند برای دوستی تغییر نکرده است. برای خداوند دوستی بر اساس عهدی است که بین دو نفر بسته می شود. از طریق عهد و پیمان بود که ابراهیم دوست خداوند شد. در عهد جدید عیسی می خواهد ما را وارد همان رابطه با خداوند نماید. رابطه ای دوستانه با خدای پدر. همان رابطه ای که ابراهیم در عهد عتیق با خداوند داشت. در یوحنا ۱۵ : ۱۵ عیسی به شاگردان خود گفت :

*" دیگر شما را بنده نمی‌خوانم، زیرا بنده از کارهای اربابش آگاهی ندارد. بلکه شما را دوست خود می‌خوانم، زیرا هر آنچه از پدر شنیده‌ام، شما را از آن آگاه ساخته‌ام." ( یوحنا ۱۵ : ۱۵ )*

این ارتقای درجه یک برده به یک دوست است. اما باید بدانیم همانطور که برای ابراهیم دوستی مفهومی بی ارزش نبود برای ما نیز نباید فاقد ارزش باشد. دوست بودن با عیسی بهایی دارد. برای ما دوستی با عیسی همانند آن چیزی است که برای ابراهیم بود. تعهدی که بر اساس عهد است. زمانی که موعد آن رسید که عیسی باید جانش را فدا سازد چنین گفت: *" محبتی بیش از این وجود ندارد که کسی جان خود را در راه دوستانش فدا کند." ( یوحنا ۱۵ : ۱۳ )* اما به خاطر داشته باشید اگر قرار است دوست عیسی باشیم باید جان خود را برای او تسلیم کنیم. این تعهدی است دو طرفه.

**خداوندم عیسی از تو متشکرم که مرا فدیه دادی. اعلام می کنم از آنجا که عیسی زندگی خود را برای من فدا ساخت من نیز زندگی خود را به او تسلیم می کنم. چون من دوست مسیح هستم . آمین.**

## ۱۹جون

مشارکت عالی

# من دوست مسیح هستم.

یوحنا در رساله اول خود چنین می نویسد :

*" ما آنچه را دیده و شنیده ایم به شما نیز اعلام می کنیم تا شما نیز با ما رفاقت داشته باشید. رفاقت ما با پدر وبا پسرش عیسی مسیح است. " ( اول یوحنا ۱ : ۳ )*

به عبارت دیگر مژده نجات دعوتی است از سوی خدای تثلیث تا ما وارد آن رفاقت و مشارکتی شویم که پدر و پسر با یکدیگر دارند. واژه یونانی مشارکت Koinonia است . این واژه ای مهم در زبان یونانی عهد جدید است که از لحاظ لغوی به معنای شریک شدن در چیزی است. بنابراین مشارکت به معنی شریک شدن است. ما دعوت شده ایم تا همان رابطه ای را داشته باشیم که خدای پدر و پسر با یکدیگر دارند. یک نکته در این رابطه بسیار واضح است و آن این است که خدای پدر و خدای پسر در همه چیز شریک هستند. هیچ کدام از آنها چیزی را برای خود نگاه نمی دارند. در یوحنا ۱۷:۱۰عیسی به پدر خود چنین می گوید:

*" هرآنچه از آن من است از آن توست و هر آنچه از آن توست ازآن من است "*

این آن مشارکت کامل است. مشارکت کامل شراکت در همه امور است. این الگویی کامل از آن رابطه ای است که خداوند می خواهد ما واردش شویم.

**خداوندم عیسی از تو متشکرم که مرا فدیه داده ای. اعلام می کنم دعوت شده ام که همان رابطه ای که پدر و پسر با یکدیگر دارند را داشته باشم. من وارد آن مشارکت کامل می شوم زیرا من دوست مسیح هستم. آمین.**

۲۰ جون

بهای دوستی

*من دوست مسیح هستم.*

تعهد خداوند به شما معادل میزان تعهدی است که شما نسبت به او دارید. خداوند هرگز وارد عهدی یک جانبه نمی شود. بهای داشتن رابطه با او این است که همه چیز را به او تسلیم کنید.

" به همین سان هیچ یک از شما نیز تا زمانی که از تمام دارایی خود دست نشوید شاگرد من نتواند بود . ( " لوقا ۱۴ : ۳۳ )

ممکن است چنین بگویید " این سخت است" اما واقعه گرایانه است. اجازه دهید دو حقیقت دیگر را درباره ملکوت خداوند با شما در میان بگذارم. اول اینکه خداوند هرگز تخفیف نمی دهد. اگر شما می خواهید رابطۀ پطرس و پولس و یوحنا را با خداوند داشته باشید باید آن بهائی که آنها پرداخت کردند را نیز پرداخت کنید. خداوند هرگز به شما تخفیف نمی دهد. خبر خوبی در حقیقت دوم نهفته است و آن این است که در ملکوت خداوند هیچ تورمی وجود ندارد و بهای آن هرگز بالا و پائین نمی رود و همواره ثابت است. نتیجه تعهد به خداوند آرامش، امنیت و شادی است. آیا آن را می خواهید ؟ باید تصمیم بگیرید. عیسی چنین گفت:

" هان بر در ایستاده می کوبم کسی اگر صدای مرا بشنود و در برویم بگشاید به درون خواهم آمد و با او همسفره خواهم شد و او با من. " ( مکاشفه ۳ : ۲۰ )

به فرمولی که عیسی دراین آیه اشاره می کند دقت کنید.ابتدا شما از شام خود به عیسی می دهید و سپس او از شام خود به شما می دهد. همان طور که عیسی به پدر خود چنین گفت:

" هر آنچه از آن من است از آن توست و هر آنچه از آن توست از آن من است . " ( یوحنا ۱۷ : ۱۰ )

آیا حاضر هستید چنین عهدی با خداوند ببندید؟

**خداوندم عیسی از تو متشکرم که مرا فدیه داده ای. اعلام می کنم من حاضرم بهای تعهد کامل برای وارد شدن به این رابطه را بپردازم. زیرا من دوست مسیح هستم . آمین.**

**۲۱ جون**

لذت بردن از خداوند

**من دوست مسیح هستم.**

در ابتدای تاریخ بشریت ارتباط انسان با خداوند بسیارساده بود. در آن زمان آیین ها و رسم و رسومات مذهبی فراوانی وجود نداشت. خنوخ با خداوند راه می رفت. ( پیدایش ۵:۲۲ و۲۴ را مطالعه کنید.) وقتی به سیر تاریخی کتاب مقدس نگاه می کنیم با پدر ایمان یعنی ابراهیم روبرو می شویم و می بینیم که چه عنوان محترمی برای او بکار رفته است. این عنوان " دوست خداوند " است ( یعقوب۲:۲۳ را مطالعه کنید.) قوم خداوند به سادگی از دوستی با او لذت می بردند. گاهی می خواهم که از الاهیات و از تمام تشریفات کلیسایی کناره گیری کنم و تنها رابطه ای دوستانه با خداوند داشته باشم. با او راه روم و از مشارکت با او لذت ببرم. به راستی بر این باورم که خداوند دوست دارد که قومش از بودن با او لذت ببرد. گاهی آنقدر درگیر الاهیات و روش ها و اصول تعلیمی می شویم که باعث می شود نگاه مان از خداوند بر داشته می شود. ما در میان جنگلی گیر می افتیم جایی که تنها چیزی که دیده می شود درخت است. دیگر نمی توانیم تصویر کامل را ببینیم. در آن زمان است که ما باید از جنگل بیرون آئیم . نگاهی تازه به اطراف بیندازیم و بخواهیم که نگرش خود را با این تصویر کلی منطبق سازیم.

**خداوندم عیسی از تو متشکرم که مرا فدیه داده ای. اعلام می کنم که من مشتاق راه رفتن با خداوند و لذت بردن از مشارکت با او هستم. زیرا من دوست مسیح هستم. آمین.**

**۲۲جون**

میزان تعهد

## من دوست مسیح هستم.

آنچه در پیداش باب ۱۵ درباره عهد ابراهیم با خداوند ثبت شده بیانگر این حقیقت است که هر کدام از طرفین یعنی خداوند و ابراهیم به طور کامل نسبت به یکدیگر متعهد گشتند. زمانی رسید که خداوند ابراهیم را خواند تا عهد خود را با خداوند به جا آورده و پسرش اسحاق را به عنوان قربانی تقدیم کند. تعهد خداوند نیز مانند تعهد ابراهیم کامل بود. بنا براین دو هزار سال بعد طرف دیگر این پیمان ،یعنی خداوند پسر یگانه خود عیسی مسیح خداوند را در راه ما قربانی می کند. به یاد داشته باشید که آن حد از تعهدی که شما نسبت به خداوند می پذیرید معمولا مشخص کننده میزان تعهد خداوند نسبت به شما خواهد بود. زمانی که شما به طور کامل نسبت به خداوند متعهد می شوید این کار شما باعث می شود که خداوند نیز کاملاً نسبت به شما متعهد بماند. این ماهیت یک عهد است. یعقوب در رساله خود درباره آنچه ابراهیم انجام داد سخن می گوید و از زمانی می گوید که وی فرزندش را به عنوان قربانی داد و از نتایج کار وی می گوید.

*" آیا جد ما ابراهیم به اعمال پارسا شمرده نشد آنگاه که پسر خود اسحاق را بر مذبح تقدیم نمود می بینید که ایمان و اعمال او با هم عمل می کردند و ایمان او با اعمالش کامل شد و آن نوشته تحقق یافت که می گوید ابراهیم به خدا ایمان آورد واین برای او پارسایی شمرده شد و او دوست خدا خوانده شد." ( یعقوب ۲ : ۲۲ -۲۳ )*

ابراهیم با تعهد به آن پیمان و تقدیم پسرش اسحاق، دوست خداوند لقب گرفت. این عنوانی خاص و محترم است. درسی که اینجا وجود دارد این است. عهد دری به سوی ورود به دوستی واقعی است . زمانی که دو شخص عهدی با یکدیگر می بندند و بر اساس اصول آن عهد رفتار می کنند در آنجا دوستی حقیقی ایجاد می شود.

**خداوندم عیسی از تو متشکرم که مرا فدیه دادی. اعلام می کنم که نسبت به خداوند کاملاً متعهد هستم و او نیز نسبت به من متعهد است و عهد و پیمان ما دری به سوی دوستی واقعی است. اعلام می کنم که من دوست مسیح هستم. آمین.**

## ۲۴ جون

همکاری خردمندانه با خداوند

# من دوست مسیح هستم.

انسان اول یعنی آدم یک برده نبود زیرا خداوند او را به هم کاری خردمندانه دعوت کرد . هنگامی که خداوند خواست حیوانات را نام گذاری کند چنین گفت: " آدم اینجا بیا و به این حیوانات نگاه کن به من بگو به نظر تو چه نامی بر آن ها بگذاریم ؟ " در زبان عبری نام هر چیز بیان گر طبیعت آن چیز هست. بنابراین در نام نهادن حیوانات آدم باید از طبیعت آن ها و از رابطهٔ آن ها با یکدیگر اطلاع می داشت.هر نامی که آدم بر حیوانات نهاد همان نام همیشگی آن ها شد. خداوند حیوانات را نام گذاری نکرد اما خداوند به آدم بصیرت و حکمتی برای انجام اینکاربخشید. به همین صورت ما نیز در رابطهٔ جدید خود با عیسی مسیح برده نیستیم بلکه ما هم کاران ذی شعور و خردمند خداوند هستیم. یوحنا ۱۵:۱۵ جمله ای شگفت انگیز را بیان می کند." *دیگر شما را بنده نمی خوانم زیرا بنده از کار های اربابش آگاهی ندارد بلکه شما را دوست خود می خوانم زیرا هر انچه از پدر شنیدم شما را از آن آگاه ساختم .*"

عیسی هیچ چیزی را از ما دریغ نمی کند. اگر چیزی هست که ما نمی دانیم این به خاطر آن است که ما برای درک آن مکاشفه آمادگی نداریم . اما مشکل اصلی آن چیزی است که ما می دانیم.عیسی بر اساس همان چیزی که پدر به او نشان داد عمل کرد. اگر ما نیز همین کار را انجام دهیم همان مکاشفه در دسترس ما قرار خواهد گرفت.

**خداوندم عیسی از تو متشکرم که مرا فدیه داده ای . اعلام می کنم که می خواهم خود را برای دریافت مکاشفات خداوند آماده سازم و بر اساس آنچه تاکنون برایم آشکار شده عمل کنم . اعلام می کنم من دوست مسیح هستم .آمین.**

# هفته ۲۶

## من از طریق ایمان عادل شمرده شده ام.

" پس چون از راه ایمان پارسا شمرده شده ایم به واسطهٔ خداوند مان عیسی مسیح از صلح با خدا برخورداریم. " ( رومیان ۵:۱ )

## ۲۵ جون

عادل شمرده شده

# *من از طریق ایمان عادل شمرده شده ام.*

ما با ایمان به خون عیسی عادل شمرده می شویم . بیائید آن چه پولس درباره این موضوع در کتاب رومیان نوشته است را بخوانیم .

*" اما کسی که کار می کند (فرد مذهبی) مزدش حق او شمرده می شود اما آن که کاری نمی کند بلکه به خدایی توکل می کند که بی دینان را پارسا می شمارد ایمان او برایش پارسایی به شمار می آید. " ( رومیان ۴ : ۴ – ۵ )*

به آیه ۵ دقت کنید. اولین کاری که باید انجام دهید این است که از تلاش برای عادل شدن خودتان دست بردارید. از تلاش برای این که کمی بهتر باشید دست بردارید. به این کار خود پایان دهید " اما آن که کاری نمی کند بلکه به خدایی توکل می دارد که بی دینان را پارسا می شمارد ایمان او برایش پارسایی به شمار می آید. " ( آیه ۵ ) فقط ایمان داشته باشید . آیا به همین سادگی است ؟ اگر این قدر ساده نبود هرگز نمی توانستیم در این کار موفق شویم . خداوند افراد گناهکار را عادل می گرداند واین چیزی است که در کلام خدا آمده و من به آن ایمان دارم.

*" او کسی را گناه را نشناخت در راه ما گناه ساخت تا ما در پارسایی خدا شریک شویم . " ( دوم قرنتیان ۵:۲۱ )*

دوست دارم که ترتیب واژه ها را در این آیه تغییر دهم و به جای ضمایر از اسامی خاص استفاده کنم . *" زیرا خداوند عیسی را که گناه را نشناخت در راه ما گناه ساخت " تا ما در عیسی پارسایی خداوند شویم* " در اینجا مبادله ای کامل صورت می گیرد. عیسی به خاطره گناه کار بودن ما گناه شد تا ما بتوانیم به خاطر عدالت او عادل شمرده شویم . این عدالت از طریق ایمان به خون او به حساب ما گذاشته می شود.

**خداوندم عیسی از تو متشکرم که خود را فدا کرده ای. اعلام می کنم که عدالت از طریق ایمان به خون تو بدست می آید من از طریق ایمان عادل شمرده شده ام. ما از طریق ایمان به خون عیسی مسیح عادل شمرده می شویم. آمین.**

## ۲۶ جون

عمل اطاعت

# من از طریق ایمان عادل شمرده شده ام.

*" زیرا همان گونه که به واسطه نا فرمانی یک انسان بسیاری گناه کار شده اند به واسطه اطاعت یک انسان نیز بسیاری پارسا خواهند گردید " ( رومیان ۵:۱۹ )*

از طریق نافرمانی آدم بسیاری یا به عبارتی همه نسل او گناه کار گشتند اما از طریق اطاعت عیسی همهٔ افرادی که به او ایمان داشته باشند عادل شمرده می شوند .این تشبیه بسیار مهمی است زیرا افرادی که در نتیجه گناه آدم گناه کار گشته اند یعنی ما، فقط عنوان گناهکار ندارند بلکه طبیعت و اعمال شان نیز گناه آلود است. به همین صورت زمانی که ما از طریق ایمان به عیسی عادل شمرده می شویم این بدان معنا نیست که خداوند نام و عنوان جدیدی بر ما می نهد و عنوان گناه کار را از ما بر می دارد و ما عادل خطاب می کند بلکه حقیقتاً عادل می گردیم هم در طبیعت وهم دراعمال. به همان قطعیتی که نا فرمانی آدم باعث گناه کار شدن ما شد دقیقاً به همان صورت اطاعت عیسی می تواند همه ما را عادل گرداند. ما نه تنها از لحاظ تئوری و یا از لحاظ الهیاتی عادل می شویم بلکه روش زندگی ما تغییر می کند و ما در طبیعت خود عادل شمرده می شویم .

**خداوندم عیسی متشکرم که جانت را فدا کرده ای. اعلام می کنم که از طریق اطاعت تو و از طریق ایمان من ، عادل شمرده شده ام . آمین.**

## ۲۷ جون

نتایج عادل شمردگی

### *من از طریق ایمان عادل شمرده شده ام.*

عادل شمردگی نتایجی مشخص و فوری در زندگی ما به بار می آورد. تمامی جوانب زندگی ما از قبیل رفتار، روابط و تاثیر گذاری مان در خدمات مسیحی همه و همه به این موضوع بستگی دارد که چقدر معنی عادل شمردگی را درک کرده باشیم . در امثال ۱:۲۸ چنین می خوانیم : " *شریران می گریزند حتی آنگاه که تعقیب کننده ای نیست اما پارسایان همچون شیر شجاع اند.* " امروزه مسیحان شجاع بسیار کمند و بیشتر آنها کم رو و خجالتی هستند. اکثر آن ها در حالت تدافعی زندگی کرده و در زمان رویارویی با شریر عقب نشینی می کنند. ریشهٔ اصلی شکست آن ها این است که نمی دانند در نظر خداوند به همان اندازه عادل شمرده شده اند که خود عیسی عادل است. درک این حقیقت و شکرگزاری به خاطر آن جسارت وشجاعت را در ما تقویت می بخشد. بیائید به برخی دیگر از نتایج عادل شمردگی نگاه کنیم . اشعیا ۱۷:۳۲چنین می گوید :" *ثمره عدالت سلامتی خواهد بود و نتیجه عدالت آرامی و امنیت تا ابدالاباد .* " این متن در مورد سه محصول عادل شمردگی سخن می گوید که عبارتند از عدالت، آرامی و امنیت و زمانی که ما در می یابیم با عدالت عیسی مسیح عادل شمرده شده ایم این نتایج برای ما حاصل می شود. رومیان ۱۷:۱۴ به ما می گوید :" *زیرا پادشاهی خدا خوردن و نوشیدن نیست بلکه پارسایی، سلامتی و شادی در روح القدس است* ." پارسایی، آرامش و خوشی محصولات عادل شمردگی هستند . اگر ما نپذیریم که از طریق ایمان عادل شمرده شویم ممکن است سعی کنیم تا با تلاش خود این نتایج را در زندگی مان حاصل کنیم اما بدانید که تلاش ما بیهوده خواهد بود. دیدن این حقیقت که مسیحیان بسیاری سعی می کنند تا شاد و آرام باشند و در امنیت و صلح زندگی کنند بسیار تأسف بار است آن هم تنها به دلیل که به آن ها گفته شده باید این خصوصیات در زندگی شما وجود داشته باشند. تجربهٔ من می گوید زمانی که مسیحیان واقعاً از بخشیده شدن گناهان خود مطمئن شوند و بدانند که از طریق ایمان عادل شمرده شده اند نتایج این عادل شمردگی به طور اتوماتیک در زندگی آنها نمایان می شود و کلید آن این است که مردم در یابند از طریق عدالت عیسی عادل گشته اند.

**خداوندم عیسی به خاطر قربانیت بر صلیبت تو را شکر می کنم. اعلام می کنم که عدالت عیسی باعث ایجاد شجاعت، آرامی صلح و امنیت در زندگیم گشته و من این نتایج را از آن رو دریافت کرده ام چون از طریق ایمان عادل شمرده شده ام .آمین.**

## ۲۸جون

هدیه عدالت

# من از طریق ایمان عادل شمرده شده ام.

عیسی در متی ۶:۳۳ چنین گفت:

*" بلکه نخست در پی پادشاهی خدا و عدالت ایٔ باشید آنگاه همه این ها نیز به شما عطا خواهد شد ." ( متی ۶ : ۳۳ )*

هر گونه عدالتی دیگری که ما سعی کنیم آن را بدست آوریم و یا در پی اش باشیم نسبت به این عدالت در مرتبهٔ پایین تری قرار دارد .تنها عدالتی که باعث پذیرفته شدن ما در آسمان خواهد شد عدالت خود خداوند است که تنها از طریق ایمان به عیسی مسیح بدست می آید.این عدالت از طریق ایمان به عنوان یک هدیه دریافت می شود . در این جا اولین تجلی خاص فیض خداوند در زندگی آنانی که از طریق عیسی به نزد او می آیند دیده می شود یعنی عادل شمردگی . تا زمانی که خداوند ما را عادل نداند نمی تواند کاری برای ما انجام دهد. وقتی به نزد او می رویم این اولین کاری است که خداوند برای ما انجام می دهد. شاید شما نیز با من موافق باشید که اکثر مسیحیان هرگز این حقیقت را درک نکرده اند.در واقع فکر می کنم اگر دقیق نگاه کنید در خواهید یافت که اکثر مراسم کلیسایی همچون موسیقی و سرود های پرستشی آن چنان طراحی شده اند که ما را همواره نسبت به گناه هان مان آگاه سازند .در بسیاری از موارد گستاخانه است اگر خود را چیزی به جز یک گناه کار بدانیم. این حقیقتی قابل توجه است . یک چیز وجود داردکه شیطان از آن می ترسد و آن فردی است که شروع به درک معنای عادل شمردگی از طریق ایمان نموده است . شیطان به هر طریقی سعی خواهد کرد به شما احساس گناه و محکومیت القا کند و به شما این باور را بدهد که وقتی شما احساس گناه و محکومیت می کنید یعنی فردی مقدس و مذهبی هستید. بسیاری از افراد اگر خود را عادل بخوانند احساس خجالت یا گستاخی می کنند زیرا آنها فکر می کنند باید عدالت را با تلاش خود بدست آورند .اما کلام خداوند تاکید می کند که عادل شمردگی چیزی نیست که ما لیاقتش را داشته باشیم بلکه هدیه ای است که لیاقتش را نداریم. این هدیه رایگان است و ما شایستگی آن را نداریم و یا باید آن را به عنوان یک هدیه دریافت کنیم یا باید بدون آن زندگی کنیم .

**خداوندم عیسی از تو به خاطر قربانیت متشکرم . اعلام می کنم که من عدالت خداوند را از طریق ایمان به عیسی مسیح بدست آورده ام و این هدیه ای است که خود شایستگی اش را ندارم . اعلام می کنم که من از طریق ایمان عادل شمرده شده ام. آمین.**

## ۲۹ جون

### حیات در پسر

### من از طریق ایمان عادل شمرده شده ام.

با ایمان به مرگ فداکارانه و نیابتی عیسی مسیح به جای ما و با پذیرش این حقیقت که او مزد گناهان ما را برخود گرفت عدالت او به حساب ما گذاشته می شود و ما از مجازات تبرئه می شویم. در چنین عدالتی است که من می توانم با خداوند و مرگ بدون ترس روبرو شوم. یوحنای رسول در رساله اول خود چنین می نویسد :

" و آن شهادت این است که خدا به ما حیات جاویدان بخشیده و این حیات در پسر اوست . آن که پسر را دارد حیات را دارد و آن که پسر خدا را ندارد از حیات برخوردار نیست . " ( اول یوحنا ۵ : ۱۱ – ۱۳ )

خداوند شهادتی برای تمام نژاد بشری دارد و زندگی ابدی را به ما پیشنهاد می کند. این حیات در پسر او یعنی عیسی مسیح یافت می شود. اگر ما عیسی مسیح را پذیرفتیم پس در او زندگی جاودانه را داریم. دقت کنید این جمله در زمان حال نوشته شده است." آن که پسر را دارد حیات را دارد ." این چیزی نیست که پس از مرگ اتفاق بیفتد. این حیات چیزی است که در زمان حال اتفاق می افتد. هم اکنون و در این دنیا. اگر برای پذیرش حیات او تا زمان مرگ تان صبر کنید زمان بسیاری را باید منتظر بمانید در آن موقع بسیار دیر خواهد بود. این مسئله را در خود تحلیل کنید " آنکه پسر را دارد حیات را دارد." پس مطمئن شوید که شما نیز حیات را دارید.

**خداوندم عیسی از تو متشکرم که خود را فدا کردی. اعلام می کنم که من هم اکنون در تو حیات دارم زیرا من پسر را دارم. اعلام می کنم که از طریق ایمان عادل شمرده شده ام. آمین.**

## ۳۰ جون

### حیات در تاک

### من از طریق ایمان عادل شمرده شده ام.

عیسی برای اینکه اهمیت حضورش را در زندگی مردم باز گو کند از مثال تاک و شاخه ها استفاده می کند. ( یوحنا ۱۸:۱۵ را مطالعه کنید.) عیسی در اینجا می گوید من تاک هستم و شما شاخه ها. آیه ۵ بسیار واضح سخن می گوید و برای تفسیر درست ما را راهنمایی می کند. عیسی خودِ تاک است. برای اینکه یک تاک بتواند زنده بماند و میوه بیاورد باید شیرۀ گیاه در آن جریان داشته باشد. یعنی مواد غذایی که درخاک وجود دارد از ریشه ها به سمت بالا و از طریق ساقه به شاخه ها منتقل شود. اگر این شیره گیاه به شاخه ها نرسد این شاخه ها خشک شده و میوه نخواهند آورد. حیات تاک در شیره گیاه است . این شیره نمایانگر روح القدس است . در رومیان ۸ : ۱۰ پولس می گوید :

" اما اگر مسیح در شماست هر چند بدن شما به علت گناه مرده است اما چون پارسا شمرده شده اید روح برای شما حیات است . "

ما در مسیح مرگ را به خاطر گناهان مان تجربه می کنیم. اما با تجربۀ مرگ او به حیات او نیز وارد می شویم. زیرا عدالت او از طریق ایمان به حساب ما گذارده می شود . ( رومیان ۶ : ۶ – ۸ را مطالعه کنید. ) زمانی که ما عدالت او را داشته باشیم پس از حیات او نیز برخوردار خواهیم بود. ما در حیات او که از ریشه ها و از طریق ساقه های تاک به شاخه ها می رسد شریک خواهیم بود. پولس در رومیان ۱۰:۸ به ما می گوید که حیات همان روح القدس است. روح همان حیات است.

**خداوندم عیسی از تو متشکرم که خود را فدا کردی. اعلام می کنم حیات تاک که همان روح القدس است در من جاری شده و من از طریق ایمان عادل شمرده شده ام. آمین.**

## ۱ جولای

عدالتی که به ما حساب ما گذاشته شده است خود را در عمل آشکار می کند.

# من از طریق ایمان عادل شمرده شده ام.

*" به وجد آئیم و شادی کنیم و او را جلال دهیم . زیرا زمان عروسی آن بره فرا رسیده و عروس او خود را آماده ساخته است . جامه کتان نفیس و درخشان و پاکیزه به او بخشیده شد تا به تن کند . جامه نفیس اعمال پارسایانه مقدسین است ." ( مکاشفه ۱۹ : ۷ و ۸ )*

در یونانی دو واژه برای عدالت وجود دارد یکی dikaiosune است و دیگری dikaioma. dikaiosune عدالتی است به مفهوم انتزاعی آن اما dikaioma عدالتی است که خود را در عمل آشکار می کند و یا عدالت در عمل است . زمانی که به عیسی مسیح ایمان می آوریم عدالت او یعنی dikaiosune او به حساب ما گذاشته می شود. ما از طریق عدالت او عادل شمرده می شویم بر اساس ایمان خود زندگی می کنیم و آن عدالتی که به ما نسبت داده شده را از طریق dikaioma که همان عدالتی عملی یا عمل عادلانه ای است که آن را نمایان می سازیم، به حساب ما گذارده می شود. دقت کنید واژه ای که در مکاشفه به کار رفته واژۀ جمع dikaioma یعنی dikaiomata است ." جامۀ کتان نفیس اعمال نیک مقدسان است. " این جمله ای بسیار دقیق و حساب شده ای است. عروس او خود را آماده ساخته است . او این کار را از طریق اعمال عادلانۀ خود انجام داده است. درهیچ فرهنگی ندیدم که داماد خود را برای عروس آماده کند بلکه این عروس است که همیشه خود را آماده می سازد. این مسئولیت بر دوش وی نهاده شده است. کلام خداوند می گوید که عروس مسیح یعنی کلیسا خود را آماده ساخته و این کار را از طریق اعمال عادلانۀ خود انجام داده است. عدالت مسیح که به حساب عروس او گذاشته شده در مراسم عروسی خود را آشکار نمی کند بلکه عدالت در اعمال است که خود را آشکار خواهد کرد. اعمالی که ما ایمان داران به خاطر آنکه عدالت مسیح به طور رایگان به عنوان هدیه به ما داده شده است انجام می دهیم.

**خداوندم عیسی از تو متشکرم که خود را فدا کردی. اعلام می کنم که بر اساس ایمانم زندگی خواهم کرد و عدالتی که به حساب من گذاشته شده را آشکار خواهم ساخت و ایمانم را در عمل نشان خواهم داد و عدالتم را به کار خواهم گرفت.اعلام می کنم که من از طریق ایمان عادل شمرده شده ام. آمین.**

# هفته ۲۷

## با خداوند متحد شده و یک روح گشته ایم.

"اما آن که با خداوند می پیوندد با او یک روح است." ( اول قرنتیان ۶:۱۷ )

## ۲ جولای

یکی شدن با خداوند

### با خداوند متحد شده و یک روح گشته ایم.

درک تفاوت میان روح و نفس انسان از اهمیت بسیاری برخوردار است. نفس انسان نیست که به خداوند می پیوندد بلکه این روح اوست . زیرا روح است که برای پیوستن به خداوند خلق شده است و در واقع روح انسان بدون پیوستن به خداوند نمی تواند زنده بماند.در نتیجهٔ تبدیلی که در زمان تولد تازه رخ می دهد یک ایماندار می تواند به خداوند بپیوندد. اجازه دهید ۳ توضیح ساده از عمل کرد روح ،.نفس وجسم داشته باشیم. روح در واقع خدا آگاه است ، نفس خود آگاه و جسم جهان آگاه است. از طریق روح خود می توانیم از خداوند آگاهی داشته باشیم.از طریق نفس مان از خود آگاهی داریم و از طریق بدن و حواس مان با دنیای اطراف ارتباط ایجاد می کنیم. زمانی که روح انسان یک بار دیگر به خداوند می پیوندد، روح او که دوباره متولد شده تبدیل به یک چراغ می شود . چراغی که پر از روح القدس است باعث می شود طبیعت درونی یک انسان که تا آن موقع تاریک و با خداوند بیگانه بوده روشن شود.باید به یاد داشته باشیم که زمان نگارش کتاب مقدس سوخت چراغ ها روغن زیتون بود و روغن زیتون نمادی از روح القدس است.

*" روح آدمی چراغ خداوند است که اعماق وجود او را می کاود ." ( امثال ۲۰:۲۷ )*

زمانی که روح انسان برای پیوستن به خداوند گشاده می گردد روح القدس آمده و آن چراغ را پر می سازد.در آن زمان چراغ درونی انسان یعنی روح او روشن می گردد و باعث می شود که نور آن سراسر دنیای درونی او را روشن بگرداند و او در تاریکی نماند.

**خداوندا از تو متشکرم که مرا به خود پیوند داده ای. اعلام می کنم که در پیوستن با خداوند و از طریق روشنگری که روح القدس در من انجام می دهد من دیگر در تاریکی نیستم. اعلام می کنم که به خداوند پیوستم و با او در روح یک گشته ام. آمین.**

**۳ جولای**

پیوستن با خداوند

*باخداوند متحد شده و یک روح گشته ایم.*

اگر تا کنون هرگز از خواندن کتاب مقدس شوکه نشده اید شاید هرگز واقعاً آن را نخوانده باشید. زیرا کتاب مقدس گاهی چیز های به ما می گوید که ما را مبهوت می گرداند. به عنوان مثال اول قرنتیان ۱۶:۶را در نظر بگیرید:

*" آیا نمی دانید کسی که با فاحشه ای می پیوندد با او یک تن می شود ؟ "*

همهٔ ما می دانیم که این آیه در باره ای چه نکته ای صحبت می کند. این آیه در مورد فساد جنسی و یا زنا سخن می گوید. یعنی پیوستن فیزیکی با یک زن بدکاره . این آیه را به یاد داشته باشید و بنگرید که پولس پس از آن چه می گوید : " اما آن که با خداوند می پیوندد با او یک روح است . " ( آیه ۱۷ ) نمی توانیم این آیه را از متن خارج کرده و سپس آن را تفسیر کنیم . همان طور که می بینید پولس در آیه ۱۷ درباره اتحادی صحبت می کند که به اندازه یک رابطه جنسی واقعی است. اما این اتحاد اتحادی فیزیکی نیست بلکه روحانی است. این معنای ازدواج با کسی است که از مردگان بر خواسته. نفس ما نیست که با خداوند می پیوندد بلکه این روح ماست زیرا هر که با خداوند بپیوندد با او یک روح می شود. نفس شما می تواند الاهیات را بیاموزد و شاید هم با آموختن آن تحت فشار زیادی قرار بگیرد اما این روح شماست که خداوند را می شناسد. روح انسان بخشی است که خداوند در وجود انسان دمیده یعنی همان که خداوند در بینی آدم دمید. ( پیدایش ۷:۲ را مطالعه کنید .) این قسمت از وجود انسان تا باری دیگر به خداوند نپیوندد آرامی نخواهد یافت. می توانید به دنبال تمامی لذت ها و فلسفه های دنیا بروید اما روح شما به هیچ کدام از آنها علاقه ای ندارد. روح شما تنها خداوند را می خواهد و این روح شماست که می تواند با خداوند بپیوندد. همان حد واقعی که بدن یک مرد می تواند با بدن یک زن بدکاره بپیوندد.هرگز این دو آیه را از هم جدا نکنید. آنها از یکدیگر مجزا نیستند. اما تشبیهی که در میان آنها وجود دارد آنقدر دقیق است که می تواند به ما در درک این رابطهٔ کمک کند.

**خداوندا از تو متشکرم که من را با خود پیوند داده ای اعلام می کنم آنکه با خداوند بپیوندد با او یکی شده است و این حقیقتی است که در مورد من نیز صدق می کند . من با خداوند پیوستم و با او یک روح گشته ام .آمین.**

۴ جولای

ارتباط روح با روح

*با خداوند متحد شده و یک روح گشته ایم.*

حقایق بسیاری در مورد هیکل خداوند در عهد عتیق وجود دارد. یکی از حقایق اصلی این است که هیکل ساختمانی بود متشکل از سه قسمت. حیات خارجی ، قدس و قدس الاقداس. می بینیم که در این تثلیث به حقایق ابدی مختلفی اشاره می شود. یعنی سه در یک است. پدر پسر و روح القدس. سه شخصیت در یک خدا به همین صورت انسان نیز سه در یک است. یک انسان که از روح و نفس و جسم تشکیل شده است. ایمان دارم که آسمان نیز سه در یک است. سه آسمان وجود دارد. آسمان اول قابل مشاهده است و آنچه که ما می بینیم. آسمان دوم که در آنجا مرکز فرماندهی و ملکوت شیطان وجود دارد و آسمان سوم جایی که خداوند در آن حضور دارد. همان مکانی که هم اکنون فردوس در آن واقع است. همچنین ایمان دارم که سه قسمت هیکل خداوند نمایانگر سه جنبه از شخصیت انسان هستند. حیات خارجی که در آن قسمت نور طبیعی خورشید، ماه و ستارگان وجود داشت نمایانگر جسم فیزیکی انسان و حواس فیزیکی او است. حیات درونی مرکز احساسات و ادراک ما است که قدس نامیده می شود و نمایانگر نفس انسان است و قسمتی که دربارۀ حقایق مکاشفه شده صحبت می کند قدس الاقداس است که نمایانگر روح انسان است. این حقیقت آن چیزی است که تنها از طریق رابطۀ مستقیم وشخصی با خداوند درک و دریافت می شود. زیرا تنها روح انسان است که با خداوند می پیوندد.

" اما آن که با خداوند می پیوندد با او یک روح است. " ( اول قرنتیان ۶ : ۱۷ )

در اینجا به یک نفس و یک جسم اشاره نمی شود بلکه به یک روح اشاره می شود. ارتباط مستقیم با خداوند ارتباط روح با روح است. در آنجا است که مکاشفه ای مستقیم رخ می دهد.

**خداوندا از تو متشکرم که مرا با خود پیوند داده ای. اعلام می کنم که ارتباط مستقیم و شخصی من با خداوند ارتباط روح با روح است. اعلام می کنم که من با خداوند پیوسته ام و با او یک روح گشته ام . آمین.**

## ۵ جولای

### مشارکت با خداوند

*با خداوند متحد شده و یک روح گشته ایم.*

بیائید به برخی از عمل کرد های روح در زمانی که می خواهد با نفس و جسم ما ارتباط ایجاد کند نگاه کنیم. دیدیم که روح خدا آگاه است. نفس خود آگاه است و جسم جهان آگاه . بسیار مهم است که بفهمیم نفس ما خود آگاه است. زمانی که مردم بر خود، مشکلات و نیازهای شان متمرکز می شوند در واقع در حیطۀ نفس عمل می کنند. فعالیت اولیه روح ما این است که به خداوند بپیوندد. این تنها جایی است که انسان می تواند مستقیم با خداوند بپیوندد. اول قرنتیان ۱۷:۶ پولس چنین می گوید :

" اما آن که با خداوند می پیوندد با او یک روح است . "

نه یک نفس و نه یک جسم، بلکه یک روح . امتیاز عالی که ما در روح خود داریم این است که روح ما می تواند با خداوند پیوسته و با او مشارکت داشته باشد و این والاترین فعالیت روح انسان یعنی پرستش است. نفس انسان از سه بخش تشکیل شده که عبارتند از : فکر و احساس و اراده. اراده من آن قسمت از وجود من است که می گوید من می خواهم. فکر من آن قسمت است که می گوید من فکر می کنم و احساسات من آن قسمت از وجود من است که می گوید من حس می کنم. این سه بخش با یکدیگر نفس مرا تشکیل می دهند. جسم من جهان آگاه است و این آگاهی از طریق حواس به دست می آید. ما از طریق جسم مان با محیط اطراف مان و دنیا ارتباط ایجاد می کنیم. دنیایی که در زمان و مکان محدود شده است. هدف اولیۀ خداوند این بود که روح انسان باید نفس او و نفس او باید جسم او را هدایت کند. روح تنها می تواند جسم را از طریق نفس کنترل کند. تنها یک استثناء در این زمینه وجود دارد و آن صحبت کردن به زبان ها است. برای همین است که صحبت کردن به زبان ها تجربه ای منحصر به فرد است . زمانی که ما به زبان ها سخن می گوئیم روح ما یکی از اعضای فیزیکی ما یعنی زبان را بدون دخالت نفس مان کنترل می کند. برای همین است که این تجربه بسیار اهمیت دارد.

**خداوندا از تو متشکرم که مرا به خود پیوند داده ای. اعلام می کنم که من با خداوند متحد شده و با او یک روح گشته ام. آمین.**

## ۶ جولای

پرستش در روح

### باخداوند متحد شده و یک روح گشته ایم.

زمانی که آنچه خداوند درباره جسم و نفس مان فرمان داده را انجام می دهیم روح ما آزاد می شود تا بتواند با خداوند مشارکت داشته باشد. این مشارکت حتی عالی تر از زمانی است که انسان هنوز سقوط نکرده بود. پولس در اول قرنتیان ۶:۱۷می گوید: *" اما آن که با خداوند می پیوندد با او یک روح است."* با این حال این تنها روح انسان و نه نفس و بدن او است که می تواند چنین رابطهٔ صمیمی و مستقیمی را با خداوند تجربه کند. در درجهٔ اول در پرستش است که روح ما وارد یک رابطهٔ مستقیم با خداوند می شود. در یوحنا ۴ : ۲۳ – ۲۴ عیسی می گوید :

*"اما زمانی می رسد و هم اکنون فرا رسیده است که پرستندگان راستین پدر را در روح و راستی پرستش خواهند کرد زیرا پدر جویای چنین پرستندگانی است . خدا روح است و پرستندگانش باید او را در روح و راستی بپرستند."*

عیسی به طور مشخص می گوید که پرستش واقعی توسط روح ما صورت می گیرد . در کلیسای معاصر درک کمی از ماهیت پرستش واقعی وجود دارد زیرا ما تفاوت میان روح و نفس را نمی دانیم. پرستش یک سرگرمی نیست. همچنین پرستش با شکر گزاری هم فرق دارد. ما با نفس مان خدا را شکر می کنیم و این کار صحیحی است. ما از طریق شکر گذاری به حضور خداوند راه می یابیم. اما زمانی که به حضور او رفتیم از طریق پرستش است که ما می توانیم اتحاد واقعی با او را بدست آورده و از آن لذت ببریم. پس پرستش خداوند یکی از اهداف نجات است. این پرستش ابتدا بر زمین و سپس در آسمان ادامه خواهد داشت. این کار بالا ترین و مقدس ترین فعالیتی است که وجود بشر قادر به انجامش است. با این حال پرستش تنها زمانی امکان پذیر است که نفس وجسم خود را تسلیم روح مان کنیم و با آن در هماهنگی عمل نمائیم. چنین پرستشی اغلب چنان عمیق است که واژه ها از تعریف آن قاصراند. در این زمان است که فرد در سکوت و به طور عمیق با خداوند احساس یکی بودن می نماید .

**خداوندا از تو متشکرم که مرا به خود پیوند داده ای. اعلام می کنم که والاترین فعالیت من این است که بتوانم با خداوند یکی شده و در روح و راستی او را بپرستم . من با خداوند پیوند یافته و با او یک گشته ام. آمین.**

## ۷ جولای

### ثمره ای روحانی

### با خداوند متحد شده و یک روح گشته ایم.

پرستش عملی است که از طریق آن ما با خداوند ارتباط ایجاد کرده و با او یک روح می شویم. برای همین است که پرستش بالا ترین فعالیتی است که وجود بشر می تواند آن را انجام دهد. زمانی که ما مجدداً در پرستش با خداوند می پیوندیم شروع به ثمردهی می کنیم. پرستش در زندگی یک مسیحی ضمیمه ای نیست که به جلسات اضافه شده باشد، بلکه نقطه اوج جلسات و زندگی ماست و تایید آن است. می خواهم بدون توهین به کسی چنین توضیح دهم که پرستش نقطهٔ اوج ازدواج ما با خداوند است. ما در روح با او می پیوندیم و همانند پیوند ازدواج همواره این پیوند با هدف باروری است و آن زمان ثمرات روحانی در زندگی ما نمایان می شود. باید با هویت همسری که به او می پیوندیم آشنایی داشته باشیم. پولس در غلاطیان ۵: ۱۹ – ۲۱ چنین می گوید :

" اعمال نفس روشن است بی عفتی، نا پاکی و هرزگی، بت پرستی و جادوگری، دشمنی، ستیزه جوئی، رشک و خشم، جاه طلبی، نفاق، دسته بندی، حسد، مستی، عیاشی و مانند این ها . چنانکه پیشتر به شما هشدار دادم باز هم می گویم که کنندگان چنین کارهایی پادشاهی خدا را به میراث نخواند برد . "

اعمال جسم کاملاً آشکار هستند. ممکن است شما به مردم بگوئید که فردی روحانی هستید اما اگر در واقع فردی جسمانی باشید این امر خود را آشکار خواهد ساخت. اجازه دهید این سوال را از شما بپرسم. آیا می خواهید فرزندان تان کارهای که در این متن از غلاطیان آمده است را انجام دهند ؟ این آن نتیجه ای است که جسم به بار می آورد. در تمامی آن لیست شما حتی یک واژه نیکو نیز نمی توانید بیابید . جسم نمی تواند هیچ چیز قابل قبولی برای خداوند تولید کند. جسم فاسد شده است . عیسی گفت که یک درخت فاسد و خراب شده نمی تواند میوه خوب بیاورد. ( متی ۱۸:۷ را مطالعه کنید.) و ببینید که این امر غیر ممکن است.

**خداوندا از تو متشکرم که مرا با خود پیوند داده ای. اعلام می کنم که هدف من پیوستن با خداوند است تا بتوانم از این طریق ثمرات روحانی به بار آورم. اعلام می کنم که من با خداوند پیوسته ام و من با او یک روح گشته ام. آمین.**

## ۸ جولای

### جاری شدن روح خداوند

*با خداوند متحد شده و یک روح گشته ایم.*

" روح آدمی چراغ خداوند است که اعماق وجود او را می کاود . " ( امثال ۲۰ : ۲۷ )

به خاطر دارید که گفتیم وقتی روح انسان به سوی خداوند بازگشته و با او یکی می شود ، روح القدس آمده و چراغ وجود او را روشن می سازد. زمانی که چراغ درون انسان روشن می شود و نور خود را بر دنیای درونی آن فرد می تاباند آن فرد دیگر در تاریکی نیست و علاوه بر آن روحی که تولد تازه یافته خود تبدیل به مجرائی می شود که از طریق آن روح القدس می تواند به سوی این دنیا جاری شود. عیسی گفت :

" هر که به من ایمان آورد همان گونه که کتاب می گوید از بطن او نهرهای آب زنده روان خواهد شد این سخن را درباره روح گفت که آنان که به او ایمان بیاورند آن را خواهند یافت زیرا روح هنوز عطا نشده بود از آن رو که عیسی هنوز جلال نیافته بود . " ( یوحنا ۷ : ۳۸ – ۳۹ )

پس از جاری شد روح القدس در روز پنطیکاست روح تازه تولد یافته انسان تبدیل به مجرا یا بستر رودخانه ای شد که از طریق آن نهرهای آب حیات توانستند به سوی این دنیا جاری شوند. این تبدیل شگفت انگیز است زیرا درست قبل از آنکه عیسی آیات بالا را بگوید چنین گفت :

" در روز آخر که روز بزرگ عید بود عیسی ایستاد و به بانگ بلند ندا در داد هر که تشنه است نزد من آید و بنوشد . " ( آیه ۳۷ )

بنابراین این تبدیل و تولد تازه و پر شدن از روح القدس باعث ایجاد تغییر شگفت انگیزی در فرد می شود. فردی که خود گرسنه بود و تشنه، اکنون تبدیل به مجرائی می شود که از طریق آن آب حیات می تواند به سوی دنیای اطرافش جاری شود.

**خداوندا از تو متشکرم که مرا با خود پیوند داده ای . اعلام می کنم که من مجرائی خواهم بود که از طریق آن روح القدس و آب های حیات روحانی می توانند جاری شوند و به دنیای که محتاج ان است برسند. اعلام می کنم که من با خداوند پیوند یافته و با او یک روح گشته ام. آمین.**

## هفته ۲۸

## من به بهائی خریداری شده و متعلق به خداوند هستم.

" آیا نمی دانید که بدن شما معبد روح القدس است که در شماست و او را از خدا یافته اید و دیگر از آن خود نیستید ؟ به بهائی خریده شده اید پس خدا را در بدن خود تجلیل کنید . " ( اول قرنتیان ۶ : ۱۹ – ۲۰ )

**۹ جولای**

متعلق به عیسی

## من به بهائی خریداری شده و متعلق به خداوند هستم.

*" آیا نمی دانید که بدن شما معبد روح القدس است که در شماست و او را از خدا یافته اید و دیگر از آن خود نیستید "( اول قرنتیان ۱۹:۶ )*

چرا شما متعلق به خود نیستید؟ زیرا فرد دیگری شما را خریده است. زمانی که شما توسط فرد دیگری خریده شده اید دیگر متعلق به خود نیستید .چه کسی شما را خریده است ؟ عیسی. بهائی شما را به چه روشی پرداخته است؟ با خون خود این بهاء را پرداخت کرده است. بنابراین اگر توسط عیسی خریداری شده اید به یاد داشته باشید متعلق به خود نیستید. اگر متعلق به خود هستید بنابراین توسط خون عیسی خریداری نشده اید. باری دیگر می گویم که این امکان وجود ندارد که شما هم متعلق به خود باشید و هم متعلق به خداوند. خداوند می خواهد که شما متعلق به وی باشید. او بهای شما را با خون گران بهای خود پرداخته است. اگر می خواهید خود برای زندگی تان تصمیم بگیرید به یاد داشته باشید که در آن صورت توسط بهائی خریداری نشده اید. نمی توانید هر دو روش را در زندگی تان داشته باشید. اگر شما متعلق به خداوند هستید دیگر متعلق به خود نیستید. اگر شما متعلق به خودتان هستید دیگر متعلق به خداوند نیستید .

*" به بهائی خریده شده اید پس خدا را در بدن خود تجلیل کنید . " ( اول قرنتیان ۲۰:۶ )*

زمانی که عیسی بر صلیب جان داد او بهائی کامل برای فدیه ای کامل پرداخت. او تنها یک قسمت از وجود شما را فدیه نداده است بلکه او کاملیت وجود شما را یعنی روح، نفس و جسم تان را فدیه داده است. عیسی مرد تا شما را فدیه دهد و اگر شما این نجات و فدیه را از طریق خون او می پذیرید دیگر متعلق به خود نیستید و اکنون متعلق به او هستید. هم روح و هم جسم شما متعلق به خداوند است زیرا عیسی با بهای خون خود مالکیت شما را بدست آورده است .

**عیسی جان از تو متشکرم که مرا خریده ای. اعلام می کنم که عیسی بهای کامل نجات مرا پرداخته است و من به بهائی خریداری شده ام و من متعلق به خداوند هستم . آمین.**

## ۱۰ جولای

### ابزاری در دست خداوند

*من به بهائی خریداری شده و متعلق به خداوند، هستم.*

کتاب مقدس به ما می گوید که خداوند در هیکل های ساخته شده توسط دست انسان ها ساکن نمی گردد. ( اعمال رسولان ۴۸:۷ را مطالعه کنید.) ما می توانیم کلیسا ها، کنیسه ها و هیکل های مختلفی برای او بسازیم اگربخواهیم می توانیم این کار را انجام دهیم اما خداوند در آنها مسکن نمی گزیند. ما کاملا متعلق به او هستیم روح و نفس و جسم مان متعلق به اوست. خداوند علاقه ای خاص و هدفی مشخص برای بدن های ما دارد. بدن های ما باید هیکل روح القدس باشند. بدن های ما باید مکانی باشند برای این که روح القدس در آنها ساکن شود.( اول قرنتیان ۱۹:۶ را مطالعه کنید.) تصمیم خداوند چنین بوده که در جسم فیزیکی آنانی که به او ایمان دارند ساکن شود بنابراین خداوند برای بدن ایمانداران نقشۀ خاصی دارد و آن این است که بدن هایمان باید مسکن روح القدس گردند. علاوه بر آن پولس درباره اعضای بدن ما چنین توضیح می دهد:

" اعضای بدن خود را تسلیم گناه نکنید تا ابزار شرارت باشند بلکه همچون کسانی که از مرگ به زندگی بازگشته اند خود را تسلیم خدا کنید ." ( رومیان ۱۳:۶ )

اعضای مختلف بدن فیزیکی ما قرار است که سلاح هایی باشند در دست خداوند که بتواند از آنها استفاده کند. اعضای بدن ما متعلق به ما نیستند بلکه متعلق به خداوند هستند. ما باید جسم خود را تسلیم او کنیم. واضح است که خداوند می خواهد اسلحه های او در شرایط خوبی باشند نه ضعیف و شکسته. خداوند می خواهد که جسم ما سالم و اعضای بدن ما قوی، موثر و فعال باشند. زیرا ما اعضای بدن مسیح هستیم. در واقع عیسی بدنی بر روی زمین به جز بدن های ما ندارد. بدن های ما ابزاری هستند در دست خداوند که او از آنها استفاده می کند تا بتواند اراده خود را بر زمین انجام دهد. من متقاعد شده ام که خداوند از ما این انتظار را دارد که بدن های خود را قوی و تا حد ممکن سالم نگاه داریم.

**خداوندا از تو متشکرم که مرا خریده ای. اعلام می کنم که اعضای بدن فیزیکی من ابزاری در دست خداوند هستند تا او بتواند از آنها استفاده کند. من اعضای بدن خود را تسلیم خداوند می کنم. زیرا من به بهائی خریده شده ام و متعلق به خداوند هستم. آمین.**

## ۱۱ جولای

مروارید‌های گران بها

### من به بهائی خریداری شده و متعلق به خداوند هستم.

در متی ۱۳: ۴۵ – ۴۶ عیسی مثلی را باز گو می کند که به نظر من به زیبا ترین نحو شگفتی نجات ما را تشریح می کند. این مثل برای من نجات نفس انسان را به تصویر می کشد. عیسی آن تاجر است. او یک توریست یا گردشگر نیست بلکه کسی است که برای بدست آوردن مرواریدها همه زندگی خود را می دهد. این مرواریدها روح و نفس انسان ها هستند. روح شما و من. او همه چیز خود را برای بدست آوردن ما داد. اگر بخواهم این موضوع را به زبان ساده توضیح دهم می توانید شخصی را تصور کنید که به همسرش می گوید :

" عزیزم من ماشینمان را فروختم. "

- خوب تو ماشین را فروختی ولی حداقل ما یک سقف بالای سرمان داریم.

" نه ! من سقف بالای سر مان را نیز فروختم. "

- چه چیزی باعث شد که تو این کار را انجام دهی ؟

من زیبا ترین مرواریدی که تا کنون دیدم را پیدا کرده ام. همه زندگیم دنبال چنین مرواریدی بودم . بهایی خریداری آن همه آن چیزی بود که در زندگی داشتم. منتظر باش تا آن را ببینی. این برای ما چه معنایی دارد؟ هر کدام از ما می توانیم خود را در نقش آن مروارید گرانبهایی ببینیم که ارزشش تمام چیز های بود که عیسی داشت. حتی خون گرانبهایش.

**خداوندا از تو متشکرم که مرا خریدی. اعلام می کنم که من آن مروارید گرانبهایی هستم که خداوند مرا خریده و به بهائی خریداری شده ام و متعلق به خداوند هستم. آمین.**

## ۱۲جولای

تا ابد متعلق به او هستیم.

### من به بهائی خریداری شده و متعلق به خداوند هستم.

به یاد داشته باشید بهایی که عیسی برای باز خرید ما پرداخت نمود تمام آن چیزی بود که او داشت. اگرچه او خداوند تمامی خلقت بود ولی همه قدرت و اقتدار خود را کنار گذاشت تا در فقر مطلق بمیرد. او هیچ نداشت و کفن و قبر او نیز قرضی بود.

*" زیرا از فیض خداوند ما عیسی مسیح آگاهید که هر چند دولتمند بود به خاطر شما فقیر شد تا شما در نتیجه فقر او دولتمند شوید ." ( دوم قرنتیان ۸ : ۹ )*

شاید تا کنون نمی دانستید که این قدر برای خداوند مهم هستید. شاید شما تصویر محقرانه ای از خود دارید یا از عزت نفس پایینی برخوردار هستید. اگر یک لحظه به زندگی گذشتهٔ خود نگاه کنید نا امید می شوید. کودکی شما پر از محرومیت بوده. غم ازدواجی که به طلاق انجامیده. کاری که هرگز به بار ننشست. و یا سال هایی از زندگی تان که در اعتیاد به مواد مخدر یا الکل سپری شد. گذشته و آینده شما همان یک پیغام را برای شما دارند. شکست ! اما این برای عیسی معنی ندارد. او آنقدر شما را دوست داشت که همه چیز خود را داد تا شما را برای خود باز خرید کند. واژه های زیبای پولس رسول را تکرار کنید. اجازه دهید این واژه ها در وجودتان شکل بگیرد.

*" با مسیح بر صلیب شده ام و دیگر من نیستم که زندگی می کنم بلکه مسیح است که در من زندگی می کند و این زندگی که اکنون در جسم می کنم با ایمان به پسر خدا است که مرا محبت کرد و جان خود را به خاطر من داد ." ( غلاطیان ۲:۲۰ )*

یک بار دیگر این جمله را تکرار کنید. " خداوند مرا دوست دارد و خود را به خاطر من فدا کرده است. " یک بار دیگر تکرار کنید : " پسر خدا مرا دوست دارد و خود را به خاطر من فدا کرده است . " خود را همانند مرواریدی ببینید که در دستهای سوراخ عیسی قرار دارید. بشنوید که به شما می گوید : " تو بسیار زیبایی ! برای به دست آوردن تو همه چیزم را داده ام اما پشیمان نیستم اکنون تو تا ابد مال من هستی." شما نمی توانید کاری کنید که سزاوار این محبت باشید. هرگز نمی توانید خود را تغییر دهید یا باعث شوید به فرد بهتری تبدیل شوید. تمام آنچه می توانید انجام دهید این است که بپذیرید عیسی برای تان چه کاری کرده و از او به خاطر آن کار تشکر کنید. شما تا ابد متعلق به او هستید.

**خداوندا از تو متشکرم که مرا خریده ای و اعلام می کنم که عیسی مرا دوست دارد و خود را برای من فدا کرده است و من تا ابد متعلق به او هستم. من به بهائی خریداری شده ام و متعلق به خداوند هستم .آمین.**

**۱۳جولای**

بهای خرید ما

## من به بهائی خریداری شده و متعلق به خداوند هستم.

بهائی که عیسی پرداخت را در نظر بگیرید. این بها صراحتاً در قسمت های مختلف عهد جدید نوشته شده است. در اعمال ۲۸:۲۰ پولس مشایخ کلیسای افسس را مورد خطاب قرار داده و چنین می گوید:

*" مراقب خود و تمامی گله ای که روح القدس شما را به نظارت بر آن گماشته است باشید و کلیسای خدا را که آن را به خون خود خریده است شبانی کنید. "*

دقت کنید پولس در اینجا عیسی را به طور خاص خداوند خطاب می کند. او می گوید : " خداوند کلیسا را با خون خود خریداری کرده است. " بهای خرید، خون عیسی است. سپس در اول پطرس ۱۷:۱ چنین می خوانیم: *" اگر او را پدر می خوانید که هر کس را بی غرض و بر حسب اعمالش داوری می کند پس دوران غربت خویش را با ترس بگذرانید ."* در اینجا او در مورد اسارت ترس صحبت نمی کند بلکه در مورد احساس مسئولیت عمیقی صحبت می کند که پس از نجات در ما ایجاد می شود. هرگز نباید خود را بی ارزش بدانیم. زمانی که ما متوجه می شویم توسط خون عیسی خریداری شده ایم نمی توانیم دیگر خود را بی ارزش بیانگاریم.

*" زیرا می دانید از شیوه زندگی باطلی که از پدران تان به ارث برده بودید باز خرید شده اید نه به چیز های فانی چون سیم و زر، بلکه به خون گران بهای مسیح آن بره بی عیب و بی نقص. " ( آیات ۱۸ ، ۱۹ )*

بهائی که عیسی پرداخت تا ما را باز خرید کند خون گران بهای او بود. او برهٔ خدا را بی عیب و بی نقص می خواند. نقص آن چیزی است که یک موجود در زمان تولد همراه خود دارد .عیب چیزی است که ممکن است پس از تولد در او ایجاد شده باشد. عیسی نه عیب داشت و نه نقصی. یعنی خود او گناهی نداشت و هیچ گناه اولیه ای نیز بر او نبود. برای همین خون گرانبهای او توانست ما را نجات داد.

**خداوندا از تو متشکرم که مرا خریده ای. اعلام می کنم به وسیلهٔ خون گران بهای عیسی خریداری شده ام. من به بهائی خریداری شده ام و متعلق به خداوند هستم . آمین.**

۱۴ جولای

تقدیم بدن های ما

*من به بهائی خریداری شده و متعلق به خداوند هستم.*

درک اینکه عیسی کل وجود یک شخص را نجات می دهد بسیار مهم است. یعنی روح ، نفس و جسم او را. یکی از دلایل نجات جسم ما این است که جسم ما تبدیل به هیکل خداوند شود. خداوند در هیکلی که هنوز نجات نیافته و هنوز متعلق به شیطان است ساکن نخواهد شد. بدن های ما نیز باید نجات یابند تا خداوند توسط روح القدس در آنجا ساکن شود. بدن های ما توسط خون عیسی نجات می یابند. اما واکنش ما نسبت به این موضوع چگونه باید باشد؟ این قسمت بسیار مهم است . پولس می گوید:

" پس ای برادران در پرتو رحمتهای خدا از شما استدعا می کنم که بدن های خود را همچون قربانی زنده و مقدس و پسندیده خدا به او تقدیم کنیم که عبادت معقول شما همین است . " ( رومیان ۱۲:۱ )

حال واکنش ما نسبت به کاری که خداوند از طریق مرگ عیسی بر صلیب انجام داد باید چگونه باشد؟ ما باید بدن های خود را هم چون قربانی زنده تقدیم خداوند کنیم. چرا قربانی زنده ؟ پولس در اینجا قربانی زنده را با قربانی های عهد عتیق مقایسه می کند. قربانی هایی که در آن زمان باید کشته می شدند و در مذبح خداوند به عنوان قربانی تقدیم می شدند تا بتوانند گناه و تقصیر را پاک کنند. او چنین می گوید که بدن های خود را بر مذبح خداوند قرار دهید اما آنها را نکشید. بدن های خود را هم چون قربانی زنده به خداوند تقدیم کنید. زمانی که شما وجود خود را بر مذبح خداوند قرار دادید دیگر وجود تان متعلق به شما نیست متعلق به خداوند است. هر چیزی که به عنوان قربانی بر مذبح خداوند قرار داده می شود مال او است. این دقیقاً آن چیزی است که خداوند از ما می خواهد انجام دهیم. بدن های خود را به عنوان قربانی زنده تقدیم کنیم و مالکیت جسم خود را نیز تسلیم او کنیم و آن را در دستان خداوند قرار دهیم.

**خداوندا از تو متشکرم که مرا خریده ای. اعلام می کنم که من جسم خود را به عنوان قربانی زنده به تو تقدیم می کنم. من به بهائی خریداری شده ام و متعلق به خداوند هستم . آمین.**

**۱۵جولای**

تقدیس شده، جدا شده و تبدیل شده

## من به بهائی خریداری شده و متعلق به خداوند هستم.

*" به همین سان عیسی نیز بیرون از دروازه شهر رنج کشید که با خون خود قوم را تقدیس کند. " ( عبرانیان ۱۳ : ۱۲)*

خون عیسی همه ایمان داران را تقدیس می کند. یک بار دیگر تاکید می کنم تقدیس واژه ای مذهبی است. افراد بسیاری درک اشتباهی از معنای آن دارند. واژه تقدیس با واژهٔ مقدس در ارتباط است و به طور مستقیم در زبان اصلی کتاب مقدسی با واژهٔ قدوسیت مرتبط است .بنابراین تقدیس به معنای قدوس نمودن و یا مقدس کردن است. تقدیس یعنی جدا شدن برای خداوند. زمانی که فردی تقدیس می شود در شرایطی قرار می گیرد که خداوند می تواند به او دسترسی داشته باشد اما شیطان نمی تواند. تقدیس شدن یعنی این که شخص از حیطهٔ دسترسی شیطان خارج شده و به فضای دیگری منتقل می شود تا در دسترس خداوند قرار گیرد. این معنای تقدیس شدن است. یعنی جدا شدن برای خداوند و مقدس شدن . همانند عادل شمردگی تقدیس نیز با کارها و تلاش ها و مذهب حاصل نمی شود. تقدیس تنها از طریق ایمان به خون عیسی است که میسرمی شود. شما متعلق به خدا هستید. شما تحت کنترل و در دسترس خداوند هستید. هیچ چیزی به جز خداوند حق دسترسی به شما را ندارد زیرا هر آنچه بخواهد به شما نزدیک شود خون مسیح مانع از آن می شود. در کولسیان ۱ : ۱۲ – ۱۳ پولس چنین می نویسد :

*" پدر را شکر گوئید که شما را شایستهٔ سهیم شدن در میراث مقدسان در قلمرو نور گردانیده است زیرا ما را از حضور تاریکی رهانیده و ما را به پادشاهی پسر عزیزش منتقل ساخته است. "*

از طریق ایمان به خون عیسی ما از حیطه اقتدار شیطان خارج می شویم و به پادشاهی خداوند منتقل می گردیم .ما قرار نیست که در آینده منتقل شویم ما هم اکنون منتقل شده ایم. روح ، نفس و جسم مان منتقل شده است. ما دیگر در قلمرو شیطان نیستیم. ما دیگر تحت قوانین شیطان زندگی نمی کنیم. ما در حیطهٔ حاکمیت پسر خدا و تحت قوانین او زندگی می کنیم .

**خداوندا از تو متشکرم که مرا خریده ای . اعلام می کنم که من تقدیس شده و برای خداوند جدا شده ام و به ملکوت خداوند منتقل گشته ام. من به بهائی خریداری شده ام و متعلق به خداوند هستم. آمین.**

# هفتهٔ ۲۹

## من عضو بدن مسیح هستم.

" بدین قرار شما بدن مسیح هستید و هر یک عضوی از آنید. " ( اول قرنتیان ۱۲:۲۷ )

**۱۶جولای**

جای خود را پیدا کنیم.

## من عضو بدن مسیح هستم.

امثال ۸:۲۷ چنین می گوید :

*" مردی که از خانه اش آواره شود پرنده ای را ماند که از لانه اش آواره شده باشد. "*

آیا تا به حال پرنده ای را دیده اید که از لانه اش بیرون آمده باشد و نتواند به آن باز گردد؟ هیچ چیزی مانند این تشبیه تأسف بار نیست. این تشبیه به خوبی توضیح می دهد که معنای در جای خود نبودن شما چیست. افراد بسیاری را مشاوره داده ام. افرادی که به آنها تنها چیزی که گفته ام این بوده است : " یکی از مشکلات تو این است که در مکان جغرافیایی صحیحی نیستی." تو قرار نیست اینجا باشی. هرگز نمی توانی به طور کامل ثمر بخش باشی تا اینکه در جای خودت قرار بگیری. اما جای شما مشخصاً به معنای مکان جغرافیائی تان نیست بلکه جایگاهتان در خداوند است، جای شما در بدن مسیح .کتاب مقدس چنین می گوید که هر یک از ما باید عضوی از اعضای بدن مسیح باشیم و به عنوان عضو بدن او هر کدام از ما باید در جای صحیحی که متعلق به آن عضو است قرار بگیریم. اگر دست ها به ران ها و پاها به بازوان چسبیده باشد احمقانه خواهد بود. شما باید بفهمید چه عضوی هستید تا بتوانید در جایی که صحیح و مناسب شما است قرار بگیرید. خدا ما را نجات داده و به زندگی مقدس فرا خوانده است نه به سبب اعمال ما بلکه به خاطر رحمت و فیض خود. فیضی که در مسیح عیسی از ایام ازل به ما عطا شده بود.

*" پس از شهادت بر خداوند ما عار مدار و نه از من که به خاطر او در بندم بلکه تو نیز با اتکا به نیروی الهی در رنج کشیدن برای انجیل سهیم باش . خدا ما را نجات داده و به زندگی مقدس فرا خوانده است. این نه به سبب اعمال ما بلکه به خاطر قصد و فیض خود اوست . فیضی که در مسیح عیسی از ایام ازل به ما عطا شده بود ." ( دوم تیموتائوس ۱ : ۸ ، ۹ )*

این قسمت از کتاب مقدس قسمتی بسیار عالی است و ما تقریبا از درک عمق کامل آن ناتوانیم. کلام خداوند می گوید : " خداوند ما را نجات داده " اما این فرایند در همین جا متوقف نمی شود.هیچ نقطه و یا ویرگولی بعد از آن وجود ندارد و او سریعاً ادامه می دهد " ما را فرا خواند ". نجات یافتن یعنی فرا خوانده شدن. کسی وجود ندارد که نجات یافته باشد اما فرا خوانده نشده باشد. مسیحیان بسیاری وجود دارند که نجات را دارند اما از خواندگی خود اطلاعی ندارند. این بدان معنا نیست که آنها فرا خوانده نشده اند. وقتی خداوند شما را نجات می دهد در همان زمان شما را نیز فرا می خواند. تا زمانی که در خواندگی خود قرار نگیریم و آن خواندگی در زندگی تان محقق نشود شما دائماً نا امید خواهید بود و از وضعیت خود ناراضی خواهید بود.

**عیسی جان از تو متشکرم که مرا به عنوان عضوی از بدن خود خوانده ای. اعلام می کنم که من جای خود و خواندگی خود را در تو یافته ام. من عضو بدن مسیح هستم . آمین.**

**۱۷جولای**

ما به یکدیگر نیاز داریم.

## من عضو بدن مسیح هستم.

پولس در افسسیان ۱ : ۲۲ – ۲۳ تصویری از قوم خدا بر روی زمین ارائه می دهد. پولس این تصویر را در اول قرنتیان بسط و گسترش داده و چنین می گوید :

*" بدین قرار شما بدن مسیح هستید و هر یک عضوی از آنید ." ( اول قرنتیان ۱۲:۲۷ )*

او مثالهای مختلفی از بدن فیزیکی ما ارائه می دهد تا بر این حقیقت تاکید نماید که ما به عنوان مسیحیان به یکدیگر نیاز داریم. کامل ترین و معتبرترین تصویر کلیسا به عنوان بدن مسیح در افسسیان آمده است. در این تشبیه می بینیم که پولس به طور خاص دربارهٔ مسیحیان به عنوان یک جمع سخن می گوید. ظاهراً او در اینجا به هیچ نکته ای که فردی باشد اشاره ای نمی کند. ( افسسیان ۱ : ۳ – ۱۲ را مطالعه کنید. ) زمانی که با دقت بقیهٔ صفحات رسالهٔ افسسیان را می خوانیم در می یابیم که این پیغام از ابتدا تا انتهای رساله تأیید می شود. در این رساله هیچ وعده و هیچ دعایی برای شخص خاصی نمی شود. تنها در ۶ آیه آخر یک استثنای کوتاهی وجود دارد. پولس رسالهٔ خود را با درخواست دعا برای خود به پایان می رساند.

تمرکز بر بدن مسیح به عنوان یک کل در افسسیان۶ : ۱۰ – ۱۸ به اوج خود می رسد. جایی که پولس درباره نبرد روحانی سخن می گوید. در آیه ۱۲ تمام واژه های کلیدی به صورت جمع هستند. هم آن واژه هایی که درباره قوم خدا هستند و هم آن واژه هایی که برای نیروهای مخالف بکار می روند. ما علیه قدرت ها ، ریاست ها ، خداوند گاران این دنیای تاریک و علیه فوج های ارواح شریر در جای های آسمانی می جنگیم. بنابراین نبرد روحانی، نبردی شخصی نیست بلکه نبردی بزرگ با نیروهای تاریکی است. در این نبرد جایی برای کماندارهای تنهائی که هر کدام اهداف شخصی خود را دنبال می کنند وجود ندارد. برای کسب پیروزی قوم خداوند باید به صورت هماهنگ با یکدیگرعمل نمایند. برای این کار لازم است که قوم خدا با نظم و آمادگی لازم و با اقتدار کتاب مقدسی به پیش بروند.

**عیسی جان از تو متشکرم که مرا عضو بدن خود قرار داده ای. اعلام می کنم که من تنها نیستم بلکه من در کنار بقیهٔ اعضای بدن مسیح ایستاده ام. زیرا من عضوی از بدن مسیح هستم. آمین.**

**۱۸ جولای**

جایگاه مشخص من

*من عضو بدن مسیح هستم.*

عیسی گفت : " که اگر ما به اندازه دانه خردل ایمان داشته باشیم می توانیم کوه ها را جابه جا کنیم. " . ( متی ۱۷:۲۰ را مطالعه کنید.) مهم کمیت ایمان ما نیست بلکه کیفیت آن است. ایمان به افرادی عطاء می شود که واقع گرا و فروتن هستند. چرا که خداوند به شما به میزان مشخصی ایمان عطاء کرده است.( رومیان ۱۲ : ۳ را مطالعه کنید. )

زیرا او مکان مشخصی برای شما در بدن مسیح در نظر گرفته است. ایمانی که به شما عطاء شده برای جایگاه تان در بدن به طور خاص طراحی شده است. اگر خداوند می خواهد که شما دست باشید او به شما ایمانی که دست نیاز دارد را عطاء می کند اگر از شما می خواهد که گوش باشید به شما ایمان گوش بودن را عطاء می کند. اگر او بخواهد که انگشت باشید به شما ایمانی که انگشت احتیاج دارد عطاء می کند. اما اگر شما یک انگشت هستید و سعی می کنید بینی باشید در آن صورت عدم هماهنگی بین ایمان و عمل شما ایجاد خواهد شد. این به آن دلیل نیست که شما به اندازهٔ کافی ایمان ندارید خیر . بلکه به این دلیل است که سعی می کنید ایمانی از خود ارائه دهید که در واقع برای آن در نظر گرفته نشده اید. این ایمان برای کار و مکان مشخصی که شما به عنوان عضوی از بدن مسیح دارید در نظر گرفته شده است. دست من به عنوان یک دست کار خود را به صورت عالی انجام می دهد. کتاب مقدس ام را باز می کند صفحه هات را ورق می زند. تقریبا هر چه را از او می خواهم انجام می دهد اما اگر این کارها را بخواهم با پای خود انجام دهم به مشکل بر می خورم. اما اگر هموارهٔ برای داشتن ایمان در تلاش و کشمکش هستید شاید شما سعی در انجام کار اشتباهی دارید. ممکن است شما دست باشید و سعی کنید کار پا را انجام دهید و یا پا باشید وسعی کنید کار دست را انجام دهید این یکی از روش های خداوند است، برای اینکه بتواند شما را به سوی جایگاه حقیقی تان هدایت کند.

**عیسی جان از تو متشکرم که مرا عضوی از بدن خود قرار داده ای. اعلام می کنم که خداوند مرا به سوی جایگاه مشخصی از بدن مسیح هدایت می کند.**
**زیرا من عضوی از بدن مسیح هستم. آمین.**

### ۱۹ جولای

به یکدیگر بافته شده ایم

## من عضو بدن مسیح هستم.

پولس در اول قرنتیان باب ۱۲ به این نکته اشاره می کند که هر عضو بر دیگری متکی است.هیچ عضوی وجود ندارد که مستقل از اعضای یکدیگر عمل کند. چشم نمی تواند به دست بگوید به تو احتیاج ندارم. سر نمی تواند به پا بگوید به تو احتیاج ندارم. حتی ضعیف ترین عضو می تواند بسیار مهم باشد. هیچ عضوی از بدن انسان آسیب پذیرتر و حساس تر از چشم نیست .اما اعضای کمی در بدن وجود دارند که ارزشمند تر از چشم باشند. دقت کنید که طبیعت به چه زیبایی از چشم محافظت می کند. عمل کرد اولیه بسیاری از اجزای صورت این است که از چشم محافظت کنند. اما چشم تمام محافظت و احترام را نه به خاطر آنکه قوی است دریافت می کند بلکه به آن خاطر که ضعیف است. این آن طریقی است که اعضای بدن به هم بافته شده اند تا آن قسمت که قوی است از قسمت های ضعیف محافظت کند. نمی توانیم هیچ کدام از اعضای بدن مسیح را مورد بی توجهی قرار داده و آن را کم اهمیت بدانیم. خواه آن عضو بزرگ باشد خواه کوچک، خواه قوی ، خواه ضعیف. این حقیقت در مورد اعضای بدن مسیح هم صادق است. ما به یکدیگر نیاز داریم. ما به یکدیگر متکی هستیم. باید به یکدیگر احترام بگذاریم. وقتی یک عضوی رنج می کشد اعضای دیگر با او رنج می کشند. وقتی یک عضو مورد احترام و تکریم قرار می گیرد اعضای دیگر نیز به همراه او محترم خوانده می شوند.( اول قرنتیان ۲۶:۱۲ را مطالعه کنید. ) این طبیعت بدن مسیح است. یعنی کلیسا.

**عیسی جان از تو متشکرم که مرا عضوی از بدن خود قرار داده ای. اعلام می کنم که من و ایمانداران دیگر به هم بافته شده ایم و به آنها احترام می گذارم. زیرا من عضو بدن مسیح هستم. آمین.**

**۲۰ جولای**

همکاری با یکدیگر

## من عضو بدن مسیح هستم.

فکری که تازه شده است ما را به سوی جایگاه صحیح در بدن هدایت می کند. در این صورت ما می فهمیم هر کدام از ما تنها یک عضو هستیم و به تنهائی نا کامل. و نمی توانیم به تنهایی کاری که خداوند از ما انتظار دارد را انجام دهیم. بار دیگر برای کامل بودن و برای عمل کردن در راستای اهداف و نقشهٔ خداوند هر کدام از ما باید عضوی از بدن او باشیم. ما باید به اعضای دیگر بپیوندیم و این پیوستن ما بر اساس تعهدی است که هر کدام از ما به یکدیگر داریم که باعث خواهد شد بتوانیم با یکدیگر کار کنیم و هر کدام به تنهائی به عنوان شخصی جدا به هدف خود فکر نکنیم.

زمانی که با هواپیما مسافرت می کنم اغلب از سیستم مسیر یاب هواپیما شگفت زده می شوم که چطور می تواند دقیقاً در مکانی که باید فرود بیاید با سرعت مشخص فرود آمده و به آرامی بر زمین بنشیند. وقتی که شما نیز خود را با روح خداوند هماهنگ می کنید فکر تازه شدهٔ شما بدن تان را به جایی صحیح هدایت می کند. در آن صورت شما عضوی از بدن خداوند می شوید. بدن مسیح یعنی کلیسا.

**عیسی جان از تو متشکرم که مرا عضوی از بدن خود کرده ای. اعلام می کنم که خداوند مرا دقیقاً در جای درست در بدن او قرار می دهد. زیرا من عضوی از بدن مسیح هستم . آمین.**

**۲۱جولای**

رفتار صحیح با یکدیگر

## من عضو بدن مسیح هستم.

دنیا پر از افرد مختلفی است. ممکن است به ظاهر یک فردی نگاه کرده و بگوئید زیاد علاقه ای به او ندارید و حتی ممکن است در آینه نگاه کنید و همان چیز را دربارهٔ خود بگوئید اما ما باید به برادران و خواهران خود در بدن مسیح فراتر از ظاهرشان نگاه کنیم. یعنی افرادی که عیسی برای آنها خونش را ریخت و جانش را فدا ساخت. اگر ما نتوانیم به دیگران احترام گذاشته و با آن ها به درستی رفتار کنیم، خداوند را محزون خواهیم ساخت. زیرا خداوند آن قدر تمام انسان ها را دوست داشت که برای آنها جانش را داد. زمانی که ما رفتاری اشتباه نسبت به عضوی از بدن مسیح داریم باعث می شویم که خداوند به سختی غمگین شود. مخصوصاً زمانی که ما به فردی دیگر به دیدهٔ تحقیر نگاه کرده و او را بی ارزش بشماریم. به نظر من مردم قرنتس نیز همین مشکل را داشتند. افرادی که پولس دو رسالهٔ خود را خطاب به آنها می نویسد. روابط اشتباهی آنجا وجود داشت. آنها نمی توانستند بدن خداوند را تمییز دهند.( اول قرنتیان ۱۱:۲۹ را مطالعه کنید.) و پولس چنین گفت:

*" از همین روست که بسیاری از شما ضعیف و بیمارند و شماری هم خفته اند ." (آیه ۳۰)*

به نظر من یکی از دلایل وجود بیماری در میان مسیحیان همین نکته است. متأسفانه باید بگویم که بسیاری از مسیحیان با یکدیگر به عنوان اعضای بدن مسیح به درستی رفتار نمی کنند.

**عیسی جان از تو متشکرم که مرا عضوی از بدن خود خوانده ای. اعلام می کنم که با فیض تو من اعضای دیگر بدن را محترم شمرده وهر کدام از آنها را به عنوان فردی خواهم دید که عیسی برای او جانش را فدا کرده است .زیرا من عضوی از بدن مسیح هستم. آمین.**

## ۲۲ جولای

### خداوند جایگاه ما را مشخص می کند.

### من عضو بدن مسیح هستم.

" زیرا بدن هر چند یکی است از اعضای بسیار تشکیل شده و همه اعضای بدن اگر چه بسیارند اما یک بدن را تشکیل می دهند . در مورد مسیح نیز چنین است . زیرا بدن نه از یک عضو بلکه از اعضای بسیار تشکیل شده است . اگر پا گوید چون دست نیستم به بدن تعلق ندارم این سبب نمی شود که عضوی از بدن نباشد و اگرگوش گوید چون چشم نیستم به بدن تعلق ندارم این سبب نمی شود که عضوی ازبدن نباشد . اگر تمام بدن چشم بود شنیدن چگونه میسر می شد ؟ و اگر تمام بدن گوش بود بوئیدن چگونه امکان داشت ؟ اما حقیقت این است که خدا اعضا را آن گونه که خود می خواست یک به یک در بدن قرار داد ." ( اول قرنتیان ۱۲:۱۲، ۱۴ - ۱۸ )

باید به سه نکته از سخنان پولس دقت کنیم. اول اینکه جایگاه ما و اینکه ما در بدن مسیح چه کسی هستیم را ما انتخاب نمی کنیم بلکه خداوند آن را انتخاب می کند.خداوند است که جای هر کدام از اعضای بدنش را مشخص کرده و عمل کرد شان را نیز مقرر می کند. تصمیم با ما نیست. بلکه این خداوند است که تصمیم می گیرد و تصمیماتش را آشکار می کند.

دوم زمانی که تصمیم خداوند در زندگی ما عملی می شود ما عضوی از یک جامعهٔ بزرگتر یعنی بدن عیسی می شویم.با این حال هنوز به عنوان یک فرد دارای شخصیت هستیم. مانند آن است که انگشت کوچک دست ما جای خود را در دست مان می یابد و در کنار چهار انگشت دیگر قرار می گیرد ولی در عین حال او با کل بدن و هدفی که دنبال می شود مرتبط است. ما به عنوان مسیحیان هرگزهویت شخصی خود را از دست نمی دهیم بلکه ما عضوی از یک گروه بزرگ و متحد می گردیم. در این زمان است که آنچه خداوند برای ما مقرر کرده انجام می شود. اما ما همچنان به عنوان آن عضو خاص در بدن خداوند جایگاه خود را داریم .

سوم اینکه ما به عنوان یک بدن زمانی که با یکدیگر در اتحاد هستیم می توانیم مسیح را به پری کامل به دنیا نشان دهیم. هیچ کدام از ما  نمی توانیم به  تنهایی  به طور کامل مسیح را برای دنیا آشکار کنیم. اما زمانی که ما به عنوان یک بدن متحد می گردیم این بدن می تواند به صورت کامل و گروهی  تمام و کمال عیسی را به این دنیا بشناساند.

**عیسی جان از تو متشکرم  که مرا عضو بدن خود خوانده ای اعلام می کنم که خداوند مرا با وجود داشتن هویت شخصی به عنوان جزئی از کل قرار داده و من عضو بدن مسیح هستم که باید مسیح را به این دنیا بشناسانم. من عضو بدن مسیح هستم . آمین.**

# هفته ۳۰

## من مقدس هستم.

*" متبارک باد خدا و پدر خداوند ما عیسی مسیح که ما را در مسیح به هر برکت روحانی در جای های آسمانی مبارک ساخته است ." ( افسسیان ۱:۴ )*

**۲۳ جولای**

قدوسیت چیست؟

## من مقدس هستم.

در مورد قدوسیت تعاریف اشتباه بسیاری وجود دارد. بسیاری از مسیحیان سعی می کنند که با اجتناب از بعضی کار ها به قدوسیت دست یابند. آنها فکر می کنند که اگر من این کار و آن کار را انجام ندهم در آن صورت من مقدس هستم. اما این کار هیچ ربطی به مقدس بودن ندارد. البته کار های وجود دارد که وقتی شما مقدس باشید نمی توانید انجام شان دهید اما اگر فکر کنید که قدوسیت به معنای آن است که شما تعدادی از کار های که انجام می دهید را متوقف کنید این دید گاه صحیحی نیست. پولس در کولسیان ۲:۲۰ می نویسد :

*" پس حال که با مسیح نسبت به اصول ابتدایی این دنیا مرده اید چرا همچون کسانی که گویی هنوز به دنیا تعلق دارند تن به قواعد آن می دهید ."*

این دیدگاه بسیاری از افراد نسبت به قدوسیت است. یعنی تسلیم نمودن خود به مقررات و قوانین. پولس در ادامه لیستی از قوانینی که برخی از افراد برای دست یابی به قدوسیت انجام می دهند را می نویسد.

*" قواعدی که می گوید این را لمس مکن و به آن لب نزن و بر آن دست مگذار. این ها همه مربوط به چیز های است که با مصرف از بین میرود و بر احکام و تعالیم بشری بنا شده است هر چند به سبب در بر داشتن عبادت داوطلبانه و خوار کردن خویشتن و ریا ضت بدنی ظاهری حکیمانه دارد اما فاقد هرگونه ارزشی برای مهار تمایلات نفسانی است." (آیات ۲۱-۲۳)*

به عبارت دیگر اجتناب از برخی کارها شما را مقدس نمی گرداند این نوع قدوسیت آن چیزی نیست که خداوند می خواهد. در متی ۵:۱۶ عیسی رابطهٔ میان قدوسیت واعمال ما را تشریح می کند:

*" پس بگذارید نور شما بر مردم بتابد تا کار های نیک تان را ببینند و پدر شما را که در آسمان است بستایند."*

این که ما اجازه دهیم نور ما بتابد به آن معنا است که ما کارهایی انجام دهیم که دیگران بتوانند از طریق ما خداوند را ببینند. این به معنی نگه داشتن یک سری قوانین نیست. بلکه این امری مثبت و نیرویی قدرتمند است. در واقع من ایمان دارم که قدوسیت مهم ترین نیرو در جهان است. گوشه گیری ، داشتن روشی منفی در زندگی و نا امیدی در واقع فریب خود است.منظور خدا به هیچ وجه از قدوسیت این نیست.

**خداوندا از تو متشکرم که مرا فرا خوانده ای. اعلام می کنم که من اجازه می دهم نورم بتابد و به عنوان نیرویی مثبت و قدرتمند عمل نماید . زیرا من مقدس هستم. آمین.**

**۲۴جولای**

فرا خوانده شده ایم تا مقدس باشیم

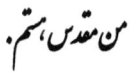

## *من مقدس هستم.*

پولس ایمان داران رومیان را چنین خطاب می کند:

*" به همه آنها که در روم محبوب خدایند و فراخوانده شده اند تا از مقدسان باشند "( رومیان ۱:۷ )*

واژهٔ مقدسان به افرادی اشاره می کند که دارای قدوسیت هستند. واژه بودن to be در زبان انگلیسی در حین ترجمه به این آیه اضافه شده است. از لحاظ لغوی در زبان یونانی این قسمت چنین نوشته شده است " مقدس خوانده شده اند. " به یاد داشته باشید که قدوسیت نوعی صلاحیت ظاهری نیست که ممکن است برخی ایمانداران به دست بیاورند. بلکه امری است که از تمامی ایمانداران انتظار می رود. پولس انتظار نداشت که گروه خاصی از ایمانداران خود را جدا کرده تا در دسترس بقیه ما که ایمانداران معمولی هستیم قرار نگیرند. به نظر پولس همه ایمانداران باید مقدس باشند. زمانی که شما مژده نجات مسیح را می پذیرید خداوند شما را مقدس می خواند. شما کسی هستید که جدا شده اید. زمانی که شما تسلیم روح القدس شده و عادل شمرده شدید ممکن است به خود نگاه کنید و چنین بگوئید. " خوب من واقعاً مقدس به نظر نمی آیم. اما آنچه پولس گفت را به یاد داشته باشید که " خداوند نیستی ها را به هستی فرا می خواند. " ( رومیان ۴:۱۷ ) خداوند ابراهیم را پدر قوم های بسیاری می خواند قبل از آنکه حتی او یک پسر داشته باشد. ( پیدایش ۱۷ : ۴ ، ۵ را مطالعه کنید.) زمانی که خداوند شما را با عنوانی خطاب می کند این به آن معنا است که خداوند می خواهد شما را به آن عنوان برساند. وقتی خداوند شما را مقدس می خواند شما مقدس هستید زیرا او شما را مقدس خوانده است. ممکن است مدت زمانی طول بکشد تا قدوسیت در زندگی شما خود را آشکار کند اما حکم او برای شما این است.

**خداوندا از تو متشکرم که مرا فرا خوانده ای. اعلام می کنم که تو عنوان مرا در زندگیم محقق می سازی. زیرا من مقدس هستم . آمین.**

## ۲۵جولای

ارادهٔ خداوند برای ما

## من مقدس هستم.

*" به علاوه همه ما پدران زمینی داشتیم که تادیب مان می کردند و ما به آنها احترام می گذاشتیم حال چقدر بیشتر باید پدر روح های مان را اطاعت کنیم تا حیات داشته باشیم . پدران ما کوتاه زمانی بنا بر صلاح دید خود ما را تأدیب کردند اما خدا برای خیریت خودمان ما را تأدیب می کند تا در قدوسیت او سهیم شویم." ( عبرانیان ۱۲ : ۹ – ۱۰ )*

ارادهٔ خداوند این است که در قدوسیت وی شریک شویم. نویسندهٔ عبرانیان چنین ادامه می دهد. " *سخت بکوشید با همهٔ مردم در صلح و صفا به سر ببرید و مقدس باشید زیرا بدون قدوسیت هیچ کس خداوند را نخواهد دید.* " اول ما باید به دنبال قدوسیت باشیم. دوم برای بدست آوردن قدوسیت در اتحاد با مردم باید در صلح و صفا به سر ببرید. ما باید تلاش کنیم که رابطه ای مبتنی بر آرامش با دیگران داشته باشیم و از نزاع ها و اختلاف ها اجتناب کنیم. نویسندهٔ عبرانیان همچنین هشدار خاصی را در این قسمت ذکر می کند او می گوید تا زمانی که در قدوسیت خداوند سهیم نشده باشیم او را نخواهیم دید. آیهٔ دیگری از آیات کتاب مقدس که نمایان گر اشتیاق عمیق خداوند برای قدوسیت قومش می باشد این آیه است.

*" ارادهٔ خدا این است که مقدس باشید خود را از بی عفتی دور نگاه دارید." ( اول تسالونیکیان ۴ : ۳ )*

اما تقدیس دقیقاً به چه معناست؟ ترجمه زبان انگلیسی تا حدی باعث مبهم شدن معنای حقیقی این واژه می شود. در زبان انگلیسی زمانی که پسوند ify به واژه ای اضافه می شود، بدان معنا است که واژه ای قرار است خاصیتی که قبل از ify نوشته شده است را به خود بگیرد. برای مثال purify به معنایی خالص ساختن است و clarify به معنای مشخص ساختن است. به همین صورت sanctify به معنای مقدس ساختن است اما sanct به چه معنایی است ؟ ریشهٔ این واژه از ریشهٔ واژهٔ sanct است و در واقع sanct همان saint است. هر سه واژهٔ sanctify,saint,holy همگی از واژهٔ یونانی hagios مشتق شده اند که ریشهٔ واژهٔ holy است. بسیار ساده است که در این صورت تقدیس شدن به زبان انگلیسی همان فرایندی است که در آن چیزی یا کسی مقدس می گردد. بنابراین ما می توانیم اول تسالونیکیان ۳: ۴ را به این صورت ترجمه کنیم." زیرا اراده خداوند این است که شما را مقدس گرداند. "

**خداوندا از تو متشکرم که مرا فرا خوانده ای. من به دنبال قدوسیت خواهم بود. همچنین سعی خواهم کرد تا با همه مردم در صلح زندگی کنم تا بتوانم به قدوسیت تو دست یابم.**

**زیرا من مقدس هستم. آمین.**

**۲۶جولای**

پیش قدمی خداوند

## من مقدس هستم.

درست همانند فرایند های دیگر در تقدیس نیز خداوند قدم اول را بر می دارد نه انسان. یعنی این خداوند است که ابتدا ما را از عزل برمی گزیند. پس از آن وقایع زیر به ترتیب رخ می دهد. یک : روح القدس تأثیر گذاری خود را بر ما آغاز می کند. دوم : او ما را از راه فراخی که به سوی هلاکت می رود فرا می خواند. راهی که قبلاً می رفتیم. ( متی۷:۱۳را مطالعه کنید.) سوم : او ما را روبروی حقیقت قرار می دهد و این حقیقت خود عیسی است. ( یوحنا ۱۴:۶ را مطالعه کنید. ) چهار: او به ما ایمانی عطا می کند تا بتوانیم حقیقت را باور کنیم. پنج : با ایمان به حقیقت ما نجات می یابیم. در افسسیان ۲:۸ پولس می نویسد که ما از طریق ایمان نجات یافته ایم و سپس به ما یاد آوری می کند که این ایمان از خود ما نشأت نگرفته است بلکه هدیه ای است از سوی روح القدس. یعنی ما می توانیم تقدیس را جدا شدن برای خداوند معنا کنیم. فرایند تقدیس قبل از آنکه شخصاً خداوند را بشناسیم در ما شروع می شود. هم پولس رسول و هم ارمیای نبی زمانی که در رحم مادرشان بودند تقدیس گشتند.(غلاطیان ۱:۱۵ وارمیا ۱:۵ را مطالعه کنید.) خداوند مدتها قبل از آن که او را بشناسیم ما را برای خود جدا می کند.

*" به آنان که بنا بر پیش دانی خدای پدر به واسطهٔ عمل تقدیس کنند روح و برای اطاعت از عیسی مسیح و پاشیده شدن خونش بر ایشان بر گزیده شده اند فیض و آرامش به فزونی بر شما باد. " ( اول پطرس ۱:۲ )*

انتخابی که خداوند از عزل انجام داد بر اساس پیش دانی او بود و هرگز انتخابی، تصادفی و بی پایه و اساس نبوده است. روح القدس ما را جدا می کند تا بتوانیم با مسیح رو به رو شویم و سپس به ما فیضی عطا می کند تا بتوانیم ازکلام خدا اطاعت کنیم. زمانی که ما اطاعت کردیم خون عیسی بر ما پاشیده می شود. در این متن از رسالهٔ اول پطرس می بینیم این خداوند است که در فرایند تقدیس قدم اول را بر می دارد نه انسان. و اولین کسی که در این فرایند وارد عمل می شود روح القدس است.

**خداوندا از تو متشکرم که مرا فرا خوانده ای . اعلام می کنم که قدم اول در تقدیس را خود خداوند برداشته و این بر حسب انتخاب او و از عزل بوده و این تصمیمی تصادفی نیست. من مقدس هستم. آمین.**

## ۲۷ جولای

کلام او ما را می شوید.

# من مقدس هستم.

در عهد عتیق زمانی که قراربود خون حیوانی ریخته شود،آن قربانی باید با آب شسته می شد.اول یوحنا ۶:۵ می گوید که عیسی با آب و خون آمد. خون همان خون نجات بخش عیسی است که بر صلیب ریخته شد و آب همان آب خالص کلام خداوند است.عیسی ما را با خون خود نجات می دهد و سپس ما را با آب کلام شسته و تقدیس می کند.( افسسیان ۵ : ۲۵ – ۲۶ را مطالعه کنید. ) زمانی که عیسی نزد پدر برای شاگردانش دعا می کرد چنین گفت : " آنان را در حقیقت تقدیس کن کلام تو حقیقت است." ( یوحنا ۱۷:۱۷ ) یکی از روشهای اولیه ای که کلام خداوند ما را تقدیس می کند تغییر دادن طرز فکرمان است .تقدیس فرایندی است که از درون به بیرون جریان می یابد و نه از بیرون به درون. یک بار دیگر می گویم روش مذهبی تقدیس این است که لباس های خاص بپوشیم. موها را به طور خاصی کوتاه کنیم آرایش خود را پاک کنیم و بسیار کارهای دیگر. در حالی که در رومیان ۲:۱۲ پولس چنین می گوید :

*" و دیگر هم شکل این عصر مشوید بلکه با نو شدن ذهن خود دگرگون شوید.*
*آنگاه قادر به تشخیص اراده خدا خواهید بود . اراده نیکو پسندیده و کامل. "*

در افسسیان ۲۳:۴ او چنین می گوید: *" باید طرز فکر شما نو شود ."* روح القدس از طریق حقیقت فکر ما را تازه می گرداند واین حقیقت کلام خداوند است. در زبان انگلیسی واژهٔ شستشوی مغزی را داریم که اغلب واژه ای با بار منفی است. زمانی که بتوانیم این واژه را در پرتوی روشی که روح القدس انجام می دهد نگاه کنیم تبدیل به واژه ای مثبت می گردد . ( روح القدس افکار ما را تازه می کند شسته و خالص می گرداند و این کار را از طریق کلام خداوند انجام می دهد. ) برای انجام شدن این کار ایمان لازم است. ایمان و کلام خدا عواملی ضروری در تقدیس ما هستند. ایمان به ما این اجازه را می دهد که بتوانیم آن چه خداوند به ما عطا می کند را دریافت کنیم. علاوه بر آن ارتباط مستقیمی در کلام خداوند و ایمان ما وجود دارد. ( رومیان ۱۷:۱۰ را مطالعه کنید. ) هر چه بیشتر به کلام خداوند اهمیت دهیم ایمان ما نیز گسترش یافته و به ما اجازه می دهد تا آنچه را که خداوند برای مقدس شدن ما تدارک دیده دریافت کنیم.

**خداوندا از تو متشکرم که مرا فرا خواندی. اعلام می کنم که با آب خالص کلام خداوند شسته و تازه گشته ام. تدارک کاملی که از طریق آن برایم مهیا کرده ای را می پذیرم. زیرا من مقدس هستم. آمین.**

## ۲۸ جولای

### جدا شده توسط خون

*من مقدس هستم.*

عیسی خون خود را ریخت تا ما را فدیه داده تقدیس مان کند و جدا ساخته و ما را مقدس گرداند. حال این امکان وجود دارد که در حالتی زندگی کنیم که گناه و شیطان دیگر نتوانند به ما دسترسی داشته باشند جایی که ما از طریق خون عیسی محافظت شده و تقدیس شده ایم . در اول یوحنا ۷:۱ چنین می خوانیم:

" اما اگر در نور گام بر داریم چنانکه او در نور است با یکدیگر رفاقت داریم و خون پسر او عیسی ما را از هر گناه پاک می سازد . "

در این متن زمان حال نشان دهندۀ عملی دائمی است. اگر ما دائماً در نور حرکت کنیم و دائما با خداوند مشارکت داشته باشیم خون عیسی دائما ما را پاک نگاه می دارد. بنابراین ما خالص و دور از هر نوع ناپاکی خواهیم بود و دیگر در آلودگی و گناه این دنیای شرارت بار زندگی نخواهیم کرد. برای خداوند جدا و تقدیس شده و به کناری گذاشته شده ایم و این امر از طریق خون عیسی اتفاق افتاده است. کلید عملی این مسئله جایی است که تقدیس رخ می دهد یعنی مذبح. در عهد عتیق تا زمانی که قربانی بر مذبح گذاشته نشده بود تنها جسم بی جان یک حیوان محسوب می شد. اما زمانی که قربانی بر روی مذبح قرار می گرفت و بر آن بسته می شد آن قربانی مقدس گشته و برای خداوند جدا می شد. این حقیقت برای ایمان داران عهد جدید نیز صدق می کند. پولس می گوید :

" پس ای برادران در پرتو رحمت های خدا از شما استدعا می کنم که بدن های خود را همچون قربانی زنده و مقدس و پسندیده خدا تقدیم کنید که عبادت معقول شما همین است . " ( رومیان ۱:۱۲ )

تنها تفاوتی که در میان قربانی ها عهد عتیق و عهد جدید وجود دارد این است که بدن های ما زنده باقی می ماند و ما تبدیل به قربانی زنده می شویم حتی زمانی که خود را بر روی مذبح خداوند قرار می دهیم. اصول تقدیس همان گونه که بود باقی می ماند. این مذبح است که قربانی که بر روی آن گذاشته شده را تقدیس می کند. زمانی که ما بدن های خود را به خداوند تسلیم نکرده ایم و آن را بر مذبح خداوند قرار نداده ایم تا بر حسب اراده خداوند مورد استفاده قرار گیرد نمی توانیم افکار و انگیزه های درونی خود را تغییر دهیم.

**خداوندا از تو متشکرم که مرا فرا خوانده ای. اعلام می کنم که محافظت شده ، جدا و تقدیس شده از طریق خون عیسی هستم. من جسم خود را به عنوان قربانی زنده تقدیم خداوند می کنم . زیرا من مقدس هستم . آمین.**

**۲۹ جولای**

اطاعت تحت فیض خداوند

## من مقدس هستم.

تفاوت بین اطاعت تحت شریعت و اطاعت تحت فیض چیست؟ هدف غایی آنها اطاعت از خداوند است اما این اطاعت ها هر کدام به طریق های مختلفی انجام می شود. برای روشن ساختن این نکته بیائید به یک فرمان ساده که هم در عهد عتیق و هم در عهد جدید آمده نگاه کنیم. دقیقاً یک واژه در هر دو قسمت به کار رفته است. خواه بخواهیم تحت شریعت انجام دهیم خواه تحت فیض. در عهد عتیق خداوند از طریق موسی با اسرائیل سخن می گفت :

*" زیرا من یهوه هستم که شما را از سرزمین مصر بیرون آوردم تا خدای شما باشم پس مقدس باشید زیرا که من قدوسم. " ( لاویان ۱۱:۴۵ )*

در این متن " مقدس باشید " به معنای آن است که آنها باید یک سری قوانین بسیار پیچیده ای را حفظ می کردند که با جزئیات بسیار در کتاب لاویان ذکر شده است. در این مورد قدوسیت از طریق روش قانون گرایی کسب می شد. یعنی " این را بکن و آن را نکن. " متن عهد جدید خطاب به مسیحیانی نوشته شده که عیسی و کار نجات بخش او را پذیرفته اند.

*" چون فرزندانی مطیع دیگر مگذارید امیال دوران جهالت به زندگی تان شکل دهد . بلکه هم چون آن قدوس که شما را فرا خوانده است شما نیز در همه رفتار خویش مقدس باشید چرا که نوشته شده است مقدس باشید زیرا که من قدوسم . " ( اول پطرس ۱ : ۱۴ ـ ۱۶ )*

این قسمت دقیقاً از کتاب لاویان نقل قول شده است. بنابراین آیا این بدان معنا است که ما نیز باید دقیقاً قوانین عهد عتیق را دربارهٔ قربانی حیوانات . کپک ها و ترشح هات بدن حفظ کنیم ؟ مطمئناً خیر. بنابراین احتمالاً او منظورش چیز دیگری بوده است. قدوسیت در شریعت یعنی این که " من باید همه این قوانین را انجام دهم " اما واکنش جایگزینی که از طریق ایمان صورت می گیرد می گوید: " من یک سری قوانین را رعایت نمی کنم بلکه من اجازه می دهم که عیسی با تمام قدوسیتش در من ساکن شده و از طریق من کار کند ."

**خداوندا از تو متشکرم که مرا فرا خوانده ای. اعلام می کنم که قدوسیت از طریق حفظ قوانین بدست نمی آید بلکه از طریق فدیهٔ عیسی به جای من حاصل می گردد. زیرا عیسی درون من ساکن است و او قدوسیت من است و من مقدس هستم . آمین.**

# هفتهٔ ۳۱

## من به عنوان فرزند خداوند به فرزند خواندگی پذیرفته شده ام.

" بنا بر قصد نیکوی اراده خود ما را از پیش تعیین کرد تا به واسطه عیسی مسیح از مقام پسر خواندگی او برخوردار شویم ." ( افسسیان ۱:۵ )

**۳۰جولای**

دختران و پسران خداوند

## من به عنوان فرزند خداوند به فرزند خواندگی پذیرفته شده ام.

*" متبارک باد خدا و پدر خداوند ما عیسی که ما را در مسیح به هر برکت روحانی در جایهای آسمانی مبارک ساخته است . زیرا پیش از آفرینش جهان ما را در وی برگزید تا در حضورش مقدس و بی عیب باشیم و در محبت بنا بر قصد نیکوی اراده خود ما را از پیش تعیین کرد تا به واسطه عیسی مسیح از مقام پسر خواندگی او برخوردار شویم تا بدین وسیله فیض پر جلال او ستوده شود فیضی که در آن محبوب به رایگان به ما بخشیده شده است."( افسسیان ۱ : ۳ – ۶ )*

پولس در اینجا هدف ازلی خداوند ( حتی پیش از آفرینش ) را تشریح می کند تا ما بتوانیم فرزندان او خوانده شویم. پسران و دختران. تنها راه دست یافتن به این امر از طریق مرگ نیابتی عیسی بر صلیب مسیر بود. زمانی که عیسی بار گناهان ما را تحمل کرد و طرد شدگی ما را بر خود گرفت او راه پذیرفته شدن ما به سوی خداوند را باز نمود. او در آن زمان عنوان پسر خدا بودن خود را از دست داد تا ما بتوانیم همان عناوین را بدست آوریم. من آیه ۶ را بسیار دوست دارم جایی که می گوید : " *تا بدین وسیله فیض پر جلال اوستوده شود فیضی که در آن محبوب به رایگان به ما بخشیده شده است .* " واژه ای که در اینجا " بنا بر قصد نیکوی ارادهٔ خود " ترجمه شده واژهٔ بسیار قدرتمندی است. این همان واژه ای است که وقتی فرشته بر مریم ظاهر شد و به او درود فرستاد استفاده شد. " ای که مورد لطف قرار گرفته ای " ( لوقا ۱:۲۸ ) این بدان معنا است که ما نیز مورد لطف خداوند قرار گرفته ایم. در ترجمهٔ تحت الفظی چنین نوشته شده است که خداوند :

*" برای ستایش جلال فیض خود که ما را به آن مستفیض گردانید در آن حبیب ." ( افسسیان ۱:۶ )*

باید دقت کنید که عیسی گناهان شما و طرد شدگی تان را بر خود متحمل شد تا شما بتوانید به عنوان یکی از فرزندان او نزد خداوند پذیرفته شوید.

**خداوندا از تو متشکرم که مرا در محبت برگزیده ای. اعلام می کنم که عیسی طرد شدگی مرا متحمل شد تا من بتوانم نزد پدر پذیرفته شوم. من به عنوان فرزند خداوند پذیرفته شده ام. من به عنوان فرزند خداوند به فرزند خواندگی پذیرفته شده ام . آمین.**

## ۳۱ جولای

فیض غیر قابل مقاومت خداوند

### من به عنوان فرزند خداوند به فرزند خواندگی پذیرفته شده ام.

*" متبارک باد خدا و پدر خداوند ما عیسی مسیح که ما را در مسیح به هر برکت روحانی در جایهای آسمانی مبارک ساخته است زیرا پیش از آفرینش جهان ما را در وی برگزید تا در حضورش مقدس و بی عیب باشیم. و در محبت بنا بر قصد نیکوی اراده خود ما را از پیش تعیین کرد تا به واسطه عیسی مسیح از مقام پسر خواندگی او برخوردار شویم." ( افسسیان ۱ : ۴ – ۵ )*

آیه بالا را می توان دو جور نقطه گذاری کرد. می توان محبت را به جمله اول و یا به جمله دوم ربط داد. ویرگول را در هر کجا که بگذارید این حقیقت باقی می ماند که خداوند از ازل ما را محبت کرده است. پیش از آنکه جهان آفریده شود خداوند ما را محبت کرده و ما را برگزیده و از پیش مقرر نموده و او زندگی خود را بر زمین طوری ترتیب داد تا ما بتوانیم با او روبرو شده و محبتش را تجربه کنیم. در غزل غزل های سلیمان جمله ای ساده اما بسیار قدرتمند وجود دارد . *" زیرا که عشق همچون مرگ نیرومند است " ( غزل غزل ها ۸ : ۶ )* مرگ اجتناب ناپذیر است. وقتی که زمان مرگ کسی فرا می رسد کسی نمی تواند آنرا دور سازد. هیچکس نمی تواند بگوید من آماده نیستم و تو را نمی پذیرم. هیچ کس این قدرت را ندارد که بتواند در مقابل مرگ مقاومت کند. اما عهد جدید ما را یک پله جلوتر می برد. زمانی که عیسی مرد و از مردگان قیام کرد او ثابت نمود که محبت قوی تر از مرگ است. قوی ترین و منفی ترین نیرویی که در دنیا وجود دارد و نمی شود از آن فرار کرد یعنی مرگ توسط قوی ترین نیروی مثبت دنیا که نمی شود در مقابل آن نیز مقاومت نمود مغلوب شد. محبت همیشه به هدف خود می رسد. محبت شکست ناپذیر است. هیچ مانعی در مقابل آن نمی تواند قد علم کند و محبت می تواند تمام موانع را پشت سر بگذارد تا به جائی که منظور نظرش است برسد.محبت خداوند شخصی و ابدی است. از ازل وجود داشته و غیر قابل مقاومت است. بنابراین خود را چنین تصور کنید. شما مانند مرواریدی در دستان عیسی هستید. به خود بگوئید محبت او نسبت به من شخصی و ابدی است. این محبت پیش از زمان وجود داشته و غیر قابل مقاومت است. سپس به یاد داشته باشید که او چه بهائی برای شما پرداخت کرد. او هر آنچه داشت را برای شما داد. باز ایستید و به او بگوئید. متشکرم.

**خداوندا از تو متشکرم که مرا در محبت بر گزیدی. اعلام می کنم که قبل از آفرینش جهان خداوند مرا دوست داشته و مرا برگزیده و زندگیم را مقرر فرموده است . او با محبت غیر قابل مقاومت خود این کار را انجام داده و من به عنوان فرزند خداوند به فرزند خواندگی پذیرفته شده ام. آمین.**

## ۱ آگوست

### اسلحه کلام

**من به عنوان فرزند خداوند به فرزند خواندگی پذیرفته شده ام.**

وسوسه ای که شیطان علیه هر یک از ما به کار می برد دارای الگوی مشخصی است. اول اینکه او سعی می کند در ما نسبت به آنچه خداوند گفته ایجاد شک کند تا نسبت به این حقیقت که گناهان مان بخشیده شده و واقعاً خداوند ما را دوست دارد شک کنیم.او می خواهد که ما در مورد این حقیقت که به عنوان فرزندان خدا پذیرفته شده ایم شک کنیم. شک کنیم که از لعنت رهائی یافته ایم. اما روش نهایی در میان تاکتیک هایی که شیطان به کار می برد این است که ما را تشویق به عدم اطاعت نماید. عیسی برای شکست دادن شیطان تنها از یک اسلحه استفاده کرد و آن اسلحه RHEMA و یا کلام خداوند بود که او بر زبانش جاری ساخت. عیسی با هر کدام از وسوسه ها با همان یک جمله مقابله می کند و آن جمله این است " مکتوب است ." برای مثال به متی ۴: ۴ ، ۷ ، ۱۰ نگاه کنید. هر کدام از این آیات نقل قول مستقیمی از عهد عتیق هستند. شیطان به هیچ وجه نمی تواند در مقابل کلام خداوند که به طور مستقیم نقل قول می شود مقاومت کند. او در مقابل کلام خداوند هیچ انتخابی ندارد و باید عقب نشینی کرده و شکست بخورد. عیسی در این چیز نمونه ای کامل برای ماست. او به حکمت خود و استدلالات خود اکتفا نکرد بلکه او به طور دقیق از همان اسلحه ای که به ما داده شده استفاده کرد یعنی کلام خداوند. امنیت ما در این است که از الگوی عیسی پیروی کنیم. شیطان هزاران بار حکیم تر و قوی تر از ما است او می تواند در عدالت ما هزاران عیب و ایراد پیدا کند. اما تنها یک اسلحه است که او در مقابلش هیچ دفاعی ندارد و آن کلام خدا است که با ایمان بر زبان جاری شود. بنابراین راهی که ما را از قلمرو لعنت خارج می سازد و ما را وارد قلمرویی دیگر می کند ایمانی است که بر اساس مبادلهٔ صورت گرفته بر صلیب عمل می کند. چنین ایمانی می داند که وعده های خداوند همواره محقق می شوند و موثر هستند. در این مسیر وقتی از مسیح اطاعت می کنیم و صلیب او را برای خود می پذیریم از حقوق قانونی خود پا فراتر گذاشته و می توانیم از شادی و برکات لذت کامل برده و آنها را تجربه کنیم. ما در نبرد خود با شریر از اسلحه روح استفاده می کنیم یعنی کلام خداوند که بر زبان مان جاری است.(افسسیان ۶ : ۱۷ را مطالعه کنید.)

**خداوندا از تو متشکرم که مرا در محبت برگزیدی. اعلام می کنم که در مقابل وسوسه ها و مبارزه با شرارت ها از کلام خداوند استفاده می کنم. اعلام می کنم که به عنوان فرزند خداوند به فرزند خواندگی پذیرفته شده ام . آمین.**

**۲ آگوست**

فرزندان و وارثان

## من به عنوان فرزند خداوند به فرزند خواندگی پذیرفته شده ام.

رومیان ۸ : ۱۵ – ۱۷ در این باره به مسیحیان می نویسد که از طریق ایمان شان به عیسی چه امکاناتی در اختیار آن ها قرار می گیرد .

*" چرا که شما روح بندگی را نیافتید تا باز ترسان باشید بلکه روح پسر خواندگی را یافته اید که به واسطهٔ آن ندا در می دهیم ابا پدر. و روح خود با روح ما شهادت می دهد که ما فرزندان خداییم و اگر فرزندانیم پس وارثان نیز هستیم یعنی وارثان با خدا و هم ارث با مسیح زیرا اگر در رنج های مسیح شریک باشیم در جلال او نیز شریک خواهیم بود ."*

در زبان آرامی یا عبری واژهٔ " ابا "معادل واژهٔ بابا در انگلیسی است. بنابراین در اینجا می بینیم که رابطهٔ صمیمانه با خدای پدر مطرح است. خدایی که ما او را بابا خطاب می کنیم. خود روح خداوند است که این اطمینان و تضمین را به ما برای چنین کاری می دهد. کتاب مقدس به ما می گوید ما فرزندان خداییم اما روح خداوند شخصاً این حقیقت را در قلب های ما تقویت می کند. ما فرزندان خداییم و زمانی که ما فرزند می شویم وارث نیز می گردیم و ما وارثین خدا و هم ارث مسیح می گردیم. البته یک شرط در این جا بازگو می شود. ما باید شریک رنج های او نیز باشیم. به یاد داشته باشید که مروارید محصول فشار و تنگی است. مهم است که بدانیم معنای هم ارث بودن چیست. این بدان معنا نیست که هر کدام از ما تکه ای از کل ارث را سهم خواهیم برد. بلکه این بدان معنا است که عیسی به عنوان اولین پسر خداوند تمامی ارث را دارد و ما نیز از تمامی ارث در عیسی برخورداریم و هر کدام از ما نسبت به کل ارث حق داریم که در واقع ارث عیسی است. تقسیم کردن یکی از قوانین ملکوت خداوند است. هر کدام از ما سهم خود را نمی گیریم بلکه با یکدیگر هر آنچه خدای پدر دارد را شریک می شویم و هر آنچه مسیح پسر دارد را نیز شریک می گردیم.

**خداوندا از تو متشکرم که مرا در محبت برگزیده ای. اعلام می کنم که من فرزند خداوند و هم ارث با مسیح هستم. من توسط خداوند به فرزند خواندگی پذیرفته شده ام . آمین.**

## ۳ آگوست

محبت یک پدر

### من به عنوان فرزند خداوند به فرزند خواندگی پذیرفته شده ام.

خانوادهٔ خداوند بهترین خانواده است. بار دیگر می گویم که اگر خانوادهٔ تان به شما اهمیتی نداده اند به یاد داشته باشید که خداوند شما را می خواهد. شما پذیرفته شده اید و او اشتیاق بسیاری به شما دارد. چون هر آنچه او می کند حول محور شما می چرخد. پولس به قرنتیان که مسیحیان زیاد عالی نیز نبودند چنین می گوید : " این ها همه به خاطر شماست " ( دوم قرنتیان ۴ : ۱۵ ) یعنی هر آنچه خداوند می کند برای ما است. زمانی که شما متوجهٔ این حقیقت می شوید متواضع می گردید. زمانی که فیض خداوند را می بینید دیگر جایی برای کبر و غرور نمی ماند. عیسی قبل از مصلوب شدنش برای آنانی که او را پیروی می کردند دعا می کند. او همچنین برای آنانی که پس از آن او را پیروی خواهند کرد نیز دعا می کند. ( یوحنا ۲۰:۱۷ را مطالعه کنید.) آن دعا درباره رابطه ما با خداوند به عنوان پدر ماست و چنین خاتمه می دهد:

*" ای پدر عادل دنیا تو را نمی شناسد اما من تو را می شناسم و اینها دانسته اند که تو مرا فرستاده ای من نام تو را به آنها شناساندم و خواهم شناساند تا محبتی که تو به من داشته ای در آنها نیز باشد و من نیز در آنها باشم ." ( یوحنا ۱۷ : ۲۵ – ۲۶ )*

عیسی خداوند را به عنوان پدر به ما شناساند. یهودیان خدا را به عنوان یهوه می شناختند اما تنها کسی که می توانست او را پدر معرفی کند پسر او بود. عیسی شش بار در دعا های خود نزد شاگردانش خداوند را پدر خطاب می کند. ( آیات ۵ – ۱۱ – ۲۱ – ۲۴ – ۲۵ را بخوانید. ) زمانی که عیسی در آیه ۲۶ دعا کرد که من نام تو را به آن ها شناساندم و خواهم شناساند یعنی او به آشکار ساختن خداوند به عنوان پدر ادامه خواهد داد. حالا می رسیم به هدف از این مکاشفه: *" تا محبتی که تو به من داشته ای در آنها نیز باشد و من نیز در آن ها باشم." ( یوحنا ۲۶:۱۷ )* خداوند دقیقاً همان گونه که عیسی را محبت می کند ما را محبت می کند. ما همان قدر که عیسی برای خداوند عزیز بود برایش عزیز هستیم. با این حال نکتهٔ دیگری در این موضوع نهفته است و آن این است که چون عیسی در وجود ما ساکن است ما می توانیم خدای پدر را همان طور که عیسی او را دوست داشت دوست داشته باشیم .

**خداوندا متشکرم که تو مرا در محبت برگزیده ای. اعلام می کنم که خداوند پدر من است و او دقیقاً همان محبتی که نسبت به عیسی داشت را نسبت به من دارد. من نیز همان گونه که عیسی پدر را محبت می نمود او را محبت می نمایم. من به عنوان فرزند خداوند به فرزند خواندگی پذیرفته شده ام . آمین.**

**۴ آگوست**

جایگاه بلوغ

## *من به عنوان فرزند خداوند به فرزند خواندگی پذیرفته شده ام.*

هدف خداوند برای ما این نیست که کودک باقی بمانیم. خداوند نقشه ای برای ما دارد و آن نقشه این است که تبدیل به فرزندان بالغی بگردیم. اما در این قسمت نیز ما محتاج روح القدس هستیم. بدون وجود روح القدس ما نمی توانیم رشد کرده و بالغ شویم. پولس در رومیان ۱۴:۸ گفت: *" زیرا آنان که از روح خدا هدایت می شوند پسران خدایند ."* واژهٔ پسران در این آیه همان واژهٔ فرزندم در آیات دیگر نیست. این واژه به معنای یک پسر بالغ است. او دارای مسئولیت است. آن کسی است که بر زندگیش کنترل دارد. کسی که می داند چگونه باید عمل کند و دارای اقتدار است. اما ما چگونه می توانیم به آن جایگاه از بلوغ برسیم ؟ پولس می گوید: *" آنانی که از روح خداوند هدایت می شوند پسران خدایند "* دومین خدمت عالی روح القدس در زندگی های ما به عنوان اعضای خانوادهٔ خداوند این است تا ما را بالغ سازد. اما این اتفاق تنها از طریق یک فرایند رخ می دهد. از طریق هدایت شدن توسط روح خداوند. هیچ راه دیگری برای رسیدن به بلوغ وجود ندارد و هدایت شدن عملی است مستمر و دائمی. ما باید دائماً هدایت شویم. هر روز هر ساعت و در هر شرایطی باید توسط روح خداوند هدایت شویم. این تنها روشی است که می توانیم به عنوان پسران بالغ خداوند زندگی کنیم. تراژدی که امروزه در کلیسا وجود دارد این است که نجات یافتگان هرگز نیاموخته اند که چگونه باید توسط روح خداوند هدایت شوند و در نتیجه هرگز نمی توانند به بلوغ دست یابند. آن ها همیشه همان طور که هستند باقی می مانند. آنها به گونه ای همیشه از لحاظ روحانی کودک باقی می مانند و این به آن دلیل نیست که آنچه برای فرایند بلوغ نیاز است تدارک دیده نشده است بلکه به خاطر این است که این افراد نتوانسته اند درک کنند چگونه می توانند از آن چه تدارک دیده شده استفاده کنند. تدارکی که وجود دارد این است . ما باید با روح خداوند هدایت شویم.

**خداوندا از تو متشکرم که مرا در محبت برگزیدی. اعلام می کنم من از طریق هدایت روح القدس به سوی بلوغ پیش می روم و من توسط خداوند به فرزند خواندگی پذیرفته شده ام. آمین.**

## ۵ آگوست

### رابطه با پدرمان

*من به عنوان فرزند خداوند، به فرزند خواندگی پذیرفته شده ام.*

در دو آیۀ آخر از باب ۱۷ انجیل یوحنا ما شاهد آخرین سخنان عیسی با شاگردان هستیم که قبل از رنج ها و مرگش بازگو می شود. ایمان دارم که این دو آیه نقطۀ اوج هدف اناجیل است. در این جا قسمتی از دعایی که عیسی کرد را بررسی می کنیم. " *ای پدر عادل دنیا تو را نمی شناسد اما من تو را می شناسم و اینها دانسته اند که تو مرا فرستاده ای من نام تو را به آنها شناساندم و خواهم شناساند.* " هدف از آمدن عیسی این بود تا پدر را مکشوف سازد. در عهد عتیق بندرت از واژه پدر برای خدا استفاده شده است. تنها کسی که می توانست کاملا خداوند را مکشوف سازد خود پسر بود. سپس عیسی می گوید : " من نام تو را به آنها شناساندم و خواهم شناساند تا محبتی که تو به من داشته ای در آنها نیز باشد و من نیز در آنها باشم . " آیۀ ۲۶ هدف نهایی مژدۀ نجات را ایجاد رابطه ای محبت آمیز با خداوند می داند  که در آن خداوند ما را محبت می کند دقیقا همان طور که عیسی را محبت می کرد. هدف این است تا ما بتوانیم وارد خانوادۀ الهی گردیم و با خداوند به عنوان پدر خود ارتباط داشته باشیم. همان رابطه ای که عیسی با او دارد. این موضوع به ما این امکان را می دهد تا خداوند را با همان محبتی که عیسی او را  محبت نمود دوست داشته باشیم. نمی توانیم چیز بیشتری انتظار داشته باشیم. این حقیقت غیر قابل تصور است. آنچه ما وارثش هستیم فراتر از آن است که فکر انسانی ما بتواند آن را درک کند اما این هدف و مقصود نهایی است و همه موضوعات دیگر در جایگاه بعدی قرار می گیرند.

**خداوندا از تو متشکرم که مرا در محبت برگزیده ای . اعلام می کنم هدف نهایی و تصمیم من این است که با خداوند به عنوان پدر خود وارد رابطه ای بر اساس محبت شوم. زیرا من به عنوان فرزند خدا به فرزند خواندگی پذیرفته شده ام. آمین.**

# هفته ۳۲

## از طریق روح القدس من به خداوند دسترسی دارم.

" زیرا به واسطه او هر دو توسط یک روح به حضور پدر دسترسی داریم ." ( افسسیان ۲ :۱۸ )

**۶ اگوست**

تکیهٔ به روح القدس

## از طریق روح القدس من به خداوند دسترسی دارم.

ما در طبیعت جسمانی خود دارای نقاط ضعف متفاوتی هستیم. این نقاط ضعف تنها مربوط به جسم ما نمی باشد بلکه مربوط به فکر و درک ماست. این ضعف ها خود را به دو شکل آشکار می سازند. اول اینکه ما نمی دانیم باید برای چه چیزی دعا کنیم و دوم حتی وقتی می دانیم باید برای چه دعا کنیم نمی دانیم که چطور آن دعا را انجام دهیم. بنابراین مجبور هستیم کاملا بر روح القدس تکیه داشته باشیم. او است که می تواند به ما نشان دهد برای چه و چگونه دعا کنیم . ( رومیان ۲۸ : ۲۶ - ۲۸ را مطالعه کنید. ) پولس در کتاب افسسیان بر توکل ما به روح القدس تاکید می کند تا روح القدس بتواند به ما دعایی قابل قبول در حضور خداوند عطا نماید. او تاکید می کند که تنها عیسی و روح القدس هستند که می توانند پدر را در دسترس ما قرار دهند.

*" زیرا به واسطه ای او (عیسی مسیح) هر دو (یهودیان و امت ها ) توسط یک روح ( روح القدس ) به حضور پدر دسترسی داریم." ( افسسیان ۲ : ۱۸ )*

در اینجا دو شرطی که برای یک دعای قابل قبول وجود دارد با یکدیگر ترکیب شده اند. ازطریق عیسی و توسط روح القدس که هر دوی آنها ضروری هستند. هیچ نیروی طبیعی وجود ندارد که بتواند صدای ناتوان و بی ارزش انسانی ما را از زمین به سوی خداوند در آسمان به نزد تختش بالا ببرد. تنها قدرت ماورالطبیعی روح القدس می تواند این کار را انجام دهد. بدون او ما هیچ دسترسی به خداوند نداریم.

**خداوندا متشکرم که می توانم نزد تو بیایم . اعلام می کنم که کاملا به روح القدس تکیه دارم. اوست که به من از طریق عیسی به حضور پدر دسترسی می بخشد. من از طریق روح القدس به حضور خداوند دسترسی دارم. آمین.**

**۷ آگوست**

راهی به سوی پدر

## از طریق روح القدس من به خداوند دسترسی دارم.

هیچ راهی بجز عیسی مسیح مصلوب شده برای رسیدن به نزد پدر وجود ندارد. ما تنها توسط روح القدس و از طریق عیسی به حضور پدر دسترسی داریم. تنها یک روح است که به انسان توانایی دسترسی به پدر را می بخشد و آن روح القدس است و روح القدس تنها از طریق خداوند عیسی مسیح عمل می کند. اگر شما از درب دیگری به جز عیسی وارد شوید یا اگر از طریق هر روح دیگری بخواهید وارد شوید نخواهید توانست به حضور خداوند دسترسی داشته باشید. در آن زمان شما تنها به قلمرو شیطان دسترسی دارید. شما به جای اینکه به قلمرو نور بروید به قلمرو تاریکی وارد خواهید شد. به یاد داشته باشید که شیطان می تواند خود را به شکل فرشته نور ظاهر کند و خادمان خود را به جای خادمان پارسایی بنمایاند.( دوم قرنتیان ۱۱ : ۱۴ - ۱۵ را نگاه کنید. ) آنها اغلب واژه های زیبا ، شیرین و محبت آمیزی را بکار می برند و عباراتی طولانی و شیوا بیان می کنند. حتی ممکن است برای اینکه بتوانند شما را وارد قلمرو تاریکی گردانند از آیات کلام نقل قول کنند. آنها می توانند خود را به شکل فرشته نور بگردانند و این کار را انجام دهند. اگر شما از طریق عیسی مسیح مصلوب وارد نمی شوید و اگر شما از طریق روح القدس به نزد پدر نمی روید ممکن است شما در فرقه ای دروغین عضو شوید و وارد قلمرو ماوراء طبیعی آن فرقه ها شوید. من در آن شرایط بودم و می دانم که چگونه است. قبل از آنکه عیسی را بیابم من یوگا کار می کردم. اوقاتی وجود داشته که من از حالت طبیعی خارج می شدم اما حتی در آن زمان نیز آن حالت مرا می ترساند. آن را دوست نداشتم و یک بار تصمیم گرفتم که دیگر ادامه ندهم. چندین سال بعد که با انجیل و قوت روح القدس روبه رو شدم دیوار بزرگ و مانع ذهنی یوگا که بین من و عیسی وجود داشت با معجزه شکست و او مرا آزاد کرد. من دربارهٔ روح های شریر اطلاعی نداشتم اما می خواستم نزد عیسی بیایم و تا زمانی که آن شرارت هنوز کنترل خودش را از ذهنم برنداشته بود نمی توانستم به عیسی دست یابم. ممکن است شما تئوری این مطالب را بدانید ولی من آن را تجربه کردم. این یکی از هزاران روشی است که ممکن است افراد فریب خورده و وارد قلمرو شیطان شوند و اسیر گردند.

**خداوندا از تو متشکرم . خداوندا متشکرم که می توانم نزدت بیایم. اعلام می کنم که از طریق عیسی مسیح مصلوب و از طریق روح القدس به نزد پدر وارد می شوم. من از طریق روح القدس به حضور خداوند دسترسی دارم . آمین.**

**۸ آگوست**

درب و شبان

## از طریق روح القدس من به خداوند دسترسی دارم.

عیسی گفت :" من در هستم . " ( یوحنا ۹:۱۰ ) دو آیه پس از آن او می گوید : " من شبان نیکو هستم . " ( آیهٔ ۱۱) آیا تا کنون فکر کرده اید که چگونه او هم درب است و هم شبان؟ بسیار ساده و در همین حال عمیق است. مسیح مصلوب شده در است. مسیح قیام کرده شبان است. اما اگر می خواهید مسیح قیام کرده شبان شما باشد باید از طریق مسیح مصلوب شده که در است وارد شوید. تنها آنانی که از طریق مسیح مصلوب شده وارد می شوند مسیح قیام کرده را می توانند به عنوان شبان خود داشته باشند.

*" زیرا به واسطه ای او (عیسی مسیح) هر دو (یهودی و غیر یهودی) توسط یک روح به حضور پدر دسترسی داریم . " (افسسیان۲:۱۸)*

تنها یک راه یعنی عیسی و یک روح یعنی روح القدس می تواند ما را به سوی پدر هدایت کند. اگر نمی خواهید از طریق عیسی وارد شوید بنابراین روح القدس را نخواهید داشت تا شما را به نزد پدر هدایت کند. روح القدس هیچ روش دیگری جز عیسی مصلوب شده را برای دست یابی به حضور پدر نمی پذیرد.

تنها زمانی که از طریق عیسی، یعنی در وارد می شوید ، حضور و شهادت مافوق طبیعی روح القدس را همراه خود خواهید داشت. مسیحیت واقعی شهادت و تایید الهی را همراه خود دارد. اگر این شهادت وجود ندارد باید بپرسیم که چرا وجود ندارد. زیرا خداوند وعده داده که حقیقت را محترم شمارد و آن را از طریق تائید مافوق طبیعی محترم بدارد. او در همه تاریخ کتاب مقدس این کار را انجام داده است.

**خداوندا متشکرم که می توانم به نزد تو بیایم و اعلام می کنم که تنها یک راه وجود دارد و آن عیسی و تنها یک روح وجود دارد که آن روح القدس است که ما را به سوی پدر هدایت می کند. من از طریق روح القدس به پدر دسترسی دارم. آمین.**

**۹ آگوست**

ما یک خانواده هستیم.

## از طریق روح القدس من به خداوند دسترسی دارم.

در عهد جدید قوم خداوند به ندرت با عناوین " مسیحیان " یا حتی " ایمانداران " خوانده می شوند متداول ترین عنوانی که برای آنها بکار می رود واژه " برادران " است که به عضویت آنها در یک خانوادهٔ روحانی اشاره می کند. زمانی که پولس در افسسیان ۱۸:۲ می نویسد زیرا به واسطهٔ او عیسی مسیح هر دو یهودی و غیر یهودی توسط یک روح به حضور پدر دسترسی داریم دقت کنید که از تمام سه اقنوم تثلیث در اینجا نام می برد. از طریق عیسی پسر ما به خدای پدر به وسیله ای روح القدس دسترسی داریم. آیهٔ بعدی نتیجه ای شگفت انگیز را آشکار می سازد.

*" پس دیگر نه بیگانه و اجنبی بلکه هموطن مقدسین و عضو خانوادهٔ خدائید. " ( آیهٔ ۱۹)*

واژهٔ " هموطن " امروزه به بهترین نحو با واژهٔ " خانواده " تعریف می شود. زیرا عیسی توانست به حضور خداوند دست یابد پس ما نیز اعضای خانوادهٔ خداوند گشته ایم. شکل یک خانواده براساس رابطه ای که اعضای آن با پدر دارند تعریف می شود. در زبان یونانی عهد جدید شباهت بسیار بین واژه های پدر و خانواده وجود دارد. واژهٔ پدر " پاتر " و واژهٔ خانواده " پاتریا " است که از خود کلمهٔ پاتر مشتق می شود. این رابطه در دعای پولس به وضوح دیده می شود:

*" از این رو زانو می زنم در برابر پدر که هر خانواده ای در آسمان و بر زمین از او نام می گیرد . " ( افسسیان ۳ : ۱۴ ــ ۱۵ )*

در اینجا به کار گیری زیبای واژهٔ پدر و خانواده را می بینیم. از واژهٔ خدای پدر یعنی پاتر کل خانواده یعنی پاتریا در آسمان و بر زمین نام گذاری می شوند. خانواده از وجود یک پدر می آید و زمانی که خداوند پدر ماست ما نیز اعضای خانوادهٔ او هستیم.

**خداوندا از تو متشکرم که می توانم نزدت بیایم. اعلام می کنم که من عضو خانوادهٔ الهی شده و از طریق روح القدس به حضور پدر دسترسی دارم. آمین.**

**۱۰ آگوست**

آنچه ما را نزد پدر می آورد

## از طریق روح القدس من به خداوند دسترسی دارم.

*عیسی گفت : " من راه ، راستی و حیات هستم." ( یوحنا ۱۴:۶ )*

این آیه را معمولاً نقل قول می کنیم زیرا آیهٔ مورد علاقه ما برای بشارت است. اما با این وجود بسیار کم پیش می آید که لحظه ای در معنای آن تعمق کنیم. اگر یک راه ما را به جایی نرساند بی معنا خواهد بود. راه همان هدف و مقصد نیست. وقتی عیسی می گوید که من یک راه هستم منظورش این است آمده ام تا شما را جایی ببرم. عیسی ما را کجا می برد؟ او چنین توضیح می دهد : هیچ کس جز به وساطت من نزد پدر نمی آید . ( آیهٔ ۶ ) به عبارتی دیگر او چنین می گوید : من راه به سوی پدر هستم. من مکاشفهٔ خدای پدر هستم. اگر مرا دیدید پدر را دیده اید ( آیات ۷ الی ۹ را مطالعه کنید. ) بار دیگر به تمامی سه اقنوم تثلیث در این آیه اشاره شده است. از طریق پسر و به وسیله روح القدس به سوی پدر می رویم. پس پدر آن مقصد است. اگر شما پدر را از این آیه در بیاورید این آیه بی معنا خواهد بود. هدف آشکار شدن پدر و قرار گرفتن ما در حضور اوست. اگر ما از تحقق آن هدف باز ایستیم آن هدفی که عیسی برای آن آمده است را از دست داده ایم.

*"زیرا مسیح نیز یک بار برای گناهان رنج کشید، پارسایی برای بدکاران تا شما را نزد خدا بیاورد او در عرصه جسم کشته شد اما در عرصه روح زنده گشت" ( اول پطرس ۱۸:۳)*

چرا عیسی مرد؟ تا گناهان ما بخشیده شود. بله اما این تنها مرحله اول این فرایند است. هدف این است که ما را نزد خداوند ببرد.

**خداوندا از تو متشکرم که می توانم به حضور تو بیایم. اعلام می کنم که عیسی برای هدف عالی یعنی آوردن ما نزد خداوند مرد تا من بتوانم از طریق روح القدس به خداوند دسترسی داشته باشم . آمین.**

## ۱۱ آگوست

یک راه به سوی آزادی

### از طریق روح القدس من به خداوند دسترسی دارم.

این واقعیتی حیاتی است که روح القدس دارای شخصیت است و نه تنها او یک شخص است بلکه او خداوند است. همان قدر که خدای پدر و خدای پسر خداوند هستند. او با دو عضو دیگر الوهیت از اقتدار یکسانی برخوردار است. بنابراین ما باید همان نگرش محترمانه را نسبت به روح القدس داشته باشیم که نسبت به پدر و پسر داریم. در دوم قرنتیان ۱۷:۳ پولس این جملهٔ ساده را بیان می کند.

*" خداوند روح است و هرجا روح خداوند باشد آنجا آزادی است ." ( دوم قرنتیان ۳ : ۱۷ )*

در این متن بین اسیر قانون بودن و آزادی تضادی وجود دارد. تنها یک راه به سوی آزادی وجود دارد. هر جا روح القدس است آنجا آزادی است. برخی از مسیحیان نظرات عجیب و غریبی دربارهٔ آزادی دارند. برخی از آنها می گویند که اگر ما روز یکشنبه در جلسه روی سن نرقصیم در آن صورت آزادی نداریم. یا اینکه اگر ما دست نزنیم آزادی نداریم. برخی از واعظان فکر می کنند اگر آنها روی سن بالا و پایین نپرند یعنی آنها آزادی ندارند. آزادی دنبال کردن برنامه ای خاص در کلیسا نیست. انجام حرکات خاصی مانند بالا بردن دست ها نیست. این می تواند آزادی باشد اما به همان صورت می تواند تبدیل به اسارت شود. این بستگی به آن دارد که آیا روح القدس شما را بر می انگیزاند تا آن کار را انجام دهید یا اینکه آن کار را بر اساس یک سنت مذهبی انجام می دهید. سنت مذهبی باعث اسارت و روح القدس باعث آزادی می گردد .

**خداوندا از تو متشکرم که می توانم به حضورت بیایم. اعلام می کنم که هرجا روح خداست آنجا آزادی است و من به حضور خداوند از طریق روح القدس دسترسی دارم. آمین.**

## ۱۲ آگوست

دسترسی به روح القدس

### از طریق روح القدس من به خداوند دسترسی دارم.

ما بجز روح القدس روش دیگری برای دسترسی به خداوند نداریم. زیرا در الوهیت قانونی وجود دارد. کسی که به عنوان نماینده فرستاده می شود باید محترم شمرده شود تا فرد بتواند به الوهیت دسترسی داشته باشد. بنابراین وقتی که پدر پسر را فرستاد یعنی این که از این پس هیچ کس نزد من به جزء از طریق پسرم نخواهد آمد. شما نمی توانید نمایندهٔ من را دور بزنید و نزد من بیاید. زیرا در هر شرایط و موقعیتی من از فرستاده خود حمایت می کنم. زمانی که عیسی کارش را بر زمین تمام کرد و به نزد پدر بازگشت پدر و پسر، روح القدس را فرستادند. باز هم این اصل صادق است.ما نمی توانیم به پدر و پسر دسترسی داشته باشیم مگر با روح القدس. ما نمی توانیم روح القدس را به کناری بنهیم و نزد پدر یا پسر بیایم.

*" زیرا به واسطه ای او (عیسی مسیح) هر دو (یهودی و غیر یهودی) توسط یک روح به حضور پدر دسترسی داریم. ( افسسیان ۲:۱۸ ) "*

نمی توانیم روح القدس را حذف کنیم و هنوز به حضور پدر دسترسی داشته باشیم. بسیاری از مسیحیان براین حقیقت تمرکز می کنند که ما از طریق پسرش عیسی به حضور خداوند دسترسی داریم و این کاملا صحیح است. اما همهٔ حقیقت این نیست. ما از طریق پسر و به وسیلهٔ روح القدس به پدر دسترسی داریم. همچنین پدر زمانی که ما در پسر هستیم از طریق روح القدس در ما ساکن می شود. در هر کدام از این فرایند خواه ما به سوی خداوند برویم یا خداوند نزد ما آید باز روح القدس قسمت اعظمِ از این فرایند است. ما از طریق روح القدس به پسر و سپس به پدر دسترسی داریم. زمانی که ما در پسر هستیم پدر از طریق روح القدس در ما ساکن می گردد. اگر ما روح القدس را از این نقشه بیرون بگذاریم هیچ دسترسی به خداوند نخواهیم داشت و خداوند نیز دسترسی به ما نخواهد داشت. ما کاملا در این قسمت متکی به روح القدس هستیم .

**خداوندا از تو متشکرم که می توانم نزدت بیایم. اعلام می کنم که من برای دسترسی به پسر و پدر کاملا بر روح القدس تکیه دارم. من از طریق روح القدس به پدر دسترسی دارم. آمین.**

# هفته ۳۳

## من در عیسی کامل گشته ام.

" و شما در او که همهٔ ریاست ها و قدرت ها را سر است، از کمال برخوردار گشته اید . " ( کولسیان ۲ : ۱۰ )

## ۱۳ اگوست

### معنای کمال

**من در مسیح کامل گشته ام.**

واژهٔ کمال باعث ترس برخی از مردم می گردد. آنها فکر می کنند که کامل بودن به این معنا است که شما هرگز هیچ اشتباهی نکنید. هیچ سخن اشتباهی نگویید و هیچ خطایی از شما سر نزند. و این افراد می گویند : " اگر هدف این است من همین الان کنار می کشم زیرا این هدف دست نیافتنی است. " واژهٔ کمال در کتاب مقدس آمده است و شما نمی توانید از آن فرار کنید و باید دیر یا زود با آن روبه رو شوید. در کتاب مقدس کمال سه معنا دارد اولین معنای آن بلوغ یا رشد کامل است. همهٔ ما این را به عنوان هدفی منطقی می دانیم. بالغ شدن چیزی نیست که باعث شود ما بترسیم. معنایی دیگر کمال این است که ما بدون هیچ کمی و کاستی باشیم .به یاد داشته باشید که لزوما وجود یکی از این دو معنا دال بر وجود دیگری نیست. یک شخص ممکن است کاملاً بالغ باشد ولی هنوز در قسمت های مختلفی از بدنش دارای کاستی هایی باشد. ممکن است حتی او قسمتی از بدنش را نداشته باشد. مانند عضوی از بدن یا انگشت یا اندام های داخلی. دراین صورت با این که او بالغ است ولی کامل نیست. شخص دیگری ممکن است تمامی اعضای بدنش کامل باشد و صحیح کار کند ولی بالغ نباشد. در افسسیان باب ۴ آیه ۱۳ عبارت " بلندای کامل قامت مسیح " را می بینیم. واژهٔ یونانی کامل به معنی " ماهرانه سخن گفتن و تناسب " است. واژهٔ دیگری در همین رابطه در عبرانیان ۱۱:۳ آمده است جایی که می گوید کائنات به وسیلهٔ کلام خدا شکل گرفت یعنی در کنار یکدیگر قرار گرفت. بنابراین واژهٔ " کمال " به معنای قرار گرفتن چیزهایی در کنار یکدیگر است که همهٔ قسمت های آن در هماهنگی با قسمت های دیگر عمل کند و عملکرد صحیحی داشته باشد. در این جا سه مفهوم مختلف وجود دارد. " بلوغ ، کاملیت و یکپارچگی. " قرار گرفتن صحیح اجزا در کنار یکدیگر به صورتی که همهٔ اجزاء با یکدیگرعملکردی هماهنگ و موزون داشته باشند هدفی است که کتاب مقدس برای ما به عنوان ایماندار قرار داده است.

**خداوندا از تو به خاطر اینکه در من کار می کنی متشکرم. اعلام می کنم که خداوند در حال کامل ساختن من است و این به معنای بالغ ساختن ، کامل کردن و قرار دادن من در مکانی است که او برای من در نظر گرفته است. زیرا من در مسیح کامل گشته ام. آمین.**

**۱۴ آگوست**

انجام ارادهٔ خداوند

## من در عیسی کامل گشته ام.

چرا ما اینجا بر زمین هستیم ؟ ما بر زمینیم نه به خاطر این که ارادهٔ خود را انجام دهیم بلکه به خاطر این که ارادهٔ مسیح را انجام دهیم و مسئولانه اراده فرستاده خود را به جا آوریم. پولس در کولسیان ۱:۹ می نویسد :

*" از همین رو از روزی که این را شنیدیم از دعا کردن برای شما باز نایستاده ایم بلکه پیوسته از خدا می خواهیم که شما از شناخت ارادهٔ او در هر حکمت و فهم روحانی او پر شوید . "*

ما باید ارادهٔ خداوند را بشناسیم. به عبارت دیگر شناخت ارادهٔ مسیح باید تمامی ذهن ما را پر سازد و مسیح باید کنترل ذهن های ما را به دست گیرد. هر انگیزه و هر هدفی باید تحت کنترل شناخت ارادهٔ مسیح باشد. پولس در کولسیان ۴:۱۲ چنین ادامه می دهد :*" اپافراس که از خود شما و خادمین مسیح عیسی است. برایتان سلام دارد او همواره در دعا برای شما مجاهده می کند تا با بلوغ کامل استوار بایستید و از هر آنچه مطابق با خواست خداست آکنده باشید."* یک ایماندار تا حدی که ارادهٔ خداوند را انجام می دهد می تواند کامل باشد. عبرانیان ۱۳ : ۲۰ ــ ۲۱ به زیبایی این حقیقت را بازگو می کند.*" حال خدای سلامتی که شبان اعظم گوسفندان یعنی خداوند ما عیسی را به خون آن عهد ابدی از مردگان بر خیزانید شما را به هرچیز نیکو مجهز گرداند تا اراده او را به انجام رسانید باشد که او هر آنچه را که موجب خشنودی اوست به واسطه عیسی مسیح در ما به عمل آورد که او را جلال جاودانه باد آمین . "* ما تا حدی که ارادهٔ خداوند را انجام می دهیم تکمیل و عالی شده ایم. همان طور که عیسی در زندگی زمینی خود تکمیل شدن را در انجام ارادهٔ خداوند می دید. اگر هر گونه ناهماهنگی ناامیدی و یا کشمکش عاطفی در زندگی تان وجود دارد سعی کنید رابطه ای که با خداوند دارید را بازنگری کنید. زیرا شما تنها در آن صورت می توانید کامل شوید که بتوانید ارادهٔ خداوند را دانسته و آن را انجام دهید. در غیر این صورت هر چیز دیگری تنها برای شما عدم تکامل و ناامیدی در پی خواهد داشت.

**خداوندا به خاطر کاری که در من کردی از تو متشکرم. سعی می کنم تا بتوانم در ارادهٔ کامل خداوند به صورت عالی و کامل بایستم و کمال خود را تنها در انجام ارادهٔ او بیابم. من در عیسی کامل گشته ام. آمین.**

**۱۵ آگوست**

دستیابی به تدارک کامل خداوند

## من در عیسی کامل گشته ام.

یک مسیحی برای اینکه بتواند تمام و کمال در ارادهٔ خداوند قرار گیرد باید تمام آن چه که خداوند از طریق عیسی برای او تدارک دیده را بپذیرد. او نمی تواند هیچ قسمت از تدارک کامل خداوند را برای خود حذف کند و انتظار داشته باشد که چیزی به عنوان جایگزینی برای آن قسمت حذف شده عمل نماید. دقیقا در این نقطه است که بسیاری از مسیحیان در تفکر خود به بیراهه می روند. آگاهانه یا نا آگاهانه. آنها چنین استدلال می کنند که اگر خود را در قسمت هایی تحت اختیار تدارک خداوند قرار داده اند دیگر احتیاج نیست که برای قسمت های دیگری که حذف شده نگران باشند. به عنوان مثال برخی از مسیحیان تاکید زیادی بر بشارت لسانی دارند اما جنبه های عملی زندگی روزانهٔ مسیحی را نادیده می گیرند. و بر عکس برخی مسیحیان دربارهٔ نحوهٔ عمل کرد شان بسیار مراقبند اما زباناً به دوستان و همسایگان خود بشارت نمی دهند. هر کدام از این مسیحیان غالبا دیگری را مورد انتقاد قرار داده و خوار می شمارند در حالی که هر کدام از آنها به طور یکسان در اشتباه هستند. زندگی خوب و مسیح وار هرگز جایگزینی برای بشارت زبانی نیست و از سویی دیگر بشارت زبانی هرگز جایگزینی برای زندگی خوب مسیحی نیست. خداوند هر دوی آن ها را می خواهد. ایمانداری که هر کدام از این جنبه ها را حذف می کند به طور تمام و کمال در ارادهٔ خداوند نمی ایستد.

**خداوندا تو را شکر می کنم که در من کار می کنی. اعلام می کنم که مشتاق آن هستم که خود را در اختیار آن چیزی قرار دهم که تو برای من از طریق مسیح مقرر نموده ای تا من بتوانم در مسیح کامل شوم. آمین.**

**۱۶ آگوست**

کامل در مسیح

*من در عیسی کامل گشته ام.*

زمانی من یک فیلسوف مجرب بودم. به عنوان یک فیلسوف به اینجا و آنجا و به همه جا نگاه می کردم تا بلکه بتوانم پاسخی برای سئوالاتم بیابم. در مسیحیت نیز تحقیق نمودم و آنطور که مسیحیت را به من ارائه داده بودند به این نتیجه رسیدم که مسیحیت نیز آن پاسخ را ندارد. من کاملا حق داشتم چون پاسخ خود را دریافت نکرده بودم. به فلسفهٔ یونان روی آوردم. به یوگا روی آوردم. من به هر چیز احمقانه ای که فکر کنید مراجعه کردم. در سال ۱۹۴۱ در اتاقی در پادگان ارتش حوالی نیمه شب زمانی که کس دیگری بیدار نبود با عیسی مسیح ملاقاتی شخصی داشتم و در آن ملاقات کشف کردم که من پاسخ تمام سوالاتم را ملاقات نمودم. مدتی بعد قسمتی را خواندم که پولس دربارهٔ عیسی مسیح می نویسد در او همهٔ گنج های حکمت و معرفت نهفته است .( کولسیان ۲ : ۳ ) با خود گفتم اگر تمامی گنج ها در عیسی مسیح نهفته است چرا بیش از این باید حول حکمت انسانی جستجو کنم که مانند سطل های زباله است. تصمیم گرفتم که کتاب مقدس را کتاب پاسخ های خود بدانم و به این نتیجه رسیدم که باید از این کتاب دریابم که خداوند چه گنج هایی در عیسی مسیح برای من قرار داده است. گاهی سرگردان شده، گاهی منحرف گشته ام و گاهی از مسیر خارج شده ام. اما عیسی واقعاً آلفا و امگا ابتدا و انتها ، شروع و پایان هر چیزی است. ( مکاشفه ۲۲ : ۱۳ ) قهرمان و مظهر و کامل کننده ایمان ما است . ( عبرانیان ۱۲ : ۲ ) ما در او کامل هستیم. اگر شما تصمیم بگیرید که به چیزهای دیگری چنگ بندازید خواهید دید که تئوری های جالب و سخنرانی های تحریک کنندهٔ مختلفی وجود دارد اما در انتها شما از منابع آلوده ای تغذیه خواهید شد در حالی که می توانید از کلام زندهٔ خداوند تغذیه شوید.

**خداوندا تو را به خاطر کاری که در من انجام می دهی شکر می کنم. اعلام می کنم که عیسی پاسخ سوالات است. او آلفا و امگا ، ابتدا و انتها و شروع و پایان است. او قهرمان ایمان و کامل کنندهٔ ایمان ماست. من در او کامل هستم زیرا من در مسیح کامل گشته ام. آمین.**

**۱۷ آگوست**

کمال الوهیت در مسیح

## من در عیسی کامل گشته ام.

*" به هوش باشید کسی شما را با فلسفه ای پوچ و فریبنده اسیر نسازد که نه بر مسیح بلکه بر سنت آدمیان و اصول ابتدای این دنیا استوار است . زیرا الوهیت با همه کمالش به صورت جسمانی در مسیح ساکن است. " ( کولسیان ۲ : ۸ – ۱۰ )*

این هدف من است تا بتوانم در پری که در عیسی مسیح به ما عطا شده است قرار بگیرم. او باید هدف نهایی و رضایت قلبی ما باشد ما می توانیم این حقیقت را با خیمه ای که موسی بنا کرد به تصویر بکشیم. این خیمه در عهد عتیق این گونه تشریح شده است. خیمه از سه بخش تشکیل شده بود. اولین قسمت ، قسمت خارجی و دو قسمت داخلی. اولین قسمت خیمه قدس و سپس قسمت درونی قدس الاقداس نام داشت. یکی از ساده ترین راههای تفکیک بخش ها از یکدیگر نوری بود که هر قسمت را روشن می کرد. قسمت خارجی با نور خورشید و ماه و ستارگان روشن می شد و در قسمت قدس هیچ روشنائی طبیعی وجود نداشت و نور توسط هفت چراغ دان تامین می شد. چراغدانانی که در کاسهٔ آنها روغن ریخته می شد و روغن می سوخت و آن جا نورانی می گشت. وقتی که به قدس الاقداس وارد می شدید دیگر شما با حواس فیزیکی خود زندگی نمی کردید بلکه توسط ایمان زندگی می کردید. قابل توجه است که پس از پردهٔ دوم هیچ نوری وجود نداشت. تنها یک دلیل برای ورود به آنجا وجود داشت و آن ملاقات با خداوند بود. زمانی که شخصی خالصانهٔ پردهٔ دوم را پشت سر می گذاشت آن قسمت با حضور ماوراء الطبیعی خداوند به صورت پر جلالی نورانی می گشت. این هدف نهایی است. جز تاریکی و خود خداوند هیچ جاذبهٔ دیگری در آنجا وجود نداشت. اگر خداوند نمی آمد شما در تاریکی کامل باقی می ماندید.

زندگی با خداوند به عنوان هدف ما بدان معنا است که ما نمی توانیم هیچ جایگزینی یا جذابیت دیگری را در زندگی مان به جای او قرار دهیم. خود خداوند تنها نوری است که من آن را می جویم نه نور طبیعی و نه نوری مصنوعی بلکه نور ماوراءالطبیعی حضور خود خداوند.

**خداوندا از تو به خاطر کاری که در من انجام می دهی متشکرم . اعلام می کنم که تنها خود خداوند است و تنها خدا است که من او را می جویم و پری مسیح که من آن را جستجو می کنم. زیرا من در مسیح کامل گشته ام . آمین.**

**۱۸ آگوست**

به واسطهٔ یک قربانی

## من در عیسی کامل گشته ام.

*" زیرا با یک قربانی تقدیس شد گان را تا ابد کامل ساخته است ." ( عبرانیان ۱۰ : ۱۴ )*

در این آیه ما دو زمان داریم و هر دو زمان مهم هستند. زمان اول زمان حال کامل است " با یک قربانی تقدیس شدگان را تا ابد کامل ساخته است " و می توانیم بگوئیم که این قربانی کاملاً کامل است. دقیقاً قبل از این آیه نویسندهٔ عبرانیان می گوید که در عهد عتیق کاهنان همواره می ایستادند و بارها و بارها یک قربانی را تقدیم می کردند. قربانی که هرگز نمی توانست گناهان را بردارد. سپس نویسنده دربارهٔ عیسی می گوید : اما این کاهن برای همیشه یک قربانی به جهت گناهان تقدیم کرد و به دست راست خدا بنشست . ( عبرانیان ۱۰ : ۱۲ ) به تضاد میان کاهنان عهد عتیق که می ایستادند و عیسی که وجود خود را قربانی نمود و نشست توجه کنید. چرا عیسی نشست؟ زیرا دیگر کاری نمانده بود که باید انجام می داد. او همهٔ کارها را انجام داده بود در حالی که شغل کاهنان عهد عتیق هرگز پایانی نداشت. زیرا قربانی های آنها هرگز برای برطرف کردن مشکل اصلی کافی نبودند. مرگ عیسی بر صلیب عملی کامل و نهایی بود این کار تا آنجا که به عیسی مربوط می شود کامل و عالی است. احتیاج نیست که هیچ چیزی به آن اضافه شود قربانی عیسی تا ابد کامل بود. این زمان حال کامل است.

سپس دربارهٔ ما که قربانی عیسی را می پذیریم نویسندهٔ عبرانیان چنین می نویسد :*" زیرا با یک قربانی تقدیس شدگان را تا ابد کامل ساخته است ."* کامل ساخته است زمان حال کامل است . آنچه عیسی انجام داده کامل است و اما قسمت ما و آن کاری که ما باید انجام دهیم ادامه دارد. زمانی که ما تقدیس می شویم ، جدا می شویم و زمانی که به خداوند نزدیک می شویم آنچه او برای ما تدارک دیده است را دریافت می کنیم و بیشتر و بیشتر در آن تدارکی که قربانی عیسی مهیا نموده است سهیم می گردیم .

**خداوندا از تو به خاطر کاری که در من انجام می دهی متشکرم. اعلام می کنم که توسط یک قربانی عیسی آنانی را که تقدیس شده اند ، کامل می گرداند و این نکته شامل من نیز می شود. زیرا من در مسیح کامل گشته ام. آمین.**

## ۱۹ آگوست

دایره های کامل

### من در عیسی کامل گشته ام.

همانطور که قبلا گفتم مردم معمولاً از واژه کمال می ترسند. برای اینکه از ترسناک بودن این واژه بکاهیم می خواهم از یک مثال ساده ریاضیات استفاده کنم. اجازه دهید که از واژهٔ دایره استفاده کنم .تنها یک ملاک برای دایره بودن یک شکل وجود دارد. اگر شکلی گرد باشد بنابراین دایره است و تنها یک نوع دایره وجود دارد و سه یا چهار نوع دایرهٔ مختلف وجود ندارند. با این حال اندازه های مختلفی از دایره می تواند وجود داشته باشد. زمانی که دو تصویر شکل یکسانی دارند اما اندازه های آنها متفاوت باشد به یک اسم خوانده می شوند. خدای پدر دایره ای عظیم است حلقهٔ دایره ای نا محدود که تمامی خلقت را در بر گرفته است. عیسی از ما نمی خواهد که به اندازهٔ خداوند باشیم اما از ما این انتظار را دارد که همان شخصیتی را داشته باشم که خداوند دارد. ما بسیار شبیه خداوند هستیم اما خدا نیستیم. من و شما ممکن است دایرهٔ کوچکی باشیم که در حیطه های کوچکی که خداوند ما را آن جا قرار داده است کار می کنیم و وظایفی به ظاهر کوچک و ناچیزی داریم اما خداوند برای هر کدام از ما در همان حیطهٔ کوچک انتظار دارد که دایره ای کامل باشیم. کاملا گرد، همانطور که دایرهٔ اعظم است یعنی خدای پدر که فراتر است و همهٔ کیهان را در بر گرفته است. بنابراین وقتی می خوانیم که عیسی فرمان می دهد کامل باشید. ( متی ۵ : ۴۸ ) به آن فکر کنید که باید دایره باشید. نامتقارن نباشید. برآمدگی ، فرو رفتگی و کاستی نداشته باشید. ممکن است زیاد بزرگ نباشید اما شما می توانید یک دایرهٔ کامل باشید.

**خداوندا از تو متشکرم که در من کار می کنی. اعلام می کنم خداوند از من می خواهد که دایره ای کامل باشم و به فیض او من کامل خواهم بود. زیرا من از طریق عیسی کامل گشته ام. آمین.**

# هفتهٔ ۳۴

## انسانیت کهنهٔ ما در مسیح مرده است تا انسان جدیدی در ما زاده شود.

*" به یکدیگر دروغ مگویید زیرا آن انسان قدیم را با کار هایش از تن بدر آورده اید و انسان جدید را در بر کرده اید که در معرفت حقیقی هر آن نوع می شود تا به صورت آفرینندهٔ خویش در آید " ( کولسیان ۳ : ۹ ــ ۱۰ )*

**۲۰ آگوست**

انسان زندهٔ جدید

## *انسانیت کهنه ما در مسیح مرده است تا انسان جدیدی در ما زاده شود.*

مبادله ای که در این جا ما با آن روبه رو هستیم تبادل انسانیت کهنه و انسانیت تازه است. انسان کهنه در مسیح بر صلیب مرد تا انسان تازه بتواند از طریق این مبادله در ما زیست کند. این موضوعی است که در عهد جدید ادامه می یابد اما امروزه در کلیساها به ندرت دربارهٔ آن سخن گفته می شود. تضادی که بین انسانیت کهنه ای که بر صلیب می میرد و انسانیت جدیدی که با عیسی قیام داده می شود وجود دارد. مصلوب شدن عیسی واقعی و تاریخی است و در واقع در یک تاریخ مشخصی رخ داده است. من فکر می کنم زمانی که ما به این موضوع این گونه نگاه کنیم ایمان ما به گونه ای خارق العاده تقویت می شود. این واقعه چیزی است که در حقیقت اتفاق افتاده و حقیقت دارد چه ما آن را باور کنیم و چه نکنیم ، چه آن را بدانیم چه ندانیم. اما زمانی که ما آن را می دانیم و به آن ایمان می آوریم می تواند تاثیر شگفت انگیزی بر زندگی های ما داشته باشد. در رومیان ۶:۶ پولس می گوید:

*" زیرا می دانیم آن انسان قدیم که ما بودیم با او بر صلیب شد تا پیکر گناه در گذرد و دیگر گناه را بندگی نکنیم ."*

در ترجمهٔ تحت الفظی چنین می گوید " تا جسد گناه معدوم گردد." اما من ترجیح می دهم بگوئیم کاملاً بی تاثیر شده و از عمل باز داشته شده است. زمانی که ما اسیر گناه هستیم و او ارباب، ما زندگی هایمان تخریب می شود و زمانی که متوجه می شویم انسانیت کهنه در ما مرده است انسانیت جدید در ما آشکار می شود. اما اگر ما متوجهٔ این حقیقت نباشیم و به آن ایمان نداشته باشیم و بر اساس آن عمل نکنیم نمی توانیم از اسارت گناه آزاد شویم. این تنها راهی است که ما می توانیم از دام و اسارت گناه رهایی یابیم.

**عیسی جان از تو به خاطر مبادله ای که بر صلیب انجام دادی متشکرم. اعلام می کنم که اسارت من نسبت به گناه از بین رفته زیرا انسانیت کهنهٔ من در عیسی مرده تا انسان جدید بتواند در من زاده شود. آمین.**

## ۲۱ آگوست

ثمرهٔ حقیقت

### انسانیت کهنه ما در مسیح مرده است تا انسان جدیدی در ما زاده شود.

بیائید کمی کاملتر به مبادله ای که برای انسان کهنه و انسان جدید رخ داد نگاه کنیم. انسانیت کهنه ثمرهٔ دروغ های شیطان است. آن انسانیت محصول فریب است. طبیعت کامل او فریب و فساد است. او ثمرهٔ مار است. در او به همان حد ناراستی هست که در مار وجود داشت. هیچ حقیقتی در او وجود ندارد. او تا عمق وجودش پر از ناراستی است. هر چه او بیشتر سعی می کند صاف و صحیح باشد بیشتر در او کجی و ناراستی یافت می شود. اما راه حل چیست ؟ انسانیت کهنه مصلوب شد تا انسانیت نو آشکار شود. افسسیان ۲۲:۴ ما را هدایت می کند تا انسانیت کهنه را از تن در آوریم و سپس آیه ای ۲۴ ما را تشویق می کند که انسان تازه را در بر کنیم. این مبادله ای است که صورت می گیرد. جامه های کهنه از تن در آورده شده و جامه های نو بر تن می شوند ( افسسیان ۲۴:۴ ) که آفریده شده تا در پارسایی و قدوسیت حقیقی شبیه خدا باشد. مایلم آیه را این طور بازگو نمایم " انسانیت که همانند خدا در قدوسیت حقیقی و پارسایی آفریده شده است "

انسانیت تازه ثمرهٔ حقیقت کلام خداوند دربارهٔ عیسی مسیح است. حقیقتی که از طریق ایمان توسط قلب هایمان درک می شود و باعث آشکار شدن انسانیت تازه می شود. انسانیتی که با خود پارسایی و قدوسیت به همراه دارد. انسان تازه بر طبق استاندارد های خداوند خلق شده است و هدف آن پارسایی و قدوسیت است که هر دوی آنها ثمرهٔ حقیقت هستند.

**عیسی جان برای مبادله ای که بر صلیب صورت گرفت تو را شکر می کنم. اعلام می کنم که انسانیت کهنه با مسیح بر صلیب مصلوب شد تا انسان تازه در من آشکار شود. من این حقیقت را در قلب خود با ایمان می پذیرم که انسانیت کهنه در مسیح مرد تا انسان تازه بتواند در من زاده شود. آمین.**

## ۲۲ آگوست

بذرهای فساد ناپذیر

## انسانیت کهنه ما در مسیح مرده است تا انسان جدیدی در ما زاده شود.

*" آنکه از خدا مولود شده گناه نمی کند زیرا سرشت خدا ( در اصل یونانی بذر خدا ) در او می ماند پس او نمی تواند در گناه زندگی کند چرا که از خدا مولود شده است ." ( اول یوحنا ۳ : ۹ )*

آیا این آیه به ما می گوید که ایماندار تولد تازه یافته گناه نمی کند؟ اگر این طور باشد بسیاری از ما از لیست ایمانداران حذف خواهیم شد. من نیز جزء آنها خواهم بود. آیا کسی از ما وجود دارد که از خداوند مولود شده باشد و دربارهٔ او این شهادت باشد که او گناه نمی کند؟ من باور نمی کنم که چنین فردی وجود داشته باشد. پس معنای این آیه چیست؟ درک من این است که این آیه دربارهٔ طبیعت تازه ای که در ما متولد شده سخن می گوید. این طبیعتی است که نمی تواند گناه بکند. این همان طبیعت عیسی است. این انسان تازه است. دانستن این موضوع مهم است زیرا تنها زمانی که این دیدگاه را در خود پرورش داده و تسلیم او می شویم می توانیم در زندگی پیروز شویم. در اول یوحنا ۵:۴ کلام خدا چنین می گوید :

*" زیرا هر کس که از خدا مولود شده است بر دنیا غلبه می یابد ."*

دقت کنید که یوحنا تاکید می کند " هر آنکه ". این درک من از این آیه است. طبیعت تازه . انسانیت تازه . این طبیعت تازه نمی تواند گناه کند و فساد ناپذیر است. آیا می دانید چرا این طبیعت فساد ناپذیر است ؟ زیرا بذر انسان تازه را خداوند می کارد و آن بذر چیست؟ جواب را در اول پطرس ۱ : ۲۳ می یابیم ." زیرا تولد تازه یافته اید نه از تخم فانی بلکه غیر فانی یعنی کلام خدا که زنده و باقی است." ماهیت تخم کلام خدا چیست ؟ این است که این تخم فساد ناپذیر است و دقیقاً نقطهٔ مقابل طبیعت کهنه قرار دارد که فانی و فاسد شدنی است. (در حقیقت هم اینک فاسد شده است. )

**ای عیسی تو را به خاطر مبادله ای که بر صلیب انجام دادی شکر می کنم. اعلام می کنم که خلقت تازه ای در من ایجاد شده است. طبیعتی که نمی تواند گناه کند. طبیعت عیسی . من اعلام می کنم که انسانیت کهنه من در عیسی مرد تا انسانیت تازه در من زاده شود. آمین.**

**۲۳ آگوست**

تازه شدن

## انسانیت کهنهٔ ما در مسیح مرده است تا انسان جدیدی در ما زاده شود.

عیسی خداوند بود و جسم پوشید. زمانی که جسم عیسی بر صلیب سوراخ و پاره گشت پرده هیکل پاره شد. بعد از آن عیسی خود را در ایمانداران آشکار می سازد. او در ایمانداران ساکن است. اما هنوز در جسم خود نیز ساکن است. کتاب کولسیان جنبهٔ دیگری از این حقیقت را برای ما روشن می کند. پولس دربارهٔ انسانیت جدید که جایگاه ما در مسیح است چنین می گوید:

*" به یکدیگر دروغ نگویید زیرا آن انسان قدیم را با کارهایش از تن بدر آورده اید و انسان جدید را در بر کرده اید که در معرفت حقیقی هر آن نو می شود تا به صورت آفرینندهٔ خویش در آید ." ( کولسیان ۳ : ۹ – ۱۰ )*

ترجیح می دهم که این آیه را چنین بازگو نمایم " انسانیتی که هر روز تازه می گردد ." تازه شدن برای من یک امر استمراری است که در زمان حال رخ می دهد. برای اینکه تازه شویم باید فرایندی را پشت سر بگذاریم. سپس به صورت تحت الفظی چنین می گوید : " در معرفت حقیقی ". این معرفت تنها شامل شناخت منطقی عیسی نیست بلکه تسلیم کردن تمامی قسمت های زندگی مان به دستان اوست که باعث می شود تصویر او در ما شکل بگیرد. هدف نهایی فرایند تازه شدن این است که یک بار دیگر تصویر او در ما شکل بگیرد. باور دارم که این تفسیر کاملاً توجیه کننده است. بیائید این جمله را تکرار کنیم ." تازگی در شناخت خالق برای شکل گیری تصویر او در ما ".

به عبارت دیگر نهایت تحقق این هدف احیا شدن تصویری است که در زمان سقوط مخدوش شده بود. البته نهایت این هدف در زمان قیام ما محقق می شود زمانی که بدن فیزیکی انسان ها به شباهت بدن قیام کرده مسیح مبدل می شود.

**عیسی جان از تو به خاطر مبادله ای که بر صلیب انجام دادی متشکرم.اعلام می کنم که تصویر آنکه من را خلق نمود در من شکل می گیرد. اعلام می کنم که انسانیت کهنهٔ من در مسیح مرد تا انسانیت تازه در من زاده شود.آمین.**

## ۲۴ آگوست

تغذیهٔ روحانی

**انسانیت کهنهٔ ما در مسیح مرده است تا انسان جدیدی در ما زاده شود.**

گفتیم که تولد تازه در روح انسان و از طریق خداوند طبیعتی کاملا تازه ایجاد می کند. نوعی جدید از حیات. این حقیقت ما را به سمتی هدایت می کند که تأثیر دومی که کلام خداوند بر هر کدام از ما دارد را درک کنیم. در هر قدم از زندگی تنها یک قانون تغییر ناپذیر وجود دارد. به محض اینکه حیات تازه ای متولد می شود اولین و بزرگ ترین احتیاج او آن است که تغذیه شود تا پایدار باقی بماند. به عنوان مثال زمانی که کودک انسانی متولد می شود ممکن است او از هر نظر سالم و کامل باشد اما اگر فورا تغذیه نشود ضعیف شده و خواهد مرد. این قانون در قلمرو روحانی نیز صدق می کند. زمانی که شخصی تولد تازه می یابد طبیعت تازهٔ روحانی که در او ایجاد شده فوراً احتیاج به تغذیه دارد. برای اینکه بتواند زنده بماند و رشد کند. تغذیهٔ روحانی که خداوند برای هر کدام از فرزندان تولد یافتهٔ خود تدارک دیده در کلام او یافت می شود. کلام خدا آنقدر غنی و شامل مطالب متنوعی است که می تواند تغذیه ای مناسب برای هر مرحله از رشد روحانی ما باشد. تغذیهٔ روحانی مناسبی در رساله های پطرس وجود دارند. پطرس پس از آنکه باب یک را در بارهٔ تولد تازه و بذر فاسد نشدنی کلام خداوند می نویسد فورا سخن خود را ادامه داده و چنین می گوید :

> *"پس هر نوع کینه و هر گونه مکر و ریا و حسد و هر قسم بد گویی را از خود برانید و همچون نوزادان مشتاق شیر خالص روحانی باشید تا به مدد آن برای نجات نمو کنید"* ( اول پطرس ۲ : ۱ – ۲ )

زیرا برای نوزادان روحانی که در مسیح تازه متولد شده اند خداوند تغذیه ای را مقرر فرموده که شیر خالص است. یعنی کلام خدا. این شیر برای ادامهٔ حیات و رشد مانند سوختی مهم است.

**عیسی جان برای مبادله ای که بر صلیب انجام شد تو را شکر می کنم. اعلام می کنم که به کلام خداوند متعهد هستم و آن را به عنوان تغذیه ای روحانی برای ادامهٔ حیات و رشد خود می پذیرم و اعلام می کنم که انسانیت کهنهٔ من در مسیح مرد تا انسانیت تازه در من زاده شود. آمین.**

**۲۵ آگوست**

در بر کردن انسانیت تازه

## انسانیت کهنه ما در مسیح مرده است تا انسان جدیدی در ما زاده شود.

مذهب سعی می کند که انسان را از بیرون به درون تغییر دهد. دامن رداها را بلند تر و لباس ها را گشاد تر کند. حاشیه هایی به لبه ها اضافه کند و پوششی بر سرتان بگذارد. آرایش تان را پاک کند. آستین ها را بلند تر و موها را کوتاه کند. خداوند همیشه در جهت مخالف عمل می کند او انسان را از درون به بیرون تغییر می دهد. خداوند کار خود را با نحوهٔ تفکر ما شروع می کند. او می گوید اگر قرار است تغییر موثری در تو شکل بگیرد باید به شیوهٔ دیگری فکر کنی. روح دیگری باید به ذهن تو دسترسی داشته باشد تو تحت فریب شیطان بوده ای و اکنون باید فکر خود را نسبت به حقیقت باز کنی که همان روح القدس است. در نتیجهٔ این کار است که ما می توانیم انسانیت تازه را در بر کنیم انسانیتی که دقیقا برعکس انسانیت کهنه عمل می کند. افسسیان ۲۴:۴ چنین می گوید :

*" و انسان جدید را در بر کنید که آفریده شده است تا در پارسایی و قدوسیت حقیقی شبیه خدا باشد ."*

این انسانیت همانند خدا در پارسایی و قدوسیت خلق شده است. او محصول هدف خداوند و استاندارد ها و الگوهای اوست. انسانیت کهنه محصول فریب شیطان است و انسانیت تازه محصول راستی خداوند. بسیار جالب است که چرا شیطان به صورت مار به سراغ نژاد بشری آمد؟ مار بنا به طبیعت ذاتی خود ناصاف است. من فکر می کنم این تصویر بسیار واضحی از شیطان است. او موجودی است که در او هیچ راستی وجود ندارد. او هرگز حقیقت کامل را به شما نمی گوید. واژهٔ مشخصی که برای تشریح انسانیت کهنه وجود دارد فساد است. ما باید انسانیت کهنه را از تن در آورده و انسانیت تازه را بر تن کنیم. واژه ای که تشریح کنندهٔ انسانیت تازه است پارسایی و قدوسیت نام دارد.

**عیسی جان تو را به خاطر مبادله ای که بر صلیب رخ داد شکر می کنم. اعلام می کنم که من انسانیت کهنه را از تن در آورده و انسانیت تازه را بر تن می کنم. زیرا انسانیت کهنهٔ من در مسیح مرد تا انسانیت تازه در من زاده شود. آمین.**

**۲۶ آگوست**

محصولی شایسته

## انسانیت کهنه ما در مسیح مرده است تا انسان جدیدی در ما زاده شود.

یعقوب دربارهٔ تضادی که در افراد مذهبی وجود دارد سخن می گوید :

*"با زبان خود خداوند و پدر را متبارک می خوانیم و با همان زبان انسانهایی را که به شباهت خدا آفریده شده اند لعن می کنیم. از یک دهان هم ستایش بیرون می آید هم نفرین. ای برادران من شایسته نیست چنین باشد آیا می شود از چشمه ای هم آب شیرین روان باشد هم آب شور ؟ برادران من آیا ممکن است درخت انجیر زیتون بار آورد ؟ یا درخت مو انجیر بدهد ؟ به همین سان نیز چشمهٔ شور نمی تواند آب* شیرین روان سازد ".( یعقوب ۳ : ۹ – ۱۲ )

یعقوب در این قسمت دو مثال را با یکدیگر ادغام می کند. اولین مثال یک درخت است. او می گوید که آیا ممکن است درخت انجیر میوهٔ دیگری مانند زیتون بدهد؟ نوع درخت مشخص کنندهٔ نوع میوه ای است که به بار خواهد آورد. در این مثال درخت قلب انسان است و میوه واژه هایی است که از زبان او جاری می شود. مثال دومی که یعقوب از آن استفاده می کند چشمهٔ آب است. او می گوید اگر آبی شور از چشمه ای جاری شود شما خواهید دانست که آن چشمهٔ آب شور است. دو درخت نمایانگر دو طبیعت هستند. درختی که باید میوهٔ خود را بدهد اما میوهٔ دیگری به بار می آورد در واقع فاسد است. این درخت نمایانگر انسانیت کهنه ما است و درختی که نیکو است نمایانگر انسانیت تازه در عیسی مسیح است. انسانیت کهنه نمی تواند میوهٔ خوب بیاورد. عیسی بارها به وضوح به این مسئله اشاره کرده است. به عنوان مثال به یوحنا ۱۵ : ۱ – ۸ نگاه کنید. از آن طبیعت جسمانی و کهنه همیشه میوه ای که مناسب با طبیعت آن باشد حاصل خواهد شد. چشمه یا منشا آب نمایانگر مطلبی است روحانی. چشمهٔ خالص نمایانگر روح القدس است و چشمهٔ شور نمایانگر روح های شریر هستند .

**عیسی جان از تو به خاطر مبادله ای که بر صلیب رخ داد متشکرم . اعلام می کنم که از طریق طبیعت تازه میوه ای تازه حاصل می شود. زیرا انسانیت کهنهٔ من در مسیح مرد تا انسانیت تازه در من زاده شود. آمین.**

# هفته ۳۵

## پدر من در محبت خود مرا از پیش مقرر فرمود تا به فرزند خواندگی او پذیرفته شوم.

" بنا بر قصد نیکوی اراده خود ما را از پیش تعیین کرد تا به واسطه عیسی مسیح از مقام پسر خواندگی او برخوردار شویم . " ( افسسیان ۱ : ۵ )

**۲۷ آگوست**

محبوب و پذیرفته شده

## *پدر من در محبت خود مرا از پیش مقرر فرموده تا به فرزند خواندگی او پذیرفته شوم.*

*زیرا پیش از آفرینش جهان ما را در وی برگزید تا در حضورش مقدس و بی عیب باشیم و در محبت بنا به قصد نیکوی ارادهٔ خود ما را از پیش تعیین کرد تا به واسطهٔ عیسی مسیح از مقام پسر خواندگی او برخوردار شویم تا بدین وسیله فیض پر جلال او ستوده شود فیضی که در آن محبوب به ما به رایگان بخشیده شده است ." ( افسسیان ۱ : ۴ – ۶ )*

آن محبوب کیست ؟ عیسی . به ترتیبی که در این قسمت وجود دارد توجه کنید. ما انتخاب شده ،از پیش تعیین شده، فرزند خوانده شده و پذیرفته شده ایم. می دانم که برخی از ترجمه های مدرن از واژه پذیرفته شده استفاده نمی کنند. در یونانی این واژه چنین ترجمه شده است " او ما را پذیرفت " بدان معنا که خداوند اشتیاق خود را به طور کامل بر ما نهاد .

بار دیگر وقتی که جبرائیل بر مریم درود می فرستد چنین می گوید : " ای که مورد لطف قرار گرفته ای " ( لوقا ۱:۲۸ ) مورد لطف قرار گرفتن همان واژه ای است که در این قسمت از افسسیان به عنوان پذیرفته شدن بکار رفته است و پذیرفته شده ترجمه ای خوبی برای آن است. خداوند ما را تحمل نمی کند بلکه ما مورد لطف خداوند هستیم. آیا می توانید این را باور کنید؟ این شگفت انگیز است. به نظر من احساس عدم امنیت مستقیماً با مشکل طرد شدگی مرتبط است. راه حل این است که ما عضوی از خانوادهٔ الهی شویم. خداوند تغییر نکرده و محبت است. خداوند هر یک از فرزندان خود را دوست دارد. هیچ فرزند درجه دومی برای خداوند وجود ندارد. اگر شما فرزند خدا هستید احتیاج نیست که پاورچین پاورچین از راهرو وارد شوید و درب او را بکوبید و امیدوار باشید که خداوند به شما اجازه ورود دهد بلکه او در آنجا با آغوشی باز منتظر شما است .

**پدر از تو متشکرم که حال فرزند تو هستم. اعلام می کنم که برگزیده شده و از پیش تعیین شده ام و فرزند خوانده تو و پذیرفته شده هستم. خداوند مشتاق من است و پدر من در محبت مرا از پیش مقرر فرموده تا به فرزند خواندگی او پذیرفته شوم . آمین.**

## ۲۸ آگوست

پاد زهری برای تنهایی

### پدر من در محبت خود مرا از پیش مقرر فرمود تا به فرزند خواندگی او پذیرفته شوم.

وقتی از خود می پرسم امروزه چقدر مسیحیان تنها در دنیا وجود دارند پاسخی که به ذهنم می رسد پریشانم می کند. ایمان دارم که نباید چیزی به عنوان مسیحی تنها وجود داشته باشد. یکی از بزرگترین تغییرات خاصی که باید انجام دهیم این است که بار دیگر به تصویر خود به عنوان یک مسیحی بیاندیشیم و معنای آن را در ذهن خود اصلاح کنیم. مسیحی یعنی عضو خانوادهٔ خداوند بودن و این تنها یک عبارت زیبای الاهیاتی نیست بلکه عضویت در یک خانوادهٔ واقعی است. تنهایی غیر قابل تحمل است با این حال امروزه میلیونها انسان تنها وجود دارند. اگر چه جمعیت دنیا به سرعت رو به افزایش است و بسیاری از انسانها در شهرهای بزرگ زندگی می کنند اما این شهرهای پر جمعیت پر از افرادی است که تنها هستند. حتی این امکان وجود دارد در میان انبوهی از جمعیت شما تنها باشید. ممکن است در یک شهر بزرگ شما تنها باشید در واقع بد ترین نوع تنهایی این است که اطراف شما انسان های بسیاری باشند اما در همان زمان احساس تنهایی کنید. می بینید مانعی نامرئی بین شما و آنها وجود دارد که شما نمی دانید چطور آن مانع را بردارید. نقشهٔ خداوند برای هیچ یک از ما تنهایی نیست بلکه خداوند از ازل پدر بوده و هست و منشاء تمامی پدر بودن ها در هر خانواده در آسمان و بر زمین خداوند است. همانطور که پولس در افسسیان ۱۵:۳ می گوید :

*" هر خانواده ای در آسمان و بر زمین از او نام می گیرد. "*

درست در ابتدای تاریخ بشریت خداوند برای اولین انسان زوجی را در نظر گرفت. *" نیکو نیست آدم تنها باشد پس یاوری مناسب برای او می سازم"* ( پیدایش ۱۸:۲ ) این دیدگاه خداوند است. او می خواهد ما را از تنهای آزاد کند و ما را در خانوادهٔ الهی قرار دهد. او می خواهد خواهران و برادرانی را به ما عطا کند تا بتوانیم محبتش را با آنها تقسیم کنیم.

**پدر از تو متشکرم که مرا به فرزندی خود پذیرفتی. اعلام می کنم که ارادهٔ تو برای زندگی من تنهایی نیست. تو مرا در خانوادهٔ الهی قرار داده ای. پدر من در محبت مرا از پیش مقرر فرموده تا به فرزند خواندگی وی پذیرفته شوم .آمین.**

**۲۹ آگوست**

خانواده : منشاء حیاتی که بین ما تقسیم شده است.

*پدر من در محبت خود مرا از پیش مقرر فرمود تا به فرزند خواندگی او پذیرفته شوم.*

همهٔ ما جز اعضای خانوادهٔ الهی هستیم. زیرا همهٔ ما یک پدر داریم. عیسی برادر بزرگتر ماست و ما اعضای یک خانواده هستیم. اجازه دهید به واقعهٔ کوچکی اشاره کنم. این واقعه زمانی که دربارهٔ خانوادهٔ الهی می اندیشیم به ذهنمان می رسد. این واقعه زمانی اتفاق می افتد که مسیحیان اسکاتلندی در هلند توسط ارتش انگلستان به شدت مورد جفا قرار گرفتند. دختری اسکاتلندی در مسیر خود به سوی جلسه ای مخفیانه توسط پلیس انگلیسی دستگیر می شود. پلیس از او می پرسد کجا می روی؟ دخترک از آن رو که نمی خواست دروغ بگوئید و همچنین نمی خواست که به ایمانداران دیگر خیانت کرده باشد قلبش را به سوی خداوند بلند کرده و دعا می کند و از خداوند پاسخ مناسبی می طلبد. این آن پاسخی است که آن دخترک به پلیس می دهد. برادر بزرگترم فوت کرده و من در مسیر خانهٔ پدرم هستم تا وصیت نامهٔ او را بشنوم. چه پاسخ خوبی ! عیسی برادر بزرگتر ماست و خداوند پدر ما و کلیسا خانهٔ پدر ماست. نشانه های بارز این خانواده چیست ؟

به اعتقاد من حیاتی است که به شراکت گذاشته می شود. خدای پدر منشاء حیات همهٔ ماست و همهٔ ما خانوادهٔ او هستیم. ما در یک مؤسسه یا سازمان عضو نیستیم بلکه همهٔ ما در منشاء حیات سهیم هستیم. به عنوان اعضای خانوادهٔ خداوند از ما چه انتظاری وجود دارد؟ به نظر من آن چه از ما انتظار می رود پذیرشی دو جانبه است یعنی خداوند ما را خواهران و برادران خوانده زیرا خدای پدر ما را فرزندان خطاب می کند. اگر پدر ایماندارانی که در اطراف ما وجود دارند را فرزند خود می خواند ما نیز باید آنها را برادران و خواهران خود بدانیم. این امر همیشه راحت نیست. شما می توانید دوستان خود را پیدا کنید اما نمی توانید خانوادهٔ خود را پیدا کنید. پس ما باید همدیگر را بپذیریم.

**پدر جان از تو متشکرم که فرزند تو هستم. اعلام می کنم که من عضو خانوادهٔ الهی هستم و خداوند پدر من و عیسی برادر ارشد من است. در محبت، خدای پدر مرا از پیش تعیین فرمود تا به فرزند خواندگی وی پذیرفته شوم. آمین.**

## ۳۰ آگوست

بهترین خانواده در جهان

*پدر من در محبت خود مرا از پیش مقرر فرمود تا به فرزند خواندگی او پذیرفته شوم.*

گاهی ما با خانواده های فیزیکی خود مشکلاتی داریم که هرگز حل نمی شود. اگر هیچ یک از دوستان تان شما را نخواهند مهم نیست حتی اگر هیچ کس شما را دوست نداشته باشد نیز مهم نیست. شاید والدین تان بدون ازدواجی رسمی شما را زاده باشند. ولی وقتی که از طریق عیسی مسیح به خداوند نزدیک می شوید شما عضو بهترین خانواده دنیا می گردید و خداوند هرگز فرزندان درجه دومی ندارد. خانوادهٔ الهی بهترین خانواده است. این خانواده هیچ مثل و مانندی ندارد. اگر خانوادهٔ تان به شما اهمیتی نداده باشند یا شاید پدرتان شما را از خود طرد کرده باشد یا مادرتان وقتی کافی به شما اختصاص نداده باشد و یا شوهرتان هرگز به شما محبتی نشان نداده باشد ، خداوند شما را می خواهد و شما پذیرفته شده هستید.

شما مورد توجه و محبت خاص او قرار دارید. به یاد داشته باشید هر کاری که او در جهان انجام می دهد حول محور شما می گردد. همانطور که پیشتر نوشتم زمانی که خداوند می گوید ما پذیرفته شده هستیم این بدان معنا نیست که ما صرفاً تحمل می شویم ما هرگز باعث آزار او نیستیم ما او را ناراحت نمی کنیم یا برایش مزاحمت ایجاد نمی کنیم. هرگز او احساس نمی کند که ما وقت او را می گیریم. تنها چیزی که باعث ناراحتی او می شود این است که برای مدت طولانی از او دور بمانیم. خداوند ما را به گوشه ای حل نمی دهد و نمی گوید صبر کن سرم بسیار شلوغ است برای تو وقت ندارم . بلکه او با محبت و مشتاقانه ما را می پذیرد.

**پدر جان از تو متشکرم که فرزند تو هستم. اعلام می کنم که از طریق آمدن نزد عیسی مسیح من عضو بهترین خانوادهٔ دنیا گشته ام. خداوند مرا پذیرفته است زیرا در محبت، خدای پدر مرا از پیش تعیین فرمود تا به فرزند خواندگی وی پذیرفته شوم. آمین.**

## ۳۱ آگوست

### استقبال از پسر گمشده

*پدر من در محبت خود مرا از پیش مقرر فرمود تا به فرزند خواندگی او پذیرفته شوم.*

بیائید به حقیقتی که در مثل پسر گمشده به تصویر کشیده شده نگاه کنیم. عیسی این مثال را در انجیل لوقا ۱۵ : ۱۱ – ۳۲ به شاگردان خود می گوید. پدر بیرون ایستاده و منتظر پسرش است تا او را به خانه برگرداند. دیگران به او اطلاع نمی دهند که پسر تو به خانه برگشته این پدر بود که قبل از بقیه افراد خانواده فهمید پسر بازگشته است. دیدگاه خداوند نسبت به ما نیز این گونه است. ما انسان های طرد شده نیستیم ما شهروندان درجه دوم نیستیم. ما خادم نیستیم. ما پسران گمشده ای هستیم که باز گشته ایم. زمانی که پسر گمشده باز گشت حتی آماده بود خدمتکار پدرش باشد. اما پدرش این را نپذیرفت بلکه بر عکس او چنین گفت:

" اما پدر به خدمتکارانش گفت : بشتابید بهترین جامه را بیاورید و به او بپوشانید انگشتری به انگشت و کفش به پاهایش کنید گوساله ای پرواری آورده سر ببرید تا بخورد و جشن بگیریم زیرا این پسر من مرده بود زنده شد گم شده بود یافت شد پس به جشن و سرور پرداختند." ( لوقا ۱۵ : ۲۲- ۲۴ )

با بازگشت پسر گمشده در خانواده شادی به پا شد. به همین صورت عیسی می گوید :

"به شما می گویم به همین سان برای یک گنهکار که توبه می کند جشن و سرور عظیم تری در آسمان بر پا می شود تا برای نود و نه پارسا که نیازی به توبه ندارند ، خداوند به همین صورت در مسیح از ما استقبال می کند" (لوقا ۱۵ : ۷ )

**پدر جان به خاطر اینکه فرزند توام از تو متشکرم . اعلام می کنم که خداوند در مسیح از ما استقبال می کند و به خاطر زنده بودن ما شادی می نماید و پدر در محبت از پیش مرا تعیین نموده و من به فرزند خواندگی وی پذیرفته شده ام . آمین.**

**۱ سپتامبر**

خداوند از پیش مرا تعیین نموده است.

## پدر من در محبت خود مرا از پیش مقرر فرمود تا به فرزند خواندگی او پذیرفته شوم.

*"متبارک باد خدا و پدر خداوند ما عیسی مسیح که ما را در مسیح به هر برکت روحانی در جای های آسمانی مبارک ساخته است. زیرا پیش از آفرینش جهان ما را در وی برگزید تا در حضورش مقدس و بی عیب باشیم و در محبت". (افسسیان ۱ : ۳ – ۴ )*

خداوند از پیش ما را می شناخت و براساس پیش دانی خود ما را برگزید. جایگاه شما به آن خاطر نیست که شما انتخاب کرده اید که آنجا باشید بلکه شما در جایی قرار دارید و آن کسی هستید که خداوند اراده فرموده است. این حقیقت دنیا را برای شما متفاوت می کند و نحوهٔ نگرش تان را نسبت به خود و شرایط تان تغییر می دهد. این که شما که هستید و در چه شرایطی قرار دارید از پیش توسط خداوند پایه ریزی شده است. شما نبودید که زندگی تان را شکل داده اید بلکه خداوند این کار را کرده است و نه تنها خداوند از پیش ما را می شناخت بلکه از پیش ما را تعیین نموده است. برخی از واژهٔ " از پیش خواندگی " و معنای آن می ترسند. می خواهم به شما بگویم که این تنها بدان معنا است که خداوند از پیش دوره های زندگی شما را دیده و شما را برگزیده است. پولس در رومیان ۸ : ۲۹ چنین می گوید :

*" زیرا آنانی را که از پیش شناخت ایشان را همچنین از پیش معین فرمود تا به شکل پسرش درآیند تا او فرزند ارشد از برادران بسیار باشد " ( رومیان ۸ : ۲۹ )*

او از پیش تمام این کار ها را انجام داده است. پولس در افسسیان ۱۱:۱ چنین می نویسد: *"ما نیز در وی میراث او گشتیم زیرا بنا بر قصد او که همه چیز را مطابق رای ارادهٔ خود انجام می دهد از پیش تعیین شده بودیم "* این تضمین باید به شما احساس امنیت بدهد زیرا شما از پیش تعیین شده هستید. زندگی شما و دوره هایی که در آن وجود دارد از پیش توسط کسی که همهٔ چیز ها بر اساس نقشه های او پیش می رود شناخته و سازماندهی شده است. او همهٔ کارها را بر اساس اراده ای خود و نقشهٔ خود پی می گیرد.

**پدر جان از تو متشکرم که فرزند تو هستم. اعلام می کنم که دوره های زندگی من از پیش توسط آنکه همه چیزها بر اساس نقشه های وی به پیش می رود سازماندهی شده است. و او در محبت از پیش مرا تعیین کرده و مرا برگزیده تا به فرزند خواندگی وی پذیرفته شوم. آمین.**

**۲ سپتامبر**

آنچه خداوند انجام داده است.

## پدر من در محبت خود مرا از پیش مقرر فرمود تا به فرزند خواندگی او پذیرفته شوم.

زمانی که عیسی بر صلیب مرد پردهٔ هیکل که خداوند قدوس را از انسان گناهکار جدا می ساخت پاره شد و این اعلامی بود برای اینکه از این پس ما پذیرفته شده هستیم. برای مثال ( متی باب ۲۷ آیه ۵۱ را مطالعه کنید. ) این پرده از بالا به پایین پاره شد تا هرگز کسی نتواند بگوید انسانی مسئول پاره شدن آن بوده است. این کار را خداوند انجام داد. پردهٔ پاره شده دعوتی است که خداوند از هر انسانی به عمل می آورد و می گوید : " داخل شو خوش آمدی فرزند. " او طرد شدگی تو را بر خود گرفت تا من بتوانم تو را با آغوشی باز بپذیرم.

*"متبارک باد خدا و پدر خداوند ما عیسی مسیح که ما را در مسیح به هر برکت روحانی در جایهای آسمانی مبارک ساخته است زیرا پیش از آفرینش جهان ما را در وی برگزید تا در حضورش مقدس و بی عیب باشیم". ( افسسیان ۱ : ۳ – ۴ )*

دقت کنید که تصمیم غایی را ما نمی گیریم بلکه خداوند می گیرد. تصور نکنید این شما هستید که تصمیم گرفته اید نجات یابید و چون شما برگزیدید پس نجات یافتید. زیرا خداوند شما را برگزیده و شما به انتخاب او پاسخ مثبت داده اید. شما ممکن است که تصمیم تان را عوض کنید اما خداوند تصمیمش را عوض نمی کند. تاکید های اشتباه بسیاری در دنیای معاصر در زمان اعلام خبر انجیل وجود دارد که گوئی همه چیز بستگی به کاری دارد که ما انجام می دهیم. درست است که ما نیز باید انتخاب کنیم اما اگر خداوند ابتدا ما را بر نمی گزید ما هرگز نمی توانستیم انتخابی انجام دهیم. زمانی که به عنوان یک مسیحی اساس ارتباط خود را بر خداوند و نه بر آنچه شما انجام می دهید، قرار دهید می فهمید که از احساس امنیت بیشتری برخوردار هستید. خداوند بسیار بیشتر از من و شما قابل اعتماد است.

**پدر جان از تو متشکرم که فرزند تو هستم. اعلام می کنم که من فرزند خداوند هستم و نه بر اساس آن کاری که من می کنم بلکه بر اساس آن کاری که خداوند انجام داده است. پدر من در محبت مرا بر گزید و از پیش مرا تعیین کرد که تا به فرزند خواندگی وی پذیرفته شوم. آمین.**

# هفتهٔ ۳۶

## پدر من پیش از گفتن من می داند به چه چیزی احتیاج دارم.

*"پس مانند ایشان مباشید زیرا پدر شما پیش از آنکه از او درخواست کنید نیازهای شما را می داند" ( متی ۶:۸ )*

**۳ سپتامبر**

خداوند مرا کاملاً می شناسد.

## پدر من پیش از گفتن من می داند به چه چیزی احتیاج دارم.

خداوند هر کدام از ما را کاملاً می شناسد. شناخت او از ما بسیار فراتر از تعداد موهای سر ما است. ( متی ۱۰:۳۰ را مطالعه کنید ) در این متن زیبا از مزامیر، داود مزمور خود را طوری شروع می کند که گوئی نفس او از حیرت در سینه اش حبس شده است.

*"خداوندا تو مرا آزموده و شناخته ای تو از نشستن و بر خواستن من آگاهی و اندیشه هایم را از دور می دانی تو راه رفتن و آرامیدنم را سنجیده ای و با همهٔ راه هایم آشنایی حتی پیش از آنکه سخنی بر زبانم آید تو ای خداوند به تمامی از آن آگاهی از پیش و از پس احاطه ام کرده ای و دست خویش را بر من نهاده ای چنین دانشی برایم بس شگفت انگیز است و چنان والا که بدان نتوانم رسید از روح تو کجا بروم؟ از حضور تو کجا بگریزم؟" (مزامیر ۱۳۹ : ۱ – ۷ )*

به آنچه داود می گوید فکر کنید. خداوند افکار ما را از دور می شناسد. یک شخصی مکاشفه ای دریافت می کند و می شنود که فرشته به او می گوید :" افکار انسانها در آسمان به همان بلندی که صدایشان بر زمین است شنیده می شود. " این جمله مرا شوکه کرد. اما این همان چیزی است که داود در این قسمت می گوید. حتما زمانی که ما به همهٔ این چیز ها فکر کنیم واژه های داود را تکرار خواهیم کرد که می گوید : " چنین دانشی برایم بس شگفت انگیز است و چنان والا که بدان نتوان رسید. " داود می پرسد از روی تو کجا روم ؟ این مانند کلیدی است که توضیح می دهد خداوند از طریق روح خود از همهٔ وقایعی که در جهان رخ می دهد آگاهی دارد. روح خداوند تمامی جهان را در بر گرفته است. هیچ مکانی نیست که خداوند آنجا نباشد .خداوند از طریق روح خود از همه چیز آگاه است و حتی بسیار بیشتر. او از تعداد موهایی که بر سر ما وجود دارد آگاه است.

**پدر از تو متشکرم که مرا کاملا می شناسی و اعلام می کنم که خداوند از طریق روح خود از همهٔ نکاتی که من دربارهٔ خود می دانم آگاهی دارد و حتی بیشتر از آن نیز می داند. پدر من پیش از گفتن من می داند به چه چیزی احتیاج دارم. آمین.**

**۴ سپتامبر**

خداوند همه چیز را می داند.

## پدر من پیش از گفتن من می داند به چه چیزی احتیاج دارم.

یکی از جنبه های طبیعت ابدی خداوند عالم مطلق بودن اوست. در اول یوحنا ۳:۲۰ ما با مکاشفه ای عمیق ولی در عین حال ساده روبرو می شویم.خداوند همه چیزها را می داند. چیزی وجود ندارد که خداوند از آن آگاهی نداشته باشد. از کوچکترین حشره ای که بر روی زمین وجود دارد تا بزرگترین و دور ترین ستاره ای که در کهکشان قرار گرفته است. چیزی وجود ندارد که خداوند از آن آگاهی نداشته باشد. خداوند چیز هایی دربارهٔ ما می داند که ما دربارهٔ خودمان نمی دانیم. همان طور که دیروز گفتم او تعداد موهای سرهر کدام از ما را می داند. ( متی ۱۰:۳۰ را مطالعه کنید . )

خداوند از تعداد ساکنان شهر نینوا با خبر است. او رشد گیاهی که باید بر سر یونس سایه می انداخت را می دانست و آن را کنترل می کرد. او همچنین از حرکت و عملکرد کرمی که باعث شد آن گیاه پژمرده شود نیز آگاهی داشت و بر آن حاکم بود. ( یونس ۴ : ۶ – ۹ را مطالعه کنید. ) پولس رسول در اول قرنتیان ۲ : ۹ چنین می گوید :" آنچه را هیچ چشمی ندیده هیچ گوشی نشنیده و به هیچ اندیشه ای نرسیده خدا برای دوستداران خود مهیا کرده است " او چنین ادامه می دهد :

*" زیرا خدا آن را توسط روح خود بر ما آشکار ساخته چرا که روح همه چیز حتی اعماق خدا را می کاود " ( اول قرنتیان ۲:۱۰ )*

روح القدس از هر چیزی که بوده و هست و خواهد آمد اطلاع دارد. در عمیق ترین عمق ها نفوذ می کند و به بلندترین بلندی ها دست پیدا می کند. علم او نامحدود است در پرتو چنین دانش نامحدودی است که ما باید آماده باشیم تا خود را تسلیم خداوند بکنیم.

*"هیچ چیز در تمام از نظر خدا پنهان نیست بلکه همه چیز در برابر چشمان او که حساب ما با اوست عریان و آشکار است ." ( عبرانیان ۴:۱۳ )*

**پدر جان از تو متشکرم که مرا کاملا می شناسی و اعلام می کنم که خداوند دانشش نامحدود است و هیچ موضوعی وجود ندارد که او از آن اطلاع نداشته باشد . پدر من پیش از گفتن من می داند به چه چیزی احتیاج دارم. آمین.**

**۵ سپتامبر**

دانش و حکمت ماوراء الطبیعی عیسی

## *پدر من پیش از گفتن من می داند به چه چیزی احتیاج دارم.*

علم و حکمت ماوراءالطبیعی خداوند از طریق خدمت عیسی بر زمین آشکار شد. اما شاید در برخورد عیسی با یهودا اسخریوطی این حکمت و علم به وضوح دیده می شود. زمانی که شاگردان به عیسی گفتند :*"و ما ایمان آورده و دانسته ایم که تویی آن قدوس خداوند" ( یوحنا ۶ : ۶۹ )* عیسی به آنها پاسخی می دهد که خیانت یکی از پیروان را آشکار می کند.*"عیسی به آنها پاسخ داد مگر شما دوازده تن را من بر نگزیده ام؟ با این حال یکی از شما ابلیسی است او به یهودا پسر شمعون اسخریوطی اشاره می کرد. زیرا او که یکی از آن دوازده تن بود پس از چندی عیسی را تسلیم دشمن می کرد" ( یوحنا ۶ : ۷۰ – ۷۱ )* عیسی از طریق روح القدس می دانست که یهودا به او خیانت خواهد کرد حتی پیش از آن که خود او آن را بداند. با وجود این یهودا نمی توانست نقشهٔ خود را عملی کند تا زمانی که عیسی این سخنان را بر زبان نیاورده بود و او را برای انجام آن کار آزاد نساخته بود. در شام آخر عیسی به شاگردان خود هشدار داد که: *"عیسی پس از آنکه این را گفت در روح مضطرب شد و آشکارا اعلام داشت :" آمین ، آمین به شما می گویم یکی از شما مرا تسلیم دشمن خواهد کرد" ( یوحنا ۱۳:۲۱ )* زمانی که از او می پرسند که آن خائن کیست عیسی چنین پاسخ می دهد :

*" عیسی پاسخ داد همان که این تکه نان را پس از فرو بردن در کاسه به او می دهم آنگاه تکه نان در کاسه فرو برد و آن را به یهودا پسر شمعون اسخریوطی داد. یهودا چون لقمه را گرفت در دم شیطان به درون او رفت. آنگاه عیسی به او گفت آنچه در پی انجام آنی زودتر به انجام رسان" ( یوحنا ۱۳ : ۲۶ - ۲۷ )" پس از گرفتن لقمه یهودا بی درنگ بیرون رفت و شب بود" ( یوحنا ۱۳ : ۳۰ )*

وقتی دریافتم که یهودا نمی توانست نقشهٔ خود را برای خیانت به عیسی عملی کند تا زمانی که او اجازه نمی داد در حیرت فرو می روم و در تمام این صحنه خیانت شونده بر اوضاع حاکم است و نه خائن .

**پدر جان از تو متشکرم که مرا کاملاً می شناسی. اعلام می کنم که عیسی حکمت و علم ماوراءالطبیعی خداوند را متجلی ساخت. خدایی که همه چیز را می داند. پدر من پیش از گفتن من می داند به چه چیزی احتیاج دارم. آمین.**

**۶ سپتامبر**

خداوند حاکم است

## پدر من پیش از گفتن من می داند به چه چیزی احتیاج دارم.

زمانی که ما دانش خداوند را درک کردیم و به کاملیت او پی بردیم مخصوصاً از پیش دانی او آگاهی پیدا کردیم این باعث می شود که بدانیم خداوند هرگز غافلگیر نمی شود. در ملکوت آسمان هیچ حادثهٔ غیرمترقبه ای وجود ندارد و نه تنها خداوند از ابتدا و انتهای وقایع با خبر است بلکه او خود ابتدا و انتها است.( مکاشفه ۲۱ : ۶ را مطالعه کنید. ) و او همیشه حاکم بر امور است. خداوند به طور خاص افرادی را برگزیده تا در ابدیت با او باشند و آن ها را می شناسد .

*"زیرا آنانی را که از پیش شناخت ایشان را همچنین از پیش معین فرمود تا به شکل پسرش درآیند تا او فرزند ارشد از برادران بسیار باشد" ( رومیان ۸:۲۹ )*

اگر به واسطهٔ رحمت و فیض خداوند ما توانستیم که به آن مقصد پر جلال و ابدی دست پیدا کنیم عیسی هرگز با این کلمات به پیشواز ما نخواهد آمد که من هرگز فکر نمی کردم تو را اینجا ببینم بلکه او خواهد گفت :" فرزندم من منتظر تو بودم ما نمی توانستیم در ضیافت عروسی بدون تو بنشینیم. " ایمان دارم که در آن جشن بزرگ بر هر یک از صندلی ها نام آن شخصی که آن قسمت برایش آماده شده نوشته شده است. " تا زمانی که شمارهٔ نجات یافتگان کامل شود خداوند با صبری شگفت انگیز منتظر است . "

*" بدی را با بدی و دشنام را با دشنام پاسخ مگویید بلکه در مقابل برکت بطلبید زیرا برای همین فرا خوانده شده اید تا وارث برکت شوید " ( اول پطرس ۳:۹ )*

**خداوندا از تو متشکرم که مرا کاملا می شناسی. اعلام می کنم که خداوند همواره حاکم است. او هرگز غافلگیر نمی شود پدر من پیش از گفتن من می داند به چه چیزی احتیاج دارم. آمین.**

### ۷ سپتامبر

دعا در ارادهٔ خداوند

## پدر من پیش از گفتن من می داند به چه چیزی احتیاج دارم.

دعا درخواستی است که در آن ما خواسته های خود را به خداوند اعلام می کنیم. اگر چه درخواست کردن در دعا صحیح است اما این بخش قسمت کوچکی از دعا را به خود اختصاص می دهد. زیرا خداوند قبل از آنکه به او بگوئیم می داند که به چه چیزی احتیاج داریم. بسیاری از افراد فکر می کنند که دعا یعنی رفتن نزد خداوند به همراه لیست خرید است. اما این آن چیزی نیست که خداوند احتیاج دارد یا از ما می خواهد. ما همواره نیاز های مختلفی داریم اما اگر بیاموزیم که چگونه دعا کنیم این بزرگترین پاسخی است که ما در زندگی یافته ایم. همانطور که دوست من باب مانفورد می گوید: "چه کار باید بکنم ؟ " پاسخ این است. ممکن است تنها یک سنگ طلا از معدن به فردی بدهید یا اینکه راه معدن را به او نشان دهید. من می توانم برای شما دعا کنم و هم می توانم راه معدن را به شما نشان دهم. همچنین می توانم به شما راه آنچه خود دارم را نشان دهم در آن صورت خود خواهید توانست هر قدر طلا احتیاج دارید بردارید.

*"این است اطمینانی که در حضور او داریم که هر گاه چیزی بر طبق اراده وی در خواست کنیم ما را می شنود و اگر می دانیم که هر آنچه از او در خواست کنیم ما را می شنود پس اطمینان داریم که آنچه از او خواسته ایم دریافت کرده ایم" ( اول یوحنا ۵ : ۱۴ – ۱۵ )*

بنابراین اگر ما در خواستی داریم و در ارادهٔ خداوند دعا می کنیم آن دعا را باید طوری به پایان برسانیم که گوئی هم اکنون یافته ایم. اگر ما در ارادهٔ خداوند دعا می کنیم می دانیم که او به دعای ما پاسخ مثبت می دهد. اگر او پاسخ مثبت می دهد یعنی آنچه برایش دعا کرده ایم را هم اکنون کسب نموده ایم.

**خداوندا از تو متشکرم که مرا کاملا می شناسی. اعلام می کنم زمانی که بر اساس ارادهٔ خداوند دعا می کنم می دانم که او مرا می شنود و وقتی که او مرا می شنود می دانم آنچه از او طلب کرده ام را هم اکنون یافته ام. زیرا پدر من پیش از گفتن من می داند به چه چیزی احتیاج دارم. آمین.**

**۸ سپتامبر**

زمانی که بخواهیم دریافت خواهیم کرد.

# پدر من پیش از گفتن من می داند به چه چیزی احتیاج دارم.

یکی از اسرار دریافت پاسخ دعا ، آمادگی برای دریافت آن است. افراد بسیاری وجود دارند که می طلبند اما هرگز نمی یابند. آیه ای در کلام خداوند وجود دارد که دربارهٔ اصول دریافت پاسخ از خداوند سخن می گوید. عیسی دربارهٔ درخواست از خداوند چنین می گوید :

*"پس به شما می گویم هر آنچه در دعا در خواست کنید ایمان داشته باشید که آن را یافته اید و از آن شما خواهد بود" ( مرقس ۱۱:۲۴ )*

در ترجمهٔ تحت الفظی چنین می گوید : " یقین بدارید که آن را یافته اید " این ترجمه ترجمه ای است واژه به واژه. زمانی که ما دعا می کنیم و چیزی را می طلبیم آن را یافته ایم. اگر شما به این صورت دعا کنید ایمان داشته باشید آن را یافته اید و آنچه طلب کرده اید را خواهید داشت. دقت کنید که یافتن همان داشتن نیست. یافتن پاسخ دعا یعنی قرار گرفتن در حالتی که بتوانید آن را دریافت کنید. یافتن حالتی است که شما پس از دعا کردن در آن قرار می گیرید و دریافت پاسخ یعنی تجربهٔ بدست آوردن پاسخ دعایتان. به عنوان مثال شما یک نیاز مالی دارید دعا می کنید و با خداوند ارتباط ایجاد می کنید و می گوئید تا سه شنبه ۱۵۰۰ دلار احتیاج دارم و سپس می گوئید : خداوندا شکرت . شما آن را یافته اید. هیچ چیز در شرایط شما تغییر نکرده است اما در هر صورت اگر شما آن را دریافت نموده اید ، آن را خواهید داشت.

**خداوندا تو را شکر می کنم که مرا کاملا می شناسی. اعلام می کنم که من در زمان دعا آنچه خواسته ام را دریافت می کنم. زیرا یافتن یعنی پذیرش دریافت آن چیز. پدر من پیش از گفتن من می داند به چه چیزی احتیاج دارم. آمین.**

**۹ سپتامبر**

پاداش عظیم من

## پدر من پیش از گفتن من می داند به چه چیزی احتیاج دارم.

*"زیرا پولدوستی ریشه ای است که همه گونه بدی از آن به بار می آید و بعضی در آرزوی ثروت از ایمان منحرف گشته خود را به درد های بسیار مجروح ساخته اند" (اول تیموتائوس ۶:۱۰ )*

پولدوستی ریشهٔ هر نوع شرارت است. زمانی که ما اجازه می دهیم عشق به پول در زندگی مان راه یابد پس از آن همه نوع شرارت و وسوسه و دردها گریبان گیر ما خواهند شد. رهایی از این مشکل در این آیه نهفته است.

*"بلکه نخست در پی پادشاهی خدا و عدالت او باشید آنگاه همه اینها نیز به شما عطا خواهد شد" (متی ۶:۳۳ )*

الویت های تان را اصلاح کنید. خداوند می داند که ما به چیزهایی احتیاج داریم. مسئله فقط الویت هایی است که وجود دارد. اکنون اجازه دهید به برخی از تضمین هایی که کتاب مقدس دربارهٔ تدارک خداوند می گوید نگاه کنیم.

*"ای ابرام مترس! من سپر تو هستم و تو را پاداشی بس عظیم خواهد بود." ( پیدایش۱۵ : ۱ )*
*" در همه ایام عمرت هیچ کس را یارای ایستادگی در برابر تو نخواهد بود همانگونه که با موسی بودم با تو نیز خواهم بود تو را ترک نخواهم کرد و وا نخواهم گذاشت" ( یوشع ۱:۵ )*
*"خداوند شبان من است محتاج به هیچ چیز نخواهم بود" (مزامیر ۲۳:۱ )*
*"خداوند با من است پس نخواهم ترسید انسان به من چه تواند کرد؟" ( مزامیر ۱۱۸:۶ )*

خداوند در کنار ماست. هیچ دلیلی برای ترس وجود ندارد. اگر خداوند در کنار ماست انسان با ما چه می تواند بکند در رومیان ۸:۳۱ پولس چنین می گوید :

*"در برابر همه اینها چه می توانیم گفت؟ اگر خدا با ماست کیست که بتواند بر ضد ما باشد"*

**خداوندا از تو متشکرم که مرا کاملا می شناسی .اعلام می کنم که خداوند پدر عظیم من است. خداوند با من و در کنار من است او شبان من است محتاج به چیزی نخواهم بود پدر من پیش از گفتن من می داند به چه چیزی احتیاج دارم. آمین.**

# هفته ۳۷

## همانطور که یک پدر مشتاق فرزندانش است خداوند نیز مشتاق من است.

"چنانکه پدر بر فرزندان خود رئوف است همچنان خداوند نیز بر ترسندگان خویش رافت می‌کند" ( مزمور ۱۰۳ : ۱۳ )

**۱۰ سپتامبر**

آزادی برای محبت کردن

## همانطور که یک پدر مشتاق فرزندانش است خداوند نیز مشتاق من است.

*"اما آن که در شریعت کامل که شریعت آزادی است چشم دوخته آن را از نظر دور نمی دارد و شنوندهٔ فراموشکار نیست بلکه به جای آورنده است او در عمل خویش خجسته خواهد بود" ( یعقوب ۱ :۲۵ )*

*"اگر براستی شریعت شاهانه را مطابق با این گفتهٔ کتاب به جای آورید که می فرماید :همسایه ات را همچون خویشتن محبت کن کار نیکو کرده ای" ( یعقوب ۲ : ۸ )*

حکم " همسایه ات را همچون خویشتن محبت کن " شریعت کامل آزادی یا شریعت شاهانه نیز خوانده می شود. این شریعت به این خاطرکامل نامیده می شود چون تمامی شریعت را شامل می شود. زمانی که شما واقعاً همسایهٔ خویش را محبت بکنید به خصوص با قلبی خالص ،کاری نمی توانید بکنید جزء آنکه تمام فرمان های دیگر را نیز دربارهٔ او حفظ کنید. با نگاه داشتن یک قانون شما تمامی فرمان را نیز نگاه داشته اید. این شریعت همچنین شریعت سلطنتی یا پادشاهانه است.این محبت " شریعت کامل آزادی " نیز خوانده می شود زیرا وقتی که شما تصمیم گرفته اید محبت کنید هیچ کس نمی تواند شما را از محبت کردن باز دارد. مردم ممکن است سخنان خبیثانه ای دربارهٔ شما بگویند و با شما بد رفتاری کنند اما نمی توانند مانع محبت کردن شما شوند. تنها شخصی که از آزادی کامل برای محبت کردن برخوردار است خود شما هستید. عیسی نمونه ای کامل از آزادی در محبت بود. مقامات کشوری هر کاری را علیه او کردند. آنها او را کتک زدند و دستها و پاهایش را سوراخ کردند و تاج خار بر سرش نهادند و به او سرکه برای نوشیدن دادند و با او بدرفتاری کردند اما تنها کاری که نتوانستند انجام دهند این بود که مانع از محبت کردن او شوند. او تا به انتها آنها را محبت نمود ( لوقا ۲۳ :۲۴را مطالعه کنید. ) و اگر شما به چنین محبتی محبت نمائید هیچ کس نمی تواند مانع از آن شود. برای همین است که محبت " شریعت آزادی کامل " خوانده می شود .

**پدر جان متشکرم که تو به من توجه می کنی. اعلام می کنم که من تصمیم گرفته ام از قانون کامل آزادی خداوند تبعیت کنم. همانطور که یک پدر مشتاق فرزندانش است خداوند نیز مشتاق من است. آمین.**

**۱۱ سپتامبر**

انگیزهٔ اشتیاق و محبت

## همانطور که یک پدر مشتاق فرزندانش است خداوند نیز مشتاق من است.

اشتیاق در کتاب مقدس این گونه به تصویر کشیده شده است. بیائید به واقعه ای از باب یک کتاب مرقس نگاه کنیم.

*"مرد جذامی نزد عیسی آمده زانو زد و لابه کنان گفت اگر بخواهی می توانی پاکم سازی عیسی با شفقت دست خود را دراز کرد آن مرد را لمس نمود و گفت می خواهم پاک شو در دم جذام ترکش گفت و او پاک شد "( مرقس ۱ :۴۰-۴۲)*

اینجا می گوید عیسی دست خود را با شفقت دراز نمود. این واکنشی درونیست . شفقت واکنشی است که از درون ما نشأت می گیرد. در رساله اول یوحنا باب ۳ آیه ۱۷ از شفقت سخن گفته می شود. در اینجا منظور احساسات عمیقی است که نه در قلب ما بلکه در عمق وجود ما نهفته است. این آنجایی است که همه چیز از آن جا شروع می شود. این قسمت از وجود ما منشاء همهٔ کارهای ماست. زمانی که همسر اولم لیدیا زندگی نامه خود را می نوشت او از این عبارت استفاده نمود. " چیزی در عمق وجودم تکان خورد " ویراستاران باید این عبارت را تشریح می کردند زیرا این عمق در واژگان انگلیسی وجود ندارد. اما در زبان های دیگری چون لاتین ، یونانی و عبری به عمیق ترین قسمت از وجود شما اشاره می کند که بطن شماست و نه قلب شما. خواه محبت ، ترس ، نفرت یا هر احساس دیگری باشد منشاء آن بطن شماست یعنی درونی ترین قسمت و عمیق ترین قسمت وجودتان .

**خداوندا از تو متشکرم که برای تو مهم هستم. اعلام می کنم همانطور که عیسی با اشتیاق راه می رفت و کار می کرد من نیز می خواهم عمیق ترین قسمت وجود خود را با محبت پر سازم . همانطور که یک پدر مشتاق فرزندانش است خداوند نیز مشتاق من است. آمین.**

## ۱۲ سپتامبر

انگیزهٔ کارهای ما چیست؟

### همانطور که یک پدر مشتاق فرزندانش است خداوند نیز مشتاق من است.

یکی از بزرگترین مشکلاتی که امروزه در کلیساها وجود دارد جاه طلبی های شخصی خادمین کلیسا است. پولس رسول این موضوع را به کلیسای فلیپیی گوشزد کرده و می گوید :

*"پس اگر در مسیح دلگرمید اگر محبت او مایه تسلی شماست اگر در روح رفاقت دارید و اگر از رحم و شفقت برخوردارید بیائید شادی مرا به کمال رسانید و با یکدیگر وحدت نظر و محبت متقابل داشته و یکدل و یکرای باشید هیچ کاری را از سر جاه طلبی یا تکبر نکنید بلکه با فروتنی دیگران را از خود بهتر بدانید" ( فیلیپیان ۲ : ۱ – ۳ )*

این ها واژه های قدرتمندی هستند. پولس دربارهٔ احساسات مصنوعی سخن نمی گوید بلکه این احساسات بسیار عمیق و درونی هستند. من خادمان عالی بسیاری دیده ام اما نیروی محرکهٔ بسیاری از کلیساها جاه طلبی است. جاه طلبی برای ساختن کلیسایی بزرگتر ، برگزاری جلساتی بزرگتر و به عبارتی جاه طلبی برای مشهور شدن. شاید من بیش از اندازه منتقدانه به این قضیه نگاه می کنم اما با این حال جاه طلبی در مسیحت معاصر گویی نیروی محرکه برای انجام کارها است. اما پولس چنین می گوید : " هیچ کاری را از روی جاه طلبی و خودخواهی انجام ندهید." سوالی از شما خادمین دارم. انگیزه شما از خدمت به ایمانداران چیست ؟ آیا سخنانی که بر زبان می آورید محبت آمیز است ؟ آیا انگیزهٔ شما از خدمت محبت خداوند است ؟ آیا از روی شفقت کاری را انجام می دهید ؟ اول یوحنا ۴ : ۷ الی ۸ ما را این گونه تشویق می کند :

*"ای عزیزان یکدیگر را محبت کنیم زیرا محبت از خداست و هر که محبت می کند از خدا مولود شده است و خدا را می شناسد آن که محبت نمی کند خدا را نشناخته است زیرا خدا محبت است "*

**خداوندا از تو متشکرم که برای تو مهم هستم. اعلام می کنم مشتاقم که انگیزه ام برای انجام کارها محبت خدا باشد و از روی شفقت کار ها را انجام دهم. همانطور که یک پدر مشتاق فرزندانش است خداوند نیز مشتاق من است. آمین.**

**۱۳ سپتامبر**

چشمهٔ شفقت

## همانطور که یک پدر مشتاق فرزندانش است خداوند نیز مشتاق من است.

در مزامیر ۸۴ : ۶ می خوانیم :

*" چون از وادی اشکها می گذرند آن را به چشمه ساران بدل می سازند و باران پاییزی نیز آن را به آبگیرها می پوشاند "*

بعد از ۶۰ سال زندگی در ایمان و قدم زدن با خداوند و سخن گفتن به زبان ها تبدیلی را در خود شاهد هستم. چیزی کاملا جدید در درون من اتفاق افتاده است. چشمه ای جدید در درون من می جوشد. چشمه ای که سرچشمهٔ آن شفقت است. برای مدتی طولانی با محبت خداوند آشنا هستم و همیشه خانواده ام را محبت می کنم. اما این چشمه شبیه هیچ چیزی که تا حالا تجربه کردم نیست. این چشمه منشا دیگری خارج از درک پرینس دارد. تازه می فهمم وقتی کتاب مقدس می گوید عیسی از روی شفقت کاری را انجام می دهد یعنی چه ؟ ( برای مثال متی ۹ : ۳۶ و مرقس ۱:۴۱ را مطالعه کنید. ) متوجه شده ام که خداوند شفقت خود را در من جاری ساخته و من چنین دعا کردم : " خداوندا اجازه نده که این چشمه در من خشک و کم آب شود " خود خداوند است که تصمیم می گیرد چه وقت باید این چشمه بجوشد و زمانی که چشمهٔ شفقت در درون من می جوشد باعث جذب مردم می گردد. آنان نمی دانند چرا جذب من می شوند. آنان چیزی احساس می کنند که سالها انتظار آن را کشیده اند. ایمان دارم که خداوند منتظر است که ما یکدیگر را با محبت الهی محبت کنیم. خداوند کار دیگری نیز در من شروع کرده است. او در قلب من توجه ما فوق الطبیعی نسبت به یتیمان و بیوه زنان و فقیران و مظلومان قرار داده است . ممکن است ما دربارهٔ ایمان یا عادل شمردگی سخن بگوییم اما اگر کاری برای مردمی که واقعا به ما نیاز دارند انجام ندهیم این واژه ها خالی و بی معنا خواهد بود. افراد بسیاری در اطراف ما وجود دارند که به ما نیازمندند. افرادی که نیاز به محبت ما دارند همه جا وجود دارند. این افراد تنها هستند هیچ کس به آنها اهمیت نمی دهد. آنها پاسخ های لازم برای سوالاتشان را ندارند و نا امید هستند. حتی برای یافتن چنین افرادی احتیاج نیست که از خانه تان زیاد دور شوید شفقت و مهربانی هدف خداوند برای ماست. این چیزی است که خداوند منتظر آن است تا جلالش را در ما مشاهده نماید.

**خداوندا از تو متشکرم که به من اهمیت می دهی. اشتیاق خود را برای داشتن چشمهٔ شفقت خداوند اعلام می کنم تا این چشمه در من و از طریق من به سوی افراد نیازمند و ناامید بجوشد. همانطور که یک پدر مشتاق فرزندانش است خداوند نیز مشتاق من است. آمین.**

**۱۴ سپتامبر**

توجه به آنان که مورد بی توجهی قرار گرفته اند

## همانطور که یک پدر مشتاق فرزندانش است خداوند نیز مشتاق من است.

کتابچه ای کوچک تحت عنوان یتیمان ، بیوه زنان ، فقیران و ستم دیده گان نوشته ام. این کتاب خودِ مرا متحیر می سازد. همانطور که دیروز گفتم پس از ۶۰ سال موعظه زمانی که فکر می کردم برای باقی عمرم نیز قرار است تنها موعظه کنم خداوند به من محبت جدیدی بخشید . محبت و شفقتی که هرگز انتظار دریافتش را نداشتم. تفسیر من از مزامیر ۶:۸۴ این است .

*" چون از وادی اشکها می گذرند آن را به چشمه ساران بدل می سازند ."*

واژهٔ " اشک ها وگریستن " در زبان عبری یکی است. من نیز از وادی اشک ها گذشتم و خداوند چشمه ساران جدیدی برای من باز نمود. چشمه ساران از چنان قوت ماوراءالطبیعی برخوردار هستند که تنها خداوند می تواند آن ها را ایجاد کند. این چشمه همان شفقت است. من به خاطر افرادی که جامعه نسبت به آن ها بی توجه است و آنها را کنار گذاشته یعنی یتیمان ، بیوه زنان و فقیران و مظلومان احساس شفقت عمیقی دارم. از اینکه در کتاب مقدس چقدر دربارهٔ مسئولیت ما نسبت به آنها نوشته شده شگفت زده می شوم. ابتدا تا انتهای کتاب مقدس موضوع اصلی عدالت خداوند است و چه در زمان موسی و انبیا و چه درعهد جدید. به طور کلی ما مسیحیان یکی از قسمت های حیاتی ایمان و نقش خود را به فراموشی سپرده ایم و آن قسمت توجه به افرادی است که هیچ کس به آنها توجهی ندارد.

**خداوندا متشکرم که مورد توجه تو هستم. حقیقت مزمور ۸۴ : ۶ را اعلام می کنم. " چون از وادی اشکها می گذرند آن را به چشمه ساران بدل می سازند " اعلام می کنم که در قلمرو مهم ایمان و عمل راه خواهم رفت. به آنانی که هیچ کس به آنها اهمیت نمی دهد توجه خواهم نمود. همانطور که یک پدر مشتاق فرزندانش است خداوند نیز مشتاق من است. آمین.**

## ۱۵ سپتامبر

مقیاس عدالت

### همانطور که یک پدر مشتاق فرزندانش است خداوند نیز مشتاق من است.

واژه هایی که ایوب به کار می برد بسیار عمیق هستند. او به خداوند می گوید که گناهکار نیست و ادامه می دهد که هیچ یک از گناهان زیر را مرتکب نشده است. هر چند بسیاری از مسیحیان وقف شده ممکن است در این گناهان زندگی کنند.

*" اگر آرزوی بینوایان را از ایشان دریغ کرده و چشمان بیوه زنان را از انتظار تار گردانیده ام، اگر لقمه خویش به تنهایی خورده و آن را با یتیم قسمت نکرده ام ... " (. ایوب ۳۱ : ۱۶ - ۱۷ )*

به سه گروهی که ایوب به ترتیب از آنها نام می برد دقت کنید. بینوایان، بیوه زنان و یتیمان. گویی ایوب چنین می گوید : "اگر آنچه باید انجام می دادم را انجام نداده ام من گنهکارهستم و از انجام وظایف اصلی ام قصور نموده ام . " و او چنین ادامه می دهد:

*"حال آنکه از جوانی یتیمان را چون پدر بزرگ کرده ام و از رحم مادر بیوه زنان را رهنما بوده ام اگر کسی را که از برهنگی تلف می شود دیده ام یا نیازمندی را که بی جامه است و جان او مرا برکت نداده و از پشم گوسفندانم گرم نشده است اگر دست خویش بر یتیم بلند کرده ام از آن روکه از حمایت محکمه برخوردار بوده ام، باشد که بازویم از کتفم بیفتد و ساعدم از آرنج قطع شود "*

ایوب از توجه به آنانی که از خوراک و پوشاک و خانواده محروم بودند اجتناب نکرده بود. سپس او چنین می گوید : " خوب بود که این دستها و این کتف قطع می شد " دیدگاه او کاملا متفاوت از دیدگاهی است که بسیاری از انسان ها دارند. این نکته ملاک عدالت در زمان پاتریارخ ها بود. حتی بیشتر از شریعت موسی و اناجیل. خداوند از ما می خواهد که ما این نوع عدالت را در کلیسا احیاء نماییم و خدمت به بیوه زنان و آنانی که سر پناه و غذا و لباسی ندارند را ادامه دهیم.

**خداوندا از تو متشکرم که به من اهمیت بسیاری می دهی . اعلام می کنم که خداوند از من می خواهد این نوع عدالت را احیاء نمایم . عدالتی که در آن من از آنانی که نیازمندند در کلیسا دستگیری کنم و همانطور که یک پدر مشتاق فرزندانش است خداوند نیز مشتاق من است. آمین.**

**۱۶ سپتامبر**

ملبس به لباس عدالت

## همانطور که یک پدر مشتاق فرزندانش است خداوند نیز مشتاق من است.

در ادامهٔ شهادتی که ایوب دربارهٔ روش زندگیش می دهد این گونه می خوانیم که خود خداوند در مورد ایوب چنین می گوید : " او مردی عادل بود. " این واژه ها چنان مرا جذب خود کرده که نمی توانم به هیچ وجه از آن چشم پوشی کنم.

*"گوشی که مرا می شنید مبارکم می خواند .چشمی که مرا می دید تحسینم می کرد . زیرا فقیری را که فریاد بر می آورد می رهانیدم و هم یتیمی را که یاوری نداشت . دعای خیر آن که در حال مرگ بود به من می رسید و دل بیوه زن به سبب من شادمانه می سرایید. پارسایی را که در بر کردم و جامه من شد عدالت خواهی همچون ردا و دستار من بود کوران را چشم بودم و لنگان را پای . برای نیازمندان پدر بودم و به دفاع از حق بیگانه بر می خاستم" (ایوب ۲۹ : ۱۱ – ۱۶ )*

جالب است که عدالت ایوب متعلق به خود او نبود. این عدالت شخصی نبود. در هیچ کجای کتاب او عدالت شخصی دیده نمی شود. ایوب می گوید :" پارسایی را در بر کردم و جامه من شد . " او پارسایی را که از خداوند با ایمان دریافت کرده بود بر تن نموده بود و پارسایی او نتیجهٔ این عدالت بود. خداوند شفقت خاصی نسبت به فقیران، بیوه زنان و یتیمان دارد. زمانی که خداوند دربارهٔ پارسایی سخن می گوید اینان افرادی هستند که خداوند مد نظر دارد. بیوه زنان ، یتیمان ، فقیران ، کوران و لنگان. نوع برخوردی که ما با این افراد داریم ملاک سنجش وجود عدالت خدا در ماست.

**خداوندا از تو متشکرم که برای تو مهم هستم. اعلام می کنم که فقیران، بیوه زنان ، یتیمان افرادی هستند که خداوند نسبت به آنها شفقت خاصی دارد و من نیز باید به آنها توجه کنم. همانطور که یک پدر مشتاق فرزندانش است خداوند نیز مشتاق من است. آمین.**

## هفتهٔ ۳۸

من روح پسر خواندگی را دریافت کرده ام و ندای "ابا - پدر" سر می دهم.

" چرا که شما روح بندگی را نیافته اید تا باز ترسان باشید . بلکه روح پسر خواندگی را یافته اید که به واسطه آن ندا در می دهیم " ابا ، پدر " ( رومیان ۸ : ۱۵ )

## ۱۷ سپتامبر

### روح پسر خواندگی

*من روح پسر خواندگی را دریافت کرده ام و ندای "ابا - پدر" سر می دهم.*

" زیرا آنان که از روح خدا هدایت می شوند پسران خدایند. چرا که شما روح بندگی را نیافته اید تا باز ترسان باشید. بلکه روح پسر خواندگی را یافته اید که به واسطه آن ندا در می دهیم" ابا ، پدر" ( رومیان ۸ : ۱۴ - ۱۵ )

" ابا " واژه ای آرامی یا عبری است که معمولاً برای عبارت " بابا " از آن استفاده می شود. یک کودک اسرائیلی پدر خود را " ابا " صدا می کند. از آنجا که ما روح پسر خواندگی را داریم پس این حق را داریم که خداوند را «ابا، پدر و بابا» بخوانیم . پولس به ما می گوید ما دو گزینه بیشتر نداریم می توانیم توسط روح خداوند هدایت شویم  یا می توانیم برده باقی بمانیم. روح بردگی ما را به سوی ترس و مجازات هدایت می کند اما روح پسرخواندگی ما را به عنوان فرزندان خداوند هدایت می کند. واژۀ یونانی که به پسر ترجمه شده نشان دهندۀ یک پسر بالغ است. زمانی که شما تولد تازه را از طریق روح خداوند دریافت می کنید شما فرزند خدا می گردید. اما زمانی که توسط روح خداوند هدایت می شوید تبدیل به پسران یا دختران بالغ خداوند می شوید. راهی که به بلوغ می انجامد آن راهی است که شخص توسط روح القدس هدایت می شود. آنان که توسط روح القدس هدایت می شوند دیگر تحت تاثیر روح بردگی نیستند. همانطور که پولس در غلاطیان ۵:۱۸ می گوید : " *اما اگر از روح هدایت شوید دیگر زیر شریعت نخواهید بود* ". برای اینکه به فرزند یا دختر بالغ خداوند تبدیل شوید باید توسط روح القدس هدایت شوید. اما به یاد داشته باشید اگر شما توسط روح القدس هدایت می شوید دیگر تحت شریعت نیستید. این آزادی است که ما کسب کرده ایم. آزادی نه برای انجام شرارت ، بلکه برای محبت کردن. انگیزۀ ما برای خدمت ، محبت کردن به عیسی است و این قوی ترین انگیزه ای است که در دنیا وجود دارد. این انگیزه حتی زمانی که ترس پاسخ نمی دهد در زندگی ما عمل می کند. این آن چیزی است که خداوند ما را به سوی آن هدایت می کند. این آن چیزی است که ما را تبدیل به پسران و دختران بالغ خداوند می گرداند. این نتیجۀ آزاد شدن از شریعت است.

**پدر جان از تو متشکرم  که فرزند تو هستم . اعلام می کنم که دیگر تحت اسارت روح بردگی نیستم . من روح پسر خواندگی را دریافت نموده ام و به واسطۀ او فریاد می زنم " ابا ، یعنی پدر ". آمین.**

## ۱۸ سپتامبر

تولد و فرزند خواندگی

### من روح پسر خواندگی را دریافت کرده ام و ندای "ابا- پدر" سر می دهم.

زمانی که شما عیسی مسیح را می پذیرید تبدیل به فرزند خداوند می شوید و در ادامه طبیعت او را نیز دریافت می کنید. طبیعتی که می داند باید خداوند را پدر " بابا " صدا کند. این رابطه ای است بسیار طبیعی. در رساله رومیان پولس به دو موضوع اصلی اشاره می کند. تولد و پسر خواندگی. این دو موضوع را با یکدیگر اشتباه نگیرید آنها دو معنی متفاوت دارند. تولد، طبیعتی را در ما ایجاد می کند و فرزند خواندگی به ما جایگاه قانونی می بخشد. خداوند آنقدر نیکو است که هر دوی این چیز ها را می بخشد. هم تولد و هم فرزند خواندگی را. هر یک از این دو موضوع برکاتی مجزا دارند. این موضوع در آیین و رسومی که در امپراطوری روم وجود داشت دیده می شود. در زمان پولس برای امپراطورهای رومی داشتن فرزندان بسیار، امری غیر معقول بود. اما زمانی که یک فرزند به عنوان جانشین برگزیده می شد امپراتور او را مشخص می کرد تا پسر برگزیده باشد و سپس همهٔ حقوق قانونی امپراطور به او واگذار می شد. هدف این بود که آن پسر از وراثت قانونی و تضمین شده ای برخوردار باشد. ما در زمان توبه تولد تازه می یابیم و آن زمان است که طبیعت عیسی را دریافت می کنیم. اما در زمان تعمید روح القدس ما برگزیده می شویم و بهترین وکیل مدافع آسمان در ما جسم می پوشد و به ما این تضمین را می دهد که ما فرزندان خداوند هستیم. این تضمین دریافت ارث است. آیا معنای این مطلب را درک می کنید ؟ درست همانند امپراطوران رومی پسر طبیعت پدر را دارد ولی برای دریافت ارث او باید انتخاب شود.

**پدر جان از تو متشکرم که فرزند تو هستم. اعلام می کنم که از طریق تولد و فرزند خواندگی من از جایگاه طبیعی و قانونی خود برخوردار شده ام و روح پسر خواندگی را دریافت نموده ام و به واسطهٔ او فریاد می زنم " ابا ، یعنی پدر". آمین.**

## ۱۹ سپتامبر

هدایت توسط روح

### من روح پسرخواندگی را دریافت کرده ام و ندای "ابا - پدر" سر می دهم.

تعلیم رایجی وجود دارد که می گوید برای اینکه فرزندان خداوند بگردیم باید افرادی مذهبی باشیم. پولس در باب ۸ کتاب رومیان با این نظریه مخالفت می کند. او می نویسد : تمام افرادی که به طور معمول توسط روح القدس هدایت می شوند آنها حقیقتاً فرزندان خداوند هستند. از طرفی اگر شما هم اکنون فردی کامل باشید احتیاج ندارید که روح القدس شما را هدایت کند و در واقع زمانی به روح القدس احتیاج دارید که در حال کامل شدن هستید. روش زندگی پسران و دختران خداوند این است که آنها باید دائما از روح القدس پر شوند. همانطور که عیسی گفت :

*" گوسفندان من به صدای من گوش فرا می دهند. من آنها را می شناسم و آنها از پی من می آیند ." یوحنا ۲۷:۱۰*

منظور عیسی از شنیدن این بود که آنها دائماً می شنوند و دائماً دنبال می کنند. این فرایندی نیست که تغییر کند یا هفته ای یک بار اتفاق بیفتد. بلکه این رابطه ای است دائمی و مستمر. او در رومیان ۱۵:۸ چنین ادامه می دهد :

*"چرا که شما روح بندگی را نیافته اید تا باز ترسان باشید بلکه روح پسر خواندگی را یافته اید که به واسطه آن ندا در می دهیم ابا پدر "*

روح بردگی همان شریعت است. اما به جای اسیر شدن توسط شریعت شما باید روح خداوند را دریافت کنید که به شما این تضمین را می دهد که فرزند خدا هستید. به عنوان فرزند خداوند شما تمامی حقوق وراثت را دارید. پولس به ما تضمین می دهد. آیات ۱۶الی ۱۷ از باب ۸ رومیان چنین می گوید : *"و روح خود با روح ما شهادت می دهد که ما فرزندان خداییم و اگر فرزندانیم پس وارثان نیز هستیم یعنی وارثان خدا و هم ارث با مسیح. زیرا اگر در رنجهای مسیح شریک باشیم در جلال او نیز شریک خواهیم بود "* ضمانت فرزند خدا بودن را در هنگام تعمید روح القدس دریافت می کنید. روح القدس می آید تا به شما این تضمین را بدهد که شما فرزند خدا هستید و اینکه شما از حقوق قانونی برای دریافت وراثت برخوردارید. شما نه تنها تولد یافته اید بلکه برگزیده شده اید و در این متن ارتباط میان برگزیدگی و وراثت به طور کامل مشخص است.

**پدر جان از تو متشکرم که من فرزند تو هستم. اعلام می کنم که من فرزند خداوند هستم و وارث با تمامی حقوق قانونیش. من روح پسر خواندگی را دریافت نموده ام و به واسطهٔ او فریاد می زنم " ابا ، یعنی پدر". آمین.**

**۲۰ سپتامبر**

رفتن به سوی پنطیکاست

## من روح پسر خواندگی را دریافت کرده ام و ندای "ابا-پدر" سر می دهم.

*"و روح خود با روح ما شهادت می دهد که ما فرزندان خداییم" ( رومیان ۱۶:۸ )*

اجازه دهید به یک حقیقت ساده و تاریخی اشاره کنم. به یک نتیجه گیری که بسیاری از متفکران کتاب مقدسی به آن رسیده اند. از لحاظ زمانی رابطه ای مستقیم بین رهایی اسرائیل از مصر و تجربه ای که مسیحیان اولیه داشتند وجود دارد. روزی که در عید فسح بره قربانی می شود دقیقا مطابق با روزی است که عیسی قربانی می شود. گذشتن از دریای سرخ دقیقاً همان روزی است که عیسی از قبر قیام نمود و دریافت شریعت در کوه سینا ۵۰ روز پس از عید پسح مطابق با نزول روح القدس در روز پنطیکاست است. من به این نکته اشاره می کنم زیرا زمانی که شما از طریق خون مسیح و از طریق قیام او نجات می یابید شما دو گزینه بیشتر ندارید. شما یا می توانید به کوه سینا بروید یا می توانید به پنطیکاست بروید. تقریبا بسیاری از مردم به کوه سینا می روند آنها به شریعت باز می گردند. آنها روح بردگی را دریافت می کنند و دوباره ترسان می گردند. اما در آیه ۱۵ پولس در رسالهٔ خود چنین می گوید : " شما روح بردگی را دریافت نکردید تا ترسان باشید بلکه روح پسر خواندگی را دریافت نموده اید که به شما می گوید که شما فرزندان خداوند هستید . "

**پدر جان از تو متشکرم که من فرزند تو هستم. اعلام می کنم که من روح بردگی را دریافت نکرده ام تا ترسان شوم بلکه روح پسر خواندگی را که به من می گوید من فرزند خدا هستم. من روح پسر خواندگی را دریافت نموده ام و به واسطهٔ او فریاد می زنم " ابا ، یعنی پدر". آمین.**

**۲۱ سپتامبر**

رنج و سلطنت

## من روح پسر خواندگی را دریافت کرده ام و ندای "ابا- پدر" سر می دهم.

پولس در رومیان ۱۸:۸چنین می نویسد:

*"در نظر من رنجهای زمان حاضر در قیاس با جلالی که در ما آشکار خواهد شد هیچ است "*

اگر می خواهیم با مسیح سلطنت کنیم باید آمادهٔ تحمل رنج باشیم.

*"این سخن در خور اعتماد است که اگر با او مردیم با او زندگی هم خواهیم کرد. اگر تحمل کنیم با او سلطنت هم خواهیم کرد. اگر انکارش کنیم او نیز انکارمان خواهد کرد اگر بی وفا شویم از آن رو که خویشتن را انکار نتواند کرد" ( دوم تیمو تائوس ۲ : ۱۱ -۱۳ )*

می بینیم که اگر رنج می کشیم سلطنت هم خواهیم کرد. اما اگر عیسی مسیح را انکار کنیم او نیز ما را انکار خواهد کرد. اوقاتی در زندگی پیش می آید که دچار کشمکش می گردیم که آیا با او رنج بکشیم یا او را انکار کنیم و همواره با این دو موضوع روبرو می شویم. (به عنوان مثال اعمال ۲۲:۱۴ فیلیپیان ۱ : ۲۹ – ۳۰ دوم تسالونیکیان ۱ : ۴ – ۱۰ را مطالعه کنید.) تمثیل زیبایی از این مطلب دارم و می خواهم آن را برای تان شرح دهم. تصویریی که بر گرفته از خیمه است. این خیمه از سه رنگ اصلی تشکیل شده بود به خصوص در قسمتی که مربوط به لباسهای کاهن اعظم است. این سه رنگ اصلی آبی بنفش و قرمز روشن است. آبی نماد آسمان است قرمز نماد طبیعت انسان و همچنین خون و بنفش از آمیخته شدن آبی و قرمز بدست می آید که نماد مسیح به عنوان خدای تجسم یافته است. آبی آسمان و قرمز زمین با هم ترکیب می شوند تا بنفش را به وجود آورند . این تصویر زیبا از طبیعت عیسی مسیح است هم خدا و هم انسان که به طور کامل با هم ترکیب شده اند تا رنگ تازه ای به وجود آورند. رنگ بنفش در کتاب مقدس دارای خصوصیتی دوگانه است. بنفش نماد سلطنت و رنج است. شما نمی توانید در پادشاهی خداوند رنگ بنفش را بپوشید اگر شما بر روی زمین آن را به خاطر رنج نپوشیده باشید. اگر ما رنج بکشیم سلطنت خواهیم نمود.

**پدر جان متشکرم که فرزند تو هستم. اعلام می کنم که اگر من متحمل رنج ها شوم با تو سلطنت خواهم کرد. من روح پسر خواندگی را دریافت نموده ام و به واسطهٔ او فریاد می زنم " ابا ، یعنی پدر". آمین.**

## ۲۲ سپتامبر
### میزان وراثت ما

**من روح پسر خواندگی را دریافت کرده ام و ندای "ابا - پدر" سر می دهم.**

بیایید به آیه ای که در مورد میزان ارث ما در مسیح صحبت می کند نگاه کنیم.

"و نه تنها خلقت بلکه خود ما نیز که از نوبر روح برخورداریم در درون خویش ناله بر می آوریم در همان حال که مشتاقانه در انتظار پسر خواندگی یعنی رهایی بدن های خویش هستیم" ( رومیان ۸:۲۳ )

زمانی که ما مسیح را می پذیریم خداوند همه چیز را به رایگان در اختیار ما قرار می دهد. غیر از مسیح ما چیزی دریافت نمی کنیم. این آیه تاکید بسیاری بر میزان ارث و آزادی مطلق ما می کند. ما نمی توانیم شایستگی لازم برای دریافت آن را بدست آوریم ما وارثین کامل ارث او هستیم. ما تمامی آنچه خدای پدر و خدای پسر دارند در زمان پذیرش عیسی بدست می آوریم. در رسالۀ اول قرنتیان پولس سعی می کند که به ایمانداران نشان دهد چقدر ثروتمند هستند. او در واقع آنها را توبیخ می کند زیرا آنها طوری عمل می کردند گویی فقیر هستند. آنها خبیثانه ، حقیرانه و از روی حسادت نسبت به یکدیگر زندگی می کردند. گویی پولس به آنها چنین می گوید : " شما مردم نمی دانید که چه دارید "

"پس دیگر به انسانها فخر نکنید زیرا همه چیز متعلق به شماست خواه پولس، خواه آپولس، خواه کیفا، خواه دنیا ، خواه زندگی ، خواه مرگ ، خواه زمان حال و خواه زمان آینده همه و همه از آن شماست و شما از آن مسیح اید و مسیح از آن خداست" (اول قرنتیان ۳ : ۲۱ – ۲۳ )

گویی پولس چنین می گوید همه چیز متعلق به شماست. از اعمال حقیرانه و احمقانه دست بکشید. به واعظین خود نیز تکیه نکنید. از کوته فکری اجتناب کنید. همه چیز متعلق به شماست. به یاد داشته باشید هدیۀ وراثت به طور رایگان به ما داده شده و نمی توانیم آن را با شایستگی خود به دست آوریم. اما مهم است که ما از روح القدس بخواهیم که ایمان و درک ما را وسعت ببخشد. روح القدس مدیر اجرایی است تا وقتی که او با ما سخن نگوید و ما را به سوی حقیقت هدایت نکند اینها تنها واژه های خالی خواهند بود و حقیقت نخواهند داشت. روح القدس است که وعده ها را تبدیل به حقیقت می کند.

**پدر از تو متشکرم که فرزند تو هستم. اعلام می کنم که با پذیرش مسیح من وارث کل ارث او هستم. من روح پسر خواندگی را دریافت نموده ام و به واسطۀ او فریاد می زنم " ابا ، یعنی پدر". آمین.**

### ۲۳ سپتامبر

خداوند از ازل پدر بوده است

## من روح پسرخواندگی را دریافت کرده ام و ندای "ابا - پدر" سر می دهم.

بیایید از نزدیک نگاهی به رابطه ای که بین پدر و فرزندانش وجود دارد بیندازیم.

*" از این رو زانو می زنم در برابر آن پدرکه هر خانواده ای در آسمان و بر زمین از او نام می گیرد" ( افسسیان ۳ : ۱۴ – ۱۵ )*

در این آیه مکاشفهٔ شگفت انگیزی وجود دارد. پدر بودن خداوند ابدی است.مفهوم پدر بودن بر زمین از مفهوم پدر آسمانی که پدری است الهی، ازلی و مقتدر سرچشمه می گیرد. پس خداوند همیشه پدر بوده است. پدر عیسی مسیح. رابطهٔ پدری و فرزندی در الوهیت رابطه ای است ازلی. پیش از آنکه این خلقت وجود داشته باشد خداوند از ازل پدر بوده و مسیح از ازل پسر او. هر پدر بودنی که در خلقت وجود دارد از پدر بودن جاودانی او سرچشمه گرفته است. در یکی از آیات معروف انجیل یوحنا عیسی می گوید :

*"در خانه پدر من منزل بسیار است و گرنه به شما می گفتم می روم تا مکانی برای شما آماده کنم" ( یوحنا ۲ : ۱۴ )*

این آیه این حقیقت را آشکار می کند که او پدر است و او خانه ای دارد. در کتاب مقدس واژهٔ خانه هرگز برای اشاره به ساختمان فیزیکی به کار نرفته بلکه همواره به خانواده اشاره می نماید. وقتی که عیسی گفت " در خانهٔ پدر من " او دربارهٔ خانوادهٔ الهی خود سخن می گفت. خداوند از ازل پدر بوده و هر خانواده ای منشاء خود را در ابدیت از پدر و پسر و رابطه ای که درمیان آن دو وجود دارد می گیرد.

**خداوندا از تو متشکرم که فرزند تو هستم. اعلام می کنم که خداوند پدر جاودانی است و من قسمتی از خانوادهٔ الهی خداوند هستم. من روح پسر خواندگی را دریافت نموده ام و به واسطهٔ او فریاد می زنم " ابا ، یعنی پدر". آمین.**

# هفتهٔ ۳۹

## پدرم مرا ساخت.

*"ای قوم نادان و بی خرد آیا خداوند را چنین پاداش می دهید؟ آیا او پدر و آفریدگار شما نیست که شما را بساخت و استوار فرمود؟" ( تثنیه ۳۲:۶ )*

**۲۴ سپتامبر**

دو بار متعلق به او

# پدرم مرا ساخت.

در اینجا به مثالی اشاره می کنم. این مثال برای به تصویر کشیدن بهایی است که عیسی برای فدیهٔ ما از گناهان پرداخت نمود. روزی پسر کوچکی بود که قایق چوبی کوچکی ساخت. یک روز آن را به اقیانوس برد تا به آب بیندازد اما جریان باد قایق او را به اقیانوس برد. از آنجا که او نمی توانست قایق خود را باز گیرد بدون آن به خانه بازگشت. موج بزرگی بعداً قایق را به ساحل باز گرداند و مردی که در کنار ساحل قدم میزد آن را یافت. او با دقت قایق را بررسی کرد و دریافت که به زیبایی ساخته شده است. آن را به مغازه داری فروخت. مغازه دار آن را تمیز کرد و پشت ویترین گذاشت و اتیکت قیمتی بر آن نصب کرد. پس از مدتی پسرک از کنار آن مغازه رد شد و قایق خود را دید. او فوراً دانست که قایق متعلق به اوست اما هیچ راهی برای اثبات آن نداشت. اگر او می خواست قایق را برای بار دیگری داشته باشد می دانست که باید آن را بخرد. تصمیم گرفت که کار کند و پول آن را از طریق شستن ماشین و چمن زنی و کارهای دیگر بدست آورد. زمانی که توانست پول لازم را جمع آوری کند به آن مغازه رفت و قایق خود را باز خرید. او قایقش را در دستانش گرفت و آن را به سینهٔ خود فشار داد و گفت : " اکنون متعلق به من هستی من تو را ساختم و تو را خریدم . " خود را همانند آن قایق در نظر بگیرید . ممکن است احساس عدم ارزش یا عدم لیاقت داشته باشید. ممکن است فکر کنید آیا خداوند واقعاً به شما اهمیت می دهد ؟ اما خداوند به شما می گوید اکنون تو دو بار متعلق به من هستی من تو را ساختم و تو را خریدم. تو کاملا متعلق به من هستی .

**خداوندا از تو متشکرم که در من کار می کنی. اعلام می کنم که من دو بار متعلق به خداوند هستم برای اینکه او مرا ساخت و مرا خرید . پدرم مرا بساخت . آمین.**

## ۲۵ سپتامبر

زیبایی زندگی

# پدرم مرا ساخت.

در پیدایش ۷:۲ داستان خلقت انسان را می خوانیم. خدای ذی شخصیت انسان ذی شخصیتی را می آفریند برای اینکه بتواند با او مشارکت شخصی داشته باشد. آنچه در اینجا مهم است رابطهٔ شخص با شخص است. این یک مفهوم انتزاعی یا یک نیرویی سّری نیست. بلکه این شخصی است که شخص دیگری را خلق می کند تا بتواند با او مشارکتی صمیمانه و شخصی داشته باشد. این حقیقت برای من این معنا را دارد که خداوند انسان را آفرید تا از مشارکت با او لذت ببرد. صحنه ای را تجسم کنید که خداوند زانو زد کمی خاک بر دستانش برداشت و آن را با آب ترکیب کرد و از آن گل ساخته و بدن انسان را بساخت. اما این بدن حیاتی نداشت. پس از آن اتفاق شگفت انگیزی رخ داد خالق به جلو خم شده لبان الهی خود را بر لبان آن خاک گذاشت و بینی الهی خود را بر آن خاک حیات دمید. نَفسِ او در درون خاک نفوذ کرد و آن را تبدیل به انسان زنده ساخت. انسانی که هر قسمت از اعضای بدنش به طور کامل عمل می کرد و به وسیلهٔ آن نفس تمامی واکنش های شگفت انگیز روحانی ، ذهنی و احساسی در او شکل گرفت . هیچ موجود دیگری این گونه خلق نشده است. واژه هایی که برای تشریح این معجزه به کار رفته اند کاملا واضح هستند. زبان عبری زبانی است که در آن آوای واژها به طور مستقیم به عملی اشاره دارد. صدای واژهٔ عبری که به دمیدن ترجمه شده چنین است : " yip-pach "

این واژه به معنی انفجار درونی کوچکی است که پس از آن هوا به صورت مداوم و با فشار از گلو خارج می شود. بنابراین این واژه به طور واضح بیانگر عملی است که انجام شد. زمانی که خداوند صورت خود را به لبان و بینی خاکی نزدیک کرد، آهٔ سست و ضعیفی بر نیاورد بلکه او نفسی قوی به درون آن بدن خاکی دمید. بدنی که پس از آن توانست به طور معجزه آسا همان حیات خداوند را در خود داشته باشد.

**خداوندا از تو متشکرم که در من کار می کنی. اعلام می کنم که خداوند می خواهد از مشارکت با من لذت ببرد و او حیات خود را درون من دمیده است .**
**پدرم مرا بساخت. آمین.**

**۲۶ سپتامبر**

بدن های گران بهای ما

# پدرم مرا ساخت.

بیاید لحظه ای به آنچه کتاب مقدس دربارهٔ مادهٔ اولیه ساختن بدنمان می گوید نگاه کنیم. شاید برخی از ما نمی دانیم که کتاب مقدس مطالب بسیاری دربارهٔ این بدن می گوید. وقتی مسیحیان به جسم خود اهمیت نمی دهند و دربارهٔ آن طوری سخن می گویند که گویی از درجهٔ اهمیت پایین تری برخوردار است محرزون می شوم. برادران و خواهران عزیز بدن های ما معجزهٔ خداوند است. اگر ماشین شما خراب شود و از کار بیفتد و احتیاج داشته باشید آن را با ماشین جدیدی تعویض کنید فقط پول احتیاج دارید. اما اگر شما حتی یکی از چشمانتان آسیب ببیند هیچ روشی وجود ندارد که با پول چشم جدیدی برای خود بخرید. چشمان شما بسیار گرانقیمت هستند و نمی توان قیمتی بر آنها نهاد. این حقیقت در مورد هر عضوی از اعضای بدن ما نیز صدق می کند. گاهاً می بینم مسیحیان به ماشین خود بیشتر اهمیت می دهند تا به بدن های شان. الویت ارزش گذاری آنها بسیار احمقانه است. مزمور ۱۲۹ مزموری است که در آن داود پس از تفکر بر شگفتی های بدن خود آن را می نویسد : داود به خداوند چنین می گوید :

*"تو را سپاس می گویم زیرا عجیب و مهیب ساخته شده ام اعمال تو شگفت انگیزند جان من این را نیک می داند ." (مزامیر ۱۴:۱۳۹ )*

در اینجا داود دربارهٔ جسم فیزیکی خود سخن می گوید. نمی دانم که آیا شما نیز با او موافقید و می توانید همین جملات را دربارهٔ بدن تان بگوئید؟ برای برخی از مسیحیان بدن های شان تقریباً نقش یک بار اضافی را دارد.آن ها طوری رفتار می کنند که گویی آرزو داشتند هرگز بدن شان برای شان ایجاد مشکل نمی کرد. این دیدگاه اشتباهی است. هم اکنون این واژه ها را با صدای بلند تکرار کنید : " تو را سپاس می گویم زیرا عجیب و مهیب ساخته شده ام . "

**خداوندا از تو متشکرم که در من کار می کنی. اعلام می کنم که بدن من گرانبهاست و تو را سپاس می گویم زیرا عجیب و مهیب ساخته شده ام . پدرم مرا بساخت . آمین.**

## ۲۷ سپتامبر

### سرشتی حیرت انگیز

### پدرم مرا ساخت.

در کتاب ایوب ما خلاصه ای زیبا از خلقت خلاقانه خداوند در مورد بدن های فیزیکی خود می خوانیم :

"دستان تو مرا به تمامی بسرشت و بساخت آیا اکنون هلاکم می کنی؟ تمنا اینکه به یاد آری که مرا از گل سرشتی . آیا اکنون مرا به خاک بر می گردانی ؟ آیا مرا همچون شیر نریختی و همچون پنیر منجمد نساختی؟ مرا به پوست و گوشت پوشاندی و به استخوان ها و پی ها بافتی" ( ایوب ۱۰ : ۸ – ۱۱ )

همانطور که در پیدایش ۷:۲ می خوانیم واژهٔ سرشتن به کاری دقیق و ماهرانه اشاره می کند. به همین صورت ایوب نیز با مهارت و توجهٔ خاصی که خداوند در ساخت بدن انسانی ما اعمال کرده تاکید می کند. چه عبارات واضحی . در آیات ۱۰ و ۱۱ چنین می گوید :" آیا مرا همچون شیر نریختی و همچون پنیر منجمد نساختی؟ مرا به پوست و گوشت پوشاندی و به استخوانها و پی ها بافتی" ( ایوب ۱۰ : ۱۰ – ۱۱ ) چه تصویر زیبایی از رابطهٔ بین اعضای مختلف بدن در مزامیر ۱۳۹ وجود دارد. او چنین می نویسد :

"دیدگانت کالبد شکل ناگرفته مرا می دید. همه روزهایی که برایم رقم زده شد در کتاب تو ثبت گردید. پیش از آنکه هیچ یک هنوز پدید آمده باشد " ( ۱۳۹ : ۱۶ )

پیش از آنکه کالبد ما شکل بگیرد خداوند او را دیده است. همهٔ روزهای ما در کتاب او ثبت شده است. این جمله را با آن جمله ای که عیسی در لوقا ۷:۱۲ می گوید مقایسه کنید : "حتی موهای سر شما به تمامی شمرده شده است پس مترسید زیرا ارزش شما بیش از هزاران گنجشک است " خداوند چنین ارزشی برای بدن فیزیکی ما قائل است. او حتی به کوچکترین جزئیات وجود ما نیز توجه می کند. حال که این حقیقت را فهمیدم این بدان معنی است که خداوند از سرشتن شگفت انگیز بدن ما هدفی داشته است.

**خداوندا به خاطر این که در من کار می کنی ، تو را شکر می کنم. اعلام می کنم که خداوند مرا با مهارت و با دقت بالایی سرشته است . چون او هدف خاصی از خلقت بدن شگفت انگیز من دارد. پدرم مرا بساخت. آمین.**

## ۲۸ سپتامبر

مکانی برای سکونت خداوند

# پدرم مرا ساخت.

هدفی که بر اساس آن بدن های ما ساخته شده چیست؟ خداوند هدف مهمی داشته و پاسخ آن هم بسیارمهیج ولی ساده است. پولس در رسالهٔ اول خود به کلیسای قرنتیان چنین می نویسد :

*"آیا نمی دانید که بدن شما معبد روح القدس است که در شماست و او را از خدا یافته اید و دیگر از آن خود نیستید ؟ به بهایی خریده شده اید پس خدا را در بدن خود تجلیل کنید ." (اول قرنتیان ۶:۱۹ )*

چرا خداوند چنین بدنی را برای انسان طراحی وخلق نموده است؟ پاسخ بسیار شگفت انگیز است او می خواهد بدن هر ایماندار فدیه داده شده و هیکلی باشد برای او تا بتواند از طریق روح القدس در آن ساکن شود. اگر شما به بدن خود از این منظر بنگرید این دیدگاه به شما نگرشی کاملا متفاوت نسبت به بدنتان خواهد بخشید. بدن شما طراحی شده تا هیکلی باشد برای سکونت خداوند. کتاب مقدس به ما می گوید خداوند در هیکل های ساخته شده به دست انسان ها ساکن نمی شود. ( کتاب اعمال ۷:۴۸ و۱۷:۲۴ را مطالعه کنید.) شما می توانید هر ساختمانی را بسازید کنیسه ، کلیسایی بزرگ یا کلیسایی معمولی. هر چه را بخواهید می توانید بسازید اما خداوند در آن ها ساکن نمی شود. زمانی که قوم خداوند یکدیگر را در چنین ساختمان هایی ملاقات کنند خداوند نیز در آنجا با آنها خواهد بود. اما او خود در آنجا مسکن نمی گیرد. خداوند برای خود هیکلی را طراحی کرده و آن هیکل چیست ؟ بدن های ماست. حتی فکر این که خداوند قادر مطلق و خالق آسمان و زمین می خواهد در جسم های فیزیکی ما ساکن شود و آن را هیکل خود سازد بسیار حیرت انگیز است. زمانی که عیسی در انجیل یوحنا باب ۷ دربارهٔ روح القدس سخن می گوید این چنین بیان می کند :

*" هر که به من ایمان آورد همانگونه که کتاب می گوید از بطن او نهر های آب زنده روان خواهد شد" ( یوحنا ۷ : ۳۸ )*

این قسمتی از بدن شماست که خداوند می خواهد توسط روح القدس در آنجا ساکن شود.

**خداوندا به خاطر اینکه در من کار می کنی تو را شکر می کنم. اعلام می کنم که بدن من هیکل روح القدس است و روح القدس در من ساکن است. پدرم مرا بساخت.آمین.**

**۲۹ سپتامبر**

تقدیم اعضای بدن ما

## پدرم مرا ساخت.

اجازه دهید به بررسی هدف خداوند از خلقت بدن انسان ها ادامه دهیم. اعضای بدن ما باید ابزارهای پارسایی باشند. اول اینکه روح القدس باید در این مکان ساکن شود و سپس بدن های ما تبدیل به دستهای او گردند. رومیان ۱۹:۶ چنین می گوید :

*"من به علت محدودیتهای بشری شما این مطالب را در قالب تشبیهات بشری بیان می کنم. همان گونه که بیشتر اعضای بدن خود را به بندگی و ناپاکی و شرارت روز افزون می سپردید اکنون آنها را به بندگی پارسایی بسپارید که به قدوسیت می انجامد "*

برنامهٔ خداوند برای اعضای بدن ما این است که آنها را به عنوان بندگان پارسایی به او بسپاریم و آماده باشیم که ارادهٔ او را فارغ از اینکه چه باشد انجام دهیم. رومیان ۱۳:۶ به ما می گوید که بدن فیزیکی خود را به عنوان ابزارعدالت تقدیم کنید. زمانی که ما بدن خود را کامل به خداوند تقدیم کنیم بدن ما تقدیس شده و تبدیل به هیکل شایسته ای برای روح القدس می گردد. زمانی که اعضای بدن ما کامل به عنوان ابزاری برای انجام ارادهٔ او تقدیم می شود در آن موقع است که خداوند می گوید باشد از آنجا که این بدن من است من مسئولیت کامل نگه داری و صحت آن را به عهده می گیرم. هم در این جهان هم در آخرت.

**خداوندا از تو متشکرم که در من کار می کنی. اعلام می کنم من اکنون بدن خود را به خداوند تقدیم می کنم بدون آنکه هیچ قسمتی از آن را برای خود نگاه دارم. تا بدن من تقدیس شده و تبدیل به هیکل شایسته ای برای حضور روح القدس گردد. زیرا پدرم مرا بساخت. آمین.**

**۳۰ سپتامبر**

بدن خود را بر قربانگاه قرار دهید.

## پدرم مرا ساخت.

در رومیان ۱:۱۲ پولس ما را هدایت می کند تا بدن های خود را تا زمانی که هنوز زنده هستیم به عنوان قربانی تقدیم خداوند کنیم.

*"پس ای برادران در پرتو رحمتهای خدا از شما استدعا می کنم که بدنهای خود را همچون قربانی زنده و مقدس و پسندیده خدا تقدیم کنید که عبادت معقول شما همین است"*

اگر شما بدن های خود را به عنوان قربانی زنده به خداوند تقدیم کنید دیگر نمی توانید ادعای مالکیت بر آن داشته باشید. دیگر شما نیستید که تصمیم می گیرید که بدن شما به کجا خواهد رفت. شما نیستید که تصمیم می گیرید بدنتان چه کار کند. این دیگر شما نیستید که تصمیم می گیرید بدنتان چه بخورد و چه بپوشد. شما این حق خود را تسلیم خداوند کرده اید. از آن زمان به بعد بدن شما دیگر متعلق به شما نیست بلکه متعلق به خداوند است. شما آن را بر قربانگاه خداوند به عنوان قربانی زنده تقدیم نموده اید. هر چیزی که بر قربانگاه قرار گیرد از لحظهٔ قرار گرفتن متعلق به خداوند می شود و دیگر متعلق به کسی که قربانی را تقدیم نموده نیست. خداوند از ما انتظار دارد که ما نیز بدن خود را همان طور که عیسی بدن خود را قربانی کرد قربانی کنیم. تفاوت در این است که عیسی بدن خود را قربانی ساخت تا بمیرد در حالی که از ما خواسته شده در حالی که بدن ما زنده است آن را به عنوان قربانی تقدیم کنیم. یعنی آن را تسلیم خداوند کنیم و از حقوق و ادعای خود صرفه نظر کنیم. و اما این موضوع ممکن است بسیار ترسناک به نظر بیاید. اما می خواهم به شما بگویم که بسیار مهیج است. خداوند نقشه ها و برنامه های مختلفی برای شما و بدن تان دارد اما تا زمانی که بدنتان متعلق به او نباشد این برنامه ها را به شما نشان خواهد داد. شما ابتدا بدن خود را به او تسلیم کنید و سپس خواهید دانست که باید با آن چه کار کنید.

**خداوندا متشکرم به خاطر کاری که در من انجام می دهی. اعلام می کنم که هم اکنون بدن خود را به عنوان قربانی زنده بر مذبح قرار می دهم. این بدن دیگر متعلق به من نیست. بلکه متعلق به خداوند است. پدرم مرا بساخت. آمین.**

# هفتهٔ ۴۰

## برای صلح و سلامت اورشلیم دعا کنید باشد که دوستدارانت در آسایش باشند.

" برای صلح و سلامت اورشلیم دعا کنید باشد که دوستدارانت در آسایش باشند " (مزامیر ۱۲۲:۶)

**۱ اکتبر**

برای صلح اورشلیم دعا کنید.

## برای صلح و سلامت اورشلیم دعا کنید باشد که دوستدارانت در آسایش باشند.

در پیدایش ۱۲ : ۲ – ۳ وعدهٔ خداوند به ابراهیم را می بینیم. زمانی که به ابراهیم گفت اور کلده را ترک کرده و به سرزمین دیگری برو.

*"از تو قومی بزرگ پدید خواهم آورد و تو را برکت خواهم داد. نام تو را بزرگ خواهم ساخت و تو برکت خواهی بود برکت خواهم داد به کسانی که تو را برکت دهند و لعنت خواهم کرد کسی را که تو را لعنت کند و همه طوایف زمین به واسطهٔ تو برکت خواهند یافت "*

قوم یهود در حکم سنگ محکی هستند که به وسیلهٔ آنها همه ملت های دیگر داوری خواهند شد. کلام خداوند به ما در این باره هشدار می دهد. ( مزامیر ۵:۱۲۹ را مطالعه کنید. ) هر ملتی که در مقابل هدف خداوند برای احیای صهیون بایستد خجل شده و عقب نشینی خواهد کرد. ملت ها تقدیر خود را بر اساس واکنش شان نسبت به احیای قوم خداوند رقم می زنند. وعده ای زیبا و پر برکت برای آنانی که خود را با هدف خداوند برای بنای اورشلیم ، اسرائیل و قوم خداوند هم راستا می سازند. در مزامیر ۶:۱۲۲ آمده است :

*"برای صلح و سلامتی اورشلیم دعا کنید باشد که دوست داران تو در آسایش باشند"*

ما نمی توانیم در این باره دیدگاه خنثی داشته باشیم و ببینیم چه اتفاقی می افتد. ما باید به طور فعالانه خود را با آنچه خداوند در کلام خود و آنچه که او در تاریخ برای قوم اسرائیل انجام داده هم راستا سازیم. اولین کاری که باید انجام دهیم این است که برای این قوم دعا کنیم. ما می توانیم برای آرامش اورشلیم و برای احیای آن دعا کنیم زیرا اورشلیم باید آن چیزی شود که خداوند در کلامش نوشته و اعلام کرده است. برای همهٔ آنهایی که دراین باره دعا می کند و نگران هستند این وعده وجود دارد. باشد که دوست داران تو در آسایش باشند.

**خداوندا از تو به خاطر برکاتی که به دوست داران اسرائیل وعده داده ای متشکرم. اعلام می کنم هنگامی که برای اورشلیم دعا می کنم از اطمینان برخوردارم و مورد لطف تو قرار گرفته ام. من برای صلح و آرامش اورشلیم دعا می کنم باشد که دوست داران تو در آسایش باشند .آمین.**

**۲ اکتبر**

دعا برای کامیابی اسرائیل

*برای صلح و سلامتی اورشلیم دعا کنید باشد که دوستدارانت در آسایش باشند.*

کتاب مقدس ما را تشویق می کند که برای اسرائیل نیکویی بطلبیم. برای اینکه در این راه به طورموثرعمل کنیم باید بدانیم که اهداف خداوند برای اسرائیل و اورشلیم چیست. سپس باید آماده باشیم تا هوشمندانه و مداوم برای محقق شدن این هدف دعا نماییم. زمانی که ما این تحقیق را آغاز کنیم می فهمیم که نهایتا عدالت و آرامشی مقرر شده تا بر اورشلیم و تمامی ملت ها جاری شود. بنابراین صحت و سلامتی همه ملت ها در گرو دعای ما برای اورشلیم و اتکا بر تحقق این وعده ها برای اورشلیم است. مثال بارزی که از این دعا در کتاب مقدس وجود دارد مثال دانیال است که روزی سه بار در حالی که پنجره اتاقش به سوی اورشلیم باز بود برای اورشلیم دعا می کرد. دعاهای دانیال برای شیطان مزاحمت ایجاد می کرد و پادشاهیش را به خطر می انداخت. تا این حد که او از حسادت یک مرد شریراستفاده کرد و قوانین کل امپراطوری ایران را تغییر داد تا بتواند دعاهای دانیال را غیر قانونی جلوه دهد. با این حال دعا برای اورشلیم برای دانیال از اهمیت بسیاری برخوردار بود که او ترجیح داد به چاه شیران افکنده شود تا اینکه بخواهد برای اسرائیل دعا نکند. نهایتا ایمان دانیال و شجاعت او بر مخالفت های شیطانی چیره گشت. او با پیروزی از چاه شیران بیرون آمد و به دعاهای خود برای اورشلیم ادامه داد. براساس تجربه دریافته ام که متعهد شدن برای چنین دعاهایی برای اورشلیم و اسرائیل قطعا باعث ایجاد مخالفت های جدی از سوی نیروهای شرارت می شود. از سوی دیگر فهمیدم که وعده های خداوند به آنانی که به این صورت برای اسرائیل دعا می کنند پایدار خواهد ماند. این روشی کتاب مقدسی برای کامیابی است نه فقط کامیابی مالی و مادی بلکه اطمینانی دائمی از اینکه لطف و رحمت خداوند همیشه با ما خواهد بود.

**خداوندا از تو به خاطر برکاتی که به دوست داران اسرائیل وعده داده ای متشکرم. اعلام می کنم هنگامی که برای اورشلیم دعا می کنم از اطمینان برخوردارم و مورد لطف تو قرار گرفته ام. من برای صلح و آرامش اورشلیم دعا می کنم باشد که دوست داران تو در آسایش باشند .آمین.**

### ۳ اکتبر

خداوند قوم خود را احیا می کند.

## برای صلح و سلامتی اورشلیم دعا کنید باشد که دوستدارانت در آسایش باشند.

فراخوان دعا برای اورشلیم خطاب به همهٔ آنانی است که کتاب مقدس را به عنوان کلام مقتدرانهٔ خداوند می پذیرند. خداوند از تمامی قوم خود از هر ملت و هر پیشینه ای می خواهد که نگران صلح و آسایش یک شهر به خصوص باشند و آن شهر شهری نیست جزء اورشلیم. و یک دلیل خاص برای این امر وجود دارد که نقطهٔ اوج تحقق وعده خداوند زمانی است که پادشاهی او برقرار گردد. هر گاه ما در وقت دعا این واژه های آشنا را بر زبان می آوریم " که ملکوت تو بیاید " در واقع خود را همراستا با این هدف ساخته ایم.( برای مثال متی ۶:۱۰ را مطالعه کنید.) اگر چه ما باید به یاد داشته باشیم که این دعا چنین ادامه می یابد " ارادهٔ تو چنان که در آسمان است بر زمین نیز کرده شود " ( آیه ۶ از باب ۶ را مطالعه کنید.) پادشاهی خداوند باید بر زمین برقرار شود هر چند پادشاهی او هم اکنون نامرئی است ولی منظم و شفاف است. نهایتا این پادشاهی بر زمین به طور عینی آشکار خواهد شد. مرکز و پایتخت پادشاهی خداوند شهر اورشلیم خواهد بود. این حکومت پر از عدل از اورشلیم شروع و به سوی تمامی ملت های دیگر جاری خواهد شد. در عوض پرستش و هدایای تمامی ملت ها مجدداً به سوی اورشلیم جاری خواهد گشت. بنابراین صلح و کامیابی ملت ها به اورشلیم وابسته است و تا زمانی که اورشلیم به صلح و سلامتی خود وارد نشود هیچ ملتی روی آرامش واقعی و دائمی را نمی بیند. خداوند به همهٔ آنانی که به فراخوان او برای محبت نمودن اورشلیم پاسخ مثبت می دهند یک وعدهٔ خاص و ارزشمندی می دهد و آن این است که آنان کامیاب خواهند شد. *"برای صلح و سلامتی اورشلیم دعا کنید باشد که دوست داران تو در آسایش باشند"* واژه ای که اینجا کامیابی ترجمه شده معنایش فراتر از قلمروی مادی است. این واژه به صحت و آزادی کامل از نگرانی و اضطراب در انسان اشاره دارد. زمانی که ما خود را با برنامهٔ خداوند هم راستا می سازیم یعنی برنامه ای که او برای اورشلیم دارد می توانیم آرامش او را بچشیم و تجربه کنیم. برای آنانی که خود را فعالانه با نقشه های خداوند برای احیای قومش هم راستا سازند آرامشی خاص وعده داده شده است.

**خداوندا از تو به خاطر برکاتی که به دوست داران اسرائیل وعده دادی متشکرم. زمانی که برای تحقق اهداف خداوند برای احیای قوم خود دعا می کنم آرامشی درونی بر من جاری می شود. برای صلح و سلامتی اورشلیم دعا می کنم باشد که دوستدارانت در آرامش باشند. آمین.**

**۴ اکتبر**

خداوندا به یاد آور

## برای صلح و سلامتی اورشلیم دعا کنید باشد که دوستدارانت در آسایش باشند

در اشعیا باب ۶۲ خداوند ما را برای انجام دعایی فعالانه و مداوم برای اورشلیم دعـــوت می کند .

*" ای اورشلیم بر حصارهایت دیدبانان گماشته ام که شب و روز هرگز خاموش نخواهند بود . ای کسانی که به خداوند یادآوری می کنید آرام مگیرید و او را نیز آرامی مدهید تا اورشلیم را استوار ساخته آن را به جهان مایه ستایش بگرداند . " ( اشعیا ۶۲ : ۶-۷ )*

در عهد جدید عیسی مثال قاضی ظالمی را بازگو می کند. قاضی که بیوه زن پیوسته نزدش می رفت و درخواست خود را به او ابراز می کرد و عیسی مثال خود را با این جمله به پایان می رساند : " حال آیا خود خدا به داد برگزیدگان خود که روز و شب به درگاه او فریاد بر می آورند نخواهد رسید ؟ " ( لوقا ۱۸:۷ )

هر دوی این متنها به این نکته اشاره می کنند که برای موضوعاتی خاص باید دعاها را نه تنها در تمام طول روز بلکه در اوقات شب نیز ادامه داد. احیای اورشلیم یکی از این موضوعات است. اشعیای نبی این دیدبانان را به عنوان افرادی می خواند که به سوی خداوند فریاد بر می آورند. در زبان عبری این واژه به " صدا زدن " ترجمه شده است و به معنای آن است که این افراد موضوعی خاص را به خداوند یادآوری می کنند. در عبری مدرن این واژه ای است که برای مُنشی به کار می رود. یکی از کارهای مهم منشی یاد آوری زمان ملاقات هایی است که در تقویم خود برای کارفرمای خود یاداشت نموده است. این واژه مثالی است عملی از روشی که خداوند می خواهد ما در دعا برای اورشلیم داشته باشیم. ما به عنوان شفیعان و منشی های وی باید دو مسئولیت را بپذیریم. یک اینکه با تقویم نبوتی وی آشنا باشیم و دوم به او یاد آوری کنیم که چه ملاقاتهایی در آن تقویم یادداشت شده است. یکی از این ملاقات ها آخر الزمانی است که خداوند متعهد شده اسرائیل را بازسازی و اورشلیم را احیا کند.

**خداوندا از تو به خاطر برکاتی که به دوست داران اسرائیل وعده دادی متشکرم اعلام می کنم که من به خداوند یادآوری خواهم نمود تا اورشلیم را استوار ساخته و آن را در جهان مایه ستایش بگرداند. باشد که دوستدارانت در آسایش باشند. آمین.**

۵ اکتبر

سخنان دلگرم کننده

برای صلح و سلامتی اورشلیم دعا کنید باشد که دوستدارانت در آسایش باشند

چگونه ما خود را با اهداف خداوند برای اسرائیل هم راستا می سازیم ؟ می خواهم روشی ساده به شما پیشنهاد کنم. در اشعیاء ۴۰ : ۱ – ۲ خداوند می گوید :

"تسلی دهید قوم مرا تسلی دهید خدای شما می گوید به اورشلیم سخنان دلگرم کننده بگویید و او را ندا در دهید که دوران زحمت طاقت فرسایش به پایان رسیده و تاوان گناهش پرداخت شده است زیرا که به جهت تمامی گناهانش از دست خداوند دو چندان دریافت کرده است "

من این آیه را بررسی کرده ام و جایی که می گوید قوم مرا تسلی دهید به خاطر اینکه به طور مستقیم خطاب به اورشلیم بیان می شود من چنین برداشت می کنم که منظور او قوم یهود است. قوم یهود نمی تواند جدای از اورشلیم به آرامش دست پیدا کند. قلب های آنها کاملاً با شهر اورشلیم گره خورده است. بنابراین اگر من درست گفته باشم و منظور از قوم من قوم یهود باشد این واژه ها خطاب به چه کسی گفته می شود؟ در عبری این واژه ها به صورت جمع به کار رفته است و خطاب به کسانی است که کتاب مقدس و اقتدار کلام او را می پذیرند. این مردم چه کسانی باید باشند؟ من و شما و افرادی مانند ما یعنی ایمانداران مسیحی. خداوند چه می گوید ؟ خداوند می گوید تسلی دهید قوم من را تسلی دهید. اسرائیل را تسلی دهید. خداوند از ما می خواهد اسرائیل را تسلی دهیم. با تعدادی از ایمانداران یهودی که به عیسی ایمان دارند دوست هستم و یکی از نکاتی که آنها به آن اشاره می کنند این است که کلیسای معاصر بیشتر از اسرائیل انتقاد می کند تا تسلی. ما برای انتقاد نمودن خوانده نشده ایم بلکه به ما دستور داده شده که اسرائیل را تسلی دهیم. آیا این مسئولیت را می پذیرید؟ ایمان دارم که این تسلی یکی از روش های آماده ساختن راه خداوند است. قرن ها تعصب و سوء تفاهمات باید شکسته شود. این مخالفت ها باید با قوت و گرمای محبت مسیحی ذوب شوند و از بین بروند. ایمان دارم که امروزه ماموریت ما همین است.

**خداوندا از تو به خاطر وعده هایی که به دوست داران اسرائیل داده ای شکر می کنم. اعلام می کنم که من قوم خداوند را تسلی خواهم داد و سخنان دلگرم کننده ای نسبت به اورشلیم خواهم گفت و برای آسایش و سلامتی اورشلیم دعا می کنم. باشد که دوستدارانت کامیاب شوند . آمین.**

۶ اکتبر

خداوند شفا دهندهٔ ماست.

*برای صلح و سلامتی اورشلیم دعا کنید باشد که دوستدارانت در آسایش باشند.*

درست پس از آنکه خداوند قوم اسرائیل را از مصر بیرون آورد و نجات داد قوم اسرائیل تبدیل به قومی فدیه داده شده گشت و خداوند عهدی را با آنها بست. خداوند اولین مکاشفهٔ خاص خود را به آنها داد و خود را به عنوان شفاء دهنده آنها معرفی کرد. این عبارت در خروج ۲۶:۱۵ آمده است :

" فرمود اگر به دقت به صدای خداوند خدای تان گوش فرا دهید و آنچه را در نظر او درست است به جا آورید اگر به فرامین او توجه کنید و تمام فرایض او را به جا آورید من نیز
هیچ یک از بیماری هایی را که مصریان را بدان دچار کردم بر شما نازل نخواهم
کرد. زیرا من یهوه شفا دهنده شما هستم"

قسمتی که خداوند به قوم اسرائیل می گوید: زیرا من یهوه شفا دهندهٔ شما هستم عبارت " شفا دهندهٔ شما " در عبری مدرن به این معنی است. "پزشک شما هستم. " واژه ای که در خروج ۲۶:۱۵ آمده دقیقاً واژه ای است که امروزه در زبان عبری برای واژهٔ دکتر بکار می رود. این واژه در طول ۳۰۰۰ سال تاریخ زبان عبری معنای خود را از دست نداده است. خداوند با تاکید به قوم اسرائیل می گوید که من پزشک شما هستم. دو چیزی که هرگز تغییر نمی کند نام خداوند و عهد خداوند است. جایگاه خداوند و عمل کرد او به عنوان شفا دهندهٔ قوم با نام او و عهد او یکی است. به عبارت دیگر این جایگاه و عمل کرد خداوند هرگز تغییر نمی کند. تنها و زمانی که عیسی به عنوان نجات دهنده و فدیه دهنده به اسرائیل آمد تا وعده های مسیح هایی را محقق سازد او بار دیگر خداوند را به عنوان شفا دهندهٔ قوم خود معرفی و آشکار کرد. شفا در خدمات عیسی بر وجود خود او ارجحیت نداشت. با ورود عیسی بر زمین این خدمت شروع نشد بلکه این کار او تجلی طبیعت شفا دهندهٔ خداوند و عهدی بود که خداوند با قومش به عنوان خدای شفا دهنده بسته بود. اساس تدارکی که خداوند برای شفا و سلامت جسمی قومش دیده ، کلام او یعنی کتاب مقدس است. چقدر مهم است بدانیم که پاسخ خداوند به نیازهای اولیهٔ انسان ها کلام خود او است. اگر به کلام او باز گشته و آنرا کنکاش کنیم می فهمیم که پاسخ نیازهای ما در کلام اوست. در آن زمان است که او تمام نیازهای ما را بر طرف خواهد نمود. نیازهای روحانی و جسمی ما را.

**خداوندا از تو به خاطر برکاتی که به دوستداران اسرائیل وعده دادی متشکرم . من اعلام می کنم که تدارک و عمل کرد خداوند به عنوان شفا دهندهٔ قوم خود با نام او و عهد او مرتبط است . من برای صلح و آرامش اورشلیم دعا می کنم تا دوستدارانت کامیاب شوند. آمین.**

**۷ اکتبر**

صلح و کامیابی

## برای صلح و سلامتی اورشلیم دعا کنید باشد که دوستدارانت در آسایش باشند.

من هر روز برای صلح اورشلیم و اسرائیل دعا می کنم. ایمان دارم زمانی که کتاب مقدس می گوید " *برای صلح اورشلیم دعا کنید* " ( مزمور ۱۲۲ : ۶ ) این بدان معنا است که ما باید برای صلح و سلامتی بدن مسیح دعا کنیم. ما نه تنها باید برای نیازهای کوچک خود در دعا باشیم بلکه باید برای نیاز های کلی بدن مسیح نیز دعا کنیم. ما خوانده نشده ایم که دیگر مسیحیان را قضاوت کنیم. ما خوانده شده ایم که برای آن ها دعا کنیم.

*"در میان برج هایت امنیت حکمفرما باشد و در میان باروهایت*
*صلح و سلامت" ( مزمور ۱۲۲:۷ )*

من ایمان دارم که این آیه نظم الهی را به تصویر می کشد. زمانی که ما آرامش داریم در آن زمان است که صلح و سلامتی و کامیابی نیز خواهیم داشت. زمانی که ما با یکدیگر در جنگ هستیم و علیه یکدیگر بر می خیزیم و یکدیگر را تحقیر می کنیم در آن زمان نمی توانیم کامیاب باشیم. بنابراین اول صلح وسپس کامیابی. در آیهٔ ۸ چنین می خوانیم: " *به خاطر برادران و یارانم می گویم صلح و سلامت بر تو باد* " اکنون اصل اساسی دیگری را به این مطلب اضافه می کنم. ما باید از هر گونه خود محوری گریزان باشیم. خود محوری زندانی است که شیطان آن را ایجاد می کند. هر چه بیشتر شیطان شما را به خودتان مشغول کند بیشتر شما را تحت اختیار خود خواهد داشت. با صدها فردی که محتاج آزادی از روح های شریر بودند برخورد داشته ام و فهمیدم که خصوصیت مشترک این افراد این است که همه آنها خود محور بودند. ما با تلاشی آگاهانه و انتخابی آزاد باید از خود محوری رهایی یابیم. این عبارت آیه ۸ را دوست دارم به خاطر برادران و یارانم می گویم. این کافی نیست که همه چیز برای من و بر وفق مراد من پیش برود بلکه من می خواهم دربارهٔ نیاز های برادران و یارانم نیز نگران باشم. مسیحیان از زمینه های دیگر از فرقه های دیگر و از گروه های دیگر و غیره ...

**خداوندا از تو متشکرم به خاطر برکاتی که به دوست داران اسرائیل وعده داده ای. اعلام می کنم که در میان برج هایت امنیت حکمفرما باشد و در میان باروهایت صلح وسلامتی . من برای صلح و سلامت اورشلیم دعا می کنم باشد که دوستدارانت در صلح و آرامش باشند . آمین.**

# هفتهٔ ۴۱

## مبادا آشکار شود که از دست یافتن به آسایش مسیح بازمانده‌ایم.

"پس به هوش باشیم مبادا با اینکه وعدهٔ راه یافتن به آسایش او هنوز به قوت خود باقیست آشکار شود که احدی از شما از دست یافتن به آن بازمانده است." ( عبرانیان ۴:۱ )

**۸ اکتبر**

فرمان آسایش خداوند

## مبادا آشکار شود که از دست یافتن به آسایش مسیح بازمانده ایم.

لیستی از برکات و لعنت ها در تثنیه باب ۲۸ وجود دارد. برکات با این واژه ها آغاز می شوند " اگر صدای یهوه خدای خویش را به دقت بشنوید " (از آن اطاعت کنید ) تمامی این برکات بر شما خواهد آمد و از شما پیشی خواهد گرفت. لعنت ها با این واژه ها آغاز می شود : " اما اگر صدای یهوه خدای خویش را نشنوید تا به هوش بوده تمامی فرمان ها و فرایض او را که من امروز به شما امر می فرمایم به جا آورید آنگاه همهٔ این لعنت ها بر شما خواهد آمد و از شما پیشی خواهد گرفت. ( آیه ۱۵ ) لعنت ها و برکات به توجه یا عدم توجه به صدای خداوند بستگی دارد. پرستش ابزاری است که خداوند مقرر فرموده تا بتوانیم در حین آن به نگرشی صحیح دربارهٔ ارتباط مان با خداوند دست یابیم و از طریق آن بتوانیم صدای خدا را بشنویم. یعنی اگر ما فاقد روحیه پرستش باشیم نخواهیم توانست صدای خداوند را بشنویم و در شنیدن صدای خداوند است که ما به آسایش او وارد می شویم. بنابراین پرستش روشی برای دست یابی به آسایش است. تنها آنانی که واقعا می دانند چگونه باید خدا را پرستش کنند به آسایش واقعی دست یافته و از آن لذت خواهند برد. پس قوم خدا باید از آسایش شبات برخوردار شوند ." *زیرا هر کس که به آسایش خدا داخل می شود او نیز از کارهای خود آسودگی می یابد همان گونه که خدا در آسود.* " " *پس بیائید به جد بکوشیم تا به آن آسایش راه یابیم مبادا از نافرمانی آنان سرمشق گیرد و در لغزد* " ( *عبرانیان ۴ : ۹ – ۱۱* ) کلام خدا به این حقیقت اشاره می کند که به خاطر نا فرمانی، قوم خداوند از ورود به آسایش الهی باز ماند. من نمی گویم که ما باید سبت را نگاه داشته یا یکشنبه ها را سبت خود اعلام کنیم، بلکه می گویم این نکته را فراموش نکنیم که خداوند به ما فرمان داده تا آرامی گیریم و به آسایش او وارد شویم. به این نتیجه رسیده ام که اگر هفت روز هفته سرم شلوغ باشد این باعث خشنودی خدا نمی شود. علاوه بر آن مطمئن هستم که سلامت خود را با این همه کار به خطر می اندازم. برای همین خداوند در قلب من کار جدیدی آغاز کرد. من ایمان دارم که او می تواند در قلب شما نیز این کار را انجام دهد. این می تواند باعث شود که به طور طبیعی قوانین جاودانی و تغییر ناپذیر وی را نگاه دارید.

**خداوندا از تو به خاطر وعدهٔ وارد شدن به آرامی تشکر می کنم . اعلام می کنم**
**که من هر تلاشی می کنم تا به آن آسایش راه یابم**
**تا مبادا از ورود به آسایش مسیح باز مانم . آمین.**

### ۹ اکتبر

روحیهٔ پرستش

## مبادا آشکار شود که از دست یافتن به آسایش مسیح باز مانده ایم.

زمانی که به این فراخوان برای وارد شدن به آسایش خداوند فکر می کنیم باید این سوالات را از خودمان بپرسیم. آیا از زمان خود بهترین استفاده را می کنیم؟ آیا واقعا می دانیم معنای آسایش چیست ؟ آیا واقعا می توانیم خود را تربیت کنیم تا از فعالیت همیشگی باز ایستیم؟ حتی کارهای ذهنی. آیا ممکن است ما لحظاتی دراز بکشیم و از تفکر در مورد اینکه چه کار باید بکنیم باز ایستیم؟ خداوند بیشتر به شخصیت ما توجه می کند تا به دست آورد های ما. دست آورد ها تنها در حیطه زمان اهمیت پیدا می کنند. اما شخصیت موضوعی جاودانی است. شخصیت ما مشخص کنندهٔ این است که ما در ابدیت چگونه خواهیم بود. اشعیا رویایی از موجودات پر جلال و تخت خداوند را مشاهده می کند.( اشعیا باب ۶ را مطالعه کنید.) در آسمان موجوداتی به نام سرافین وجود دارند که پرستش را رهبری می کنند. در زبان عبری " سراف " واژه ای است که مستقیماً به آتش اشاره می کند. سرافین موجودات آتشینی هستند که در کنار تخت پدر قرار دارند و شبانه روز سرود می خوانند *" قدوس قدوس قدوس است خداوند " ( اشعیا ۶:۳ )* هر کدام از آنها ۶ بال دارند که به طور موثر از آن ها استفاده می کنند. با دو بال صورت خود را می پوشانند و با دو بال دیگر پاهای شان و با دو بال دیگر پرواز می کنند. ( آیهٔ ۲ را مطالعه کنید.) من پوشاندن صورت و پاها را به عنوان فروتنی در پرستش تفسیر می کنم و پرواز را به عنوان اعمالی که برای خدمت انجام می دهند. من ایمان دارم که پرستش و شکر گزاری ، دست زدن و رقصیدن و سرود خواندن بسیار مهم هستند. اما زمانی وجود دارد که بالهایم را بر صورت و پای هایم می گذارم تا پرستشی فروتنانه در حضور خداوند داشته باشم و به آنچه خداوند می گوید گوش فرا دهم.

*"زیرا او خدای ماست و ما قوم چراگاه و گله دست اوییم . امروز اگر*
*صدای او را می شنوید دلهای خود را سخت مسازید چنانکه در مریبه کردید*
*در روز مسه در بیابان" ( مزمور ۹۵ : ۷ – ۸ )*

روحیه شکر گزاری را در خود تقویت کنید و بیاموزید که آرام گیرید. بیاد داشته باشید که روح خداوند بدنبال افرادی خاص است. افرادی که قلبشان نسبت به خداوند کامل است. این گونه باشید تا خداوند با قوت بتواند خود را از طریق شما آشکار سازد.

**خداوندا از تو به خاطر وعدهٔ ورود به آسایش متشکرم. اعلام می کنم که من در خود روحیهٔ شکرگزاری را تقویت کرده و آرام گرفتن را خواهم آموخت تا مبادا از ورود به آسایش مسیح باز مانم . آمین.**

**۱۰ اکتبر**

برگزیدن پرستش و آسایش

## مبادا آشکار شود که از دست یافتن به آسایش مسیح باز مانده ایم.

به دو دلیلی که در مزامیر ۷:۹۵ آمده باید خدا را پرستش کرد :" *زیرا او خدای ماست و ما قوم چراگاه و گله دست اوییم*"

اولین دلیلی که ما باید خداوند را بپرستیم این است که او خداوند و خدای ماست .تنها وجود در تمامی خلقت که شایستگی پرستش را دارد. ممکن است زنان و مردان دیگری را تحصین کنیم اما نباید آنها را پرستش نماییم. پرستش بارزترین روشی است که ما می توانیم با خداوند به عنوان خدا ارتباط صحیح ایجاد کنیم. بر این باورم که هر وقت او را پرستش می کنیم او بیشتر کنترل ما را در دست می گیرد. هر چه ما بیشتر پرستش می کنیم بیشتر شبیه او شده و او بیشتر بر ما اقتدار می یابد. دومین دلیلی که ما باید او را پرستش کنیم این است که ما قوم چراگاه اوئیم. پرستش روشی است که از طریق آن ما او را به عنوان خداوند خود تصدیق می کنیم و واکنشی است صحیح نسبت به توجهی که او نسبت به ما دارد.

*" زیرا او خدای ماست و ما قوم چراگاه و گله دست اوییم . امروز اگر صدای او را می شنوید دلهای خود را سخت مسازید چنانکه در مریبه کردید در روز مسه در بیابان . چهل سال از آن نسل بیزار بودم و گفتم قوم گمراه دل هستند و راههای مرا نمی شناسند پس در خشم خود سوگند خوردم که به آسایش من هرگز راه نخواهند یافت " ( مزمور ۹۵ : ۷ – ۸ و ۱۰ – ۱۱ )*

این متن دو گزینه در مقابل ما قرار می دهد یا وارد شدن به پرستشی واقعی یا اجتناب از انجام آن. در پرستش واقعی ما صدای خداوند را می شنویم و با شنیدن و اطاعت از آن صدا وارد آرامی و آسایش او می گردیم. نکته ای که نمی توانیم هرگز از آن فرار کنیم اهمیت صدای خداوند است. همانطور که در ارمیا ۲۳:۷ می خوانیم :" *از کلام من اطاعت کنید و من خدای شما خواهم بود و شما قوم من در همه راههایی که به شما حکم می کنم گام بردارید تا سعادتمند شوید*" یکی از ساده ترین روش های کسب سعادتمندی این است که آنچه او گفته را گوش دهیم. " صدای من را بشنوید و من خداوند خدای شما خواهم بود ."

**خداوندا تو را به خاطر وعدهٔ وارد شدن به آرامی شکر می کنم. اعلام می کنم که من انتخاب نموده ام تا وارد پرستش واقعی شوم و صدای خداوند را شنیده و از آن اطاعت نمایم به آسایش خداوند وارد شوم، تا مبادا از ورود به آسایش مسیح باز مانم . آمین.**

## ۱۱ اکتبر

### زیستن در ترس خداوند

### مبادا آشکار شود که از دست یافتن به آسایش مسیح بازمانده ایم.

اولین مبادا در کتاب عبرانیان می گوید: " مبادا با این که وعده راه یافتن به آسایش او هنوز به قوت خود باقی است آشکار شود که احدی از شما از دست یافتن به آن باز مانده است. " آیا این جمله باعث تعجب یا توهین به شما می شود؟ بسیاری از مسیحیان هیچ ترسی در این باره در دل خود ندارند.افرادی که مرا به حضور خداوند آورده اند زوج مسیحی بسیار خوبی بودند که در یورکشایر انگلستان زندگی می کردند. زمانی که پس از جنگ جهانی دوم به آنها سر زدم آن ها در شرایط روحانی خوبی نبودند. مرد خانه فکر می کرد که در زندگی مسیحی نباید هیچ ترسی وجود داشته باشد. من به این نکته اشاره کردم که این بدان بستگی دارد که شما ترس را چگونه تعریف می کنید. مزامیر ۹:۱۹ چنین می گوید :

*" ترس خداوند طاهر است و پایدار تا ابد. "*

برای چنین ترسی پایانی وجود ندارد. او تصمیم گرفته بود که هرگز از دارو استفاده نکند و حالت او احساسی از تکبر و خودخواهی به دیگران منتقل می کرد. فهمیدم که این کار او با نحوۀ نگرش او نسبت به ترس مرتبط است. متأسفانه او دچاره دیابت شد و مجبور شدن پای او را قطع کنند. به سختی توانست از شوکی که به او وارد شده آزاد شود. این شوک به این خاطر بود که او فهمید ایمانش برای او شفا به بار نیاورد. من فکر می کنم مشکل اصلی او در آن بود که نتوانست درک کند نوع خاصی از ترس باید در زندگی مسیحی وجود داشته باشد. واژۀ مبادا در کتاب عبرانیان به ترسی در درون دل مسیحیان اشاره می کند نه دل بی ایمانان. به یاد داشته باشید این احتمال وجود دارد که آنچه خداوند برای ما مقرر فرموده را دریافت نکنیم. آیۀ کامل چنین می گوید :

*" پس به هوش باشیم مبادا با اینکه وعده راه یافتن به آسایش او هنوز به قوت خود باقیست آشکار شود که احدی از شما از دست یافتن به آن بازمانده است "( عبرانیان ۱:۴ )*

هر وعده دارای دو جنبه است. با این که به شما چیز نیکویی را پیشنهاد می کند اما اگر شما به درستی عمل نکنید ممکن است آن وعده را دریافت نکنید در واقع خود را از آن محروم بسازید. در زندگی مسیحی نیز این حقیقت وجود دارد که نیکویی حاضر است اما همواره این امکان وجود دارد که آن را از دست بدهید. ایمان دارم که باید به جایی برسیم که در درون خود این ترس مقدس را داشته باشیم که آیا ما می توانیم به آسایش خداوند راه یابیم یا خیر؟

**خداوندا از تو به خاطر وعدۀ ورود به آسایشت متشکرم. من اعلام می کنم که به حضور خداوند می آیم در حالی که در وجودم ترس صحیحی وجود دارد از اینکه آیا می توانم به آسایش او راه یابم یا خیر. تا مبادا از وارد شدن به آسایش مسیح باز مانم . آمین.**

## ۱۲ اکتبر

ایمان داشتن و وارد شدن

### مبادا آشکار شود که از دست یافتن به آسایش مسیح باز مانده ایم.

*" ولی ما که ایمان آورده ایم به آن آسایش راه می یابیم چنانکه خدا فرموده است (نقل قولی از مزمور ۹۵ ) "پس در خشم خود سوگند خوردم که به آسایش من هرگز راه نخواهند یافت و با این که همه کارهای او (خدا ) از زمان آفرینش جهان به پایان رسیده بود زیرا در جایی راجع به روز هفتم بیان می کند که خدا در هفتمین روز از همهٔ کارهای خویش بیاسود و باز در قسمتی که در بالا نقل شد " به آسایش من هرگز راه نخواهند یافت " ( عبرانیان ۴ : ۳ – ۵ )*

واژهٔ " ایمان آوردن " زمان گذشته است و واژهٔ " راه یافتن " زمان حال. پیش از آنکه ما به آسایش خداوند راه یابیم باید ایمان داشته باشیم. ما دائما ایمان نمی آوریم. این کاری است که یک بار انجام می شود و ما تصمیم خود را می گیریم و بر اساس آن تصمیم می توانیم وارد آن آسایش شویم. آنانی که دائما تصمیم می گیرند که ایمان بیاورند یا خیر واجد شرایط برای رسیدن به آسایش نیستند. تنها آنانی که ایمان آورده اند وارد آسایش می شوند. برای بررسی موضوع آسایش بیاید لحظه ای به عهد عتیق رجوع کنیم. پیدایش ۲:۲ چه می گوید :*" و خدا در روز هفتم کار خویش را به پایان رساند پس او در هفتمین روز از همه کار خویش بیاسود "* آسودن خداوند در واقع به معنای پایان یافتن کاری بود که انجامش می داد. ایمان دارم که خداوند به خاطر خستگی استراحت نکرد بلکه او از این استراحت لذت برد. او تکیه داد و از آنچه که ساخته بود لذت برد و وقتی را برای تماشا و لذت بردن از آن اختصاص داد. چند نفر از ما زمانی را برای لذت از چیزی که ساخته ایم و کاری که کرده ایم اختصاص می دهیم ؟ امروزه بیشتر افراد به محض پایان رساندن کار خود مشغول کار دیگری می شوند. اما الگویی که خداوند قرار داد این است که زمانی را برای لذت بردن از کاری اختصاص دهیم که انجام گرفته است. لذت بردن و استراحت کردن از هر آنچه انجام داده ایم امری الهی است. توانایی استراحت در واقع یک توانایی الهی است.

**خداوندا به خاطر وعدهٔ ورود به آسایشت تو را شکر می کنم . اعلام می کنم یکی از لذت هایی که خداوند می خواهد داشته باشیم این است که در آسایش او شریک شویم. او می خواهد ما نیز وارد آن آسایشی شویم که او وارد شد. بنابراین مبادا از راه یافتن به آسایش مسیح باز مانم . آمین.**

## ۱۳ اکتبر

لذت بردن از خلقت

### مبادا آشکار شود که از دست یافتن به آسایش مسیح باز مانده ایم.

ما دربارهٔ ده یک سخن گفتیم در بارهٔ آنچه خداوند از درآمد مالی ما انتظار دارد. اما انتظار خداوند دربارهٔ زبانمان چیست؟ خداوند یک روز از هفت روز قوم اسرائیل را طلب کرد. امروزه واقعاً چند نفر از مردم در کلیسا یک روز از هفت روز شان را به خداوند اختصاص می دهند؟ این یکی از آن دلایلی است که بسیاری امروزه دچار آشفتگی و اضطراب هستند. آن ها به افرادی تبدیل می شوند که نمی توانند کاری را به طور کامل انجام دهند. خداوند اولین نفری بود که استراحت کرد. کار کرد و سپس استراحت نمود. یکی از دوستان عرب و فلسطینی من که دارای رستوران های زنجیره ای است چنین می گوید : " خداوند به خاطر اینکه خانواده ای دارد که باید حمایت شان کند کار نکرد و او به خاطر اینکه خسته بود استراحت ننمود بلکه دلیلی بسیار بالاتر از این ها داشت. زیرا او خالق است و خداوند و من بر این باورم که او می خواست از آنچه خلق کرده لذت ببرد. اگر ما هرگز برای لذت بردن از آنچه ایجاد کرده ایم وقتی نداشته باشیم به شرایط سختی دچار خواهیم شد. کدامیک احتیاج به ایمان بیشتری دارد کار کردن یا استراحت کردن؟ اسرائیلی ها از ورود به آرامی خداوند باز ماندند زیرا ایمان نداشتند. چرا یک مسیحی نمی تواند استراحت کند؟ این نیز به خاطر بی ایمانی است. زمانی که ما در می یابیم خداوند استراحت و آرامی را پایه گذاری کرده ما نیز آرام می شویم. من و همسرم قبلاً عادت داشتیم به مسافرت برویم اما تعطیلات به این معنا است که شما نباید کاری انجام دهید.زمانی که ما در می یابیم این خود خداوند است که استراحت و آرامی را پایه گذاری نموده این باعث آسایش و آرامی ما می شود. من و همسرم تصمیم گرفته ایم که این روزهای تعطیل را " هالی دی " بخوانیم که معنایش روز مقدس است. خداوند به ما نشان داد که مقدس نشمردن یک روز در روزهای هفته گناه است. در تقویم اسرائیل ها همانطور که خداوند مقرر نموده بود بسیاری از روز ها روز های تعطیل بودند. حق انتخابی وجود نداشت آنها روزهای بودند که خداوند آنها را تعطیل اعلام کرده بود نه به این خاطر که کسی می خواست در آن روز تنبلی کند بلکه خداوند فرموده بود که یک روز را آرام گیرید.

**خداوندا به خاطر وعدهٔ ورود به آسایشت، تو را شکر می کنم . اعلام می کنم که خداوند از آنچه خلق کرده بود آرامی گرفت و از آن لذت برد و من نیز همان کار را خواهم کرد تا مبادا از وارد شدن به آسایش مسیح باز مانم. آمین.**

**۱۴ اکتبر**

راه رفتن و استراحت در ایمان

**مبادا آشکار شود که از دست یافتن به آسایش مسیح باز مانده ایم.**

یکی از دلایلی که قوم اسرائیل از وارد شدن به سرزمین موعود باز ماند بی ایمانی آنان بود. این دلیل می تواند ما را از ارث محروم سازد. نویسنده عبرانیان شرایط آنها را با شرایط ما مقایسه کرده و چنین می گوید :

*"زیرا به ما نیز چون ایشان بشارت داده شد اما پیامی که شنیدند سودی برایشان نداشت زیرا با آنان که گوش فرا دادند به ایمان متحد نشدند " (عبرانیان ۴:۲ )*

کلام خداوند به سوی ما می آید و اگر آن را با ایمان نیامیزیم هرگز برای ما سودی نخواهد داشت و نمی تواند هدف خداوند را که همان برکت ماست در زندگی مان محقق سازد. برای اینکه کلام خداوند در زندگی ما کار کند ایمان لازم است. آیهٔ بعدی می گوید ولی ما که ایمان آورده ایم به آن آسایش راه می یابیم . ( آیهٔ ۳ ) ایمان واقعی ما را به سوی آسایش هدایت می کند. آیا شما از آن آسایش برخوردارید؟ آیا واجد آن شرایط هستید یا مانند اسرائیلی ها در معرض خطر هستید ؟ آنهایی که قلبشان را سخت نمودند و به خاطر بی ایمانی شان تمام آنچه خداوند برای آن ها در نظر گرفته بود را از دست دادند. اگر این واقعه امروز برای ما هم اتفاق بیافتد چه تراژدی بزرگی را به همراه خواهد داشت. اما نویسندهٔ عبرانیان به وضوح می گوید اگر ما برای وارد شدن به آن آسایش کوشا نباشیم ممکن است این اتفاق برای ما نیز بیفتد. کمی جلوتر ما کاربرد عملی این درس را می بینیم . *" پس بیاید به جد بکوشیم تا به آن آسایش راه یابیم مبادا کسی از نافرمانی آنان سرمشق گیرد ودر لغزد ."( عبرانیان ۴:۱۱)* آیه بالا به این نکته اشاره می کند که مبادا همان طور که قوم اسرائیل در عهد عتیق دچار سرگردانی شدند ما نیز دچار آن سرگردانی شویم و به ما خاطر نشان می سازد که خود را علیه بی ایمانی محافظت کنیم. بیائید در راه آماده ساختن خود برای راه رفتن در ایمان کوشا باشیم و سعی نماییم ایمانمان را حفظ کرده و آن را رشد و پرورش دهیم و باعث تقویت و تشویق ایمان یکدیگر شویم. بیائید همان اشتباه وحشتناک و غم انگیز قوم اسرائیل یعنی بی ایمانی را تکرار نکنیم. به یاد داشته باشید که رابطهٔ مستقیم و ساده ای بین بی ایمانی و نا اطاعتی وجود دارد.

**خداوندا تو را به خاطر وعدهٔ ورود به آرامیت شکر می کنم. اعلام می کنم که ایمان واقعی مرا به آسایش وارد خواهد کرد تا مبادا از ورود به آسایش مسیح باز مانم. آمین.**

# هفتهٔ ۴۲

## بیائید کوشا باشیم.

"پس بیائید به جد بکوشیم تا به آن آسایش راه یابیم مبادا کسی از نافرمانی آنان سرمشق گیرد و در لغزد." ( عبرانیان ۴:۱۱ )

## ۱۵ اکتبر

### اهمیت کوشا بودن

**بیائید کوشا باشیم.**

کوشا بودن راه حل بعدی است که در باب ۴ عبرانیان دیده می شود. قبلاً به این نکته اشاره کردیم که این هشدار براساس تجربه ای است که قوم اسرائیل در سفر خود از مصر به سوی بیابان تجربه نمودند. بسیاری از آنها نتوانستند به سرزمین موعود راه یابند یعنی آن مقصد و آرامی که خداوند به آنها وعده داده بود و این به خاطرنوع عمل کرد و اخلاق بد شان بود. آن ها دچار سرگردانی شدند و کلام خداوند می گوید به خاطر بی ایمانی و نا اطاعتی جسم بی جان آن ها در بیابان افتاد. ( اعداد ۱۴ : ۲۹ – ۳۱ را مطالعه کنید. ) به خاطر بی ایمانی و نا اطاعتی بود که آنها نتوانستند صدای خداوند را بشنوند. آنها ظاهری مذهبی داشتند اما نتوانستند آنچه واقعاً ضروری بود یعنی حقیقت یک مذهب واقعی را در درون خود داشته باشند. یعنی نتوانستند صدای خداوند را بشنوند. بنابراین اسرائیل اشتباه غم انگیزی را مرتکب شد. نویسندهٔ عبرانیان پس از گفتن " مبادا " با مثالی دیگر از قوم اسرائیل ادامه می دهد و چنین می گوید : " پس بیاید به جد بکوشیم " من ایمان دارم که این عبارتی ساده است. اگر ما واقعاً خطرات روحانی آن شرایط را در نظر گرفته و بترسیم در آن موقع است که به طور طبیعی کار بعدی ما جد و جهد خواهد بود. بیائید لحظه ای بررسی کنیم که معنای کوشا بودن یعنی چه ؟ یکی از روشهای یافتن معنای واژه ها بررسی واژه های متضاد است. یکی از واژه های متضادی که برای کوشا بودن وجود دارد تنبلی است. در کتاب مقدس هیچ تعریف نیکویی دربارهٔ تنبلی وجود ندارد. تنبلی موضوعی است که امروزه مسیحیان به آن توجه کافی ندارند.

**خداوندا به خاطر وعدهٔ ورود به آسایشت تو را شکر می کنم. اعلام می کنم که واقعیت درونی و ضروری مذهب واقعی این است که ما صدای خداوند را بشنویم.**
**زیرا من باید کوشا باشم. آمین.**

**۱۶ اکتبر**

رشد و پیشرفت

## بیائید کوشا باشیم.

در ادامهٔ بررسی واژهٔ " کوشا بودن " بیائید به آنچه نویسندهٔ عبرانیان کمی جلوتر می گوید دقت کنیم .

*" آرزوی ما این است که هر یک از شما همین جدیت را برای تحقق امید تان تا به آخر نشان دهید و کاهل نباشید بلکه از کسانی سرمشق گیرید که با ایمان و شکیبایی وارث وعده ها می شوند "* (عبرانیان ۶ : ۱۱ ـ ۱۲ )

ما نه تنها باید کوشا باشیم بلکه تا به انتها سعی و تلاش خود را ادامه دهیم. نقطهٔ مقابل سعی و تلاش در این قسمت به وضوح با واژهٔ شفافی نوشته شده است " کاهلی یا تنبلی " . این قسمت نه تنها به تنبلی جسمی اشاره می کند بلکه به کاهلی و تنبلی روحانی نیز اشاره دارد. دوم پطرس ۱ : ۵ ـ ۷ چنین می گوید :*" از همین رو به سعی تمام بکوشید تا به واسطهٔ ایمان خود نیکوئی بار آورید و به واسطهٔ نیکوئی شناخت و به واسطهٔ شناخت خویشتنداری و به واسطهٔ خویشتنداری پایداری و به واسطهٔ پایداری دینداری و به واسطهٔ دینداری مهر برادرانه و به واسطه مهر برادارانه محبت "* زندگی مسیحی زندگی راکدی نیست. زندگی مسیحی یعنی افزودن، رشد و ترقی است. ایستایی و رکود در زندگی مسیحی یعنی پس رفت. ترقی مستلزم سعی و تلاش است و اینکه ما از هیچ تلاشی فرو گذار نباشیم . سپس پطرس متن خود را با یک اما ادامه می دهد : *"زیرا چون اینها در شما باشد و فزونی یابد نخواهد گذاشت در شناخت خداوند ما عیسی مسیح بی فایده و بی ثمر باشید . اما آن که عاری از این ها است کور است و کوته بین و از یاد برده که از گناهان گذشته خویش پاک شده است ."* ( دوم پطرس۱ : ۸ و ۹ ) آیا شما ایمان دارید که ممکن است کسی از گناهان گذشتهٔ خود پاک شود و فراموش کند که چنین اتفاقاتی در گذشتهٔ او رخ داده است؟ به نظر غیر واقع گرایانه است. اما کتاب مقدس می گوید این امکان وجود دارد .

**خداوندا از تو متشکرم به خاطر اینکه به من وعده دادی وارد آسایش خواهم شد. اعلام می کنم که من نیاز دارم هم مانند آنانی که از طریق ایمان و صبر وعده ها را یافتند عمل نمایم. زیرا من باید کوشا باشم. آمین.**

**۱۷ اکتبر**

غلبه بر تنبلی

بیائید کوشا باشیم.

در دوم پطرس باب ۱ آیهٔ ۸ الی ۹ پطرس دو گزینه در مقابل ما قرار می دهد. یکی از این دو گزینه این است که موثر و مفید باشیم که این کار با افزایش شناخت عیسی مسیح خداوند در ما انجام می پذیرد و گزینهٔ دیگر این است که باید غیر موثر و غیر مفید باشیم و همانطور که در آیهٔ ۹ آمده کوته بین و کور. این ها واژه های تندی هستند. در پرتو این موضوع پطرس با یک کلمه " پس " ادامه می دهد. آنچه بعد از کلمه پس می آید با هشداری که پطرس قبلاً داده در ارتباط است.

*"پس ای برادران هر چه بیشتر بکوشید تا فراخواندگی و برگزیدگی خویش را تثبیت نمایید .چرا که اگر چنین کنید هرگز سقوط نخواهید کرد. زیرا این چنین دخول به پادشاهی جاودانه خداوند و نجات دهنده ما عیسی مسیح به فراوانی به شما عطا خواهد شد"* ( دوم پطرس ۱ : ۱۰ – ۱۱ )

اعمالی وجود دارند که می توانیم با انجام آنها ضمانتی کسب کنیم تا در ملکوت خداوند از ما به خوبی استقبال شود. اما آنچه درباره اش به ما هشدار داده شده تنبلی است. من شدیداً به خاطر اینکه در محافل مسیحی نسبت به موضوع تنبلی بی توجهی می شود نگران هستم. بسیاری از مسیحیان مستی را یک خطر برای زندگی روحانی خود می دانند. اعتراف می کنم که یک مسیحی نمی تواند مست کند زیرا زمانی که من می پذیرم مستی گناه است قطعا آن را انجام نمی دهم. اما جالب است که در کلام خدا تنبلی خیلی شدید تر محکوم می شود تا مستی. مشکل این است که بسیاری از مسیحیانی که هرگز مست نمی کنند تنبل هستند. بنابراین بیائید این هشدار را جدی بگیریم و ساعی باشیم.

**خداوندا به خاطر وعدهٔ ورود به آسایشت تو را شکر می کنم. اعلام می کنم که من با تنبلی خواهم جنگید. پس خواهم کوشید تا دعوت و برگزیدگی خود را تثبیت نمایم. زیرا من باید کوشا باشم . آمین.**

**۱۸ اکتبر**

پیشرفت در سعی و تلاش شخصی

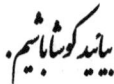

## بیائید کوشا باشیم.

دعای زیبا و طولانی در کتاب امثال وجود دارد که حکم چراغ راهنما برای راهم بوده است. این دعا خلاصهٔ روش دست یابی به ثروت و رفاه دائمی را بازگو می کند. یکی از شرایط را خداوند انجام می دهد و شرط دیگر را ما تا بتوانیم نتیجهٔ قابل قبولی حاصل کنیم. شرطی که خداوند آن را انجام می دهد در امثال ۲۲:۱۰ آمده است :

*"برکت خداوند دولتمند می سازد و او زحمتی نیز به آن نمی افزاید "*

اولین و بزرگترین شرط برای داشتن ثروت واقعی و روحانی برکتی است که خداوند می دهد. نمی توانیم چیز دیگری را از برکت خداوند کامل تر و نیکوتر بدانیم. از سوی دیگر برکت خداوند به تنهایی کافی نیست. در امثال ۴:۱۰ ما می خوانیم :

*" دستان کاهل فقیر می سازد دستان کاری دولتمند "*

برای دست یابی به رفاه واقعی، برکت خداوند و علاوه بر آن کوشا بودن ما نیز لازم است. این کافی نیست که تنها انتظار برکت ازخداوند داشته باشیم، یا حتی ایمان داشته باشیم که آن را دریافت می کنیم. اگر شما به این ایمان سعی و کوشش شخصی خود را نیافزائید این ایمان هرگز نمی تواند در زندگی شما هدف خود را محقق سازد. به یاد داشته باشید کوشا بودن نقطهٔ مقابل تنبلی است. این آیه ای است که من در طول ده ها سال زندگی مسیحی تجربه کردم و برایم حقیقت آن اثبات شده است. با شرایط بسیار مختلفی روبرو بوده ام. در بسیاری از مؤسسات ، در چندین قاره فعالیت کردم و می توانم بگویم که فکر می کنم از طریق فیض خداوند همیشه سعی نموده ام کوشا باشم. هم در مسائل کوچک و هم در مسائل بزرگ. می توانم بگویم همیشه محل خدمتم را با شرایط بهتر ترک نموده ام. چه از لحاظ روحانی و چه از لحاظ مادی. " برکت خداوند است که دولتمند می سازد اما همچنین دستان کوشا است که باعث دولتمندی ما می شود " این دو مورد را با یکدیگر ترکیب کنید و در آن زمان از ثروت واقعی روحانی برخوردار می شوید.

**خداوندا از تو به خاطر وعدهٔ ورود به آسایشت تشکر می کنم. اعلام می کنم که برکت خداوند و دستان کاری دولتمند می سازند. زیرا من باید کوشا باشم. آمین.**

**۱۹ اکتبر**

تحقق وعده های خداوند

## بیایید کوشا باشیم.

بسیاری از وعده های خداوند مشروط هستند. به عبارت دیگر زمانی که خداوند وعده ای می دهد چنین می گوید : " اگر تو این کار را انجام بدهی سپس من این کار را انجام خواهم داد." ما حق نداریم که وعده را بطلبیم مگر اینکه ابتدا شرایطی که او برای ما قرار داده است را محقق سازیم. ما باید بدانیم که تحقق وعده های خداوند به شرایط ما بستگی ندارد بلکه متکی بر تحقق شرایطی است که خداوند برای ما مقرر فرموده است. ما باید به آن شرایط چشم بدوزیم و تمامی آن شروط را در زندگی مان محقق سازیم. به مثال ابراهیم توجه کنید. خداوند به ابراهیم وعده داد که پسری به او خواهد داد که وارث او باشد. اما او به سن ۹۹ سالگی رسید و هنوز وارثی نداشت. او اسماعیل را داشت اما اسماعیل وارث حقیقی وی نبود. خداوند اجازه داد که ابراهیم پیر شود. خداوند اجازه می دهد قبل از آنکه وعده اش محقق شود ما به شرایط لازم برسیم تا تحقق آن وعده ها از دیدگاه انسانی غیر ممکن باشد و سپس آن وعده ها را محقق کند.اما شرایط لازم چیست ؟ اول آنکه ما اعتماد به نفس بیش از اندازه خود را به کناری بگذاریم و بدانیم اگر قرار است کاری انجام شود این تنها خداوند است که می تواند آن را انجام دهد. جسم ابراهیم قدرت باروری نداشت. رحم سارا نیز بارور نبود. به هیچ وجه از لحاظ طبیعی امکان تولد اسحاق وجود نداشت. ابراهیم در آن زمان باید چشمانش را کاملاً به خداوند می دوخت، تنها کسی که قادر بود این وعده را محقق سازد. و دوم زمانی که نهایتا آن وعده محقق شد تمامی جلال به خداوند داده می شود. به یاد داشته باشید که هدف تحقق وعده ها این است که خداوند جلال یابد. زمانی که می توانیم کاری را خودمان انجام دهیم احتمال دارد وسوسه شویم که اعتبار انجام آن کار را برای خود حفظ نمائیم. اما زمانی که به نقطه ای می رسیم و می دانیم کاری از ما ساخته نیست اعتماد به نفس خود را کنار می گذاریم و به طور واقعی تمام جلال را به خداوند می دهیم.

**خداوندا از تو به خاطر وعدهٔ ورود به آسایشت تشکر می کنم. اعلام می کنم که هدف این وعده ها این است که خداوند جلال یابد و ما باید کوشا باشیم . آمین.**

**۲۰ اکتبر**

کاشتن بذر کوشایی

## بیایید کوشا باشیم.

کوشا بودن میوه ای است که باید کاشته شود.در اینجا به برخی آیات به طور خلاصه نگاه می کنیم تا بدانیم چگونه می توان بذر کوشایی را در زندگی خود بکاریم. در دوم تیمو تائوس ۶:۲ پولس می گوید : *"آن که باید نخست از محصول نصیب ببرد کشاورزی است که محنت کشیده است "* در اینجا پولس به نکته ای ساده و اساسی اشاره می کند. او می گوید برداشت محصول مستلزم تلاشی سخت است و هرگز بدون تلاش نتیجه ای حاصل نمی شود. این حقیقت در مورد ثمرهٔ روح نیز صادق است. برداشت ثمرهٔ روح مستلزم تلاش فراوانی است. می خواهم به شما دو راه را پیشنهاد کنم که براساس آن می توانید ثمرات روحانی را در زندگی خود برداشت نمائید. اول اینکه باید کلام خداوند را مطالعه کنید. زیرا کلام خداوند بنیان تمام تدارکی است که خداوند برای ما دیده است. اگر ما با کلام او آشنا نباشیم در مورد بسیاری از تدارکاتی که او برای ما دیده بی توجه خواهیم بود. پولس دوباره به تیموتائوس چنین می نویسد :

*"سخت بکوش که مقبول خدا باشی همچون خدمتکاری که او را سببی برای شرمساری نیست و کلام حقیقت را به درستی به کار می بندد "( دوم تیمو تائوس ۲ : ۱۵ )*

برای اینکه بتوانیم کلام حقیقی را بدرستی به کار ببریم و در زندگی خود عملی سازیم باید کارگرانی سخت کوش باشیم. به عبارت دیگر ما باید آستین های خود را بالا بزنیم و کار کنیم. کاری که ما باید انجام دهیم این است که باید وقتی را به دعا اختصاص دهیم. منظور من از دعا این نیست که فقط با خداوند سخن بگوئیم بلکه از او نیز بشنویم. شنیدن خداوند به اندازهٔ صحبت با او مهم است. آنجا بار دیگر عیسی به ما الگویی کامل ارائه می دهد. اساس کامل خدمت جهانی عیسی بر اساس رابطه اش با پدر بود. عیسی زمان بسیاری را در دعا سپری می کرد تا بتواند این رابطه را بر قرار ساخته و حفظ نماید. غالبا این دعا ها در صبح زود اتفاق می افتاد و آنجا بود که او صدای خداوند را می شنید و از او برای خدمتش هدایت دریافت می کرد.

**خداوندا از تو به خاطر وعدهٔ ورود به آسایشت متشکرم. اعلام می کنم که در زندگیم کوشا خواهم بود و این کار را از طریق آموختن کلام خدا و دعا انجام خواهم داد. زیرا من باید کوشا باشم. آمین.**

## ۲۱ اکتبر

ثمرهٔ سعی و تلاش

### بیائید کوشا باشیم.

ثمرهٔ سعی و تلاش باید از طریق افزایش مشارکت حاصل شود. نباید تلاش کنیم که زندگی مسیحی خود را به تنهایی پیش ببریم. کلام خداوند می گوید که ما اعضای یک بدن هستیم و همه ما به یکدیگر نیازمندیم. به عنوان مثال ( رومیان ۱۲: ۴ – ۵ را مطالعه کنید. ) حالا به داود فکر کنیم. زمانی که به مصاف جلیات رفت تنها ۵ سنگ صیقلی را به عنوان اسلحه برداشت. چرا این سنگ ها صاف بودند ؟ اگر این سنگ ها صاف نبودند در آن صورت نمی توانستند سلاح مناسبی در دستان داود باشند و هر اشتباهی می توانست به قیمت جان داود تمام شود. این سنگ ها صاف بودند زیرا برای مدت زمانی طولانی در ساحل قرار داشتند. جایی که دائما آب به آن ها برخورد می کرد و آنها به یکدیگر سائیده شده و این عمل لبه های تیز آنها را از بین برده بود. ایمان دارم زمانی که عیسی مسیح می خواهد مسیحیانی را یافته و آنها را بکار ببرد او به ساحل می رود. زمانی که آب خالص کلام خدا دائماً بر روی آنها جریان داشته باشد آن ها را شسته و صاف می نماید. اینجاست که آنان می توانند با یکدیگر مشارکت داشته باشند و لبه های تیز یکدیگر را از بین ببرند. افزایش مشارکت ما را تبدیل به سنگ های صافی می کند. پیشنهاد آخر من این است که خود را تسلیم نظم خاصی بکنید. هیچ گاه در زندگی شما با بی نظمی محصولی حاصل نمی شود. من در زندگی خود دو نوع نظم دارم. اولین نظم شخصی. یعنی روشی که من زندگی خود را سر و سامان می بخشم و این نظم حتی در ساده ترین قسمت های زندگی من وجود دارد. مانند اینکه چه زمانی از خواب بیدار شوم. چی بخورم. چی بپوشم و چگونه به نظافت شخصی خود رسیدگی کنم. برای دست یابی به محصولی مناسب انجام تمامی این جزئیات در زندگی ضروری است. علاوه بر آن ایمان دارم که هر مسیحی در شرایط طبیعی باید نظم کلیسایی داشته باشد و مطیع قوانین کلیسایی باشد. او باید عضو کلیسا باشد و تحت اقتدار رهبران کلیسا تسلیم قوانین باشد.

**خداوندا از تو به خاطر ورود به آسایشت متشکرم. اعلام می کنم که ثمرهٔ کوشایی از طریق مشارکت و نظم و قانون حاصل می شود و من هر دو را با آغوش باز می پذیرم. زیرا من باید کوشا باشم. آمین.**

# هفتهٔ ۴۳

## بیائید اعتراف خود را استوار نگاه داریم.

*" پس چون کاهن اعظمی والامقام داریم که از آسمان در گذشته است یعنی عیسی پسر خدا بیایید اعتراف خود را استوار نگاه داریم" (عبرانیان ۴ :۱۴ )*

## ۲۲ اکتبر

کاهن اعظم اعتراف ما

### بیائید اعتراف خود را استوار نگاه داریم.

جایگاه مسیح به عنوان کاهن اعظم با اعترافات ما در ارتباط است. بیائید به سه متن از کتاب عبرانیان نگاه کنیم. اولین قسمت در عبرانیان ۳ :۱ آمده که چنین می گوید : *" پس ای برادران مقدس که در دعوت آسمانی شریک هستید اندیشهٔ خود را بر عیسی معطوف کنید که اوست رسول و کاهن اعظمی که بدو معترفیم "* عیسی رسولی است که خداوند او را برای نجات فرستاد و پس از آنکه او نجات را فراهم ساخت او نزد خداوند باز گشت تا کاهن اعظم ما در حضور پدر باشد. او کاهن اعظم اعترافات ماست. این حقیقتی بنیادی است. اگر اعترافی نباشد کاهن اعظمی هم نخواهد بود. اگر ما بر روی زمین دهانمان را ببندیم و سخنی نگوئیم در واقع در آسمان وکیل مدافع خود را خاموش ساخته ایم. هر چه ما بیشتر اعتراف کنیم باعث آزاد شدن خدمت کهانت عیسی برای خود می شویم. در عبرانیان ۴ :۱۴ چنین می خوانیم :

*"پس چون کاهن اعظمی والامقام داریم که از آسمان ها در گذشته است یعنی عیسی پسر خدا بیائید اعتراف خود را استوار نگاه داریم"*

استوار نگاه داشتن اعتراف به معنای این است که ما چیزی را بگوئیم و سپس به گفتن آن ادامه بدهیم و هرگز تسلیم و نا امید نشویم و عقب نشینی نکنیم و نهایتا :

*" از آنجا که کاهنی بزرگ بر خانهٔ خدا داریم بیائید بی تزلزل امیدی را که به آن معترفیم همچنان استوار نگاه داریم زیرا وعده دهنده امین است "* (عبرانیان ۱۰ : ۲۱ ، ۲۳ )

به تغییری که در اینجا رخ می دهد توجه کنید. در اینجا دیگر اعتراف ایمان نیست بلکه اعتراف امید است. اگر ما مدتی کافی ایمانمان را اعتراف کنیم این ایمان تبدیل به امید خواهد شد. " ایمان ضامن چیزهایی است که به آن امید داریم. " ( عبرانیان ۱۱ : ۱ ) زمانی که ما پایهٔ ایمان خود را بنا می کنیم آن زمان است که امید می آید. تعریف من از امید کتاب مقدسی این است " انتظار مطمئن برای چیزهای نیکو " اما چرا ما باید بی تزلزل اعتراف خود را استوار نگاه داریم ؟ اجازه دهید این مطلب را با مثالی برای تان توضیح دهم. زمانی که با هواپیما مسافرت می کنید و علامت بستن کمربندهای ایمنی روشن می شود این علامت به شما می گوید که باید انتظار تکان هایی را داشته باشید. به همین صورت کلمه بی تزلزل به شما می گوید که باید انتظار مخالفت هایی را داشته باشید. زمانی که ما اعتراف خود را استوار نگاه می داریم در آن زمان پیروز می شویم.

**عیسی جان از تو متشکرم که تو کاهن اعظم اعترافات ما هستی. من اعلام می کنم که عیسی وکیل مدافع من در آسمان و در حضور پدر است و من ایمان خود را بی تزلزل استوار نگاه می دارم. زیرا من باید ایمان خود را استوار نگاه دارم. آمین.**

**۲۳ اکتبر**

اعترافات صحیح

## بیائید اعتراف خود را استوار نگاه داریم.

اعتراف را می توانم از طریق مثالی که در کتاب " از هیچ شرارتی نترسید " نوشته ناتان شارانسکی بهتر توضیح دهم. شارانسکی یک یهودی بود که در خواست پناهندگیش رد شده بود. شارانسکی مسیحی نبود اما با این وجود KGB (پلیس مخفی شوروی ) او را دستگیر نموده و ۹ سال او را زندانی می کند. وقتی داستان او را می خوانم می بینم که KGB با یکی از متداول ترین روش های شیطان عمل می کند. او روشی را انتخاب می کند که در نهایت منجر به پیروزیش می شود. او یک شطرنج باز حرفه ای بود و تصمیم می گیرد که با KGB همان طور عمل کند که با یک حریف در بازی شطرنج روبرو می شود. او این کار را همیشه توسط یک حرکت جلوتر، انجام می دهد. اگر چه او هیچ ایمانی به خداوند نداشت اما در وجود خود به خاطر ریشه های یهودیش از مفهوم خدا تعریفی داشت. بسیاری از دعاهای یهودی با این جمله آغاز می شود " ای خداوند، پادشاه جهان " زمانی که از خودآموز عبری استفاده می کرد تصمیم می گیرد که دعایی را بنویسد و در زمان های نیاز آن را تکرار کند. آن دعا در خواستی بود که خداوند با او باشد و خانواده اش را نگاه دارد و او را به اسرائیل باز گرداند. هرگاه تحت فشار قرار می گرفت برای مثال زمانی که بازجویی می شد این دعا را بارها تکرار می کرد. او ۹ سال روزی ۱۰ بار این دعا را تکرار کرد. این یعنی بیش از ۳۰ هزار بار. چند نفر مسیحی حاضر هستند که آن دعا را ۳۰ هزار مرتبه تکرار کنند. یکی از اهداف KGB این بود که شارانسکی را مجبور به اعتراف اشتباه کند. اگر او تنها اعتراف می کرد که یک خائن است او را آزاد می کردند ولی او از این کار اجتناب کرد. این نبرد ۹ سال طول کشید. با انجام اعترافات صحیح و با تکرار دعای صحیح او برنده شد و پیروزمندانه به اورشلیم بازگشت. چقدر این چیز مرا در مورد تاکتیک هایی که شیطان از آن استفاده می کند تحت تاثیر قرار می دهد. شیطان از هر نوع فشار و دروغی استفاده می کند. تنها به یک دلیل . تا ما را مجبور به اعتراف اشتباه کند. با این حال ما با اعترافی صحیح او را شکست می دهیم .

**عیسی جان از تو متشکرم که تو کاهن اعظم اعترافات ما هستی. اعلام می کنم که با حفظ اعتراف صحیح شیطان را شکست می دهم. زیرا من باید اعتراف خود را استوار نگاه دارم. آمین.**

**۲۴ اکتبر**

واژه هایی که بر زبان می آورید.

## بیایید اعتراف خود را استوار نگاه داریم.

واژهٔ دیگر برای اعتراف " شهادت " است . کتاب مکاشفه ۱۲ :۱۱ چنین می گوید :

*" آنان با خون بره و با کلام شهادت خود بر او پیروزشده اند زیرا که جان خود را عزیز نشمردند حتی تا به مرگ "*

با اعتراف به آنچه کلام خداوند در مورد خون عیسی و کاری که آن خون برای ما انجام داده می توان بر شیطان غالب آمد. شهادت دادن بسیار ساده است. شهادت یعنی گفتن آنچه مطابق با کلام خدا است. شهادت ما را نجات می دهد و از ما محافظت می کند.هر چقدر بر اهمیت آن تاکید کنم باز هم کم است. نویسندهٔ عبرانیان عیسی را کاهن اعظم اعترافات ما می داند .(عبرانیان ۳ :۱ ) اعتراف از لحاظ لغوی به معنای " گفتن همان چیز" است. اعتراف یعنی گفتن همان چیزهایی که خداوند در کلام خود به ما گفته است. واژه هایی که بر زبان می آوریم مطابق با آن چیزی است که کلام خداوند می گوید. تنها زمانی که ما اعتراف صحیح انجام دهیم عیسی می تواند وکیل مدافع ما باشد. ما این را شهادت بنامیم یا اعتراف مهم این است که بتوانیم از طریق آن نجات را دریافت کنیم. عیسی چنین گفت :

*"زیرا با سخنان خود تبرئه خواهید شد و با سخنان خود محکوم خواهید گردید " (متی ۱۲ :۳۷ )*

ما با واژه هایی که می گوئیم تقدیر خود را رقم می زنیم. یعقوب می گوید که زبان ما همانند سکان کشتی است. با اینکه سکان قسمت کوچکی از کشتی است اما دقیقا مشخص می کند که کشتی به کدام سو باید حرکت کند. همین طور نحوهٔ استفاده از زبانمان مشخص می کند مسیر زندگی مان کدام سو است. ما می توانیم آنچه صحیح است را بگوئیم و اجازه دهیم واژه های زبان مان با کلام خداوند هم مسیر باشند یا می توانیم آنچه اشتباه است را بگوئیم و باعث شویم زندگی مان از مسیر خود منحرف شود. ما یا با امنیت کامل به لنگر گاه خواهیم رسید یا به خاطر نحوهٔ استفاده اشتباه از زبان مان کشتی شکسته خواهیم شد .

**عیسی جان از تو متشکرم که تو کاهن اعظم اعتراف ما هستی. اعلام می کنم که با خون بره و کلام شهادت بر دشمن چیره شده ام و من باید اعتراف خود را استوار نگاه دارم. آمین.**

**۲۵ اکتبر**

وکیل مدافع ما

## بیائید اعتراف خود را استوار نگاه داریم.

عیسی کاهن اعظم اعتراف ماست ( عبرانیان ۳ :۱ ) با اعتراف ما است که عیسی کار کهانت برای ما را آغاز می کند. اما نقطهٔ مقابل این نیز متأسفانه صحت دارد. اگر ما اعترافی نکنیم کاهن اعظمی نیز نداریم. این بدان معنا نیست که عیسی از کهانت اعظم خود دست بکشد بلکه ما با این کار این فرصت را به او نمی دهیم که به عنوان کاهن اعظم به خدمت خود وارد شود. او کاهن اعظم اعتراف ماست. اگر ما واژه های صحیح ایمان را بر زبان خود جاری کنیم واژه هایی که بر طبق کلام خداوند هستند در آن زمان است که عیسی تا ابد خود را موظف می داند مراقب ما باشد تا هرگز خجل نشویم و باعث می شود تا ما همواره آن چه را اعتراف می کنیم تجربه کنیم. اما اگر ما اعتراف نکنیم و لبانمان را به سوی کاهن اعظم باز نکنیم او در آسمان چیزی ندارد که از سوی ما بازگو نماید. بیائید به متن کتاب عبرانیان توجه کنیم و سپس در خواهیم یافت که اعتراف صحیح از چه اهمیتی برخوردار است .

*"پس چون کاهن اعظمی والا مقام داریم که از آسمان ها در گذشته است یعنی عیسی پسر خدا بیایید اعتراف خود را استوار نگاه داریم" (عبرانیان ۴ :۱۴ )*

اصل اعتراف صحیح در کتاب مقدس از جایگاه مهمی برخوردار است و در تجربهٔ نجات ما نیز بسیار مهم است. در واقع هیچ نجاتی بدون اعتراف مثبت وجود ندارد.

**عیسی جان از تو متشکرم که تو کاهن اعظم اعترافات ما هستی. اعلام می کنم زمانی که با ایمان دهان خود را باز کرده و آنچه در کتاب مقدس آمده را اعتراف می کنم عیسی خود را تا به ابد موظف می داند تا آنچه که من اعتراف می کنم را به من عطا نماید. من باید اعتراف خود را استوار نگاه دارم . آمین.**

**۲۶ اکتبر**

قلب و زبان

## بیائید اعتراف خود را استوار نگاه داریم.

در باب ۱۰ از کتاب رومیان پولس واضح تر از هر جای دیگر عهد جدید آنچه برای نجات لازم است را متذکر می شود. او با این واژه ها شروع می کند. رومیان ۸ الی ۹ چنین می گوید:

*" و در مقابل چه می گویند ؟ اینکه این کلام نزدیک تو در دهان تو و در دل توست این همان کلام ایمان است که ما وعظ می کنیم که اگر به زبان خود اعتراف کنی عیسی خداوند است و در دل خود ایمان داشته باشی که خدا او را از مردگان برخیزانید نجات خواهی یافت "*

اساس نجات ما کلام خداوند است. کلامی که باید با ایمان بکار گرفته شود. دو چیز وجود دارد که باید انجام دهیم یکی با قلب مان و دیگری دهان مان. ما باید با قلب مان ایمان داشته باشیم و سپس آن را اعتراف نمائیم و آن را با دهان خود با صدای بلند بازگو کنیم. پولس چنین ادامه می دهد :

*" زیرا در دل است که شخصی ایمان می آورد و پارسا شمرده می شود و با زبان است که اعتراف می کند و نجات می یابد "( رومیان ۱۰ : ۱۰ )*

می بینید اگر اعترافی نباشد نجاتی هم نیست. خوب است که ایمان داشته باشید اما ایمان تنها کافی نیست. ما نه تنها باید در قلب خود ایمان داشته باشیم بلکه باید آن را با جسارت اقرار کنیم و اجازه دهیم واژه های دهان مان با کلام خداوند هم راستا شود. اعتراف اولیه ما را در ارتباط با عیسی قرار می دهد اما خدمت دائمی او از سوی ما به عنوان کاهن اعظم بستگی به اعتراف دائمی ما دارد.

**عیسی جان از تو متشکرم که تو کاهن اعظم اعترافات ما هستی. من وعده های خداوند را اعلام می کنم و می گویم که من با قلبم ایمان داشته و با دهانم آن را اعتراف می کنم. زیرا من باید ایمان خود را استوار نگاه دارم. آمین.**

**۲۷ اکتبر**

نتیجهٔ کلمات ما

## بیائید اعتراف خود را استوار نگاه داریم.

کل کتاب مقدس به ما نشان می دهد که واژه های ما مشخص کنندهٔ تقدیر ما هستند. همانطور که در امثال می خوانیم: *" مرگ و زندگی در قدرت زبان است آنان که دوستش می دارند از میوه اش خواهند خورد " ( امثال ۱۸ :۲۱ )* زبان در زندگی ما یا حیات را به بار می آورد یا مرگ را. اگر اعتراف مثبت انجام دهیم محصول آن حیات است و اگر اعتراف منفی انجام دهیم محصول آن مرگ است. هر آنچه که ما با زبان مان اقرار کنیم نتیجه و میوهٔ آن را خواهیم خورد این حقیقت را نیز می توان در واژه هایی که عیسی گفت مشاهده کرد. *" اما به شما می گویم که مردم برای هر سخن پوچ که بر زبان برانند در روز داوری حساب خواهند داد زیرا با سخنان خود تبرئه خواهید شد و با سخنان خود محکوم خواهید گردید " ( متی ۱۲ : ۳۵ – ۳۶ )* مسیحیان اغلب عبارات احمقانه ای بر زبان می آورند که باعث بی احترامی به نام خداوند می گردد و با این جمله خود را توجیه می کنند که منظوری نداشتم. اما عیسی گفت : " هر واژهٔ ای که شما بکار ببرید." توجیه درستی نیست که شما سخنی را بگویید و سپس بگویید که منظوری از آن نداشتم. ما باید اعتراف صحیح خود را استوار نگاه داریم. تنها دو گزینه در ارتباط مان با مسیح و کلام خداوند وجود دارد. به آن اعتراف کنیم یا آن را انکار کنیم. یک بار دیگر عیسی می گوید :

*" هر که نزد مردم مرا اقرار کند من نیز در حضور پدر خود که در آسمان است او را اقرار خواهم کرد اما هر که مرا نزد مردم انکار کند من نیز در حضور پدر خود که در آسمان است او را انکار خواهم کرد " ( متی ۱۰ : ۳۲ – ۳۳ )*

در اینجا دو گزینه وجود دارد گزینه سومی وجود ندارد. در مسائل روحانی هیچ نکته ای خنثی وجود ندارد.

*" هر که با من نیست بر ضد من است و هر که با من جمع نکند پراکنده می سازد " ( متی ۱۲ :۳۰ )*

ما یا باید اعتراف صحیح منطبق با نجات مان انجام دهیم یا اعتراف اشتباه. اعتراف اشتباه مان باعث نجات ما نمی شود.

**عیسی جان از تو متشکرم که تو کاهن اعظم اعترافات ما هستی. اعلام می کنم که در حضور مردم خداوندی عیسی را اعتراف می کنم و عیسی نیز در حضور پدر مان که در آسمان است نام مرا اعتراف خواهد کرد. زیرا من باید اعتراف خود را استوار نگاه دارم . آمین.**

۲۸ اکتبر

به شرایط نگاه نکنید. خود را استوار نمائید .

## بیائید اعتراف خود را استوار نگاه داریم.

زمانی که کتاب مقدس می گوید اعتراف خود را استوار نگاه داریم ( عبرانیان ۴ :۱۴ را مطالعه نمائید. ) در واقع این آیه به ما هشدار می دهد که ممکن است در زمان تنگی از آنچه گفته ایم عقب نشینی کنیم. اما ما نباید عقب نشینی کنیم. ما باید اعتراف خود را استوار نگاه داریم. اما چگونه آنچه اقرار می کنیم را نگاه داریم؟ اول باید اعتراف صحیح را انجام دهیم. واژه های زبان مان مطابق با کلام خدا باشد و سپس آنچه عیسی برای ما انجام داده را بر زبان جاری سازیم. دقیقاً بر طبق آنچه کلام خداوند می گوید. برای مثال : " از زخم های او ما شفا یافته ایم " ( اشعیاء ۵۳ :۵ ) " زیرا از فیض خداوند ما عیسی مسیح آگاهید که هر چند دولتمند بود به خاطر شما فقیر شد تا شما در نتیجه فقر او دولتمند شوید. " ( دوم قرنتیان ۸ : ۹ ) ( عبرانیان ۲ :۹ را مطالعه کنید.)" او طعم مرگ را چشید تا من حیات داشته باشم . " ( غلاطیان ۳ :۱۳-۱۴ را مطالعه کنید. ) او لعنت شد تا ما وارث برکات باشیم. این آیات اعترافات صحیحی هستند. ما این اعترافات را اعلام می کنیم و فرقی نمی کند که چه فشاری بر ما قرار گیرد. فرقی نمی کند که شرایط چقدر بد باشد. ما باید اعتراف خود را استوار نگاه داریم. این چیزی است که باعث می شود ایمان مان موثر عمل کند و عیسی مسیح به عنوان کاهن اعظم ما در آسمان از سوی ما عمل کند. ایمان ما را با چیزهایی مرتبط می سازد که حواسمان قادر نیست آن را درک کند. تا زمانی که ما بردگان حواس خود هستیم واقعاً نمی توانیم با ایمان قدم بر داریم . پولس به طور واضح این مسئله را در دوم قرنتیان ۵ :۷ بازگو می کند : *" زیرا با ایمان زندگی می کنیم نه با دیدار "* به عبارت دیگر آنچه ما می کنیم و آنچه در زندگی مان به عنوان یک مسیحی انجام می دهیم براساس ایمان است. براساس آن چیزی که به آن اعتقاد داریم نه بر اساس آنچه که می بینیم یا بر اساس آنچه حواسمان درک می کند. حواس مان چیز دیگری به ما می گوید و ایمانمان چیز دیگری و این همان زمانی است که کشمکش و تضاد ایجاد می شود. برای همین نویسندهٔ عبرانیان می گوید ما باید اعتراف صحیح انجام دهیم و این اعتراف را استوار نگاه داریم. اگر حواسمان بگوید که نباید چنین کاری انجام دهیم ولی کلام خداوند به ما بگوید باید آن را انجام دهید حتماً باید آن کار را انجام دهیم.

**عیسی جان متشکرم که تو کاهن اعظم اعترافات ما هستی و اعلام می کنم که اعتراف صحیح را انجام داده و عقب نشینی نمی کنم و فرقی نمی کند که چه فشاری بر من قرار می گیرد. زیرا من باید اعتراف خود را استوار نگاه دارم. آمین.**

# هفته ۴۴

## بیایید به تخت فیض نزدیک شویم.

"پس آزادانه به تخت فیض نزدیک شویم تا رحمت بیابیم و فیضی را حاصل کنیم که به هنگام نیاز یاری مان دهد" ( عبرانیان ۴: ۱۶)

**۲۹ اکتبر**

دعوتی از سوی خداوند

## بیائید به تخت فیض نزدیک شویم.

این چهارمین عبارت " بیائید " در کتاب عبرانیان است. به اعتقاد من این قدم ها مستقیماً با سه قدم قبلی در ارتباط هستند و توالی این جملات بسیار مهم است. برای اینکه بتوانیم با اطمینان به تخت فیض او نزدیک شویم باید اطمینان داشته باشیم که سه قدم اول را درست برداشته ایم. اولین قدم " به هوش بودن " است. ( عبرانیان ۴ : ۱ ) " به هوش بودن " یعنی اینکه ما با رفتاری مبنی بر احترام و آگاهی از نیازمان با فیض خداوند رفتار می کنیم. دومین قدم " بیائید به جد بکوشیم " ( عبرانیان ۴ : ۱۱ ) این واکنش ما به فیض خداوند است. یعنی ما افرادی سست، تنبل و بی تفاوت و خودبین نیستیم. فیض خداوند بی تفاوتی یا خودبینی ما را توجیه نمی کند بلکه ما را بر می انگیزد تا کوشا باشیم . سومین قدم " بیائید اعتراف خود را استوار نگاه داریم ."( عبرانیان ۴ : ۱۴ ) ما باید اعتراف صحیحی داشته باشیم. باید با زبان خود حقیقت عیسی و این که او برای ما چه کاری انجام داده را بگوئیم. در زمان نزدیک شدن به تخت فیض ما باید دو چیز را در نظر داشته باشیم. رحمت و فیض. به اعتقاد من اگر خداوند دعوت می کند که ما بیائیم و اگر ما شرایط لازم را داشته باشیم در آن زمان است که رحمت و فیض شامل حال ما خواهد شد. هرگز احتیاج نیست که بترسیم. هرگز نباید نا امید شویم. خداوند هرگز دعوتی نمی کند که آنرا محقق نسازد. اگر ما به عنوان فرزندان خداوند و نه گدایان نزدیک آئیم چون خداوند فرزند درجه دو ندارد پس هرگز ما را از خود دور نمی کند. البته به این شرط که ما شرایط لازم برای نزدیک شدن به او را داشته باشیم. بسیار مهم است که با اطمینان بیائیم ، این یعنی ایمانی که عمل می کند ،ایمانی که کسی نمی تواند وجود آن را منکر شود. این ایمان است که کلام خداوند را بر می دارد و باور دارد که خداوند به همان صورت که در کلامش نوشته شده ، نیکو است. این اعتماد به وفاداری خداوند است. این آن طریقی است که ما باید به تخت فیض نزدیک شویم. یعنی با اعتماد.

**خداوندا از تو متشکرم که می توانم با جسارت نزد تو بیایم. اعلام می کنم چون خداوند مرا دعوت می کند تا به تخت فیضش نزدیک شوم و از آنجا که من شرایط لازم را بدست آورده ام پس با اعتماد به این که رحمت و فیض منتظر من هستند به آن تخت نزدیک می شوم . زیرا من باید به تخت فیضش نزدیک شوم . آمین.**

**۳۰ اکتبر**

محکومیت را دور بیاندازید

## بیائید به تخت فیض نزدیک شویم.

مهم است که به تخت خداوند بدون حس محکومیت نزدیک شویم. به عبارت دیگر با جسارت.

*" اگر بدی را در دل خود منظور می داشتم خداوندگار نمی شنید ." ( مزامیر ۶۶ : ۱۸ )*

" اگر بدی را در قلب خود نگاه می داشتم " این یعنی من به نزد خداوند بیایم در حالی که در قلب خود این احساس را داشته باشم که چیزی مرا مذمت می کند. هر گاه سعی می کنم با ایمان به حضور خداوند بروم شیطان کار اشتباهی که به آن رسیدگی نکرده ام را به من یاد آوری می کند. شاید یک گناه اعتراف نشده. پس این موضوع همواره بر قلب من سنگینی می کند و اگرمن با احساس محکومیت به حضور خداوند بیایم آنچه برایش دعا کرده ام را دریافت نخواهم کرد. من باید سنگینی بار آن گناه را از قلبم بیرون کنم. اساساً این موضوع با ایمان انجام می شود .

*" ولی اگر به گناهان خود اعتراف کنیم او که امین و عادل است گناهان ما را می آمرزد و از هر نادرستی پاکمان می سازد ." ( اول یوحنا ۱ : ۹ )*

ما نمی توانیم با مشکل گناه طور دیگری رفتار کنیم فقط باید آنرا اعتراف کنیم ، توبه کنیم و به خداوند برای بخشش و پاک کردن ما و وعده ای که به ما داده اعتماد نمائیم. پس از آن دیگر نباید درباره گناهان مان نگران باشیم زیرا اگر ما برای گناهانی که دعا کرده ایم نگران باشیم خداوند دعاهای ما را نخواهد شنید. زیرا همانطور که کلام خداوند می گوید اگر بدی را در دل خود منظور می داشتم خداوندگار مرا نمی شنید. با این حال مزمور نویس ادامه می دهد و چنین می گوید:

*" اما خدا به راستی شنیده و به آواز دعای من گوش فرا داده است ." ( مزامیر ۶۶ : ۱۹ )*

به عبارت دیگر مزمور نویس بر علیه تلاش شیطان برای محکوم کردنش می ایستد و می گوید خداوند مرا شنیده است. چرا خداوند به صدای ما گوش می دهد ؟ زیرا ما در نام عیسی نزد او می رویم. زیرا ما با ستایش و پرستش به حضورش می رویم. برای همین ما محکوم نیستیم .

**خداوندا تو را شکر می کنم که می توانم با جسارت نزد تو بیایم. اعلام می کنم که تلاش شیطان برای محکوم کردنم را دور می اندازم و اعلام می کنم خداوند مرا شنیده است. زیرا من در نام عیسی به حضورش رفته ام. من باید به تخت فیضش نزدیک شوم . آمین .**

**۳۱ اکتبر**

برداشتن همه موانع

## بیائید به تخت فیض نزدیک شویم.

کتاب مقدس می گوید : " *زیرا هر گاه دلمان ما را محکوم کند خدا بزرگتر از دلهای ما است و از همه چیزآگاه است.* " ( اول یوحنا ۳ : ۲۰ ) ما نباید چیزی را از خداوند مخفی نگاه داریم . باید در حضور خداوند صادق و رو راست باشیم و صادقانه هر گونه خطا و فکر گناه آلود را اعتراف کنیم. اما پس از اعتراف نمودن باید بخشش کامل و پاک شدن کامل از سوی خداوند را بپذیریم. زیرا ما می دانیم که خداوند هرگز گناهان ما را به یاد نمی آورد و آنان را برای استفاده بر علیه ما نگاه نمی دارد. آنگاه ما می توانیم بدون هیچ محکومیتی به حضور او بیائیم. پولس در اول تیموتائوس ۲ : ۸ زمانی که در باره دعا صحبت می کند چنین می گوید : " *پس آرزویم این است که مردان در همه جا دستهای مقدس را به دعا برافرازند* " باید از رفتاری که مانع دستیابی ما به حضور خداوند می شود و احساسات منفی در ما ایجاد می کند آزاد شویم و ما باید از خشم و جدال و شک آزاد شویم. کتاب مقدس می گوید که اگر در ما شکی وجود داشته باشد محکوم هستیم ( رومیان ۱۴ : ۲۳ را مطالعه کنید. ) می دانیم که نمی توانیم با محکومیت به حضور خداوند بیائیم . کتاب مقدس می گوید :

" *اما با ایمان درخواست کند و هیچ تردید به خود راه ندهد زیرا کسی که تردید دارد چون موج دریاست که با وزش باد به هر سو رانده می شود . چنین کس نپندارد که از خداوند چیزی خواهد یافت. زیرا شخصی است دو دل و در تمامی رفتار خویش ناپایدار* " ( یعقوب ۱ : ۶ – ۸ )

ما باید با جسارت به حضور خداوند بیائیم همانطور که در عبرانیان ۲: ۱۴ می گوید :" *پس آزادانه به تخت فیض نزدیک شویم تا رحمت بیابیم و فیضی را حاصل کنیم که به هنگام نیاز یاریمان دهد* " فراموش نکنید که این تخت فیض است که به آن نزدیک می شویم و فیض همان تختی است که خداوند بر آن نشسته است. ما برای روبرو شدن با عدالت خدا به حضورش نمی رویم بلکه به فیض نزدیک می شویم.

**خداوندا از تو متشکرم که می توانم با جسارت نزد تو بیایم. اعلام می کنم که من از خود و محکومیت و هر گونه مانعی که باعث می شود تا به تخت فیض تو نزدیک نشوم آزاد هستم. زیرا من باید به تخت فیض نزدیک شوم . آمین.**

**۱ نوامبر**

شرفیابی با جسارت

## بیاید به تخت فیض نزدیک شویم.

ما با جسارت به تخت فیض خداوند نزدیک می شویم زیرا این تخت ، تخت فیض است یعنی بر حسب لیاقت خودمان به آن جا نمی رویم بلکه در نام عیسی و با ستایش و شکرگزاری و بدون احساس محکومیت وارد می شویم. ما با جسارت می رویم زیرا خداوند به ما فرمان داده است. نویسنده کتاب عبرانیان چنین می نویسد : *" پس ای برادران از آنجا که به خون عیسی می توانیم آزادانه* ( با جسارت ) *به مکان اقدس داخل شویم"* ( عبرانیان ۱۰ : ۱۹ ) هرگز نباید با حس محکومیت به حضور او برویم. حس محکومیت یکی از بزرگترین موانعی است که در مقابل دریافت پاسخ دعا وجود دارد و منشأ احساس محکومیت این است که فرد فکر می کند باید در وجود خود به دنبال عدالت باشد. وقتی که ما احساس کنیم باید عدالت را در وجود خودمان بیابیم هرگز نمی توانیم از حد عدالتی که در ما است احساس رضایت کنیم. باید زمانی بیاید که ما هر گونه تلاش برای یافتن عدالت در وجود خودمان را کنار بگذاریم و به سادگی به خداوند بگوئیم : من با ایمان عدالت عیسی مسیح را دریافت می کنم که از طریق ایمان و بر اساس وعده کلام خداوند بر من قرار گرفته است. " من نه به خاطر کارهای نیکم خشنودم و نه به خاطر کارهای بدم خجالت زده. من با جسارت می آیم زیرا این تخت ، تخت فض است. من قلب خود را همواره به این علت مورد تفتیش قرار نمی دهم که آیا به اندازه کافی نیکو هستم یا نه ؟ من به خداوند اعتماد خواهم کرد که خون عیسی مرا از همه گناهانم پاک نموده و من می توانم با جسارت به تخت خداوند نزدیک شوم. به آن مکان اقدس. این راهی پرجلال برای دست یابی به حضور خداوند است. عبرانیان ۱۰ : ۲۲ می گوید : *" بیائید با اخلاص قلبی و اطمینان کامل ایمان به حضور خداوند نزدیک شویم در حالی که دل هایمان از هر احساس تقصیر زدوده و بدن هایمان با آب پاک شسته شده است ."* حس تقصیر ما را از داشتن دعایی موفق باز می دارد. ما باید اجازه دهیم که خون عیسی بر قلب های ما پاشیده شود و آنرا آماده کند تا بتوانیم مطمئن باشیم خداوند ما را بخشیده و پاک کرده است و این بدلیل کاری است که عیسی انجام داده. سپس می توانیم با جسارت به حضور خدای قادر مطلق برویم.

**خداوندا از تو متشکرم که می توانم با جسارت به حضور تو بیایم. اعلام می کنم که خون عیسی مرا از هر گناه پاک کرده و من با جسارت به تخت او به مکان اقدس داخل می شوم.زیرا من باید به تخت فیضش نزدیک شوم . آمین .**

**۲ نوامبر**

مراقب انگیزه های مان باشیم.

## بیائید به تخت فیض نزدیک شویم.

ما به تخت فیض خداوند به جهت دعا برای نیازهای خاصی نزدیک می شویم. بیائید به یکی از شرایط مهم برای نزدیک شدن به او یعنی انگیزه هایمان نگاه کنیم. خداوند هر انگیزه ای را مورد تفتیش قرار می دهد. او از انگیزهٔ تمامی دعاهای ما آگاه است. یعقوب ۴ : ۲ می گوید: " *حسرت چیزی را می خورید اما آن را به دست نمی آورید.* " ندارید زیرا درخواست نمی کنید. یکی از دلایل ساده نداشتن در مسیحیان این است که آنها درخواست نکرده اند. پس یعقوب در آیه ۳ می گوید : " *آنگاه نیز که درخواست می کنید نمی یابید زیرا با نیت بد درخواست می کنید تا صرف هوس رانی های خود کنید .* " به عبارت دیگر دعاهای خود محور نشانه این است که انگیزه های ما اشتباه هستند. ما هدفمان تنها این است که از آفریننده خود آرامش ، رضایت شخصی و کامیابی دریافت کنیم. اما انگیزه صحیح چیست ؟ یوحنا این را به ما گفته است. یوحنا ۱۴ : ۱۳ -۱۴ : " *و هر آنچه به نام من از پدر درخواست کنید من آن را انجام خواهم داد تا پدر در پسر جلال یابد . اگر چیزی به نام من از من بخواهید آن را انجام خواهم داد .* " این آن انگیزه ای است که باعث پاسخ به دعا های ما می شود. دعا باید صادقانه به حضور خداوند بلند شود و در پاسخ به آن دعا باید خداوند از طریق عیسی مسیح جلال بیابد. همانطور که پولس در دوم قرنتیان ۱ :۲۰ تشریح می کند. " زیرا همه وعده های خدا در مسیح آری است و به همین جهت در اوست که ما آمین را بر زبان می آوریم تا خدا جلال یابد. " هدف کلی آمدن ما نزد خداوند و درخواست تحقق وعده هایش باید این باشد که خداوند از طریق پاسخ به آن دعاها در ما جلال یابد. زمانی که بیشتر و بیشتر از خداوند می خواهیم که وعده هایش را محقق سازد باعث می شویم که وی بیشتر و بیشتر جلال یابد. هر چه کمتر درخواست کنیم تا وعده های خدا محقق شود کمتر باعث جلال او شده ایم. آن که باعث می شود بیش از هر چیز خداوند جلال یابد آن کسی است که وعده های بیشتری از آنچه خداوند در مسیح به ما داده را درخواست می کند. انگیزهٔ قابل قبول در حضور خداوند انگیزه ای است که پاسخ دعاهای ما باعث جلال او شود. این دعاها باید در نام پسر او یعنی عیسی مسیح به خداوند تقدیم شود.

**خداوندا از تو متشکرم که می توانم با جسارت به حضور تو بیایم. اعلام می کنم که انگیزه من از دعاهایم این است که خداوند در عیسی مسیح در پاسخ دعاهای من جلال یابد. من باید به تخت فیضش نزدیک شوم .آمین.**

### ۳ نوامبر

برحسب محبت خداوند

## بیائید به تخت فیض نزدیک شویم.

مزمور ۵۱ دعایی است که داود در زمان نا امیدی عمیق خود به حضور خداوند بلند می کند دقیقاً زمانی که پر از ترس و تشویش بود. این دعای توبه او از گناهانش است پس از آنکه او با بتشبع زنا کرد و ترتیبی داد تا شوهرش اوریا به قتل برسد. زمانی که این گناهان فاش شد داود می نویسد : " *خدایا بر حسب محبت خود مرا فیض عطا فرما. بر حسب رحمت بیکران خویش نا فرمانی هایم را محو ساز .*" ( مزمور ۵۱ : ۱ ). " بر حسب محبت خویش " روش دیگری برای گفتن این جملات است. که تو خداوندا وفاداری هستی و به عهد خود پایداری. در واقع داود به خداوند می گوید تو خود را متعهد ساخته ای که مرا ببخشی. اگر من شرایط لازم را داشته باشم و من بر اساس آن از تو درخواست بخشش کنم. چقدر مهم است که با این دیدگاه به حضور خداوند برویم. مزامیر ۱۰۶ : ۱ می گوید :" *هللویاه خداوند را سپاس گوئید زیرا که او نیکوست و محبتش تا ابدالاباد* ( رحمت و وفادرای به عهدش )."

رحمت یکی از جنبه های طبیعت ازلی و ابدی خداوند است. عبرانیان ۴ : ۱۶ می گوید." *پس آزادانه به تخت فیض نزدیک شویم تا رحمت بیابیم و فیضی را حاصل کنیم که به هنگام نیاز یاری مان دهد* ." ابتدا ما به رحمت و سپس به فیض نیازمندیم. کتاب مقدس درباره فیض چه می گوید؟ فیض چیزی است که نمی توانیم آن را با لیاقت خود بدست آوریم. اگر شما می توانستید آنرا با لیاقت خود بدست آورید دیگر فیض نبود. افراد مذهبی اغلب فکر می کنند که باید با لیاقت خود همه چیز را بدست آورند. اگر چه آنها اصولاً فیض خداوند را دست کم می گیرند اما اگر موضوعی از راه فیض باشد دیگر نمی تواند بر اساس اعمال باشد. اما اگر از راه اعمال باشد دیگر بر اساس فیض نیست. در رومیان ۱۱ : ۶ دو نکته وجود دارد که در عبرانیان ۴ : ۱۶ نیز ذکر شده است. ما نمی توانیم با لیاقت خود رحمت و فیض را کسب کنیم. ما برای گذشته خود احتیاج به رحمت و برای آینده خود احتیاج به فیض داریم. تنها بر اساس فیض خداوند است که می توانیم تبدیل به افراد با محبت شویم و زندگی پر از محبتی را داشته باشیم. آن نوع از زندگی که او از ما انتظار دارد.

**خداوندا تو را شکر می کنم که می توانم با جسارت به حضور تو بیایم. اعلام می کنم که بر اساس محبت خداوند برای دریافت رحمت برای گذشته خود و فیض برای آینده به نزد تو می آیم . من باید به تخت فیض خداوند نزدیک شوم . آمین.**

**۴ نوامبر**

به وسیله عدالت او

# بیائید به تخت فیض نزدیک شویم.

مهم است به یاد داشته باشیم که اساس اعتماد ما برای رفتن به حضور تخت پدر عدالت و وفاداری خودمان نیست بلکه وفادرای خداوند و عدالت او است. رساله اول یوحنا این حقیقت را چنین بازگو می کند :

*" ای عزیزان اگر دل ما، ما را محکوم نکند در حضور خدا اطمینان داریم و هر آنچه از او درخواست کنیم خواهیم یافت زیرا از احکام او اطاعت می کنیم و آنچه باعث خشنودی اوست انجام می دهیم ." ( اول یوحنا ۳ : ۲۱ – ۲۲ )*

اگر چنین تفکری در ما وجود دارد که عدالتی شخصی داریم یا ادعایی که بر اساس آن عدالت می توانیم به حضور خدا وارد شویم نهایتا باعث می شود که نتوانیم با اطمینان به حضور خداوند وارد شویم زیرا هیچ عدالتی در ما وجود ندارد که بر خود اعتماد کنیم. همچنین باید به جائی برسیم که اجازه ندهیم قلب مان ما را محکوم کند یعنی نه به عدالت یا حکمت خودمان بلکه به وفادرای خداوند اعتماد کنیم. پولس می گوید :*" پس اکنون برای کسانی که در مسیح عیسی هستند دیگر هیچ محکومیتی نیست ." ( رومیان ۸ :۱ )* در ادامه آن باب پولس تصویر زیبایی از یک زندگی پر از روح القدس را به تصویر می کشد و تمامی برکات ، افتخار و فوایدی که این نوع زندگی دارد را برای ما بازگو می کند. اما شروع این نوع زندگی از آیه اولی است که در بالا ذکر شده است. ما باید هر نوع محکومیتی را کنار بگذاریم. یکی از لازمه های ورود به حضور خداوند رفتن در نام عیسی است. زمانی که به نام عیسی به حضور او و می رویم این اطمینان را داریم که به خاطر او دعاهای ما شنیده می شود. این حقیقت باعث می شود که توجه ما از زندگی و کارمان برداشته شود. زمانی که ما در نام عیسی به حضور او می رویم می توانیم ایمان داشته باشیم که گناهان ما بخشیده شده و به عنوان فرزندان خداوند در حضور او پذیرفته شده هستیم. این باعث خشنودی خداوند است. این آن طریقی است که او از ما می خواهد به حضورش وارد شویم.

**خداوندا از تو متشکرم که می توانم با جسارت به حضور تو بیایم. می توانم در نام عیسی به تخت فیض تو نزدیک شوم و ایمان داشته باشم که گناهانم بخشیده شده و به عنوان فرزند خداوند پذیرفته شده هستم .زیرا من باید به تخت فیض خداوند نزدیک شوم. آمین.**

# هفته ۴۵

## بیائید به سوی بلوغ پیش رویم.

" پس بیائید تعالیم ابتدایی دربارهٔ مسیح را پشت سر نهاده و به سوی کمال پیش برویم و دیگر بار توبه از اعمال منتهی به مرگ و ایمان به خدا " (عبرانیان ۶ : ۱ )

**۵ نوامبر**

ادامه مسیر

## بیائید به سوی بلوغ پیش رویم.

تا این جا دیدیم که در کتاب عبرانیان چهار بار عبارت " بیائید " تکرار شده است. اکنون به پنجمین " بیائید " می رسیم . بیائیدی که نتیجهٔ جدیدی برای ما در بر دارد. عبرانیان ۶ : ۱ می گوید: *" پس بیائید تعالیم ابتدائی درباره مسیح را پشت سر نهاده به سوی کمال پیش رویم ."* بسیاری از مسیحیان این گونه فکر می کنند که می توان در زندگی مسیحی به جائی رسید و اعلام کرد بالاخره رسیدم. اما این چیز حقیقت ندارد. ایستایی و سکون در زندگی روحانی تقریباً غیر ممکن است. امثال ۴ : ۱۸ می گوید :

*" طریق پارسایان همچون طلوع سپیده دمان است که تا روشنائی نیم روز هر دم نور او فزونی می گیرد ."*

عبارت " طریق پارسایان " درباره ایمانداری خاص یا گروهی از ایمانداران سخن نمی گوید بلکه درباره هر شخص عادلی سخن می گوید. به یاد داشته باشید که ماهیت پارسایی این گونه نیست که بتوانید در آن ثابت بایستید چه برسد به اینکه در آن جا توقف کنید. پارسایی به عنوان یک راه مستلزم داشتن حرکت ، پیشروی و توسعه است. زمانی که ما خداوند را به عنوان نجات دهندهٔ خود می شناسیم این راه شروع می شود. شروع آن مانند طلوع خورشید است. مانند این است که پس از تاریکی، خورشید طلوع نموده است طلوعی که در قلب های ما اتفاق می افتد. اما طلوع غایت هدف خداوند نیست بلکه تنها شروعی برای آن است. زمانی که ما در مسیر پارسائی قدم بر می داریم این نور فزونی می یابد. با هر قدم و با هر روز جدید این نور باید نورانی تر از قبل گردد تا کمال آن روز و تا آن ارتفاعی که خورشید در زمان ظهر در آسمان قرار می گیرد. آنچه خداوند برای ما در نظر گرفته این نیست که به چیزی کمتر از روشنائی کامل خورشید در زمان ظهر قانع شویم. طلوع نقطه شروع ماست و راهی برای پیشرفت. و در زمان ظهر نور روشنتر و روشنتر می شود اما هرگز اجازه توقف نداریم تا آنکه روز کامل شود.

**خداوندا تو را شکر می کنم که مرا به سوی پیش هدایت می کنی. اعلام می کنم که پارسایی یک راه است و انتظار خداوند از من حرکت ، پیشرفت و ترقی است و من باید به سوی بلوغ پیش بروم. آمین.**

**۶ نوامبر**

پیش به سوی بلوغ

## بیائید به سوی بلوغ پیش رویم.

این " بیائید " بخصوص، کاملاً برای عبرانیان عهد جدید بود. زیرا آنها معمولاً از پیش روی در زندگی خود باز می ماندند. آنها به جایگاه خاصی که داشتند تکیه می کردند و در آن باقی می ماندند. اگر بخواهیم بی پرده سخن بگوئیم آنها تبدیل به افراد تنبلی شده بودند که از کنار مسائل مهم به راحتی عبور می کردند.

*" در این باره مطالب بسیار برای گفتن داریم اما شرح آنها دشوار است . چرا که گوش های شما سنگین شده است . براستی که پس از گذشته این همه وقت خود می بایست معلم باشید و با این حال نیاز دارید کسی اصول ابتدایی کلام خدا را دیگر بار از آغاز به شما بیاموزاند . شما محتاج شیرید نه غذای سنگین ! هر که شیرخوار است با تعالیم پارسایی چندان آشنا نیست زیرا هنوز کودک است . اما غذای سنگین از آن بالغان است که با تمرین مداوم خود را تربیت کرده اند که خوب را از بد تشخیص دهند. " ( عبرانیان ۵ : ۱۱ – ۱۴ )*

آنچه نویسنده در این قسمت سعی دارد بی پرده آن را بیان کند این است که عبرانیان تنها کودکانی روحانی بودند و حق نداشتند که در آن مرحله از زندگی مسیحی خود کودک باقی بمانند. در طول سال های مختلف فرصت های بسیاری نصیب آنها شده بود و باید تا کنون به سوی بلوغ پیش می رفتند. نویسنده عبرانیان تنها راه به سوی بلوغ را چنین تشریح می کند: ما باید خود را تمرین دهیم تا بتوانیم نیک را از بد تشخیص دهیم. پیش روی به سوی بلوغ با تمرین مستمر حاصل می شود. این چیز به طور اتوماتیک اتفاق نمی افتد و مستلزم داشتن نظم و قانون است. برای همین است که یکی از قوانین ابتدائی این است : " کوشا باشیم. " ما باید خود را تربیت کنیم تا بتوانیم خوب را از بد تشخیص دهیم. در بسیاری از مواقع حتی جماعت های بزرگ مسیحی قادر به تمییز میان آن چه روحانی و کتاب مقدسی است و آنچه نفسانی و جسمانی است نیستند. تنها راه چاره این است که خود را با تمرین های مستمر و دقیق آماده سازیم.

**خداوندا از تو متشکرم که مرا به سوی پیش هدایت می کنی. اعلام می کنم که من به فرصت های خاصی که نصیبم شده تکیه نمی کنم و در آنها باقی نمی مانم بلکه خود را تمرین می دهم تا به سوی بلوغ پیش بروم . آمین.**

## ۷ نوامبر

### بنا شدن

### بیائید به سوی بلوغ پیش رویم.

خداوند تدارک خاصی برای دست یابی ما به بلوغ روحانی دیده است که پولس در افسسیان ۴ : ۱۱ به آن اشاره می کند." *و اوست ( مسیح قیام کرده ) که بخشید برخی را به عنوان رسول برخی را به عنوان نبی برخی را به عنوان مبشر و برخی را به عنوان شبان و معلم .*" پنج خدمت اصلی که در این آیه ذکر شده اند عبارتند از رسولان ، انبیا ، مبشرین ، شبانان و معلمین. آیاتی که پس از آن آمده اند اهداف این خدمات را به ما می گویند:" *تا مقدسین را برای کار خدمت آماده سازند برای بنای بدن مسیح تا زمانی که همه به یگانگی ایمان و شناخت پسر خدا دست یابیم و بالغ شده به بلندای کامل قامت مسیح برسیم .*" این متن به دو هدف اصلی این خدمات اشاره می کند. هدف اول آماده کردن ما برای خدمت است. ما نمی توانیم به طور خودکار کاری که از ما انتظار می رود را انجام دهیم. ما باید آماده شویم و تعلیم ببینیم. این پنج خدمت وجود دارند تا ما را آموزش دهند. هدف دوم بنای بدن مسیح است. این خدمات در بدن مسیح قرار داده شده اند تا ما را متحد ساخته و ایمان مان را افزایش دهند و ما را به سوی بلوغ هدایت کنند. عیسی مسیح به عنوان سر کلیسا این خدمات را به ما می بخشد و من ایمان دارم که قوم خداوند هرگز بدون این خدمات نمی تواند به بلوغ دست یابد. پولس چنین ادامه می دهد :

" *او منشا رشد تمامی بدن است . بدنی که بوسیله همه مفاصل نگاه دارنده خود به هم پیوند و اتصال می یابد و در اثر عمل متناسب هر عضو رشد می کند و خود را در محبت بنا می نماید .*"

هدف نهایی این نیست که افراد مستقل بسیاری وجود داشته باشند که هر یک از آنها کار خود را انجام می دهد بلکه هدف نهایی بدنی واحد است که با یکدیگر توسط مفاصل پیوند دارند و این مفاصل با رباط های محکم با یکدیگر در ارتباط هستند. طناب های محکمی که قسمت های مختلف را نگاه می دارند و بدنی را می سازند که می تواند رشد کند. مهم است که هر عضو از بدن کار خود را به درستی انجام دهد.

**خداوندا از تو متشکرم که مرا به سوی پیش هدایت می کنی. اعلام می کنم هدف خداوند این است که قوم خود را برای خدمت آماده سازد و هر کدام از آن ها به عنوان عضوی از بدن کار خود را انجام دهند . زیرا من باید به سوی بلوغ پیش بروم . آمین.**

**۸ نوامبر**

برنامهٔ خداوند برای بلوغ

*بیائید به سوی بلوغ پیش رویم.*

در نقشه خداوند دو شرط برای رسیدن به بلوغ وجود دارد. ابتدا ما باید خود را تحت انقیاد عطایایی قرار دهیم که خداوند به کلیسا عطا کرده است. پولس آن ها را در افسسیان ۴ : ۱۱ ذکر می کند وعبارتند از : رسول ، نبی ، مبشر ، شبان و معلم. بدون تربیت ، نظارت و هدایت آنها نمی دانم چگونه قوم خداوند می تواند به بلوغ دست یابد. عیسی مسیح هرگز کاری را تدارک نمی بیند که مهم نباشد و این یکی نیز از این قاعده مستثنی نیست. به باور من این بسیار مهم است. شرط دوم این است که ما نباید منزوی و جدای از دیگران باشیم بلکه باید خود را چون عضو بدن مسیح که همواره در حال رشد است نگاه کنیم. در همین متن پولس گزینه عکس آن را نیز بیان می کند. اگر ما برنامه خداوند برای بلوغ را دنبال نکنیم نتیجه این خواهد بود که هم چون کودکانی خواهیم بود که با امواج دریا به هر سو پرتاب می شویم و باد تعالیم گوناگون و مکر و حیله آدمیان و نقشه هایی که برای گمراهی ما می کشند ما را به این سو و آن سو خواهد راند. اگر ما تحت انقیاد این خدمات پنج گانه قرار نگیریم نمی توانیم قسمتی از بدن مسیح گردیم. ما باید این تعلیم و تربیت کتاب مقدسی را بپذیریم، در غیر این صورت بر اساس آنچه پولس می گوید ما کودک باقی خواهیم ماند و در اثر امواج به هر سو پرتاب می شویم و باد تعالیم مختلف و مکر و حیله آدمیان و نقشه هایشان ما را گمراه خواهد کرد. من ایمان داران بسیاری را می شناسم که این تعریف کاملاً برای آنها صادق است. هر سال آنها رسمی تازه دارند ، تعلیمی تازه و اغلب معلمی تازه که این تعالیم را بسط داده و آنها را جاودانی کنند. اما ما باید تحت انقیاد خادمینی که خدمت شان کتاب مقدسی است قرار بگیریم. این تنها راه بسوی بلوغ است. شما چطور؟ آیا شما از نظم و قانون خاصی پیروی می کنید ؟ آیا شما عضو بدن مسیح هستید ؟ آیا شما به سوی بلوغ پیش می روید ؟

**خداوندا از تو متشکرم که مرا به سوی پیش هدایت می کنی. اعلام می کنم که خود را تحت انقیاد قرار می دهم تا بتوانم جزئی از بدن در حال رشد باشم. زیرا من می خواهم به سوی بلوغ پیش روم. من باید به سوی بلوغ پیش بروم . آمین.**

**۹ نوامبر**

انجام اراده پدر

# بیائید به سوی بلوغ پیش رویم.

در افسسیان ۱ : ۵ پولس به همه ایمانداران می گوید که خداوند :

*" بنا بر حسب اراده نیکوی خود ما را از پیش تعیین کرد تا به واسطه عیسی مسیح از مقام پسر خواندگی او برخوردار شویم ."*

او هدف خداوند برای فرزندانش را در رومیان ۸ : ۲۹ بیشتر توضیح می دهد:" *زیرا آنانی را که از پیش شناخت ایشان را همچنین از پیش معین فرمود تا به شکل پسرش در آیند تا او فرزند ارشد از برادران بسیار باشد.* " بنابراین عیسی الگوی پسر بودن است. آن کسی است که ما باید در راه رسیدن به بلوغ شبیه او شویم. او خود روشی تازه و زنده برای راه یابی ما به کمال و ورود به مقدسترین جایگاه و نزدیک شدن به خداوند است.( عبرانیان ۶ : ۱ و ۱۰ : ۱۹ – ۲۲ را مطالعه کنید. ) راهی که عیسی را به سوی کمال پیش برد همان راهی است که هر یک از ما باید آنرا دنبال کنیم. راه بلوغ برای عیسی آسان تر از راهی که برای ما وجود دارد نبود. زیرا او از هر حیث همچون ما وسوسه شد بدون اینکه گناهی کند. ( عبرانیان ۴ : ۱۵ را مطالعه کنید.) عیسی در طبیعت انسانی خود هر وسوسه ای را چون ما تجربه کرد ولی هرگز گناهی مرتکب نشد. وسوسه ، گناه نیست. گناه فقط زمانی می آید که ما تسلیم وسوسه می شویم. چه چیزی باعث شد که عیسی با وجود داشتن ذاتی انسانی بر تمامی وسوسه ها چیره شود؟ موفقیت او در گرو انگیزه تغییرناپذیر و صادقانه او برای انجام اراده پدر بود. این حقیقت در سخنان نبوتی داود در مزمور ۴۰ : ۷ – ۸ نوشته شده است:

*" آنگاه گفتم اینک من می آیم در طومار کتاب درباره ام نوشته شده است آرزویم ای خدایم انجام اراده توست . شریعت تو در دل من است . "*

عیسی در زمان خدمت زمینی خود دائماً انگیزه انجام کارهایش را آشکار می ساخت.او هرگز نمی توانست از رضایت نهایی مطمئن شود مگر هر آنچه پدر برایش مقرر کرده بود را به پایان برساند. در کنار چاه یعقوب او به شاگردان خود گفت : *" عیسی بدیشان گفت : خوراک من ( آنچه مرا سر پا نگاه داشته و تقویت می کند ) این است که اراده فرستنده خود را به جا آورم و کار او را به کمال رسانم. " ( یوحنا ۴ : ۳۴ ) ( یوحنا ۵ : ۳۰ و ۶ : ۳۸ را مطالعه کنید.)*

**خداوندا متشکرم که مرا به سوی پیش هدایت می کنی. اعلام می کنم که در مسیر خود به سوی بلوغ عیسی را الگوی خود قرار داده و اراده خداوند و به کمال رساندن کار او را مد نظر قرار می دهم. زیرا من باید به سوی بلوغ پیش روم. آمین.**

**۱۰ نوامبر**

انکار ارادهٔ خود

## بیائید به سوی بلوغ پیش رویم.

یکی از وظایف مهم کاهنان عهد عتیق تقدیم قربانی بود. بنابراین عیسی نیز به عنوان یک کاهن باید قربانی خود را تقدیم می کرد و از آن جائی که او یک لاوی نبود نمی توانست قربانی را بر اساس شریعت تقدیم کند. بنابراین او قربانی خاص کاهنانه خود را تقدیم کرد که دعایش بود.

*" او در ایام زندگی خود بر زمین با فریادهای بلند و اشک ها به درگاه او ( خدای پدر ) که قادر به رهانیدنش از مرگ بود دعا و استغاثه کرد و به خاطر تسلیمش به خدا مستجاب شد .هر چند پسر بود با رنجی که کشید اطاعت را آموخت ."( عبرانیان ۴ : ۵ – ۸ )*

اطاعت فروتنانه عیسی باعث شد که پدر صدای دعای او را بشنود. او اطاعت را از طریق رنج کشیدن آموخت. عیسی باید اطاعت را می آموخت و ما نیز باید اطاعت را به همین صورت بیاموزیم. با اطاعت کردن است که می آموزیم معنی آن چیست. ما آن را از طریق شنیدن موعظات نمی توانیم بیاموزیم. این چیزها ممکن است بتوانند به ما کمک کنند اما اطاعت باید انجام شود. قدم به قدم و با اطاعت کردن. اطاعت باعث رنجش ما می شود زیرا در آن جا باید اراده خود را انکار کنیم. عبارت کلیدی در اطاعتی که عیسی انجام داد این بود*" نه به خواست من بلکه اراده تو ".( لوقا ۲۲ : ۴۲ )* هر قدم اطاعتِ یک انکار نفس است. عیسی گفت :*" اگر کسی بخواهد مرا پیروی کند باید خود را انکار کند" ( متی ۱۶ : ۲۴ )*

این کاری دردناک است. زیرا انسانیت کهنه نمی خواهد انکار شود. نفس ما می گوید من مهم هستم. این برای من خوب است. من احساس خوبی دارم. من نمی خواهم و چیزهایی از این قبیل. پیروی از خداوند مستلزم انکار دائمی نفس است. در متن بالا از کتاب عبرانیان خداوند با ما سخن می گوید تا به عنوان پسران او و از طریق اطاعت به بلوغ برسیم. عیسی الگوی ما است. خداوند او را از طریق اطاعت به بلوغ رساند. راهی که ما باید بپیمائیم نیز همین گونه است. این راهی زنده و تازه است.

**خداوندا تو را شکر می کنم که مرا به سوی پیش هدایت می کنی . اعلام می کنم که پیروی از خداوند مستلزم انکار دائمی نفس است. و می خواهم در انجام این اصل از الگوی عیسی پیروی کنم. زیرا من باید بسوی بلوغ پیش بروم . آمین.**

**۱۱ نوامبر**

هدف روحانی

## بیائید به سوی بلوغ پیش رویم.

*" پس بیائید تعالیم ابتدایی درباره مسیح را پشت سر نهاده به سوی کمال پیش برویم و دیگر بار توبه از اعمال منتهی به مرگ و ایمان به خدا و آموزش تعمید ها و دست گذاری و رستاخیز مردگان و مجازات ابدی را بنیان ننهیم ." ( عبرانیان ۶ : ۱ – ۲ )*

ما می خواهیم که به سوی کمال پیش رویم. متأسفانه همانطور که پیشتر به این چیز اشاره کردم واژه کمال برای بسیاری از مسیحیان واژه ای ترسناک است. زیرا آن ها تعالیمی شنیده اند که به آنها گفته است کمال یعنی بی گناهی. و در بسیاری از موارد آنانی که ادعای کمال داشتند دقیقا بر خلاف واژه های خود عمل نموده اند و با اخلاق و زندگی خود آن را رد نمودند. این رفتار ریاکارانه مردم را از پیشروی به سوی کمال باز داشته است. می خواهم سه ترجمه مختلف از واژه کمال را برای تان بازگو کنم تا بتوانید بهتر این موضوع را درک کنید. این سه واژه عبارتند از بلوغ ، کامل شدن و محقق شدن. واژه یونانی که کمال ترجمه شده است از اسمی گرفته شده که به معنای پایان است. بنابراین به ما یک هدف و یک مقصد را نشان می دهد که باید به سوی آن حرکت کنیم. من فکر می کنم همه ما بر سر اینکه باید در زندگی روحانی خود هدفی روحانی داشته باشیم موافقیم. زمانی که با ایمان در راه عدالت قدم می گذاریم می توانیم این راه ادامه دهیم و هم می توانیم باز گردیم. خداوند هرگز نمی خواهد که کسی باز گردد بنابراین ما باید جزو کسانی باشیم که بسوی نجات کامل پیش می روند. ( عبرانیان ۱۰ : ۳۸ – ۳۹ را مطالعه کنید.) دو عبارت وجود دارد یکی واقعیت و یکی ایده آل بودن. بالغ بودن یعنی دیدن ایده آل ها و زندگی با واقعیت ها. و شکست در این مسئله یعنی پذیرش واقعیت ها و رد کردن ایده آل ها. از سویی دیگر چسپیدن به ایده آل ها و رد نمودن واقعیت ها نشانه عدم بلوغ است. با دیدن ایده آل ها از واقعیت ها انتقاد نکنید و زمانی که واقعیت ها را دیدید ایده آل ها را رد نکنید. بلوغ یعنی زندگی با واقعیت ها اما تلاش برای دستیابی به ایده آل ها.

**خداوندا از تو متشکرم که مرا به سوی پیش هدایت می کنی. اعلام می کنم که من جزو آن افرادی هستم که به سوی نجات کامل پیش می روند و هدف من بلوغ و کامل شدن است. من باید به سوی بلوغ پیش بروم . آمین.**

# هفته ۴۶

## بیائید به مکان اقدس وارد شویم.

*" پس ای برادران از آنجا که به خون عیسی می توانیم آزادانه به مکان اقدس داخل شویم یعنی از راهی تازه و زنده که از میان آن پرده که بدن اوست بر ما گشوده شده است و از آنجا که کاهنی بزرگ بر خانه خدا داریم بیائید با اخلاص قلبی و اطمینان کامل ایمان به حضور خدا نزدیک شویم در حالی که دلهایمان از هر احساس تقصیر زدوده و بدن هایمان با آب پاک شسته شده است ."*
*( عبرانیان ۱۰ : ۱۹ و ۲۲ )*

## ۱۲ نوامبر

پیدا کردن جایگاه خود در مسیح

### بیائید به مکان اقدس وارد شویم.

ما می توانیم این اعتراف را با بیائیدهای دیگری که درعبرانیان دیده می شود مقایسه کنیم.

*" پس آزادانه به تخت فیض نزدیک شویم تا رحمت بیابیم " ( عبرانیان ۴ : ۱۶ )*

این جمله به عبارتی دیگر چنین می گوید : بیائید به خداوند نزدیک شویم. ما باید این را از متن این جمله بفهمیم. این دقیقاً به جمله ای که در عبرانیان باب ۱۰ آمده مرتبط است .

*" پس ای برادران از آنجا که به خون عیسی می توانیم آزادانه به مکان اقدس داخل شویم یعنی از راهی تازه و زنده که از میان آن پرده که بدن اوست بر ما گشوده شده است و از آنجا که کاهنی بزرگ بر خانه خدا داریم بیائید با اخلاص قلبی و اطمینان کامل ایمان به حضور خدا نزدیک شویم در حالی که دلهایمان از هر احساس تقصیر زدوده و بدن هایمان با آب پاک شسته شده است ." ( عبرانیان ۱۰ : ۱۹ و ۲۲ )*

آنچه از این متن برای من آشکار می شود این است که نزدیک شدن به خدا مساوی است با داخل شدن به مکان اقدس. بیائید این دو عبارت را با هم مقایسه کنیم." بیائید آزادانه به تخت فیض نزدیک شویم " به این معنا است که ما برای آنچه احتیاج داریم یعنی رحمت و فیض به آن جا برویم. اما " بیائید به حضور خدا نزدیک شویم " فکر می کنم به چیزی فراتر اشاره می کند. ما دعوت شده ایم تا جایگاهمان را بر آن تخت پیدا کنیم. این یعنی وارد شدن به آن مکان اقدس .

وقت کافی برای تشریح کامل خیمه وجود ندارد اما خیمه از سه قسمت تشکیل شده بود. اول صحن خارجی و دوم قسمت خارجی پرده اول که قدس نامیده می شد و در نهایت آن سوی پرده که قدس الاقداس نامیده می شد. زبان عبری بر اساس الگوی این خیمه شکل گرفته است. مقصد نهایی ما قدس الاقداس است. پشت آن پرده یا مانع .

**خداوندا از تو متشکرم که می توانم از طریق خون عیسی به تو نزدیک شوم. من اعلام می کنم که جایگاه خود را بر تخت با مسیح پذیرفته و باید به آن مکان اقدس داخل شوم. آمین.**

**١٣ نوامبر**

از طریق راهی زنده و تازه

## بیائید به مکان اقدس وارد شویم.

صندوق عهد در قدس الاقداس بر اساس طرح خداوند قرار داده شده بود. جعبه ای که از چوب اقاقیا ساخته و با طلا پوشیده شده بود تخت رحمت یا همان مکان شفاعت نام داشت و درون آن دو لوح سنگی ده فرمان وجود داشت. این دو لوح توسط تخت رحمت پوشیده می شد و این به معنای آن است که از طریق شفاعت عیسی برای ما قانونی که شکسته شد، یعنی ده فرمان پوشیده می شود. دو طرف تخت رحمت دو کروبی وجود داشتند. صورت آن ها به سوی یکدیگر بود و هر دوی آنها به سوی تخت رحمت نگاه می کردند. بالهای شان بر آنها کشیده شده بود و نوک بالهای شان مرکز تخت رحمت را لمس می کرد. تخت رحمت تخت خداوند است. او بر تخت رحمت که شریعت شکسته شده را می پوشاند نشسته است. دو کروبی که صورت هایشان به طرف داخل است و به یکدیگر نگاه می کنند و بالهایشان همدیگر را لمس می کنند نشان دهنده جایگاه مشارکت است. بنابراین اینجا جایگاه رحمت و مشارکت است. بجز این موارد آن جا تخت خداوند به عنوان پادشاه است. در آن صندوق نمادی از خود خداوند وجود نداشت. این موضوع برای اسرائیلی ها ممنوع بود. اما خداوند خود می آمد و آن جایگاه را با شیخانا یعنی جلال خود روشن می ساخت. یعنی حضور دیدنی و ملموس خدای قادر مطلق. قدس الاقداس در تاریکی کامل بود و هیچ روشنائی طبیعی یا مصنوعی آن جا وجود نداشت. اما زمانی که شیخانا یعنی جلال خداوند می آمد و خداوند جایگاه خود را بر تختش پر می کرد آن مکان نورانی می شد. در عبرانیان باب ١٠ ما به مکان اقدس دعوت شده ایم تا از آن طریق به خداوند نزدیک شویم. آیه ٢٢ از باب ١٠ می گوید ما دعوت شده ایم که جایگاه خود را به همراه مسیح در آن تخت داشته باشیم. ما از راهی تازه و زنده ( آیه ٢٠ ) وارد می شویم. راه زنده و تازه خود عیسی است.

**خداوندا از تو متشکرم که می توانم از طریق خون عیسی به تو نزدیک شوم. اعلام می کنم که من ازطریق عیسی به آن مکان اقدس وارد می شوم. عیسایی که آن راه تازه و زنده است. زیرا من باید به آن مکان اقدس وارد شوم. آمین.**

۱۴ نوامبر

۴ شرط

# بیائید به مکان اقدس وارد شویم.

بر اساس عبرانیان ۱۰ : ۲۲ برای نزدیک شدن به تخت رحمت خداوند و قدس الاقداس باید ۴ شرط لازم را داشته باشیم. اول باید با اخلاص قلبی بیائیم. دوم باید ایمان و اطمینان کامل داشته باشیم. سوم قلب مان از هر احساس تقصیر زدوده باشد و چهارم بدن های مان با آب پاک شسته شده باشد. بیائید به طور خلاصه به هر کدام از این موضوعات نگاه کنیم. اخلاص قلبی : ما با قلب خود به سوی خداوند می رویم نه با فکرمان. خداوند پاسخ گوی معمای ذهنی ما نیست اما او قلب مشتاق و صادق را ملاقات خواهد کرد. ما باید بدون هیچ تظاهری به حضور او بیائیم و خود را تسلیم او کنیم. بدون اینکه نکته ای را از او پنهان داریم.

اطمینان کامل ایمان. عبرانیان ۱۱ : ۶ می گوید :" *بدون ایمان ممکن نیست بتوان خدا را خشنود ساخت. زیرا هر که به او نزدیک می شود باید ایمان داشته باشد* " ما باید با ایمانی کامل به وفاداری و امانت خداوند به حضورش برویم نه ایمان به توانایی ها یا عدالت خودمان.

دل های مان از هر احساس تقصیر زدوده باشد. عذاب وجدان در نتیجه انجام کار اشتباه و کارهای گناه آلود ایجاد می شود اما از طریق پاشیده شدن خون عیسی ما اطمینان داریم که اعمال شرارت بار ما بخشیده و قلب هایمان از گناه پاک گشته است.

بدن های مان با آب شسته شده باشد. در اول یوحنا ۵ : ۶ کلام می گوید که عیسی با خون و آب آمد. در عبرانیان ۱۰ : ۲۲ ما هر دوی این عناصر را می بینیم. خونی که بر وجدان ما پاشیده می شود و آبی که بدن های مان را می شوید. من ایمان دارم که آب نشان دهنده تعمید مسیحی است. در عهد جدید تعمید مسیحی به معنای شریک شدن در مرگ، تدفین و قیام مسیح است. بنابراین راه تازه و زنده ای که در عبرانیان ۱۰ :۲۰ آمده خود عیسی است. ما باید هر آنچه که او به خاطر ما متحمل شد یعنی مرگ و قیام به خاطر گناهانمان را بپذیریم.

**خداوندا از تو متشکرم که می توانیم از طریق خون عیسی به تو نزدیک شویم. اعلام می کنم که من با اخلاص قلبی، اطمینان کامل و ایمان و قلبی که از هر احساس تقصیر زدوده شده و بدنی که با آب پاک شسته شده نزد تو می آیم. زیرا من باید به آن مکان اقدس وارد شوم. آمین.**

**۱۵ نوامبر**

شبیه شدن به عیسی

# بیائید به مکان اقدس وارد شویم.

پولس به کلیسای افسس چنین می نویسد. ( به ما نیز چنین می نویسد.)

*" اما خدایی که در رحمانیت دولتمند است به خاطر محبت عظیم خود به ما حتی زمانی که در نافرمانی های خود مرده بودیم ما را با مسیح زنده کرد. پس از راه فیض نجات یافته اید و با مسیح بر خیزانید و در جایهای آسمانی با مسیح عیسی نشانید ." ( افسسیان ۲ : ۴ ـ ٦ )*

به این سه مرحله از شبیه شدن به عیسی دقت کنید. ابتدا ما با مسیح زنده می شویم. دوم برخیزانیده می شویم یا قیام می کنیم و سوم با عیسی می نشینیم. عیسی بر تخت نشسته است. بنابراین معنی نشستن به همراه او چیست؟ این بدان معنی است که ما نیز بر تخت می نشینیم تا با او شریک آن تخت شویم. زمانی که ما شبیه شدن به عیسی را درک می کنیم متوجه می شویم که دعوت شده ایم تا تمام راه از او پیروی کنیم *" او را که راهی تازه و زنده است ."* ( عبرانیان ۱۰ : ۲۰ ) ما می توانیم با او زنده شویم. می توانیم با او قیام کنیم. اما نباید این جا متوقف شویم. ما می توانیم با او بر تخت بنشینیم. اگر بخواهیم از مثال خیمه استفاده کنیم ایمان دارم که اولین پرده نمایانگر این است که ما در قیام مسیح شریک می شویم و دومین پرده که او ما را به سوی قدس الاقداس هدایت می کند نمایان گر این است که ما از طریق شریک شدن در صعود عیسی مسیح به آن وارد می شویم. عیسی نه تنها قیام کرد بلکه پس از قیام به آسمان برده شد. به نزد تخت پدر و این جایی است که خداوند می خواهد ما نیز باشیم. او نمی خواهد که ما از پیشروی در این طریق تازه و زنده باز بمانیم تا آنکه به قدس الاقداس راه یابیم. جایی که می توانیم به همراه عیسی شریک تخت او شویم و با او در جایهای آسمانی بر آن تخت بنشینیم. این مقصد ماست. بیائید به جائی کمتر از آنچه خداوند برای مان در نظر گرفته رضایت ندهیم.

**خداوندا از تو متشکرم که می توانم از طریق خون عیسی به تو نزدیک شوم. اعلام می کنم که من به جایی کمتر از آنچه خداوند برای من در نظر گرفته بسنده نمی کنم و من باید به آن مکان اقدس وارد شوم. آمین.**

## ۱۶ نوامبر

### هفت بار

### بیائید به مکان اقدس وارد شویم.

عهد عتیق سایه ای از این حقیقت بود که عیسی چگونه باید بهای گناهان ما را پرداخت کند و به قربانی نهایی تبدیل شود. این سایه در قوانین روز کفاره دیده می شود که با جزئیات در کتاب لاویان باب ۱۶ آمده است. کاهن اعظم فقط یک بار در سال به آن مکان اقدس یعنی قدس الاقداس وارد می شد و دو چیز را همراه خود می برد. اول بخور سوزی پر از بخور خوش بو که دود آن تخت رحمت و او را می پوشاند و دوم خون قربانی که بوسیله او تقدیم می شد. هنگامی که او وارد قدس الاقداس می شد باید خون را هفت بار بین پرده دوم یعنی جایی که او از آن وارد شده بود و روبروی تخت رحمت می پاشید. بنابراین ابتدا این خون باید هفت بار پاشیده می شد. به نظر من این یک تصویری نبوتی از کاری بود که عیسی باید انجام می داد ، یعنی باید خون خود را هفت بار بر صلیب می پاشید. عدد هفت نمایانگر کار روح القدس است. این عدد نشان دهنده کاملیت و تمام عیار بودن است که در واقع به این نکته اشاره می کند که کار عیسی کامل و تمام عیار بود. نتیجهٔ خونی که به صورت سمبلیک و نبوتی پاشیده می شد دقیقاً با ریخته شدن خون عیسی تحقق یافت. خون عیسی دقیقا هفت بار قبل از آنکه قربانی او کامل شود ریخته شد. زمانی که هفت بار خون عیسی ریخته شد بدن او از خون خالی شد و این یعنی او به معنای خاص کلمه وجود خود را تا به حد مرگ برای ما تقدیم کرد. این هفت بار عبارتند از ۱- عرق او تبدیل به خون شد ( برای مثال لوقا ۲۲ : ۴۴ را مطالعه کنید. ) ۲ – آن ها به صورتش سیلی زدند . ( برای مثال لوقا ۲۲ : ۶۳ – ۶۴ را مطالعه کنید. ) ۳ – آن ها او را تازیانه رومی زدند . ( برای مثال لوقا ۱۸ : ۳۳ را مطالعه کنید. ) ۴ – آن ها ریش او را کندند . ( اشعیا ۵۰ : ۶ را مطالعه کنید. ) ۵ – تاج خار بر سرش گذاشتند . ( برای مثال متی ۲۷ : ۲۹ را مطالعه کنید. ) ۶ – دست ها و پاهای او با میخ سوراخ کردند ( برای مثال یوحنا ۲۰ : ۲۵ را مطالعه کنید. ) ۷ – پهلوی او را با نیزه سوراخ کردند . ( برای مثال یوحنا ۱۹ : ۳۴ را مطالعه کنید. )

**خداوندا از تو به خاطر خون عیسی متشکرم که بوسیله آن می توانم به تو نزدیک شوم. من اعلام می کنم که با هفت بار پاشیده شدن خون عیسی او قربانی خود را کامل نمود. من باید به مکان اقدس وارد شوم آمین.**

**۱۷ نوامبر**

حیات در خون

## بیائید به مکان اقدس وارد شویم.

کتاب لاویان در عهد عتیق دربارهٔ قوانین مربوط به کاهنان قوم اسرائیل یعنی اسباط هارون سخن می گوید. خداوند می گوید :

*" زیرا حیات هر جاندار در خون اوست و من آن را بر مذبح به شما داده ام تا برای جان های شما کفاره کند زیرا خون است که به واسطه حیاتش کفاره می کند. " ( لاویان ۱۷ : ۱۱ )*

این جمله به طور شگفت انگیزی نبوتی است که ۱۴ قرن بعد توسط عیسی به تحقق پیوست. واژه ای که حیات ترجمه شده در زبان عبری کلمه ای است که برای نفس (nephesh) نیز به کار می رود. تنها حیات یک شخص در خون اون نیست بلکه نفس او نیز در خون اوست. همه ما می دانیم وقتی که خون از گردش باز ایستد انسان می میرد. به عبارتی حیات به وجود خون بستگی دارد. در باب قبلی از کتاب لاویان در قوانینی که برای روز کفاره وجود داشت موسی به برادر خود هارون که کاهن اعظم بود می گوید : تنها یک بار در سال می تواند به قدس الاقداس یعنی به حضور خود خداوند وارد شود. و در حالی که در یک دستش بخور سوز پر از بخوری دارد که در حال سوختن است و ابری از بخور خوش بو همه آن مکان را در بر گرفته در دست دیگرش باید خون قربانی گناه باشد که در مقابل خیمه قربانی شده است. اگر او با خود این دو چیز را همراه نداشت نتیجه ای جز مرگ در انتظارش نبود. دسترسی به حضور خداوند بدون آن دو مورد ذکر شده امکان نداشت. بخور با رایحه خوش خود تصویر زیبایی از پرستش را ارائه می دهد. ما هرگز بدون پرستش نمی توانیم به حضور خداوند وارد شویم. همچنین بدون خون نیز که نماد کفاره گناهان ماست نمی توان به حضور او وارد شد. این تصاویر ، تصاویر نبوتی از عهد عتیق بودند که آنچه باید در عهد جدید محقق می شد را بیان می کردند.

**خداوندا از تو متشکرم که می توانم با خون عیسی به تو نزدیک شوم. اعلام می کنم که می توانم از طریق پرستش و خون کفاره کننده عیسی به حضور خداوند وارد شوم. زیرا من باید به آن مکان اقدس وارد شوم. آمین.**

**۱۸ نوامبر**

حیات در خون عیسی

## بیائید به مکان اقدس وارد شویم.

زمانی که کاهن با بخور و خون وارد قدس الاقداس می شد او باید خون را هفت بار بر روی تخت رحمت می پاشید. قانونی که خداوند مقرر کرده بود بسیار خاص بود. نه شش بار و نه هشت بار بلکه هفت بار باید این کار انجام می شد. و سپس در اشعیا تصویری نبوتی از رنج های عیسی را مشاهده می کنیم. واضح ترین تصویری که در عهد عتیق از رنج های عیسی برای گناهان ما وجود دارد عبارتند از :

*" بنابراین من نیز او را در میان بزرگان نصیب خواهم داد و غنیمت را با زور آوران تقسیم خواهد کرد . زیرا جان خویش را به کام مرگ ریخت . و از خطاکاران شمرده شد ." ( اشعیا ۵۳ : ۱۲ )*

ما باید بدانیم همان واژه ای که در اشعیا ۵۳ : ۱۲ به " جان " ترجمه شده همان واژه ای است که در لاویان ۱۷ :۱۱ " حیات " ترجمه شده است. زیرا حیات [ جان ] [ هر انسانی ] در خون است . وقتی که عیسی کفاره گناهان ما را انجام داد او جان خود را به همراه خون خود ریخت. خون عیسی گرانبهاترین خون در دنیا است زیرا این خون جان و حیات خود خداوند خالق است. اگر تمام قسمت های پادشاهی شیطان را با هم جمع کنیم یک قطره از خون عیسی قدرتش بیشتر است. خون سرشار از حیات عیسی ،حیات خداوند یعنی خالق است. حیاتی که عظیم تر از کل کیهان و تمام موجوداتی است که تا به حال خلق شده اند. این حیات تنها از طریق خون عیسی جاری می شود. او با ریختن خون خود تبدیل به حیات دهنده ما شد. ما هرگز نباید از خون عیسی روی گردان باشیم. هیچ کفاره ای برای گناهان ما و هیچ منشأیی برای حیات ما وجود ندارد. یکی از مشکلات بزرگ ما برادران و خواهران این است که به اندازه کافی به خون عیسی توجه نمی کنیم.

**خداوندا از تو متشکرم که می توانم از طریق خون عیسی به تو نزدیک شوم. اعلام می کنم که حیات تنها از طریق خون عیسی جاری می شود یعنی تنها منبع حیات. و من باید به آن مکان اقدس وارد شوم. آمین.**

# هفته ۴۷

## بیائید بی تزلزل اعتراف خود را استوار نگاه داریم.

*" بیائید بی تزلزل امیدی را که به آن معترفیم همچنان استوار نگاه داریم زیرا وعده دهنده امین است ." ( عبرانیان ۱۰ : ۲۳ )*

۱۹ نوامبر

اهمیت امید

## بیائید بی تزلزل اعتراف خود را استوار نگاه داریم.

اغلب مسیحیان موعظات بسیاری در مورد ایمان و محبت شنیده اند اما آنچه درباره امید شنیده اند بسیار اندک است. درست همانند شرایطی که من سال ها پیش داشتم و در آن موقع به شدت به کمک خداوند احتیاج داشتم. من پیغام های بسیاری در مورد ایمان و محبت شنیده بودم اما آنچه در آن شرایط خاص به آن احتیاج داشتیم امید بود و روح القدس مرا مستقیم بسوی آیاتی از کتاب مقدس هدایت کرد. زیرا هرگز موعظه ای درباره امید نشنیده بودم و آنجا بود که روح القدس احتیاج مرا مرتفع ساخت. به خاطر همین می خواهم که شما به اهمیت امید پی ببرید. می خواهم واقعا معنای امید را درک کنید و بدانید که چقدر این موضوع مهم است. اگر می خواهیم ایمان و محبت خود را حفظ کنیم داشتن امید جز ضروریات است. ایمان ما قطره قطره تمام خواهد شد و محبت ما نافرجام باقی خواهد ماند مگر اینکه امیدی وجود داشته باشد. داشتن امید موضوعی انتخابی نیست بلکه نکته ای ضروری برای رسیدن به پری زندگی مسیحی است. مردم اغلب می گویند جائی که حیات است امید هم هست. فکر می کنم حقیقتی در این جمله نهفته است اما عکس این جمله نیز واقعیت دارد یعنی جائی که امید هست حیات هست و جائی که امید نیست حیاتی نیز وجود ندارد. به نظر من نا امیدی یکی از بدترین شرایط و غم انگیزترین تجربه ای است که بشر می تواند داشته باشد . چیزی سخت تر و غم انگیز تر از نا امیدی به ذهن من نمی رسد و افراد بی شماری امروزه در نا امیدی کامل به سر می برند. وقتی که در فرودگاه می نشینم ، یا قدم می زنم و یا در رستورانی غذایی می خورم و به صورت افراد نگاه می کنم می فهمم که بسیاری از آنها نگاه خیره ای که نشان دهنده نا امیدی است بر صورت دارند. اما خدا را شکر می کنم که ناامیدی سهم ما نیست.

**خداوندا تو را شکر می کنم که تو وفادار هستی و به من امید می بخشی . اعلام می کنم جایی که امید باشد آنجا حیات هست. من باید بی تزلزل اعتراف خود را استوار نگاه دارم . آمین.**

**۲۰ نوامبر**

بی تزلزل

# بیائید بی تزلزل اعتراف خود را استوار نگاه داریم.

عبرانیان ۳ : ۱ ما را پند می دهد که اعترافی صحیح داشته باشیم و سپس در عبرانیان ۴: ۱۴ به ما گفته می شود که اعتراف خود را استوار نگاه داریم. وقتی که کتاب مقدس عیسی را کاهن اعظم ما می خواند فوراً در می یابیم که با اعتراف ما است که خدمت او به یاری ما می آید. ما برای استوار نگاه داشتن اعتراف مان نباید آنچه گفته ایم را تغییر دهیم بلکه باید سخنانی که از زبان ما خارج می شود با کلام خداوند مطابقت داشته باشد. عبرانیان ۱۰ : ۲۳ مرحله ای که هم اکنون در حال بررسی اش هستیم چنین می گوید :

*" بیائید بی تزلزل اعترافمان را استوار نگاه داریم "*

به آنچه در این قسمت اضافه شده نگاه کنید " بی تزلزل ". اگر به این متن از عبرانیان نگاه کنیم و به ترتیبی که در آن وجود دارد دقت کنیم در می یابیم که در ارتباط با اعتراف ما سه مرحله متوالی وجود دارند. ابتدا ما اعتراف خود را انجام می دهیم. دوم پس از آنکه اعتراف کردیم آن را استوار نگاه می داریم و تغییرش نمی دهیم و سوم ما آن را بی تزلزل استوار نگاه می داریم . چرا واژه بی تزلزل در این متن آمده است ؟ بر اساس منطق و تجربه شخصی برای من این واژه به این معنا است که وقتی اعتراف صحیحی انجام می دهیم با عکس العمل نیرو های تاریکی روبرو می شویم و نیروهای تاریکی بر علیه ما بر می خیزند و با وجود اینکه اعتراف صحیحی انجام داده ایم و آن را استوار نگاه داشته ایم باز زمان هایی می رسد که گویی نیروهای شیطانی و قدرتهای تاریکی می خواهند بر ما غلبه یابند. وسوسه ای که اینجا وجود دارد این است که اعتراف خود را رها کنیم. اما نویسنده می گوید که آنرا رها نکنید بلکه آنرا استوار نگاه دارید و آن هم بی تزلزل. هر چه شرایط تاریک تر باشد و هر چه مشکل بزرگتر بی تزلزل نگاه داشتن امید مان مهمتر است. خداوند امین و به کلام خود وفادار است. عیسی کاهن اعظم ماست و اگر ما اعتراف خود را بی تزلزل و استوار نگاه داریم او نیز کار خود را به عنوان کاهن اعظم ما انجام خواهد داد.

**خداوندا از تو متشکرم که تو وفادار هستی و به من امید می بخشی . من اعلام می کنم که اعتراف خود را انجام داده آنرا تغییر نمی دهم و آنرا بی تزلزل استوار نگاه خواهم داشت . باید اعتراف خود را بی تزلزل استوار نگاه دارم . آمین.**

## ۲۱ نوامبر

قلمرویی بدون تغییر

# بیایید بی تزلزل اعتراف خود را استوار نگاه داریم.

تفاوتی بین ایمان و دیدار وجود دارد. انسان های معمولی راه را می بینند و قدم بر می دارند و به حواس خود اطمینان می کنند و به آن چه حواس شان می گوید اعتماد دارند اما در زندگی مسیحی و روحانی ما نباید به حواس خود اطمینان کنیم. دوم قرنتیان ۵ : ۷ به ما می گوید :

*" ما به ایمان زیست می کنیم نه به دیدار "*

ما تنها بر اساس حواس خود قدم بر نمی داریم ، بلکه با ایمان قدم بر می داریم. ایمان ما را به قلمرویی نا دیدنی و ابدی متصل می سازد که این قلمرو هرگز تغییر نمی کند. دنیای ما همواره در حال تغییر است و دنیایی است موقتی ، نا پایدار ، بی ثبات و غیر قابل اطمینان. از طریق ایمان ما به دنیای دیگری وصل می شویم. دنیایی از حقایق ابدی و واقعیت های بنیادی. و زمانی که از طریق ایمان به آن دنیا متصل می شویم آن زمان است که می توانیم اعتراف خود را بی تزلزل و استوار نگاه داریم. واکنش ما نسبت به فشارهایی که خداوند اجازه می دهد در زندگی ما وجود داشته باشد مشخص کننده این است که آیا ما به حواس خود اطمینان می کنیم یا به ایمان خود. اگر ما به خاطر فشار نیروهای تاریکی اعتراف خود را تغییر دهیم در آن زمان است که ما بر اساس حواس خود رفتار نموده ایم زیرا در ایمان هیچ نقطه تاریکی وجود ندارد. ایمان بر حواس تکیه نمی کند. افراد از طریق چشمان روحانی که درون شان وجود دارد به قلمرویی نگاه می کنند که تغییر نمی کند و در آن قلمرو به کاهن اعظمی که بی تغییر است اطمینان می کنند. یعقوب در این باره چنین می گوید :

*" اما با ایمان در خواست کند و هیچ تردید به خود راه ندهد زیرا کسی که تردید دارد چون موج دریا است که با وزش باد به هر سو رانده می شود . چنین کس نپندارد که از خداوند چیزی خواهد یافت زیرا شخصی است دو دل و در تمامی رفتار خویش ناپایدار ." ( یعقوب ۱ :۶ – ۸ )*

او کلام خود را چنین شروع می کند که ما باید ایمان داشته باشیم و شک نکنیم. چنین شخصی اعتراف خود را بی تزلزل استوار نگاه نمی دارد. بنابراین به این سو و آن سو برده خواهد شد و از طریق بادها و امواج به این سو و آن سو می رود و راه چاره ای که وجود دارد این است که ما باید بی تزلزل اعتراف خود را استوار نگاه داریم .

**خداوندا از تو متشکرم که تو امین هستی تو به من امید می بخشی . من اعلام می کنم که نه بوسیله حواس خود بلکه با ایمان قدم بر می دارم. من باید اعتراف خود را بی تزلزل استوار نگاه دارم. آمین .**

**۲۲ نوامبر**

اطمینان کامل

# بیائید بی تزلزل اعتراف خود را استوار نگاه داریم.

در ارتباط با این اصل که ما باید اعتراف صحیحی انجام دهیم و آنرا بدون تزلزل استوار نگاه داریم می خواهم به مثالی از ابراهیم اشاره کنم البته به طریقی که پولس آنرا به تصویر می کشد. ابراهیم بهترین مثال از شخصی است که اعتراف خود را بی تزلزل استوار نگاه داشت و پولس درباره او چنین می نویسد :

*" در ایمان خود سست نشد آنگاه که بر بدن مرده خویش نظر کرد زیرا حدود صد سال داشت و رحم سارا نیز مرده بود" ( رومیان ۴ : ۱۹ )*

ایمان واقعی با حقایق روبرو می شود. هر گونه عدم تمایل برای روبرو شدن با حقایق ، گویای این است که این ایمان واقعی نیست. ابراهیم سعی نکرد که خود را گول بزند. او سعی نکرد چیزی متفاوت از آنچه واقعیت داشت تصور کند. او با حواس خود دید که بدنش مرده است و هم چنین رحم زنش ساره نیز هم اینطور است اما او به حواس خود اطمینان نکرد. پولس چنین ادامه می دهد :

*" اما او به وعده خدا از بی ایمانی شک نکرده بلکه در ایمان استوار شده خدا را تجلیل نمود . او یقین داشت که خدا قادر است به وعده خود وفا کند . به همین سبب برای او پارسایی شمرده شد ." ( رومیان ۴ : ۲۰ -۲۲ )*

ابراهیم پدر همه ایمانداران شمرده می شود. ( رومیان ۴ : ۱۱ را مطالعه کنید. ) ما نیز دعوت شده ایم قدم هایی که ابراهیم با ایمان برداشت را پیروی کنیم.( آیه ۱۲) ما نیز باید همان راه را با ایمان بپیمائیم. ما باید بر وعده های خداوند استوار باقی بمانیم تا بتوانیم اعتراف نیکو نموده و اعتراف خود را بدون تزلزل استوار نگاه داریم. ما نباید به خاطر آنچه حواس ما به ما می گویند ترسان شویم. باید فراتر از دیدنی ها نگریسته بدقت به دنیای نا دیدنی بنگریم تا بتوانیم با ایمان کاهن اعظم ایمان خود را ببینیم که آنجا در دست راست خداوند نشسته است.

**خداوندا از تو متشکرم که تو وفادار هستی. تو به من امید می بخشی. اعلام می کنم که من بدون تزلزل و با ایمان با حقایق روبرو می شوم. من باید اعتراف خود را بی تزلزل استوار نگاه دارم. آمین.**

**۲۳ نوامبر**

نبرد برای دست یابی به وعده

# بیائید بی تزلزل اعتراف خود را استوار نگاه داریم.

هر گاه جلساتی برای شفای افراد برگزار کرده ام اغلب از افراد خواسته ام که این اعتراف را با صدای بلند بگویند. زیرا این نکته باعث می شود که آنها بتوانند شرایط لازم برای شفا یافتن را کسب کنند. اگر شما در کلیه هایتان مشکلی دارید در آن زمان باید این جوری اعتراف کنید. خود عیسی [ به یاد داشته باشید که تاکید بر روی او است ] رنج های مرا بر خود گرفت و بیماری های مرا متحمل شد و از زخم های او من شفا یافته ام. پس از آن اگر هنوز شما در کلیه هایتان مشکلی داشته باشید چکار می کنید ؟ شما باید اعتراف خود را استوار نگاه دارید. این یک نبرد است. باور کنید من از روی تجربه می دانم که پافشاری برای ادامه راه به سوی دریافت شفا،می تواند به نبرد عظیمی تبدیل شود. نویسنده به مسیحیان عبرانی چنین می نویسد:

*" هنوز در نبرد خود با گناه تا پای جان ایستادگی نکرده اید " ( عبرانیان ۱۲ : ۴ )*

ما با این تفکر که باید علیه گناه بجنگیم آشنا هستیم اما گاهی فراموش می کنیم که ما باید بر علیه بیماری نیز بجنگیم. ما باید بجنگیم. ما سربازیم. بر زمین دراز نمی کشیم و اجازه نمی دهیم که شیطان ما را لگد مال کند. زیرا اگر به آسانی تسلیم شویم نمی توانیم خدا را جلال دهیم. در ارتباط با استوار نگاه داشتن اعتراف بدون تزلزل ، اجازه دهید تنها بر شفای فیزیکی تمرکز نکنیم. حتی با وجود اینکه احتیاج آن وجود دارد و چیزی است که تقریبا همه افراد با آن درگیر هستند اما نیازهای دیگری نیز وجود دارند به عنوان مثال نیازهای مالی. برای من نگاه داشتن اعتراف روشی است که از طریق آن می توانم به گنج هایی که خداوند در گنجینه آسمانی خود برای خدمت من دارد دست پیدا کنم. خداوند با من سخن گفت که او تدارکی کامل برای هر کاری که از ما می خواهد انجام دهیم دیده است. اما برای دست یابی به آن تدارک کامل ما باید به آن سخن اعتماد کنیم و آن را اعتراف کنیم و من این مسئله را برای خودم بر می دارم. این اعترافی است که من از دوم قرنتیان ۹ : ۸ برداشته ام " و خدا قادر است هر نعمت را برای ما بس فزونی بخشد تا در همه چیز همواره همه نیازهایمان بر آورده شود و برای هر کار نیکو به فراوانی داشته باشیم . " جلال بر نام خداوند.

**خداوندا از تو متشکرم که تو امین هستی. تو به من امید می بخشی. اعلام می کنم که من برای دریافت شفا و برکت مالی می جنگم و ایمان خود را حفظ کرده و اعتراف خود را استوار نگاه می دارم. زیرا من باید بی تزلزل اعتراف خود را استوار نگاه دارم. آمین .**

**۲۴ نوامبر**

ایمانی که تلف نمی شود.

## بیائید بی تزلزل اعتراف خود را استوار نگاه داریم.

باید بر ضرورت و اهمیت ایمان تاکید کنم. آنچه عیسی به پطرس گفت را به شما می گویم. *" اما من برای تو دعا کردم تا ایمانت تلف نشود ." ( لوقا ۲۲ : ۳۲ )* لازمه اصلی اینکه کسی بخواهد فرزند ابراهیم و متعلق به خداوند باشد ایمان است.*" و پدر ختنه شدگان نیز هست. یعنی پدر آنان که نه تنها ختنه شده اند بلکه در طریق ایمان گام بر می دارند در همان طریقی که پدر ما ابراهیم نیز که پیش از آنکه ختنه شود گام بر می داشت ." ( رومیان ۴ :۱۲ )* ابراهیم فراتر از یک شخصیت است. او یک الگو است. او پیش از ما حرکت کرد و راه را برای ما مشخص کرد و قدم های خاصی برداشت. برای اینکه ما نسل او باشیم باید در همان راهی که او طی کرد قدم برداریم و در پی قدم های او راه رویم . بیائید به ۵ قدم ایمانی که ابراهیم برداشت نگاه کنیم. ۱ – او بدون هیچ مدرکی وعده خداوند را پذیرفت .۲ – او متوجه شد که نمی تواند به تنهایی نتایجی که خداوند می خواهد را حاصل کند .۳ – او بدون تزلزل بر وعده تمرکز کرد و ایمان او برایش پارسایی به حساب آمد.۴ – و در نتیجه سارا و او حیاتی مافوق الطبیعه در بدنشان دریافت کردند ۵ – بنابراین وعده محقق شد و خداوند جلال یافت .

این ها قدم های ایمانی هستند که پدر ما ابراهیم برداشت. مسیر ایمانی که در برابر هر کدام از ما قراردارد نیز این چنین است. این یک مراسم ظاهری نیست بلکه مسیر زندگی است یعنی پیروی از قدم های ابراهیم. ما نیز باید همانطور که ابراهیم عمل کرد عمل نمائیم. باید وعده های خداوند را همانطور که هستند بپذیریم. باید متوجه باشیم که نمی توانیم آنچه خداوند در زندگی های ما وعده داده را به تنهایی به دست آوریم. باید بر وعده تمرکز کنیم و نه بر توانایی یا عدم توانایی مان. و سپس ما آن فیض ماورالطبیعه و قدرتی که از سوی خداوند در زندگی هایمان جاری می شود را از طریق ایمان بدست خواهیم آورد و به این طریق وعده خداوند در زندگی های ما محقق خواهد شد.

**خداوندا از تو متشکرم که تو وفادار هستی. تو به من امید می بخشی. من اعلام می کنم که در ایمان قدم بر می دارم.من به خدا تعلق دارم و فرزند ابراهیم هستم. اما باید اعتراف خود را بی تزلزل استوار نگاه دارم. آمین.**

## ۲۵ نوامبر

ایمان / زمان حال – امید / آینده

# بیایید بی تزلزل اعتراف خود را استوار نگاه داریم.

در عبرانیان باب ۱۱ ما تعریف ایمان را می بینیم. تنها واژه ای که تعریف آن به طور مشخص در کتاب مقدس آمده است. *" ایمان ضامن چیزهایی است که بدان امید داریم و برهان آنچه هنوز نمی بینیم ." ( ۱۱ : ۱ )* در اینجا رابطهٔ بین ایمان و امید دیده می شود. ایمان برای زمان حال و امید برای آینده است. ایمان مسئله ای انتزاعی نیست بلکه مفهومی واقعی است که ضامن خوانده می شود و در قلب های ماست. بر اساس ایمان است که امید ما برای آینده مفهومی قانونی و منطقی پیدا می کند. اما امیدی که بر اساس ایمان صحیح بنا نشده باشد تنها آرزویی در افکار ماست.

*" که اگر به زبان خود اعتراف کنی که عیسی خداوند است و در دل خود ایمان داشته باشی که خدا او را از مردگان برخیزانید نجات خواهی یافت . زیرا در دل است که شخص ایمان می آورد و پارسا شمرده می شود و با زبان است که اعتراف می کند و نجات می یابد ." ( رومیان ۱۰ : ۹ – ۱۰ )*

ایمان در عهد جدید واژه ای پویا است. مفهومی ساکن و ذهنی نیست. موضوعی است درون قلبتان که شما را به سوی موضوعی جدید هدایت می کند. ایمان فعلی است که به حرکت اشاره دارد. از طریق ایمان است که ما به عادل شمردگی و نجات باور داریم. شما می توانید ایمانی انتزاعی داشته باشید و هرگز تغییر نکنید. می توانید تمامی تعالیم کتاب مقدس را بدانید اما هیچ تغییری نکنید. اما زمانی که در قلب تان ایمان دارید این ایمان شما را به سوی نجات هدایت می کند. ایمان مفهومی برای زمان حال است و امیدی برای آینده. ایمان کتاب مقدسی در قلب فرد است و امید در فکر او. پولس با تمثیلی زیبا این دو مفهوم را به تصویر می کشد.

*" اما ما چون به روز تعلق داریم باید هوشیار باشیم و ایمان و محبت را همچون زره سینه پوش بر تن کنیم و امید نجات را همچون کلاه خود بر سر نهیم." ( اول تسالونیکیان ۵ : ۸ )*

این جا به دو قسمت از زره کامل اشاره می کند. ایمان یک زره سینه پوش است که از قلب محافظت می کند و امید یک کلاه خود است که از سر محافظت می کند. ایمان در قلب است و امید در فکر.

**خداوندا از تو متشکرم که تو وفادار هستی. تو به من امید می بخشی. من اعلام می کنم که ایمان را مانند زره ای سینه پوش بر تن می کنم که از قلبم و امید را همچون کلاه خودی که از ذهنم محافظت کند. من باید اعتراف خود را بی تزلزل استوار نگاه دارم. آمین .**

# هفته ۴۸

## بیائید به فکر یکدیگر باشیم.

*" و در فکر آن باشیم که چگونه می توانیم یکدیگر را به محبت و انجام اعمل نیکو برانگیزانیم ." ( عبرانیان ۱۰: ۲۴)*

**۲۶ نوامبر**

بهترین محصول

# بیائید به فکر یکدیگر باشیم.

*" و در فکر آن باشیم که چگونه می توانیم یکدیگر را به محبت و انجام عمل نیکو بر انگیزانیم و از گرد آمدن با یکدیگر دست نکشیم چنانچه بعضی را عادت شده است . بلکه یکدیگر را بیشتر تشویق کنیم .به خصوص اکنون که شاهد نزدیک تر شدن آن روز هستید." ( عبرانیان ۱۰ :۲۴ ـ ۲۵ )*

اکنون به هشتمین بیائید در عبرانیان نگاه می کنیم که در متن بالا آمده است. در برخی از ترجمه های انگلیسی چنین نوشته: " بیائید در فکر آن باشیم که چگونه یکدیگر را برانگیزانیم " اما در این ترجمه می گوید : " بیائید در فکر یکدیگر باشیم و ببینیم که چگونه می توانیم یکدیگر را به محبت و انجام کارهای نیکو برانگیزانیم. " این تفسیر به موضوع اعلام این هفته اشاره می کند که ما باید به فکر دیگران باشیم. ما باید به فکر یکدیگر باشیم و همواره سعی کنیم یکدیگر را به سوی بهترین ها هدایت کنیم. امروزه بسیاری از مردم در زندان افکار خود گرفتار و غمگینند و از آرامش واقعی لذت نمی برند. در واقع هر چه شما بیشتر نگران خود باشید و سعی کنید خود را راضی کنید مشکلات بیشتری خواهید داشت. یکی از روش های کتاب مقدس برای آزاد شدن از این زندان این است که برای لحظه ای از نگرانی های خود دست بکشید و به مشکلات دیگر ایمانداران فکر کنید. باید از الگوی عیسی پیروی کرده و نصیحت پولس را در زندگی مان بکار گیریم .

*"هیچ کاری را از سر جاه طلبی و تکبر نکنید بلکه با فروتنی دیگران را از خود بهتر بدانید . هیچ یک از شما تنها به فکر خود نباشد بلکه به دیگران نیز بیاندیشد." ( فیلیپیان ۲ : ۳ -۴ )*

نقطه مقابل نگران دیگران بودن این است که فرد تنها به فکر خود باشد.

**خداوندا از تو متشکرم که کمک می کنی تا دیگران را محبت کنم. من اعلام می کنم که بیشتر از اینکه نگران خود باشم نگران دیگران هستم. من باید به فکر دیگران باشم. آمین.**

**۲۷ نوامبر**

از خود خالی شوید.

## بیائید به فکر یکدیگر باشیم.

در فیلیپیان باب ۲ پولس می گوید که ما باید از روش عیسی پیروی کنیم. تفکرما، روی کرد ما را مشخص می کند و روی کرد ما نتیجه را.ما باید این طرز فکر را در خود بپرورانیم:

*" همان طرز فکر را داشته باشید که مسیح عیسی داشت.او که همذات با خدا بود از برابری با خدا به نفع خود بهره نجست. بلکه خود را خالی کرد و ذات غلام پذیرفته به شباهت آدمیان در آمد. " ( فیلیپیان ۲ : ۵ ـ ۷ )*

واژه یونانی که به غلام ترجمه شده به معنای " اسیر" است. بنابراین می بینیم عیسی که خدا بود خود را خالی کرد و حتی حاظر شد تا حد یک غلام تنزل یابد یعنی یک اسیر. ما باید از طرز فکر او پیروی کنیم. پولس در رساله غلاطیان متنی را در راستای همین متن به نگارش در می آورد :

*" ای برادران شما به آزادی فرا خوانده شده اید اما آزادی خود را فرصتی برای ارضای نفس مسازید. بلکه با محبت یکدیگر را خدمت کنید. زیرا تمام شریعت در یک حکم خلاصه می شود و آن اینکه همسایه خود را چون خویشتن محبت کن . " ( غلاطیان ۵ :۱۳ و۱۴ )*

وقتی ما نگران دیگران هستیم این طریقی است که بوسیله آن می توانیم خود را از اسارت جسم حفظ کنیم و مانع از رشد خود خواهی شویم. ما باید یکدیگر را در محبت خدمت کنیم. من ایمان دارم که امروزه روح القدس به قوم خداوند تاکید می کند که باید طرز فکری سرشار از محبت و عاری از خود خواهی داشته باشند. بسیاری از افراد درباره خدمت به خداوند سخن می گویند اما هرگز به ایمانداران اطراف خود توجه نمی کنند. من نمی دانم اگر شما خواهان خدمت به ایمانداران دیگر نیستید چگونه می توانید واقعاً خداوند را خدمت کنید؟ زیرا خداوند از طریق اعضای بدن خود به نزد ما می آید. طرز فکر ما نسبت به این اعضا واقعاً همان طرز فکری باید باشد که خداوند نسبت به دیگران دارد .

**خداوندا از تو متشکرم که به من کمک می کنی که به دیگران محبت کنم. اعلام می کنم که من به ایمانداران اطراف خود خدمت می کنم و این را روشی می دانم برای خدمت به خداوند. من باید به فکر دیگران باشم .آمین.**

**۲۸ نوامبر**

تاج و تخت خود را رها کنید.

## بیائید به فکر یکدیگر باشیم.

در ارتباط با اشتیاق ما برای خدمت به دیگران می خواهم به متنی دیگر از رسالات پولس نگاه کنیم. چیزی که او به مسیحیان قرنتس می نویسد. پولس قبلا یک یهودی سختگیر، متعصب و راست دین بود. او یکی فریسی بود و شرایط لازم برای رابی شدن را داشت. او آنچنان به رسومات پای بند بود و ادعای عدالت شخصی داشت که خود را از دیگران جدا می کرد و افراد دیگر را به دیده تحقیر می نگریست. اما با شناخت عیسی بود که تغییری شگفت انگیزی در طبیعت او رخ داد. به یاد داشته باشید که ایمانداران قرنتس اساساً افراد مشکل داری بودند. پولس در رساله اول به این نکات اشاره می کند که بعضی از آن ها هم جنس گرا و برخی فاحشه برخی میگسار و برخی بد دهن هستند. به عبارتی به هیچ وجه نمی توان آنها را افراد خوبی خواند. بندر قرنتس جز شهرهای بزرگ دنیای باستان بود و درست همانند بسیاری از بنادر بزرگ این شهر نیز پر از چنین افرادی بود. اما بیائید به جملات حیرت انگیز پولس نگاه کنیم.

*" زیرا ما خود را موعظه نمی کنیم بلکه عیسی مسیح را بعنوان خداوند موعظه می کنیم و از خود تنها به خاطر عیسی و آن هم فقط به عنوان خادم شما سخن می گوئیم ." ( دوم قرنتیان ۴ : ۵ )*

این فریسی مغرور می گوید به خاطر عیسی ما خادم شما هستیم. آن هم خادم چنین افرادی. به سه قدمی که در این جا وجود دارد دقت کنید. اول - خود را از تاج و تخت پائین آوردن . " *خود را موعظه نمی کنیم* ." دوم - بر تخت نشاندن مسیح" *بلکه عیسی را به عنوان خداوند* ." و سوم - خدمت به دیگران " *به خاطر نام عیسی به عنوان خادم شما سخن می گوئیم* ." این سه اصل بسیار مهم هستند. ما باید با محبت دیگران را خدمت کنیم. این پیغام پولس است و برای این کار باید از خودخواهی ها آزاد شویم.

**خداوندا از تو متشکرم که به من کمک می کنی تا دیگران را محبت کنم. من اعلام می کنم که خود را از تخت پائین آورده ، مسیح را بر تخت می نشانم و دیگران را خدمت می کنم . من باید به فکر دیگران باشم. آمین.**

**۲۹ نوامبر**

مهارت اکتسابی

# بیائید به فکر یکدیگر باشیم.

خدمت مهارتی است که ما باید آنرا کسب کنیم. امری نیست که به یک باره اتفاق بیافتد و قاعدتاً هیچ کسی به طور طبیعی از این مهارت برخوردار نیست. برای مثال به نقش یک گارسن در رستوران توجه کنید. گارسن شخصی است که برای خدمت خاصی خوانده شده است. اما این گارسن احتیاج به آموزش دارد. دوستی دارم که قبلا گارسن بود. یک بار تمامی شرایط گارسن شدن را برایم گفت. وقتی که من فرایند آموزش را فهمیدم متوجه شدم که این مهارت به یک باره اتفاق نمی افتد. خدمت نیز یک مهارت است و باید آنرا کسب کرد. باید زندگی دیگران را مورد مطالعه قرار دهیم تا دریابیم چه چیزی باعث می شود که افراد واکنش مثبتی داشته باشند و چه چیزی باعث واکنش منفی آنان می شود. ما باید دیگران را تحت نظر داشته باشیم تا بتوانیم آنها را برای محبت و انجام کارهای نیکو برانگیخته کنیم. خدمت مستلزم داشتن تمرین، تعلیم و نظم است. برای خدمت نمودن ما باید محیط درستی نیز داشته باشیم. قانونی که در عبرانیان ۱۰ :۲۴ آمده این است : " *و در فکر آن باشید که چگونه می توانید یکدیگر را به محبت و انجام اعمال نیکو برانگیزانید .* " نویسنده می گوید :" *و از گرد آمدن با یکدیگر دست نکشیم چنان که بعضی را عادت شده است بلکه یکدیگر را بیشتر تشویق کنیم به خصوص اکنون که شاهد نزدیک تر شده آن روز هستیم .* " ما باید خدمت را در محیطی درست بیاموزیم. محیطی که در این واژه ها چنین نام گذاری شده است. " گرد آمدن با یکدیگر " این یعنی مشارکتی نزدیک ، مسئولانه و دائمی. در آیه بعدی نویسنده گزینه فاجعه بار دیگری را باز گو می کند. درست بعد از اینکه او به ما هشدار می دهد که از گرد آمدن با یکدیگر اجتناب نکنید می گوید :" *زیرا اگر پس از بهره مندی از شناخت حقیقت عمداً به گناه کردن ادامه دهیم دیگر هیچ قربانی برای گناهان باقی نمی ماند. آنچه می ماند انتظار هولناک مجازات و آتشی مهیب است که دشمنان خدا را فرو خواهد بلعید .* " معنای این قسمت این است. اگر ما در محیط صحیح باقی نمانیم و اگر در مشارکتی نزدیک ، مسئولانه و دائمی با دیگران نباشیم به سوی گناه باز خواهیم گشت. تنها محیط امن این است که در مشارکت با دیگران مانده و به فکر دیگران باشیم و خدمت با شادی را به آن ها بیاموزیم.

**خداوندا از تو متشکرم که به من کمک می کنی دیگران را محبت کنم. اعلام می کنم که در مشارکت با دیگران ادامه خواهم داد و می آموزم تا خدمت کنم و به فکر دیگران باشم و به آن ها توجه کنم. زیرا من باید به فکر دیگران باشم. آمین.**

**۳۰ نوامبر**

تمرکز بر عیسی

# بیائید به فکر یکدیگر باشیم.

این هشتمین بیائیدی است که در متن اصلی از این رساله وجود دارد.

*" بیائید در فکر آن باشیم که چگونه می توانیم یکدیگر را به محبت و انجام اعمال نیکو بر انگیزانیم." ( عبرانیان ۱۰ : ۲۴ )*

دوست دارم برگردیم و به عبرانیان ۳ : ۱ نگاه کنیم جائی که باز هم واژه " فکر" استفاده شده است. کلام خداوند می گوید: *" اندیشه خود را بر عیسی معطوف کنید که اوست رسول و کاهن اعظمی که بدو معترفیم ."* اگر ما اندیشه خود را بر عیسی معطوف کنیم آن زمان است که به فکر یکدیگر خواهیم بود. اما حفظ این ترتیب مهم است. ما ابتدا اندیشه خود را بر عیسی معطوف می کنیم و سپس به یکدیگر فکر می کنیم. بسیار مهم است که من شما را به عنوان یک شخص معمولی نگاه می کنم یا شخصی که در مسیح هستید ؟ زمانی که در آفریقا مدیر کالج تربیت معلم بودم برای هر جای خالی در مدرسه حداقل ۱۰ متقاضی واجد شرایط وجود داشت. دختری ۲۴ مایل با پای برهنه برای شرکت در مصاحبه نزد ما آمده بود. شما نمی توانید اشتیاق شدید مردم آفریقا را برای کسب علم و دانش درک کنید. از دیدگاه آنان علم و دانش کلید موفقیت در زندگی است. یک روز مادر پیری نزد من آمد. پسر او می خواست که در مدرسه ما تحصیل کند اما واجد شرایط نبود و ما هم او را نپذیرفتیم. آن زن آنقدر مرا به ستوه آورد که من داشتم کم کم عصبانی می شدم. در آفریقا مردم به دموکراسی اعتقادی ندارند آنها به یک رئیس یا فردی قوی اعتقاد دارند. آن شخص است که اهمیت دارد. این زن دائماً به من می گفت تو بزرگترین شخص هستی هر چی که تو بگی همان اتفاق می افتد. آنقدر از دست او عصبانی شده بودم که نزدیک بود چیزی که فکر می کردم را بر زبان بیاورم .در آن زمان بود که خداوند به آرامی با من سخن گفت. او گفت : " به یاد داشته باش او یکی از فرزندان من است. مراقب باش با او چگونه رفتار می کنی. " من توبه کردم . او واقعا یک زن عزیز و گرانبها و فرزند خداوند بود. اگر ما اندیشه خود را بر عیسی معطوف کنیم در آن زمان است که تغییر بسیاری در نحوه رفتار ما با دیگران رخ خواهد داد.

**خداوندا از تو متشکرم که مرا کمک می کنی تا دیگران را محبت کنم. اعلام می کنم که اندیشه خود را بر عیسی معطوف می کنم و اجازه می دهم این نحوه نگرش بر رفتارم با دیگران تأثیر بگذارد. زیرا من باید به فکر دیگران باشم. آمین.**

**۱ دسامبر**

ترغیبی صحیح

## بیائید به فکر یکدیگر باشیم.

ترجمه تحت الفظی عبرانیان ۱۰ : ۲۴ چنین می گوید :" *ملاحظه یکدیگر را بنمائیم تا یکدیگررا به محبت و اعمال نیکو ترغیب نمائیم.* " در ترجمه هزاره نو از واژه برانگیختن استفاده می کند که دارای باری منفی است. من فکر می کنم این واژه عمداً اینجا استفاده شده تا ما را به فکر وا دارد. معمولاً ما افراد را به چه چیزی بر می انگیزانیم ؟ به خشم یا حسادت. اما در این جا به ما گفته می شود که افرد را به محبت و انجام کارهای نیکو برانگیزانیم. واژه یونانی که در انگلیسی به " پرووک" یا برانگیختن ترجمه شده همان واژه ای است که واژه انگلیسی " پاروکسیزم " از آن گرفته شده است. آیا می دانید پاروکسیزم چیست ؟ این واژه به معنای فوران غیر قابل کنترل احساسات است. احساساتی مانند خشم و یا حتی خنده. اگر چه واژه ترغیب اغلب به نکته ای منفی اشاره می کند اما در این متن این واژه به مفهوم خوبی اشاره می کند. بنابراین ما باید یکدیگر را به انجام کارهای نیکو و محبت برانگیزانیم. بگذارید به این نکته اشاره کنم افراد خاصی وجود دارند که اگر بخواهید آنها کار درست را انجام دهند باید آن ها را به انجام آن کار ترغیب کنید و باید بدانید که چگونه آنها را ترغیب کنید. این یکی از نقاط ضعف من است. من دوست ندارم در مسائل شخصی افراد دخالت کنم. بنا بر پیشینه ارتشی و ذهن تقریباً منطقی ام فکر می کنم تنها کافی است که به شخص کار درست را نشان دهید و او آنرا انجام می دهد. اما کتاب مقدس به ما می گوید که چگونه باید آن کار درست را به او بگوئید. زیرا اگر می خواهید نتیجه درستی حاصل شود نحوه گفتنتان نیز باید درست باشد. افرادی که بچه دارد می داند که این مطلب در مورد بچه ها نیز صادق است. شما نمی توانید با همه بچه هایتان به یک صورت رفتار کنید. ممکن است شما یکی از فرزندانتان را سرزنش کنید تا نتیجه درستی را بگیرید اما اگر فرزند دیگرتان را سرزنش کنید فقط باعث نا امیدی و شکست او می شوید.

**خداوندا از تو متشکرم که به من کمک می کنی تا دیگران را محبت کنم. من اعلام می کنم که دیگران را برای انجام کارهای نیکو و محبت ترغیب خواهم کرد. زیرا من باید به فکر دیگران باشم. آمین .**

## ۲ دسامبر

### مشارکتی صحیح

**بیائید به فکر یکدیگر باشیم.**

در نتیجه مشارکت با خداوند و دوستان ایماندارمان یک نتیجهٔ تقریباً منفی ای بوجود می آید و آن این است که ما دیگر نمی توانیم با بی ایمانان مشارکت قبلی خود را داشته باشیم.

*" زیر یوغ ناموافق با بی ایمانان مروید زیرا پارسایی و شرارت را چه پیوندی است و نور و ظلمت را چه رفاقتی؟ مسیح و بلیعال را چه توافقی است و مومن و بی ایمان را چه شباهتی؟ و معبد خدا و بت ها را چه سازگاری است؟ " ( دوم قرنتیان ۶ : ۱۴ – ۱۶ )*

آنچه پولس درباره شکاف بین ما و بی ایمانان می گوید اساساً جنبه فیزیکی ندارد و ما هر روزه با بی ایمانان سر و کار داریم در خانه مان ، در محل کار و در فعالیت های روزمره دیگر. در چنین شرایطی به عنوان یک مسیحی از ما انتظار می رود که روابطی دوستانه همراه با ادب و مهربانی با دیگران داشته باشیم تا شاهد نیکوی مسیح باشیم. اما ما نمی توانیم در اعمال آن ها که از لحاظ اخلاقی و روحانی گناه آلود است و باعث بی حرمتی به مسیح می شود شراکت داشته باشیم. در این زمینه ما باید به نصایح پولس در دوم قرنتیان ۶ : ۱۷ عمل کنیم.

*"پس خداوند می گوید از میان ایشان بیرون آئید و جدا شوید هیچ چیز نجس را لمس مکنید. " ( دوم قرنتیان ۶ : ۱۷ )*

اگر ما نسبت به صدای روح القدس حساس باشیم او همواره در مورد ارتباطات نادرست هشدار می دهد و می گوید که چگونه از خود در مقابل آنها محافظت کنیم. با این وجود مطمئن ترین محافظت در مقابل مشارکت اشتباه ، داشتن مشارکت های صحیح است. به عنوان فرزندان خداوند ما وارثان شادی و برکات بی شماری هستیم که دنیا از آن بی نصیب است. در واقع پولس به ما گفته : *" متبارک باد خدا و پدر ما عیسی مسیح که ما را در مسیح به هر برکت روحانی در جایهای آسمانی مبارک ساخته است. " ( افسسیان ۱ :۳ )* وقتی که ما به طور مرتب این برکات را با بقیه اعضای خانواده الهی تقسیم می کنیم دیگر مجذوب لذت های پر زرق و برق و ناخالص دنیایی که در تاریکی است نمی شویم .

**خداوندا از تو متشکرم که به من کمک می کنی تا دیگران را محبت کنم. اعلام می کنم که من از مشارکت با تاریکی خارج شده و وارد مشارکت با خداوند و خانواده الهی شده ام یعنی برادران و خواهرانم در مسیح. زیرا من باید به فکر دیگران باشم. آمین.**

# هفته ۴۹

## بیائید با استقامت در مسابقه ای که برای ما مقرر شده بدویم.

" پس چون چنین ابری عظیم از شاهدان را گرداگرد خود داریم بیائید هر بار اضافی و هر گناه را که آسان به دست و پای ما می پیچید از خود دور کنیم و با استقامت در مسابقه ای که برای ما مقرر شده است بدویم . " ( عبرانیان ۱۲: ۱ )

## ۳ دسامبر

موفقیت در مسابقه

# بیائید با استقامت در مسابقه بدویم.

نهمین بیائید در کتاب عبرانیان در اولین آیه از باب ۱۲ دیده می شود.

*" پس چون چنین ابری عظیم از شاهدان را گرداگرد خود داریم بیائید هر بار اضافی و هر گناه را که آسان به دست و پای ما می پیچید از خود دور کنیم و با استقامت در مسابقه ای که برای ما مقرر شده است بدویم ." ( عبرانیان ۱۲ :۱ )*

در ترجمه های انگلیسی دو واژه بیائید در این آیه وجود دارد و ترجمه ای بسیار عالی و دقیق از این متن است. اما در ترجمه یونانی اولین عبارت که می گوید " بیائید هر بار اضافی و گناه را دور کنیم " به این صورت دیده نمی شود بلکه وجه وصفی دارد که چنین خوانده می شود. " بیائید با استقامت و با کنار گذاشتن هر گونه بار اضافی در مسابقه بدویم. " و در واقع بیائید اصلی برای دویدن با استقامت در مسابقه ای بکار رفته که در مقابل ما مقرر شده است. در این آیات و آیات دیگر در عهد جدید زندگی مسیحی به مسابقه ای تشبیه شده و این تمثیل نشان دهنده آن است که مسیری مشخص پیش روی ما تعیین شده است و موفقیت در زندگی مسیحی یعنی پیمودن مسیر بر اساس قوانین مسابقه است. بنابراین با دانستن این حقیقت ما با مسابقه ای روبرو هستیم که برای ما مقرر شده است. عهد جدید به ما می گوید برای کسب پیروزی در این مسابقه باید چهار خصوصیت داشته باشیم. ۱ – دیدگاه صحیح ۲ - کنترل نفس ۳ – داشتن استقامت و ۴- این که چشمانمان بر عیسی متمرکز باشد. اگر ما این خصوصیات را مد نظر داشته باشیم درآن زمان است که می توانیم مسابقه را به پایان رسانده و ایمان خود را حفظ کنیم.

**خداوندا از تو متشکرم که به من کمک می کنی تا با استقامت ادامه دهم. اعلام می کنم که می خواهم با دیدگاهی صحیح ، کنترل نفس ، داشتن استقامت و تمرکز بر عیسی این مسابقه را به پایان برسانم و ایمانم را حفظ کنم. زیرا من باید با استقامت در مسابقه بدوم. آمین.**

**۴ دسامبر**

دیدگاهی صحیح

## بیائید با استقامت در مسابقه بدویم.

یکی از شروط موفقیت در مسابقه، داشتن دیدگاهی صحیح است. پولس زمانی که به رابطه اش با عیسی مسیح اشاره می کند حقیقتی را برایمان بازگو می کنم.

*" می خواهم مسیح و نیروی رستاخیزش را بشناسم و در رنج های او سهیم شده با مرگش هم شکل گردم تا به هر طریق که شده به رستاخیز از مردگان نائل شوم ." ( فیلیپیان ۳ : ۱۰ -۱۱ )*

پولس هدف مشخصی داشت و بی هدف نمی دوید. ( اول قرنتیان ۹ : ۲۶ را مطالعه کنید. ) او می دانست که مقصد اصلی چیست و این هدف بود که دیدگاه وی را شکل می داد. او چنین ادامه می دهد : *" نمی گویم هم اکنون به این ها دست یافته ام یا کامل شده ام بلکه خود را پیش می رانم تا چیزی را بدست آورم که مسیح عیسی برای آن مرا بدست آورد ." ( آیه ۱۲ )* دیدگاه پولس این بود که مسیح عیسی با هدف خاصی او را نجات داده است و محقق شدن آن هدف مستلزم آن است که او خود را در مسیر آن هدف نگاه دارد. او مصمم بود که هدف خود را منطبق با هدف مسیح نگاه دارد.

*" برادران گمان نمی کنم هنوز آن را بدست آورده باشم اما یک کار می کنم و آن این که آنچه در عقب است به فراموشی می سپارم و به سوی آنچه در پیش است خود را به جلو کشانده برای خط پایان می کوشم تا آن جایزه ای را بدست آورم که خدا برای آن مرا درمسیح عیسی به بالا فرا خوانده است ."( آیات ۱۳ ، ۱۴ )*

می بینیم که درآیات ۱۲ و۱۴ دو بار عبارت " به پیش راندن " و " به جلو کشاندن " دیده می شود. این دیدگاهی است که پولس داشت و ما نیز باید همین دیدگاه را داشته باشیم. خود را به جلو می کشم. من هدفی دارم و هنوز به آن هدف نرسیدم اما من می دانم که به کجا می روم. این جا در آخرین قسمتی که پولس این عبارت را به کار می برد چنین می گوید: " برای رسیدن به خط پایان می کوشم تا جایزه ای را بدست آورم که خدا برای آن مرا در مسیح عیسی به بالا فرا خوانده است. " برای آنان که با موفقیت این مسابقه را به پایان برسانند جایزه ای وجود دارد. همواره این جایزه را در ذهن داشته باشید زیرا هیچ کدام از ما نمی خواهیم جایزه ای که خدا برای مان مقرر ساخته را از دست بدهیم.

**خداوندا از تو متشکرم که مرا کمک می کنی تا خود را به جلو بکشم. اعلام می کنم که می خواهم دیدگاه صحیح خود را حفظ کنم و هدف را همواره در ذهن خود داشته باشم. زیرا من باید با استقامت در مسابقه بدوم. آمین .**

**۵ دسامبر**

شرایط صحیح کنترل نفس

## بیائید با استقامت در مسابقه بدویم.

شرط دیگری که برای کسب موفقیت در مسابقه وجود دارد کنترل نفس است و این شرایط در واژه هایی که پولس در اول قرنتیان ۹ :۲۴ – ۲۵ می گوید نوشته شده است. در این آیات زندگی مسیحی به مسابقه ورزشی تشبیه شده که مقایسه ای عالی و مثال واضحی است. زیرا ما هر روز در تلویزیون بینندهٔ مسابقات ورشی بسیاری هستیم.

*" آیا نمی دانید که در میدان مسابقه همه می دوند اما تنها یکی جایزه را می برد ؟ پس شما چنان بدوید که ببرید. " ( اول قرنتیان ۹ : ۲۴ )*

این هدف است و سپس پولس ادامه داده و شرایط را بازگو می کند.

*" هر که در مسابقه شرکت می جوید در هر چیز تن به انضباط می دهد آنان چنین می کنند تا تاجی فانی به دست آورند ولی ما چنین می کنیم تا تاجی غیر فانی به دست آوریم . " ( آیه ۲۵ ).*

اگر قرار است ما مسابقه و جایزه را ببریم باید نفس خود را کنترل کنیم. زمانیکه ما به مسابقات ورزشی فکر می کنیم این حقایق برای ما آشکار می شود که ورزشکار موفق کسی است که سخت ترین تمرین های کنترل نفس را داشته است. او باید سر تمرینات خود حاضر شود. آنچه می خورد را کنترل نماید. مقدار خوابش و میزان تمرینانش را تنظیم کند. او همچنین باید روحیه خود را نیز کنترل کند و دیدگاه مثبتی در خود بپروراند. او نمی تواند افکار منفی را در خود جای دهد.او باید به دیدی مثبت مسابقه دهد و باید ایمان داشته باشد که می تواند قهرمانی را کسب کند. تمامی این موارد برای ما مسیحیان نیز صدق می کند. ما نمی توانیم بدون کنترل نفس در مسابقه پیروز شویم.

**خداوندا از تو متشکرم که مرا کمک می کنی تا بتوانم خود را به جلو بکشم. اعلام می کنم که من در همه کارها نفس خود را کنترل می کنم تا بتوانم جایزه را ببرم. زیرا من باید با استقامت در مسابقه بدوم. آمین.**

**۶ دسامبر**

پرورش استقامت

## بیائید با استقامت در مسابقه بدویم.

این اعتراف به ما می گوید که شرط دیگری نیز برای پیروزی در عبرانیان ۱۲ : ۱ وجود دارد یعنی استقامت. این صفتی است که برای شخصیت ما ضروری است. ما به عنوان مسیحیان اگر می خواهیم پیروزی روحانی داشته باشیم و کامل شویم باید استقامت داشته باشیم. نقطه مقابل استقامت چیست ؟ فکر می کنم تسلیم شدن و انصراف دادن. مسیحیان نباید سریعا جا بزنند و اعلام انصراف کنند. زمانی که خداوند ما را دعوت می کند تا کاری انجام دهیم باید عزم خود را جزم نموده و آن کار را محقق سازیم و تا رسیدن به هدف مداومت داشته باشیم. رابطه نزدیکی بین کنترل نفس و استقامت وجود دارد. اگر ما نتوانیم نفسمان را کنترل کنیم نمی توانیم استقامت داشته باشیم. باید ضعف های خود را بشناسیم وگر نه هر گاه که استقامت ما آزموده شود یک ضعف خواه احساسی، روانی و یا فیزیکی می تواند ما را متوقف سازد. شرط دیگری که برای موفقیت در مسابقه وجود دارد تمرکز بر عیسی است. در عبرانیان ۱۲ : ۲ چنین آمده :

*" و چشمان خود را بر قهرمان و مظهر کامل ایمان یعنی عیسی بدوزیم که به خاطر آن خوشی که پیش رو داشت صلیب را تحمل کرد و ننگ آن را ناچیز شمرد و اکنون بر جانب راست تخت خدا نشسته است . "*

ما باید دائماً به عیسی نگاه کنیم. به عبارتی دیگر ما نمی توانیم در این مسابقه به خود اتکا کنیم. " نگاه کردن به عیسی " به معنای این است که او باید الگوی ما باشد. ما اطمینان خود را بر او می نهیم. او خالق ماست. او شروع ایمان ما است. اوست که کامل کننده ماست و می تواند ما را به پیروزی برساند.

**خداوندا از تو متشکرم که به من کمک می کنی تا خود را به جلو بکشم. اعلام می کنم که من تسلیم نمی شوم بلکه چشمان خود را بر عیسی می دوزم بر او که مرا به سوی پیروزی هدایت می کند. زیرا من باید با استقامت در مسابقه بدوم. آمین.**

**۷ دسامبر**

مسابقه ای طولانی و حساب شده

## بیائید با استقامت در مسابقه بدویم.

عبرانیان ۱۲ : ۱ به ما می گوید که باید هر بار گران را کنار بگذاریم. بیائید کنار گذاشتن بارها را در سایه شرکت نمودن در مسابقه نگاه کنیم. دونده جیب های خود را خالی می کند و سبک ترین و راحت ترین لباسی که می تواند را می پوشد. حتی یک گِرم بار اضافی یا غیر ضروری با خود حمل نمی کند. نکاتی وجود دارند که دقیقا گناه نیستند اما هنوز به عنوان بار بر ما سنگینی می کنند و ما را عقب نگاه می دارند. این نکات نیروی ما را تحلیل می برند و ما را بر آن می دارند که زمان و توجه بسیاری را صرف آن ها کنیم. به یاد داشته باشید که این مسابقه ای کوتاه نیست بلکه بلند و حساب شده. خصوصیت اولی که لازمه شرکت در این مسابقه است استقامت است. بسیاری از افراد زندگی مسیحی را همانند دو سرعت شروع می کنند و کمی بعد خسته می شوند.نیروی شان تحلیل می رود و به ندرت مسابقه را ادامه می دهند. به یاد داشته باشید که کتاب جامعه ۹ : ۱۱ به حکمت این نکته اشاره می کند :

*" و باز دیدم که زیر آفتاب مسابقه از آن تیزروان نیست و نه جنگ از آن نیرومندان و نه آن برای حکیمان و نه ثروت برای فهیمان و نه نظر لطف برای عالمان بلکه در همگی دست زمان و حادثه در کار است ."*

جملات زیر شهادت یک فرد پیروز است. یعنی پولس رسول :

*" جنگ نیکو را جنگیده ام مسابقه را به پایان رسانده و ایمان را محفوظ داشته ام اکنون تاج پارسایی برایم آماده است تاجی که خداوند آن داور عادل در آنروز به من عطا خواهد کرد نه تنها من بلکه به همه آنان که مشتاق ظهور او بوده اند ." ( دوم تیموتائوس ۴ : ۷ – ۸ )*

پولس می دانست که در مسابقه پیروز شده است. او مسیر خود را به پایان رسانده بود و می دانست که جایزه منتظر اوست. این شهادت پر جلالی است و من و شما نیز می توانیم چنین شهادتی داشته باشیم. اگر تنها شروط لازم را در زندگی مان بکار گیریم. آنچه مهم است سرعت و یا قدرت نیست بلکه استقامت است.

**خداوندا از تو متشکرم که مرا کمک می کنی تا به پیش روم. اعلام می کنم که هر بار گران را برای این مسابقه کنار می گذارم . زیرا من باید با استقامت در مسابقه بدوم. آمین.**

## ۸ دسامبر

### فرایند مداومت

### بیائید با استقامت در مسابقه بدویم.

بیائید به برخی از اصول ساده ای که به ما برای بدست آوردن استقامت کمک می کنند نگاه کنیم که در نوشتجات پولس در رومیان ۵ : ۱ – ۲ آمده است.

" پس چون از راه ایمان پارسا شمرده شده ایم به واسطه خداوندمان عیسی مسیح از صلح با خدا برخورداریم . ما توسط او و از راه ایمان به فیضی دسترسی یافته ایم که اکنون در آن استواریم و به امید سهیم شدن در جلال خدا فخر می کنیم . "

ما برای آنچه در آینده پیش رو داریم شادی می کنیم. پولس ادامه می دهد و می گوید که شادی ما نه تنها به خاطر آینده بلکه برای حال است : " نه تنها این بلکه در سختی ها نیز فخر می کنیم زیرا می دانیم که سختی ها بردباری به بار می آورد و بردباری شخصیت را می سازد و شخصیت سبب امید می گردد ." ( آیات ۳ و ۴ )  در آیه ۳ واژه فخر آمده است که در زبان یونانی به معنای " شادی کردن ، افتخار کردن ، بر افراشتن " است. باید در سختی ها شادی کنیم زیرا می دانیم که سختی ها چه نتیجه ای برای ما به بار می آورد؟ ترجمه NAS این آیه را چنین ترجمه کرده است: " سختی ها استقامت را به وجود می آورند و استقامت ثبات شخصیت و ثبات شخصیت باعث ایجاد امید می شود " و این هدف نهایی استقامت برای ماست یعنی شخصیتی که در برابر آزمون ها می ایستد. همانطور که پولس می نویسد:

" و این امید به سرافکندگی ما نمی انجامد زیرا محبت خدا توسط روح القدس که به ما بخشیده شد در دلهای ما ریخته شده است ." ( رومیان ۵ : ۵ )

محبت مفهومی است که به شخصیت ما مرتبط است. به عبارتی در این جا ما با موضوع شکل دهی شخصیت خود روبرو هستیم. ما در سختی ها شادی می کنیم زیرا سختی ها تنها ابزاری هستند که در ما مداومت ایجاد می کنند. مداومت است که در ما ثبات شخصیتی ایجاد می کند. من مردانی را می شناسم که با آنها زندگی کرده ام و سختی ها و مخالفت ها و اشتباهات و سؤ تفاهمات بسیاری را با آن ها شریک شده ام. اما آنها امروز برای من شخصیت های قابل اعتمادی هستند و می دانم که می توانم به آنها اطمینان کنم. زیرا در زمان خیانت و بی قانونی باید بدانیم که به چه کسی می توانیم اعتماد کنیم.

**خداوندا از تو متشکرم که به من کمک می کنی خود را به جلو بکشم. اعلام می کنم من در سختی ها شادی می کنم زیرا سختی ها شخصیت مرا شکل می دهند و امیدی را در من ایجاد می کنند که برای به پایان رساندن مسابقه به آن احتیاج دارم. زیرا من باید با استقامت در مسابقه بدوم. آمین.**

**۹ دسامبر**

تا به آخر

## بیائید با استقامت در مسابقه بدویم.

یکی از موضوعاتی که در کتاب عبرانیان دائماً هشدار داده می شود خطر بازگشت از ایمان است. پنج متن مشخص در عبرانیان وجود دارد که به ما در باره خطر بازگشت هشدار می دهد. این ها برخی از جدی ترین آیات کتاب مقدس هستند. یکی از واژه های کلیدی که در عبرانیان بر آن تاکید می شود واژهٔ استقامت است.

*" آرزوی ما این است که هر یک از شما همین جدیت را برای تحقق امیدتان تا به آخر نشان دهید و کاهل نباشید بلکه از کسانی سرمشق گیرید که با ایمان و شکیبایی وارث وعده ها می شوند. " ( عبرانیان ۶ : ۱۱ – ۱۲ )*

ایمان و شکیبائی. برخی از افراد به شما خواهند گفت که ایمان تنها چیزی است که شما برای رسیدن به وعده های خداوند به آن احتیاج دارید. این درست نیست . شما به ایمان و شکیبائی نیاز دارید. به هر دوی آنها نیاز دارید و نویسنده عبرانیان چنین ادامه می دهد.

*" پس این آزادگی خود را ترک مگوئید زیرا پاداشی عظیم در پی خواهد داشت. چون لازم است پایداری کنید تا آنگاه که اراده خدا را به انجام رساندید وعده را بیابید. " ( عبرانیان ۱۰ : ۳۵ – ۳۶ ) .*

در این جا واژه اطمینان به معنای این است که شما آزادی بیان دارید. شما می توانید با جسارت در باره عیسی سخن بگوئید. درباره آنچه او برای شما انجام داده است و آنچه انجام خواهد داد. شما اراده خداوند را انجام داده اید اما هنوز وعده ها را دریافت ننموده اید شما به چه چیزی نیاز دارید؟ استقامت. شما باید از زمانی که اراده خداوند را انجام می دهید و در انتظار وعده هستید تا زمانی که در واقع آن وعده را دریافت می کنید مداومت نشان دهید. برخی از مردم اراده خداوند را انجام می دهند و وعده را می طلبند اما مداومت نشان نمی دهند و سپس می گویند که نتیجه ای نداشت. بله این امر بدون مداومت نتیجه نمی دهد. بنابراین شما به ایمان و شکیبائی نیاز دارید.

**خداوندا از تو متشکرم که به من کمک می کنی که خود را به جلو بکشم. اعلام می کنم که تا به انتها با ایمان صبر خواهم کرد و در انجام اراده خداوند برای دریافت وعده هایش مداومت نشان خواهم داد. زیرا من باید با استقامت در مسابقه بدوم. آمین.**

## هفته ۵۰

### بیائید شکر گزار باشیم.

" پس چون پادشاهی ای را می یابیم که تزلزل ناپذیر است بیائید شکر گزار باشیم و خدا را با ترس و هیبت عبادتی پسندیده نمائیم . " ( عبرانیان ۱۲ : ۲۸ )

**۱۰ دسامبر**

فیض وشکرگزاری

## بیائید شکر گزار باشیم.

دهمین بیائید در انتهای باب ۱۲ کتاب عبرانیان دیده می شود .

*" پس چون پادشاهی ای را می یابیم که تزلزل ناپذیر است بیائید شکر گزار باشیم و خدا را با ترس و هیبت عبادتی پسندیده نمائیم ." ( عبرانیان ۱۲ : ۲۸ )*

در ترجمه تحت الفظی این گونه آمده است." بیائید شکر به جا آوریم ." در ترجمه انگلیسی کینگ جیمز چنین آمده : " بیائید فیض داشته باشیم . " دانستن ارتباط میان فیض و شکرگزاری مهم است. در زبان یونانی از عبارت " داشتن فیض " برای تشکر کردن استفاده می شود. همین نکته باعث ایجاد ارتباطی بین فیض و شکرگزاری می شود. در بسیاری از زبان ها با ریشه رومی مدرن، این ارتباط دیده می شود. برای مثال در زبان فرانسه می گویند " Grace a Dieu " که به معنای شکر بر خداوند است. در ایتالیایی می گویند " grazie " در اسپانیا می گویند " gracias " همه این واژ ها از همان واژه " grace " به معنای فیض گرفته است. در پرتوی این حقیقت می خواهم به شما بگویم که نمی توانید فیض خداوند را در زندگی تان داشته باشید مگر اینکه شکرگزار او باشید. فیض و شکرگزاری با یکدیگر می آیند. فردی که ناسپاس است با بی نزاکتی عمل می کند در حالی که شخص سپاسگزار همواره فیض خداوند را آشکار می سازد. خداوند دو چیز از قوم خود می خواهد. پیش از همه او می خواهد که ما قدر آنچه برایمان انجام داده را بدانیم و دوم می خواهد که ما شکرگزاری خود را نشان دهیم. باید شکرگزاری خود را نسبت به خداوند ابراز نمائیم.

**خداوندا تو را به خاطر آنچه برای ما انجام داده ای شکر می کنم. اعلام می کنم که به خاطر آنچه خداوند برایم انجام داده است سپاسگزارم و من آزادانه تشکرات خود را ابراز می کنم. من باید شکرگزار باشم. آمین.**

**۱۱ دسامبر**

اجتناب از شکرگزاری

# بیایید شکرگزار باشیم.

برخی از مردم نسبت به خداوند واقعا شکرگزارند اما هرگز زمانی را برای ابراز آن اختصاص نمی دهند. چه حسی داشتید اگر فرزندان شما هرگز به خاطر آنچه برایشان انجام داده بودید از شما تشکر نمی کردند؟ چه احساسی داشتید اگر آنها هرگز نمی گفتند متشکرم ! و تشکرات خودشان را ابراز نمی کردند؟ و می گفتند آنچه انجام داده ایم حق آن ها است و وظیفه ما؟ متأسفانه این رفتار بسیاری از فرزندان خداوند نسبت به اوست. این رفتار باعث خشنودی خداوند نمی شود. ما باید به خاطر آنچه خداوند برای ما انجام می دهد شکرگزار باشیم و زمانی را برای ابراز آن اختصاص دهیم. یکی از آیات مورد علاقه من در کتاب امثال وجود دارد که می گوید:

*" در همه راههای خود او را در نظر داشته باش و او طریق هایت را راست خواهد گردانید. " ( امثال ۳ : ۶ )*

بر اساس تجربه دریافته ام که اگر در هر مرحله از زندگی خداوند را در نظر داشته باشم می توانم مطمئن باشم که او مرا در مسیر درست هدایت خواهد کرد. ممکن است بپرسید چگونه می توانم خداوند را در نظر داشته باشم ؟ ساده ترین و بهترین روش شکرگزاری است. این که بگوئیم متشکرم خداوندا. به خاطر تمام آنچه برای ما انجام داده و به خاطر وفاداریت. در همان لحظه که برای وفاداری او تشکر می کنید درون خود اطمینانی مبنی بر اینکه او به وفادار بودن خود ادامه می دهد در شما ایجاد می شود. درست همانطور که در گذشته شما را کمک و هدایت نموده است در آینده نیز شما را هدایت خواهد کرد. اما کلید این اطمینان در نظر داشتن او با ابراز شکرگزاری است. زمانی که در آفریقای شرقی بودم دختر خوانده ای داشتم که در زبان آنها هیچ واژه یا عبارتی برای تشکر وجود نداشت. آیا می توانید تصور کنید که هرگز نتوانید بگوئید متشکرم؟ بعد ها متوجه شدم که مردم از کتاب مقدس آموخته اند که بگویند متشکرم ! این بخشی از فیض خداوند است.

**خداوندا به خاطر تمام آنچه برایم انجام داده ای تو را شکر می کنم. اعلام می کنم که در تمام مراحل زندگیم باز ایستاده و خداوند را در نظر خواهم داشت و این کار را با شکرگزاری انجام خواهم داد. زیرا من باید شکرگزار باشم. آمین.**

## ۱۲ دسامبر

واکنشی صحیح

## بیائید شکرگزار باشیم.

در رساله عبرانیان نویسنده ما را نصیحت می کند که شکرگزار باشیم. حال بیائید ببینیم بعد از چه نقل قولی او چنین نصیحت می کند. در این جا ما با هشداری جدی روبرو می شویم. نویسنده مثالی کاربردی از عهد عتیق بیان می کند. جائی که خداوند با قوم اسرائیل از طریق موسی سخن می گوید:

*" به هوش باشید که از گوش فرا دادن به آن که سخن می گوید سرباز مزنید . اگر آنان که بر زمین بدیشان هشدار داده بود گوش فرا ندادند راه گریزی نیافتند پس ما چه راه گریزی خواهیم داشت اگر از گوش فرا دادن به آن که از آسمان به ما هشدار می دهد سر باز زنیم . درآن زمان صدای او زمین را به لرزه در آورد اما اکنون وعده داده است که یک بار دیگر نه تنها زمین بلکه آسمان را نیز به لرزه در خواهم آورد ." ( عبرانیان ۱۲ : ۲۵ ــ ۲۷ )*

عبارت یک بار دیگر به از میان برداشته شدن چیزهایی اشاره دارد که به لرزه در می آیند یعنی چیزهای آفریده شده تا آنچه تزلزل ناپذیر است باقی بماند.شکرگزاری واکنشی صحیح در مقابل فرصت ها و برکاتی است که ما در خداوند یافته ایم. ما به پادشاهی متزلزلی متکی نیستیم. ما ملکوتی ابدی داریم. ملکوتی بی تزلزل. ملکوت خداوند.

*" زیرا پادشاهی خدا خوردن و نوشیدن نیست بلکه پارسایی سلامتی شادی در روح القدس است ." ( رومیان ۱۴ : ۱۷ )*

در حالی که همه موضوعات پیرامون ما فانی و متغیرند یعنی نا امیدی ها ، تردیدها ، سرگشتگی ها و سردگمی ها و نفرت ، جدائی ، جنگ و ترس ها، ما ملکوتی تزلزل ناپذیر داریم. ما از آرامش و امنیت برخورداریم و هدفی داریم. در مقابل چنین برکتی واکنش صحیح چیست؟ تنها یک واکنش وجود دارد و آن هم شکرگزاری.

*" پس چون پادشاهی ای را می یابیم که تزلزل ناپذیر است بیائید شکرگزار باشیم و خدا را با ترس و هیبت عبادتی پسندیده نمائیم" (عبرانیان ۱۲ : ۲۸ )*

بیائید شکرگزاری خود را نسبت به خداوند ابراز کنیم.

**خداوندا به خاطر تمامی آنچه برای من انجام داده ای تو را شکر می کنم. اعلام می کنم از آنجا که من پادشاهی خداوند را یافته ام که بی تزلزل است شکرگزار و سپاس گزار خواهم بود. زیرا من باید شکرگزار باشم. آمین.**

**۱۳ دسامبر**

رهایی ثمرهٔ شکرگزاری

## بیائید شکرگزار باشیم.

سپاس گزاری و شکرگزاری واکنشی است صحیح نسبت به آنچه خداوند برای مان انجام داده است. این بدهی ما نسبت به خداوند است و ما باید آنرا بپردازیم. اما شکرگزاری چنان تغییری در روح ما ایجاد می کند که هیچ عمل دیگری قادر به انجام آن نیست. این تغییر را چنین تعریف می کنم. شکرگزاری روح ما را برای پرستش و خدمت مقبول خداوند آزاد می کند. برای همین است که نویسنده عبرانیان می گوید :

*" پس چون پادشاهی ای را می یابیم که تزلزل ناپذیر است بیائید شکرگزار باشیم و خدا را با ترس و هیبت عبادتی پسندیده نمائیم" (عبرانیان ۱۲ : ۲۸ )*

بدون شکرگزاری خدمات ما قابل قبول نخواهد بود.این روحیه شکرگزاری است که خدمت ما را مقبول گردانده و رهایی را برای روح مان به ارمغان می آورد. فرد ناسپاس در خود گرفتار است. او خود محور است. او واقعا نمی داند که آزادی واقعی چیست. اما شکرگزاری روح ما را آزاد می سازد.

*" در هر وضعی شکرگزار باشید زیرا این است اراده خدا برای شما در مسیح عیسی . آتش روح را خاموش مکنید. "( اول تسالونیکیان ۵ : ۱۸ ـ ۱۹ )*

آیه بالا فرمانی آشکار است. اگر ما شکر نکنیم یعنی نامطیع هستیم و همچنین خارج از اراده خداوند. به علاوه اجتناب از شکرگزاری باعث خاموش شدن آتش روح القدس می شود و آن چیزی که باعث جاری شدن روح القدس می گردد و خدمت ما را مقبول می گرداند، شکرگزاری است. سپس به هشداری که در انتهای عبرانیان باب ۱۲ آمده دقت کنید : " زیرا خدای ما آتش سوزاننده است " (آیه ۲۹ ) رساله عبرانیان به ما می گوید که باید به این خداوند قدوس و با هیبت با روحیه ای درست نزدیک شویم. یعنی با قلبی فروتن و شکرگزار.

**خداوندا به خاطر تمام آنچه برایم انجام داده ای تو را شکر می کنم. اعلام می کنم زمانی که به حضور خداوند مقدس و پر هیبت وارد می شوم قلبم را فروتن ساخته و او را سپاس خواهم گفت. و این چنین رویکردی است که باعث می شود روح من آزاد شده تا پرستش و خدمتی شایسته داشته باشم. زیرا من باید شکر گزار باشم. آمین.**

**۱۴ دسامبر**

ضرورت شکرگزاری

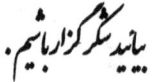

بیائید شکرگزار باشیم.

بیائید به شرایط دنیا در روزهای آخر نگاه کنیم. می دانیم که در آینده با لرزه ای شدید مواجه خواهیم شد. ( عبرانیان ۱۲ : ۲۵ – ۲۷ را مطالعه کنید.) اکنون به فروپاشی شخصیت ها، اخلاقیات و استاندارد ها نگاه کنید. پولس می گوید :

*" اما آگاه باش که در روزهای آخر زمانهای سخت پیش خواهد آمد .مردمان خودپرست ، پول دوست ، لاف زن ، متکبر ، ناسزاگو ، نافرمان به والدین ، ناسپاس ، ناپاک ، بی عاطفه ، بی گذشت ، غیبت گو ، بی بندوبار ، وحشی ، دشمن نیکوئی ، خیانتکار ، بی مبالات و خود پسند خواهند بود. لذت را بیشتر از خدا دوست خواهند داشت و هر چند صورت ظاهر دینداری دارند منکر قدرت آن خواهند بود از چنین کسان دوری گزین. " ( دوم تیموتائوس ۳ : ۱ -۵ )*

این لیستی وحشتناک از مشکلات اخلاقی و نزول معیارها است که علامت انتهای این عصر است. حدس من این است که اگر بار دیگر این لیست را مرور کنید می فهمید که بسیاری از این مشکلات شخصیتی هم اکنون وجود دارد و درست در میانه این لیست گفته شده که مردم نافرمان به والدین ، ناسپاس و ناپاک و بی عاطفه می گردند. به این ارتباط دقت کنید. ناسپاسی در کنار ناپاکی آمده است. شما نمی توانید ناسپاس باشید و پاک بمانید. خداوند ما آتش فروبرنده است. (برای مثال عبرانیان ۱۲ : ۲۹ را مطالعه کنید.) او از ما انتظار دارد که او را با قدوسیت خدمت کنیم و این انتظار او به جا است. همچنین باید او را با روحیهٔ شکرگزار خدمت کنیم و با سپاس گزاری به حضورش برویم. بیائید سپاس گزار باشیم تا بتوانیم خدمتی شایسته داشته باشیم و او را با ترسی آمیخته با احترام خدمت کنیم. ( آیه ۲۸ را مطالعه کنید.)

**خداوندا تو را به خاطر آنچه برایم انجام داده ای شکر می کنم. اعلام می کنم که از آن رو که خداوند ما آتش فرو برنده است من نیز او را با پاکی و سپاس گزاری خدمت خواهم کرد. زیرا من باید شکرگزار باشم . آمین.**

**۱۵ دسامبر**

سپاسگزاری از خداوند

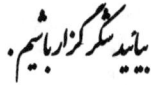

بیائید شکرگزار باشیم.

شکرگزاری یکی از احکام مستقیم کتاب مقدس است. عدم شکرگزاری نشانه نا اطاعتی است. ( اول تسالونیکیان باب ۵ را مطالعه کنید. ) شکرگزاری مهمترین صفت اخلاقی یک فرد مسیحی است که به اراده مربوط است و نه احساسات. برای این که ما شکرگزار باشیم لزوما نباید حس شکرگزاری داشته باشیم. مانند افرادی که به کودکان خود آموزش داده اند که بگویند." متشکرم" به عنوان مثال در انگلستان از بچه ها این انتظار می رود که حتی پیش از آنکه چیزی را دریافت کنند تشکر کنند. این به معنای رفتار درست است. خداوند نیز غالباً با ما چنین برخورد می کند و از ما انتظار دارد که حتی پیش از آنکه چیزی را دریافت کنیم به او بگوئیم متشکرم. اگر صبر کنیم تا اول آن را دریافت کنیم و بعد شکرگزاری کنیم آنرا بدست نمی آوریم.

*" صلح مسیح بر دلهایتان حکم فرما باشد زیرا فرا خوانده شده اید تا چون اعضای یک بدن در صلح و صفا به سر برید و شکرگزار باشید. کلام مسیح به دولتمندی در شما ساکن شود و با مزامیر سرود ها و نغمه هایی که از روح است با کمال حکمت یکدیگر را پند و تعلیم دهید و با شکرگزاری و از صمیم دل برای خدا بسرائید و هر آنچه کنید در گفتار و چه درکردار همه را به نام خداوند عیسی انجام دهید و به واسطه او خدای پدر را شکر گزارید." ( کولسیان ۳ :۱۵ – ۱۷ )*

این متن از ما دو چیز می خواهد. انجام هر چیز در نام عیسی و شکرگزاری در زمان انجام کارها. خواه این کار پاک کردن دستشویی باشد، خواه راندن ماشین یا نوشتن یک نامه. به کار گیری این اصول به ما دیدگاهی صحیح از درست و غلط ارائه می دهد. اگر کاری وجود دارد که ما صادقانه نمی توانیم آنرا در نام عیسی انجام دهیم و شکرگزار باشیم بهتر است آنرا انجام ندهیم. این فرمول لیست بلندی از کارهایی که باید انجام دهیم و کارهایی که نباید انجام دهیم را از زندگیمان حذف می کند. این اصلی ساده برای هدایت شما در سخنان و اعمالتان است.

**خداوندا تو را به خاطر تمام آنچه برای مان انجام داده ای شکر می کنم. اعلام می کنم که من هر کاری را در نام عیسی خداوند انجام می دهم و در حالی که آن کار را انجام می دهم خدای پدر را شکر می گویم. زیرا من باید شکرگزار باشم. آمین.**

**۱۶ دسامبر**

انجام اراده خداوند

# بیایید شکرگزار باشیم.

شکرگزاری روشی است برای اعلام آرامش مسیح که بر قلوب ما حکمرانی می کند. شکرگزاری روش ابراز کلام مسیح است که به وفور در ما ساکن است. شکرگزاری اصلی است که باید هدایت کننده تمامی کارهای ما باشد. ( کولسیان ۳ : ۱۵ – ۱۷ را مطالعه کنید.) به سه آیه کوتاه اما مهم نگاه کنید. آیه اول تسالونیکیان ۵ : ۱۶ – ۱۸ است :

*" شاد باشید پیوسته دعا کنید در هر وضعی شکرگزار باشید زیرا این است اراده خدا برای شما در مسیح عیسی ."*

در این آیات سه راهنمایی ساده وجود دارد. شاد باشید. پیوسته دعا کنید در هر وضعی شکرگزار باشید. پولس در باره شکرگزاری در هر وضعیتی چنین می گوید : " این اراده خدا برای شما در مسیح عیسی " است. زمانی که ما شکرگزاری نمی کنیم ما در واقع اراده خداوند را انجام نمی دهیم به عبارت دیگر ما خارج از اراده خداوند قرار داریم. چقدر مهم است که این حقیقت را درک کنیم. چیزی که می خواهم درباره روحیه شکرگزاری بگویم این است که شکرگزاری فاکتوری ضروری برای پر بودن از روح القدس است. پولس می نویسد : " آتش روح را خاموش مکنید . " ( آیه ۱۹ ) و این آن چیزی است که به کلیسای افسس می گوید : " پس نادان نباشید بلکه دریابید که اراده خداوند چیست. مست شراب مشوید که شما را به هرزگی می کشاند بلکه از روح ( روح القدس ) پر شوید. " ( افسسیان ۵ : ۱۷ – ۱۸ ) پولس جمله ای مثبت را پس از جملهٔ منفی خود می گوید و این جمله درباره اراده خداوند است. اگر ما این حقایق را درباره اراده خداوند درک نکنیم نادان هستیم. هر کدام از این نصایح به یک اندازه اهمیت دارند. مست شراب شدن برای یک مسیحی کار اشتباهی است و به همان میزان پر نشدن از روح القدس نیز برای یک مسیحی اشتباه است. ما گاهاً چون افرادی مذهبی بیشتر بر آنچه منفی است تمرکز می کنیم. خود را مست شراب نمی کنیم اما آنچه مثبت است را نیز فراموش می کنیم که پر شدن از روح القدس است. ما باید از روح القدس پر شویم.

**خداوندا به خاطر تمام آنچه برایم انجام داده ای تو را شکر می کنم. اعلام می کنم که با شکرگزاری اراده خداوند را در زندگیم محقق می سازم و نشان می دهم که روح القدس مرا پر ساخته است. زیرا من باید شکرگزار باشم. آمین.**

# هفته ۵۱

## بیائید نزد او به بیرون از اردوگاه برویم.

" پس بیائید در حالی که همان ننگ را که او متحمل شد بر خود حمل می کنیم نزد او بیرون از اردوگاه برویم ." ( عبرانیان ۱۳ :۱۳ )

**۱۷ دسامبر**

ننگی که او متحمل شد.

## بیائید نزد او به بیرون از اردوگاه برویم.

یازدهمین فرمان بیائید در عبرانیان باب ۱۳ آمده است:

*" به همین سان عیسی نیز بیرون از دروازه شهر رنج کشید تا با خون خود قوم را تقدیس کند . پس بیائید در حالی که همان ننگ را که او متحمل شد بر خود حمل می کنیم نزد او بیرون از اردوگاه برویم . زیرا در اینجا شهری ماندگار نداریم بلکه مشتاقانه در انتظار آن شهر آینده هستیم ." ( عبرانیان ۱۳ : ۱۲ – ۱۴ )*

این متن درباره نحوه برخورد و رابطه ما با دنیا صحبت می کند و به ما می گوید که خانه اصلی ما این جا نیست. در این دنیا مکانی دائمی نداریم. " او را بیرون از شهر رانده و بیرون از دروازه مصلوبش کردند ." کتاب مقدس همواره بر این حقیقت که مصلوب شدن عیسی بیرون از دیوارهای شهر رخ داد تاکید می کند. عیسی طرد شد. او از جامعه بیرون انداخته شد. دنیا او را نخواست و همان طریقی که دنیا با عیسی عمل کرد دیر یا زود به طریقی دیگر با ما عمل خواهد کرد ما که به او ایمان داریم. ما باید مشتاق این باشیم که نزد او بیرون دروازه برویم. به مکان مصلوب شدن و طرد شدن و ننگی که او متحمل شد را نیز تحمل کنیم. در جایی دیگر از رساله عبرانیان چنین آمده که رسوائی به خاطر مسیح با ارزشتر از گنج های مصر است. ( عبرانیان ۱۱ : ۲۶ را مطالعه کنید.) بنابراین رسوائی به خاطر او باعث جلال ما می شود. و سپس نویسنده دلیلی زیبا به ما ارائه می دهد." *زیرا در این جا شهری ماندگار نداریم* ." ممکن است دیگران فکر کنند که این دنیا ابدی است اما ما می دانیم که چنین نیست. ما مشتاقانه در انتظار آن شهر آینده هستیم.من این ترجمه را دوست دارم زیرا درباره واژه شهر سخن می گوید. یعنی یک شهر خاص وجود دارد که مقصد و خانه تمامی ایمانداران واقعی است. این آن جایی است که ما واقعا بدان تعلق داریم.

**خداوندا متشکرم برای این که مرا می خوانی که به این دنیا پشت کنم. من اعلام می کنم که می خواهم با عیسی به بیرون از دروازه های شهر بروم و ننگ او را بر خود حمل کنم. زیرا من باید بیرون از اردوگاه بروم. آمین.**

**۱۸ دسامبر**

خداوند شهری مهیا کرده است.

## بیائید نزد او به بیرون از اردوگاه برویم.

نویسنده کتاب عبرانیان در باب ۱۱ آن رساله به لیستی از مقدسان وفادار در عهد عتیق اشاره می کند و از جایگاه محترمانه آنها سخن می گوید :

*" اینان همه در ایمان درگذشتند در حالی که وعده ها را هنوز نیافته بودند بلکه فقط آنها را از دور دیده و خوشامد گفته بودند . ایشان تصدیق کردند که بر زمین بیگانه و غریبند . انان که چنین سخن می گویند آشکارا نشان می دهند که در جستجوی وطنی هستند. اگر به سرزمینی می اندیشیدند که ترکش کرده بودند فرصت بازگشت می داشتند . اما مشتاق سرزمینی نیکوتر بودند مشتاق وطنی آسمانی از همین رو خدا عار ندارد خدای ایشان خوانده شود .زیرا شهری برایشان مهیا کرده است." ( عبرانیان ۱۱ : ۱۳ ـ ۱۶ )*

مردان و زنان پیشرو ایمان که از بسیاری از جهات الگوی ما هستند اعتراف نمودند که آن ها بر زمین بیگانه و غریب بودند. آنها به زمین تعلق نداشتند و در جستجوی وطنی دیگر بودند. امروزه پناهندگان بسیاری وجود دارند که در پی یافتن مکانی دائمی برای زندگی شان هستند. افراد اشاره شده در عبرانیان نیز در جستجوی وطنی بودند اما نه بر زمین. می خواستند به جائی باز گردند که از آن جا آمده بودند. برای مثال ابراهیم می توانست به اور کلده باز گردد اما او ذهن خود را بر آینده معطوف ساخته بود. او به گذشته نگاه نمی کرد. تنها مشتاق سرزمینی دروتر بود. مشتاق وطن آسمانی از این رو خدا عار ندارد خدای ایشان خوانده شود. زمانی که ما خود را متعلق به خدا می دانیم و او که در حال آماده سازی شهری برای ما است افتخار می کند که خدای ماست و او شهری برای آنها و برای ما مهیا نموده است.

**خداوندا از تو متشکرم که مرا می خوانی که به این دنیا پشت کنم. من اعلام می کنم که اینجا غریبه هستم و بر زمین بیگانه. و در پی شهری هستم که خداوند برایم مهیا نموده است. من باید نزد او بیرون از اردوگاه بروم. آمین.**

**۱۹ دسامبر**

خود را مصلوب شده بدانید.

## بیائید نزد او به بیرون از اردوگاه برویم.

اگر ما می خواهیم به عیسی متعهد بمانیم باید خود را نیز مانند او مصلوب شده بدانیم و به مکانی برویم که او مصلوب شد. داشتن این تعهد مستلزم حذف دو چیز از زندگی ماست. راضی نگاه داشتن خود و دنیا.

*" ای برادران با هم از من سرمشق بگیرید و توجه خود را به کسانی معطوف کنید که مطابق الگوئی که در ما سراغ دارید رفتار می کنند . زیرا همان گونه که بارها به شما گفته ام و اکنون نیز اشکریزان تکرار می کنم بسیاری چون دشمنان صلیب رفتار می کنند . عاقبت چنین کسانی هلاکت است . خدای آنان شکمشان است و به چیز های ننگ آور مباهات می کنند و افکارشان معطوف به امور زمینی است . " ( فیلیپیان ۳ : ۱۷ -۱۹ )*

پولس در مورد افرادی صحبت می کند که اعتراف می کردند مسیحی هستند اما در واقع دشمنان صلیب بودن و فقط ادعا می کردند که پیروان مسیح هستند. توجه آنها معطوف به خودشان بود و به چیز های زمینی فکر می کردند. اصول صلیب یعنی مرگ نسبت به خود و هر چه که به جسم تعلق دارد و این نکته در زندگی این افراد وجود نداشت. امروزه نیز در کلیسا بسیاری از مردم ادعا می کنند که با مسیح متحد هستند اما صلیب او را رد می کنند. عاقبت آنها هلاکت است. در زمان مصلوب کردن نفس خود به همراه عیسی کار دیگری نیز باید انجام دهیم و آن این است که سعی نکنیم دنیا را راضی نگاه داریم. یعقوب این واژه های تند را به ایمانداران می نویسد:

*" ای زناکاران آیا نمی دانید دوستی با دنیا دشمنی با خداست ؟ هر که در پی دوستی با دنیاست خود را دشمن خدا می سازد . " ( یعقوب ۴ : ۴ )*

یعقوب این افراد را زنا کار می نامد. زمانی که فردی تبدیل به عروس مسیح می شود یعنی کلیسا ، این عنوان تعهدی برای او در پی دارد. قلب عروس باید متعلق به یک نفر باشد و کاملاً متعهد و وقف شده به داماد باشد. زمانی که عشق به این دنیا سرسپردگی ما به عیسی را مخدوش می کند در آن زمان ما زنا کاران روحانی محسوب می شویم. اگر ما نسبت به داماد یعنی عیسی مسیح وفادار نمانیم در واقع زنا کرده ایم. دوستی با این دنیا یعنی مرتکب شدن زنای روحانی .

**خداوندا از تو متشکرم که مرا فرا می خوانی که به این دنیا پشت کنم. اعلام می کنم که من این اصل صلیب را در زندگیم به کار می برم. مرگ نسبت به خود و امور جسمانی. زیرا من باید نزد او و بیرون از اردوگاه بروم. آمین.**

**۲۰ دسامبر**

نشانه جدا شدن

## بیائید نزد او به بیرون از اردوگاه برویم.

در انجیل یوحنا عیسی چنین جمله ای می گوید:

*" اگر دنیا از شما نفرت دارد به یاد داشته باشید که پیش از شما از من نفرت داشته است. اگر به دنیا تعلق داشتید دنیا شما را چون کسان خود دوست می داشت . اما چون به دنیا تعلق ندارید بلکه من شما را از دنیا برگزیده ام دنیا از شما نفرت دارد . " ( یوحنا ۱۵ : ۱۸-۱۹ )*

اگر دنیا شما را همچون کسان خود دوست می دارد این نشانه ای تقریباً قطعی است که ما به عیسی تعلق نداریم. باید به این هشدار توجه کنیم. در پرتوی این حقیقت ما باید چه نوع رفتاری داشته باشیم؟ پولس به زیبائی پاسخ این سئوال را در غلاطیان ۶ : ۱۴ می دهد :

*" اما مباد که من هرگز به چیزی افتخار کنم جز به صلیب خداوندمان عیسی مسیح که به واسطه آن دنیا برای من بر صلیب شد و من برای دنیا . " ( غلاطیان ۶ : ۱۴ )*

ما هرگز نباید به چیزی جز صلیب خداوند افتخار کنیم. نه بر تحصیلات و نه بر فرقه کلیسایی خود. ما نباید به هیچ کدام از این چیزها اعتماد و افتخار کنیم. تنها چیزی که می توانیم به آن افتخار کنیم صلیب خداونمان عیسی مسیح است. جائی که پیروزی کامل ، دائمی وغیر قابل بازگشت و نهایی نسبت به نیروهای شرارت حاصل شده است. از طریق صلیب دنیا برای من بر صلیب شد و من برای دنیا. صلیب علامت جدائی بین قوم خداوند و دنیا است. زمانی که اصل صلیب را در زندگی های مان می پذیریم دیگر متعلق به این دنیا نیستیم. عیسی به ما وعده عالی پیروزی را داده است. *" این ها را به شما گفتم تا در من آرامش داشته باشید. در دنیا برای شما زحمت خواهد بود اما دل قوی دارید زیرا من بر دنیا غالب آمده ام . " ( یوحنا ۱۶ : ۳۳ )* ما در دنیا با زحمات بسیاری روبرو خواهیم شد اما عیسی بر دنیا غالب آمده و ما نیز از طریق او می توانیم بر دنیا غالب آئیم اگر نزد او به بیرون از اردوگاه رفته و ننگ را به همراه او تحمل کنیم.

**خداوندا از تو متشکرم که مرا فرا می خوانی که به این دنیا پشت کنم. اعلام می کنم که صلیب را علامت جدائی قوم خداوند با دنیا می دانم. دنیایی که دیگر به آن تعلق ندارم. زیرا من باید نزد او بیرون از اردوگاه بروم. آمین.**

## ۲۱ دسامبر

رد شدن او و پذیرفته شدن ما

# بیائید نزد او به بیرون از اردوگاه برویم.

در باب ۱۶ کتاب لاویان دربارهٔ روز کفاره و بزی می خوانیم که بر آن قرعه می انداختند. در آن روز دو بز انتخاب می شدند. یک بز باید به عنوان قربانی گناه کشته می شد و بز دیگر که عزازیل نام داشت باید در بیابان رها می شد. عزازیل را در سرزمین های خالی از سکنه رها می کردند تا آنجا نا امیدانه و سرگردان بماند و از تشنگی بمیرد. این بز هرگز باز نمی گشت. بز عزازیل روز کفاره ، تمثیلی از عیسی است. او از حضور خداوند قادر مطلق طرد شد و هر دو بز به صورت سمبلیک به عیسی اشاره می کنند. عیسی هم به عنوان قربانی گناه بر صلیب مرد و هم به عنوان عزازیل از حضور خداوند طرد شد و طرد شدگی ما را بر خود گرفت. متضاد رد شدن پذیرفته شدن است. به این نکته در افسسیان ۱ : ۶ اشاره شده است.

*" تا بدین وسیله فیض پر جلال او ستوده شود فیضی که در آن محبوب به رایگان به ما بخشیده شده است : "*

همه ما باید درک کنیم که پذیرفته شده هستیم. یکی دیگر از مشکلاتی که مردم در آمریکای مدرن به آن مبتلاً هستند احساس طرد شدگی است. می توانم به شما قطعا بگویم که در هر فرهنگی افراد بسیاری وجود دارند که با احساس طرد شدگی دست و پنجه نرم می کنند. در بسیاری از این موارد این احساس به خاطر والدین آنها بوجود آمده است. زمانی که بزرگ می شدند هرگز نتوانستند مطمئن باشند که والدین شان واقعاً آنها را می خواهند. بسیاری از آن ها هنوز هم نمی دانند که باید حس پذیرفته شدن داشته باشند. آنها مسیر زندگی خود را با احساس طرد شدگی ، غم و ناتوانی در ایجاد ارتباط پشت سر گذاشتند. آن ها نتوانستند محبت نشان دهند زیرا هرگز محبتی را تجربه نکردند. از روی تجربه آموخته ام که یکی از کلید های مهم در کمک به چنین افرادی این است که بدانند قویاً توسط خداوند پذیرفته شده هستند. زمانی که به آن ها این اعتماد را می دهیم که خود خداوند هم درد طرد شدگی را تجربه کرده و با آن آشنا است آن ها می توانند آزاد شوند. هیچکس به اندازه عیسی در زمان جان دادن بر صلیب به خاطر گناهان ما طرد شده نبود.

**خداوندا تو را شکر می کنم که مرا فرا می خوانی که به این دنیا پشت کنم. اعلان می کنم که به خاطر آنکه عیسی از حضور خداوند قادر مطلق طرد شد من در آن محبوب پذیرفته شده هستم. من باید نزد او خارج از اردوگاه بروم. آمین.**

**۲۲ دسامبر**

پذیرش بازوی خداوند

## بیائید نزد او به بیرون از اردوگاه برویم.

کتاب اشعیا در باب ۵۳ با این هشدار شروع می شود. این پیغام نبوتی توسط خداوند به اشعیا داده شد و اشعیا می گوید بسیاری با بی ایمانی آن را خواهند پذیرفت. " *چه کسی پیام ما را باور کرده و بازوی خداوند بر که مکشوف گشته است؟ " ( اشعیا ۵۳ :۱ )* آن خادم خداوند که در آیات بعدی در موردش توضیح داده می شود ( اشعیا ۵۲ : ۱۳ – ۱۵ را مطالعه کنید. ) و اشعیا در باره آن نبوت می کند، در آیات بعدی به عنوان بازوی خداوند معرفی می شود. این عبارت به این نکته اشاره می کند که قوت خداوند در قومش عمل می کند و پیشاپیش به این نکته اشاره می کند که از طریق عیسی مسیح، خداوند در میان قومش کار می کند و برای آنها نجاتی مهیا می سازد. همه این نبوتها در عیسی محقق می شود. او آمد تا خداوند را آشکار ساخته و نجات او و شفای او را برای همه به ارمغان بیاورد. پطرس که شاهد خدمات عیسی است این حقیقت را چنین خلاصه می کند:

*" و چگونه خدا عیسی ناصری را با روح القدس و قدرت مسح کرد به گونه ای که همه جا می گشت و کارهای نیکو می کرد و همه آنان را که زیر ستم ابلیس بودند شفا می داد از آن رو که خدا با او بود. " ( اعمال ۱۰ : ۳۸ )*

انجیل یوحنا به طور مستقیم نبوت اشعیا را به عیسی مرتبط می داند :

*" با اینکه عیسی آیاتی چنین بسیار در برابر چشمان آنان به ظهور رسانیده بود به او ایمان نیاوردند. بدین سان سخنان اشعیای نبی به حقیقت پیوست که گفته بود : چه کسی ای خداوند پیام ما را باور کرده و بازوی خداوند بر که مکشوف گشته است؟ " ( انجیل یوحنا ۱۲ : ۳۷ – ۳۸ )*

ما باید ایمان خود را نسبت به او که محقق کننده نبوت های عهد عتیق است محکم نگاه داریم. حتی بسیاری از آنانی که از نزدیک شاهد معجزات عیسی بودند او را باور نکردند. بیائید دنبال آیات و نشانه ها نباشیم. این ها تضمین کننده ایمان ما نیستند. بیائید ایمان خود را بر او که نجات ما را مهیا نموده استوار کنیم. نجات ما بزرگترین معجزه است.

**خداوندا تو را شکر می کنم که مرا فرا می خوانی که این دنیا را پشت سر بگذارم. اعلام می کنم که اگر چه بسیاری از نزدیکان عیسی او را رد کردند اما من او را به عنوان بازوی خداوند که نجات را فراهم آورده می پذیریم. من باید نزد او به بیرون از اردوگاه بروم. آمین.**

## ۲۳ دسامبر

### نه شکلی، نه شمایلی

**بیائید نزد او به بیرون از اردوگاه برویم.**

اشعیا ۵۳ : ۲ به شکلی نبوتی عیسی را بر زمین تشریح می کند و از سال های ابتدایی زندگی او بر زمین می گوید:

*" زیرا در حضور وی چون نهال و همچون ریشه ای در زمین خشک خواهد روئید . او را نه شکل و شمایلی است که بر او بنگریم و نه ظاهری که مشتاق او باشیم . " ( اشعیا ۵۳ : ۲ )*

عیسی از زمان کودکی تا بلوغش مانند ریشه ای در زمین خشک می روید. راست و خداترس در همه راههای خود. این حقیقت در لوقا ۲ : ۴۰ نیز تشریح شده است: *" باری آن کودک رشد می کرد و قوی می شد. او پر از حکمت بود و فیض خدا بر او قرار داشت."* در این حال عیسی ریشه ای در زمین خشک بود. او به عنوان پیغام آور خداوند برای اسرائیل در زمانی ظاهر شد که فقر روحانی شدیدی برای مدتی طولانی احساس می شد. برای حدود ۳۰۰ سال قوم اسرائیل هیچ مکاشفه ای دریافت نکرده بود. این سکوت نبوتی توسط یحیی تعمید دهنده و سپس بوسیله خود عیسی شکسته شد. هر دوی آن ها آمدن ملکوت خداوند را اعلام می کردند. عیسی هیچ شکل و شمایل خاصی نداشت که هویت واقعی او را برای مردم آشکار نماید. مردم در او چیزی بیش از پسر یوسف نجار نمی دیدند. ( متی ۱۳ : ۵۳ - ۵۴ را مطالعه کنید. ) زمانی که پطرس او را به عنوان مسیح پسر خداوند اعتراف نمود عیسی به او گفت که این مکاشفه را خون و جسم برای او آشکار نکرده بلکه توسط خدای پدر به او مکشوف شده است. ( متی ۱۶ : ۱۷ را مطالعه کنید.) نبوت ادامه پیدا می کند.

*" خوار و مطرود نزد آدمیان مرد درد آشنا و رنجدیده چون کسی که روی از او بگردانند خوار گشت و به حسابش نیاوردیم . " ( اشعیا ۵۳ : ۳ )*

عیسی در پی خشنود ساختن افراد ثروتمند نبود بلکه او خود را به طور خستگی ناپذیری وقف کمک نمودن به فقرا و رنج دیدگان می کرد. او با درد و بیماری مردم روبرو می شد و نهایتاً درد و بیماری کل نژاد بشری را بر خود گرفت و در تنهایی و شرم بر صلیب آویخته شد. او چون کسی که روی از او برگرداندند خوار گشت. ( اشعیا ۵۳ : ۳ را مطالعه کنید. )

**خداوندا از تو متشکرم که مرا فرا می خوانی که این دنیا را پشت سر بگذارم. اعلام می کنم اگر چه مردم عیسی را خوار نموده ، مطرود کردند ولی من او را می پذیرم و به عنوان مسیحا او را احترام می کنم. به عنوان پسر خدا . زیرا من باید نزد او به بیرون از اردوگاه بروم. آمین.**

# هفته ۵۲

## بیائید پیوسته قربانی ستایش را تقدیم خداوند کنیم.

" پس بیائید به واسطه عیسی قربانی سپاس را پیوسته به خدا تقدیم کنیم . این قربانی همان ثمره لب هایی است که به نام او معترفند . " ( عبرانیان ۱۳ : ۱۵ )

۲۴ دسامبر

لبان شکرگزار

بیائید پیوسته قربانی ستایش را تقدیم خداوند کنیم.

این دوازدهمین و آخرین فرمان بیائید است که در کتاب عبرانیان آمده است.

" پس بیائید به واسطه عیسی قربانی سپاس را پیوسته به خدا تقدیم کنیم . این قربانی همان ثمره لب هایی است که به نام او معترفند . " ( عبرانیان ۱۳ : ۱۵ )

این آیه بسیار به جا و زیبا است زیرا این عملی است که همواره باید آنرا انجام دهیم. اگر در تمام طول سال همواره قربانی تشکر را به خداوند تقدیم کنیم می بینیم تغییرات بسیاری در زندگی ما ایجاد خواهد شد. آخرین مرحله از تقدیم نمودن قربانی تشکر به گونه ای عملی با دو قدم قبلی ارتباط دارد. شکرگزاری به طور طبیعی به ستایش می انجامد. آیات بسیاری در کتاب مقدس وجود دارند که ارتباط شکرگزاری با ستایش را نشان می دهند. یکی از زیباترین آن ها مزمور ۱۰۰ : ۴ است.

" به دروازه های او با شکرگزاری داخل شوید و به صحن های او با ستایش. او را سپاس گوئید و نامش را متبارک خوانید . "

اولین قدم برای دست یابی به حضور خداوند شکرگزاری است و دومین قدم ستایش. شکرگزاری به ستایش می انجامد. در واقع شکرگزاری در پرستش متجلی می شود و پس از آن که شخص به اوج شکرگزاری می رسد خدا را پرستش می کند. قدمی که دقیقا قبل از این کار وجود دارد این است : " بیائید نزد او به بیرون از اردوگاه برویم " . این قدم ما را از دو اسارت خشنودی از خود و خشنودی از دنیا آزاد می کند. این قدم مستقیماً با تقدیم نمودن قربانی شکرگزاری در ارتباط است. ممکن است در ابتدا متوجه این مطلب نشوید اما دو مانع در مقابل شکرگزاری دائمی و آزادانه وجود دارند که عبارتند از : " عشق به خود و عشق به دنیا. " تا زمانی که احساسات ما بر خودمان یا این دنیا متمرکز است ما واقعاً آزاد نیستیم که خداوند را ستایش کنیم. صلیب این دو مانع را بر می دارد و ما را برای ستایش خداوند آزاد می سازد.

**خداوندا از تو متشکرم. تو را ستایش می کنم. اعلام می کنم که من تمامی موانعی که در مقابل تقدیم قربانی ستایش به خداوند وجود دارند را از میان برمی دارم. ستایشی که ثمره لبهای ماست. من باید پیوسته قربانی ستایش را تقدیم کنم. آمین.**

## ۲۵ دسامبر

با صلیب آزاد شده ایم.

**بیائید پیوسته قربانی ستایش را تقدیم خداوند کنیم.**

صلیب عیسی موانع رضایت از خود و رضایت از دنیا را بر می دارد یعنی زمانی که ما دیگر تحت تاثیر آنچه برایمان اتفاق می افتد قرار نمی گیریم. یعنی احساساتمان ، مشکلاتمان، سختی ها و آنچه در دنیای اطرافمان اتفاق می افتد نمی تواند ما را منحرف سازد.

ممکن است به اخبار گوش دهیم و فکر کنیم که دنیا واقعاً در شرایط بدی است. بحران ها ، فجایع ، جنایات و نزول اخلاقیات. اما باید متوجه این مطلب باشیم که دیگر دنیا بر ما تسلط ندارد یعنی دنیا بر افکار ما مسلط نیست. ما در دنیا هستیم اما از دنیا نیستیم. زمانی که ما از اسارت دنیا آزاد می شویم و دنیا دیگر نمی تواند افکار ما را کنترل کند آن زمان این آزادی باعث تغییر نگرش ما نسبت به صلیب می گردد و آن زمان چیزی باقی نمی ماند که مانع از ستایش ما شود. ما فقط زمانی که اوضاع به کام باشد خداوند را سایش نمی کنیم. ما خدا را ستایش می کنیم زیرا او شایسته ستایش است. روح های آزاد ما دیگر اسیر عشق به خود و دنیا نیست. با مطالعه این که یک فرد چقدر خداوند را ستایش می کند می توانید نکات بسیاری در مورد او بفهمید. آیا او اسیر انسانیت کهنه است یا وارد آن حیات قیام کرده شده و تبدیل به انسانی تازه گشته است؟ انسانیت کهنه انسانیتی است که دائماً شکایت می کند. وقتی که می شنویم فردی غر غر و شکایت می کند می فهیم که انسانیت کهنه اوست که دارد سخن می گوید. اما انسانیت تازه انسانی است که ستایش می کند. کدام یک از آنها در شما قوی تر عمل می کند؟ انسانیت کهنه می گوید نمی توانم بیش از این تحمل کنم اوضاع دارد بد می شود. هیچکس با من به درستی رفتار نمی کند. این دنیا چرا اینقدر مشکل آفرین است ؟ اما انسانیت تازه می گوید: هللویا خدا را شکر. من آزادم. من فرزند خداوندم. آسمان خانه من است و خداوند مرا دوست دارد. کدام یک از این خصوصیت رفتاری در شما دیده می شود؟

**خداوندا تو را شکر می کنم. تو را ستایش می کنم.اعلام می کنم که با صلیب آزاد گشته ام تا خدا را ستایش کنم زیرا او شایسته ستایش است. من باید پیوسته قربانی ستایش خود را به خداوند تقدیم کنم. آمین.**

**۲۶ دسامبر**

قربانی ارزشمند

## بیائید پیوسته قربانی ستایش را تقدیم خداوند کنیم.

بیائید به آیه ای از کتاب امثال نگاه کنیم که درباره اهمیت سخنان زبان ما صحبت می کند.

*" مرگ و زندگی در قدرت زبان است آنان که دوستش می دارند از میوه اش خواهند خورد ." ( امثال ۱۸ : ۲۱ )*

استفاده از زبان مان برای ما دو نتیجه در پی دارد. مرگ یا زندگی. اگر ما شکایت کنیم و منفی بین و خود محور باشیم زبان مان مرگ به بار خواهد آورد اما اگر ما از تمامی آن افکار منفی آزاد شده و در تسبیح و ستایش خداوند قدم برداریم زبان ما برای مان حیات به بار خواهد آورد. هر میوه ای که زبانمان به بار آرد توسط ما خورده می شود. خواه این میوه شیرین و یا تلخ باشد. بیائید به آیه ای نگاه کنیم که الگوی این هفته ما است. می خواهم نکته مهم دیگری از آن استخراج کنم . نویسنده می گوید .

*" پس بیائید به واسطه عیسی قربانی سپاس را پیوسته به خدا تقدیم کنیم ."( عبرانیان ۱۳ : ۱۵ )*

یکی از واژه های مهم در این آیه قربانی است. سپاسگزاری یک قربانی است. بر اساس اصولی که در کتاب مقدس وجود دارد و ما آگاه هستیم برای یک قربانی باید مرگی صورت گیرد. در عهد عتیق هیچ چیزی به عنوان قربانی به خداوند تقدیم نمی شد که از مرگ عبور نکرده باشد. همین طور برای گذراندن قربانی سپاس باید مرگی رخ دهد. مرگ انسانیت کهنه. انسانیت کهنه ما نمی تواند آن طور که خداوند شایسته است او را ستایش کند. باید مرگی رخ دهد. می دانیم که قربانی پرداخت بهایی را می طلبد. بنابراین ستایش بهایی دارد. بگذارید چنین بگویم ما باید زمانی که تمایلی به ستایش نداریم اقدام به پرستش کنیم. ستایش خداوند نباید بر احساسات ما متمرکز باشد. ستایش خداوند قربانی روح های ماست.

**خداوندا از تو متشکرم. تو را ستایش می کنم. اعلام می کنم که ستایش یک قربانی است. ستایش مستلزم پرداخت بها است .چه احساسات من اجازه دهند یا ندهند من باز خداوند را ستایش خواهم کرد. زیرا من باید پیوسته قربانی ستایش را به خداوند تقدیم کنم. آمین.**

۲۷ دسامبر

ستایشی فراگیر

*بیائید پیوسته قربانی ستایش را تقدیم خداوند کنیم.*

بیائید به مثال داود پادشاه در مزامیر باب ۳۴ نگاه کنیم. واقعه مربوط به وقتی است که داود خود را نزد ابی ملک به دیوانگی زده بود. داود در این دوره از زندگی خود یک فراری محسوب می شد. شائول سعی داشت او را بکشد. بنابراین داود باید شهر و دیار خود را ترک می کرد. برای پناهنده شدن در سرزمینی دیگر نزد پادشاه یکی از امتها رفت. اما پادشاه به او مظنون شده و فکر کرد که او دشمن است. داود برای نجات جانش مجبور شد خود را به دیوانگی بزند. کتاب اول سموئیل به ما می گوید او بر درها خط می کشید و آب دهانش بر ریشش آویزان بود. ( اول سموئیل ۲۱ : ۱۰ – ۱۵ را مطالعه کنید. ) این شرایط او بود. اما واکنش داود چه بود؟

" *خداوند را در همه وقت متبارک خواهم خواند ستایش وی همواره بر زبان من خواهد بود. جان من در خداوند فخر خواهد کرد مسکینان بشنوند و شادی کنند . خداوند را با من تجلیل کنید نام او را با یکدیگر برافرازیم.*" ( مزامیر ۳۴ : ۱ – ۳ ).

درست همان جا در وسط این شرایط وحشتناک ، زمانی که زندگیش بر تار مویی بسته است و در شرمندگی دیوانه بازی است خداوند را ستایش می کند. این قربانی ستایش است. زمانی که او در پست ترین شرایط بود تصمیم گرفت که در خداوند فخر کند. زمانی که چیز دیگری نمی ماند تا به آن فخر کند او تصمیم می گیرد که در خداوند فخر نماید. و سپس داود ادامه می دهد : " خداوند را با من تجلیل کنید نام او را با یکدیگر بر افرازیم." ( آیه ۳ ) ستایش مفهومی مسری است و دیگران نیز به ما خواهند پیوست. غرغر و شکایت نیز مسری است. اگر ما دائماً غرغر و شکایت کنیم دوستان شاکی ما نیز به ما خواهند پیوست. باید قربانی سپاس را دائماً به خداوند تقدیم کنیم.

**خداوندا از تو متشکرم. تو را ستایش می کنم. اعلام می کنم که بدون در نظر گرفتن شرایطم قربانی ستایش خود را تقدیم تو خواهم کرد و در خداوند فخر خواهم نمود. من دائما قربانی ستایش را تقدیم خواهم نمود. آمین.**

## ۲۸ دسامبر

ستایش در بیابان

### بیایید پیوسته قربانی ستایش را تقدیم خداوند کنیم.

زمانی که در جنگ جهانی دوم در ارتش بریتانیا خدمت می کردم مرا به بیابان های شمال آفریقا فرستادند. زندگی در شرایط بیابانی باعث می شود تا روحیه غرغر و شکایت در شما تقویت شود. این اتفاق بارها برای قوم اسرائیل افتاد و عدم رضایت و داوری خداوند را برای آن ها در پی داشت. از بیابان بسیار خسته شده بودم. از غذا و از سربازان کافر ارتش انگلستان که شروع به شکایت و غرغر می کردند. زمانی که من نیز شکایت کردم دیدم حضور و برکت خداوند از زندگیم برداشته شد. تصمیم گرفتم که روز خاصی را روزه بگیرم و از خداوند بپرسم که چرا حضورش از زندگیم برداشته شده است؟ گفتم خداوندا چرا نزد من نیستی ؟ چرا من باید این زندگی خسته کننده و یکنواخت را در بیابان داشته باشم؟ همان روزعصر خداوند پاسخ مرا داد. او به طور واضح با من سخن گفت : " چرا تو مرا شکر نمی کنی؟ چرا مرا ستایش نمی کنی؟ " کمی بعد فکر کردم و متوجه شدم به خاطر ناسپاسی ، حضور خداوند را از دست داده بودم. روح القدس مرا به مطالعه متون مختلف در این باره هدایت کرد که اول تسالونیکیان ۵ : ۱۶ ـ ۱۹ جزو آن قسمت ها است.

*" همیشه شاد باشید ؛ پیوسته دعا کنید در هر وضعی شکرگزار باشید . زیرا این است اراده خدا برای شما در مسیح عیسی. "*

یک بار دیگر بگویم علت این که ما همیشه شاد نیستیم این است که همواره دعا نمی کنیم و در هر چیزی پیوسته خدا را شکر نمی کنیم. در واقع ما آتش روح را خاموش می کنیم و با غرغر و شکایت آتش روح القدس را در زندگی خود اطفا می کنیم. خداوند از ما انتظار دارد که دائماً قربانی ستایش لبان مان را به او تقدیم کنیم و ستایش قلبی خود را بر زبان بیاوریم.

**خداوندا از تو متشکرم . تو را ستایش می کنم . اعلام می کنم که من آتش روح را اطفا نخواهم کرد و همواره شاد خواهم بود و همیشه دعا خواهم کرد و در هر چیز شکر گزار خواهم بود. زیرا من باید پیوسته قربانی تشکر را به جای آورم. آمین.**

**۲۹ دسامبر**

نشانهٔ شکرگزار بودن

بیائید پیوسته قربانی ستایش را تقدیم خداوند کنیم.

همانطور که دیدید شکرگزاری حکمی مستقیم در کتاب مقدس است و نشانه ای از پری روح القدس است. این حقایق ما را به سوی دو نتیجه کاربردی هدایت می کنند. اول این که یک مسیحی ناسپاس فردی نامطیع است و دو اینکه مسیحی ناسپاس نمی تواند پر از روح القدس باشد. همچنین سپاسگزاری لازمه ورود به حضور خداوند است. همانطور که ما در مزمور ۱۰۰ : ۴- ۵ می خوانیم:

*" به دروازه های او با شکر گزاری داخل شوید و به صحن های او با ستایش . او را سپاس گوئید و نامش را متبارک خوانید . "*

دو مرحله ضروری برای دسترسی به حضور خداوند این است که از دروازه های او با تشکر وارد شویم و به صحن هایش با تسبیح. مزمور نویس سه دلیل روشن برای شکرگزاری ارائه می دهد. اول خداوند نیکوست. دوم رحمتش جاودانی و سوم امانتش نسل اندر نسل. هر کدام از این ها حقایقی دائمی و غیر قابل تغییر هستند. خداوند همیشه نیکوست. رحمت او ابدی است و وفادرایش نسل اندر نسل. شکرگزاری خداوند هرگز بر احساسات و شرایط ما بستگی ندارد. ممکن است یک روز احساس کنیم روحیهٔ خوبی داریم و در روز دیگر بد باشیم. گاهی دلگرم باشیم و گاهی نه. اما این ها نباید مانع از ادامه شکرگزاری ما گردند. برای دسترسی به حضور خداوند باید بر اساس این سه حقیقت ابدی دیدگاه خود را تغییر دهیم. باید نگاه ما از موضوعاتی که آزارمان می دهند یا دلسردمان می کنند برداشته شود و به جای آن به حقایق ابدی نگاه کنیم. حقایقی که ما آنرا از طریق چشمان ایمان می بینیم. زمانی که با دیدگاهی صحیح به حضور خداوند می آئیم در جایگاهی قرار می گیریم که از خداوند بشنویم و از او دریافت کنیم.

**خداوندا تو را شکر می کنم. تو را ستایش می کنم. اعلام می کنم که به دروازه های تو با شکرگزاری وارد می شوم و به صحن های تو با تسبیح. زیرا تو نیکو هستی. رحمت تو ابدی است و تو وفادار هستی. من باید دائماً قربانی شکرگزاری را به جا آورم . آمین.**

**۳۰ دسامبر**

ستایش شیطان را خاموش می گرداند.

بیائید پیوسته قربانی ستایش را تقدیم خداوند کنیم.

ستایش اسلحه ای روحانی است که ما می توانیم از طریق آن شیطان را خاموش نمائیم. در کتاب مقدس حقیقتی مهمتر از این وجود ندارد. از دیدگاه کتاب مقدسی خداوند روشی عملی برای ساکت نمودن شیطان به ما داده است. مزامیر ۸ : ۲ می گوید:

*" از زبان کودکان و شیرخوارگان به سبب دشمنانت ستایش را بنیاد نهادی تا خصم و انتقام گیرنده را خاموش گردانی . "*

مزمور نویس خطاب به خداوند درباره دشمنانش می گوید. در اینجا کلمه دشمنان به صورت جمع به کار رفته و سپس به دشمن و انتقام گیرنده اشاره می کند و آن را به صورت مفرد به کار می برد. دشمن و انتقام گیرنده کسی نیست جز خود شیطان و دشمنان روح های شریری هستند که ابزارهای دست او هستند تا از آن ها بر علیه ما استفاده کند. به خاطر شیطان و روح های شریر خداوند قوتی در ما مقرر نموده که بتوانیم شیطان را ساکت گردانیم. این آیه در انجیل متی آمده است. این نقل قول مکاشفه کامل از این متن است. در این صحنه عیسی در هیکل است و بیماران را شفا می دهد و کودکان نزدش می روند و بر می گردند و فریاد می زنند. *" هوشیانا بر پسر داود ." ( متی ۲۱ : ۱۵ )* این باعث ناراحتی رهبران مذهبی می شود. بنابراین به عیسی می گویند آیا می شنوی آنها به تو چه می گویند ؟ عیسی این مکاشفه را برای ما آشکار می کند. " بله. مگر نخوانده اید که از زبان کودکان و شیر خوارگان ستایش را مهیا می سازی." بنابراین ما در اینجا این نتیجه را می بینیم که قوت مقرر شده برای قوم خداوند برای نبرد روحانی در ستایش مهیا شده است. خداوند برای ما این امکان را ایجاد کرده که شیطان و تمامی روح های شریر را توسط پرستش کامل ساکت بگردانیم. ما نیز اگر مانند کودکان و شیر خوارگان ستایشی کامل به خداوند تقدیم کنیم از دهان ما قوتی مانند اسلحه خارج می شود که شیطان را خاموش می گرداند و خداوند جلال خواهد یافت.

**خداوندا تو را شکر می کنم. تو را ستایش می کنم. اعلام می کنم که ستایش کامل من شیطان را خاموش کرده و خداوند را جلال می دهد. زیرا من باید پیوسته قربانی ستایش را تقدیم خداوند کنم. آمین.**

**۳۱ دسامبر**

درخواست برکات خداوند

بیائید پیوسته قربانی ستایش را تقدیم خداوند کنیم.

نقطه اوج برکت کاهنانه هارون و نوادگان او این بود که آن ها دستور داشتند بر قوم اسرائیل توسط این واژه ها جملاتی را اعلام نمایند.

*" بدین گونه آنان نام مرا بر بنی اسرائیل خواهند نهاد و من ایشان را برکت خواهم داد. " ( اعداد ۶ : ۲۷ )*

موثرترین دعایی که می توانیم برای دیگران انجام دهیم شکرگزاری و ستایش برای آنان و اعلام نام خداوند عیسی بر زندگی آن ها است. زمانی که ما نام خداوند عیسی را بر آنانی که برای شان دعا می کنیم اعلام می نمائیم در واقع ما برکت خداوند را برای آن ها می طلبیم. عده کمی متوجه این حقیقت هستند که چقدر به سادگی تنها با یک شکرگزاری به خاطر دیگران می توانیم باعث تقویت آنها شویم. این قسمت بزرگی از خدمت ما به عنوان شفیعان است. " پرئینگ هاید " یکی از معروف ترین سازمان های خدماتی قرن اخیر در پنجاب هندوستان است. زمانی که هندوستان هنوز تحت سلطه انگلستان بود خدمت " هاید " با دعا آغاز شد. هر کار دیگری در درجه دوم اهمیت قرار داشت. ابتدا او با یک مبشر هندی آشنا شد که او را فردی ناکارآمد دید. او برای این برادر دعا کرد: " اوه خداوندا. او را می شناسی و می خواست بگوید که این برادر ناکارآمد و غیره و غیره ... " که ناگاه روح القدس با این آیه از امثال او را متوقف نمود.

*" از غلام نزد سرورش بد مگو مبادا تو را لعن کند و تاوانش را بدهی . " ( امثال ۳۰ : ۱۰ )*

بنابراین برادرهاید نگرش خود را تغییر داد. او شروع به دیدن نکات مثبت و نیکو در زندگی آن برادر کرد و خدا را به خاطر او شکر کرد و پس از گذشت چند ماه آن برادر تبدیل به یک مبشر معروف و موفق شد. چه چیزی او را تغییر داد؟ این که او در زمان دعا متهم نشد بلکه به خاطر وجود او افراد دیگر خدا را شکر کردند. خداوند به من آموخته است که اگر نمی توانم برای کسی شکر کنم احتمالاً حق هم ندارم برای آن شخص دعا کنم. بهتر است اصلا برای او دعا نکنم زیرا دعای من بیشتر به او آسیب می زند تا باعث برکت باشد. همانطور که در اعداد ۶ :۲۷ می خوانیم :

*" بدین گونه آنان نام مرا بر بنی اسرائیل خواهند نهاد و من ایشان را برکت خواهم داد . "*

**خداوندا تو را شکر می کنم. تو را ستایش می کنم. اعلام می کنم که من از غلامی نزد سرورش بدگوئی نمی کنم بلکه برکات خداوند را بر او اعلام می نمایم. من باید پیوسته قربانی ستایش را تقدیم نمایم. آمین.**

**درباره نویسنده :**

درک پرینس ( ۱۹۱۵ – ۲۰۰۳ ) در بنگالوری هندوستان در یک خانواده انگلیسی چشم به جهان گشود. پدر او در ارتش انگلستان خدمت می کرد. او به عنوان کارشناس زبان های کلاسیک در رشته زبان های ( یونانی – لاتین – عبری – آرامی ) تحصیل نمود. وی تحصیلات خود را در دانشکده اِتُن و دانشگاه کمبریج انگلستان و بعدها در دانشکده زبان عبری در اسرائیل به پایان رساند. به عنوان دانشجو و فیلسوف او خود را ملحد می دانست. او انجمنی درباره فلسفه باستان و مدرن در دانشکده کینک کالج کمبریج پایه گذاری کرد.

در جنگ جهانی دوم زمانی که پرینس در بهداری ارتش بریتانیا خدمت می کرد مطالعه کتاب مقدس را به عنوان یک کتاب فلسفی آغاز نمود. اما پس از ملاقاتی قوی با عیسی مسیح چندین روز بعد با روح القدس تعمید یافت. این تجربه خاص کل مسیر زندگی اش را تغییر داد. زندگی او پس از آن وقف مطالعه و تعلیم کتاب مقدس شد. پس از اتمام دوره سربازی در سال ۱۹۴۵ در اورشلیم با لیدیا کریستنسن ازدواج نمود. لیدیا بنیان گذار یتیم خانه ای در آنجا بود. درک پس از ازدواج شان تبدیل به پدر ۸ فرزند خوانده لیدیا شد. ۶ دختر یهودی، یک عرب فلسطینی و یک انگلیسی. خانواده پرینس با هم تجدید حیات حکومت اسرائیل در سال ۱۹۴۸ را شاهد بودند. در اواخر سال ۱۹۵۰ خانواده پرینس دختر دیگری را به فرزند خواندگی پذیرفت. در آن زمان درک در کالجی در کنیا به عنوان مدیر کالج به خدمت مشغول شد و در سال ۱۹۶۳ به همراه خانواده به ایالات متحده مهاجرت نمود و شبانی کلیسایی در سیاتل واشنگتن را بر عهده گرفت. تراژدی ترور جان اف کندی او را بسیار پریشان کرد و پس از آن دِرک تصمیم گرفت که به آمریکایی ها تعلیم دهد که چگونه باید برای ملت خود شفاعت نمایند. در سال ۱۹۷۳ او تبدیل به یکی از بنیان گذران گروه شفاعتی برای آمریکا شد. کتاب او تحت عنوان Shaping History through Prayer and Fasting ذهن های بسیاری را بیدار کرد تا ایمانداران خود را نسبت به دعا برای حکومت کشورشان مسئول بدانند. افراد بسیاری نقش ترجمه های زیرزمینی این کتاب را به عنوان ابزاری در سقوط دولت کمونیستی اتحادیه جماعت شوروی سابق، آلمان شرقی و چک اسلواکی موثر می دانند.

لیدیا پرینس در سال ۱۹۷۵ در گذشت و درک روت بیکیر ( مادر سه فرزند خوانده ) را در سال ۱۹۷۸ به همسری خود بر گزید. او همسر دوم خود را درست همانند همسر اولش زمانی که خداوند را در اورشلیم خدمت می کرد ملاقات نمود. روت در دسامبر ۱۹۹۸ در اورشلیم جایی که خانواده پرینس از سال ۱۹۷۸ در آنجا زندگی می کردند چشم از جهان فرو بست. درک پرینس تا چند سال قبل از درگذشت خود در سال ۲۰۰۳ در سن ۸۸ سالگی خدمتی که خداوند او را به آن فرا خوانده بود ادامه داد و به نقاط مختلف دنیا سفر کرده و حقایق مکشوف شده خداوند را با دیگران به اشتراک گذاشت و برای بیماران دعا نمود. او همچنین دیدگاهای نبوتی خود را نسبت به وقایع جهان در پرتوی کتاب مقدس با دیگران در میان گذاشت. وی بیش از ۵۰ کتاب جلد کتاب به رشته تحریر در آورده که به بیش از ۶۰ زبان ترجمه و منتشر شدند. او پیشرو و پیشگام در

تعلیم موضوعاتی از قبیل لعنت های خانوادگی ، اهمیت کتاب مقدسی اسرائیل و دیو شناسی بوده است. سازمان خدماتی درک پرینس با شعبات بین اللملی خود در شالوت کارولینای شمالی هنوز هم تعالیم وی را منتشر می کند.

میسیونر ها و رهبران کلیسا از طریق دفاتری که به عنوان شعبات این سازمان در نقاط مختلف دنیا وجود دارند به امر تعلیم مشغول هستند. برنامه رادیویی دِرک تحت عنوان کلید زندگی موفق ( اکنون با نام رادیوی یادبود درک پرینس ) در سال ۱۹۷۹ شروع به فعالیت نمود و به بیش از ۱۲ زبان زنده به فعالیت های خود ادامه می دهد. چنین تخمین زده می شود که تعالیم شفاف درک پرینس که متعلق به هیچ فرقه و هیچ کلیسایی خاصی نیست هم اکنون به بیش از نیمی از نقاط دنیا رسیده است. درک پرینس به عنوان متفکر کتاب مقدسی و پدر روحانی در میان ملت های مختلف شناخته شده است. وی سازمان تعلیمی را بنیان گذاری کرده که هم اکنون در ۶ قاره دنیا با بیش از ۶۰ سال سابقه در حال فعالیت است. این آرزوی من است و ایمان دارم که آرزوی خداوند نیز هست که این سازمان خدماتی که خداوند از طریق من بیش از ۶۰ سال پیش بنیان نهاد تا زمان بازگشت عیسی به کار خود ادامه دهد.